THE CHAINLESS LIFE

DER ERSTE SCHRITT IN RICHTUNG FREIHEIT

MISCHA JANIEC

In Zusammenarbeit mit Gary Luu

Lektorat & Buchsatz: Sandra Huber (Redaktion ProLektorat)
Grafiken: Diana Wolters
Seelischer Beistand: Konstantin Greif
Druck: Amazon Europe

Self-Publishing
Herausgeber dieses Buches und Verantwortlicher für den Inhalt ist:
Mischa Janiec

ChainlessLIFE INC.
P. H. SL 55
Obarrio – Panama City

mischa@chainlesslife.com
www.chainlesslife.com

ISBN: 978-3-00064-138-1

Für DICH

INHALT

II. ChainlessHANDELN

III. ChainlessLEBEN

Intro:

DER ERSTE SCHRITT
IN RICHTUNG FREIHEIT

3

KAPITEL 1

Wie weit bist du bereit zu gehen?

Tulum, 14.05.2018

Als ich 8 Jahre alt war, haben sich meine Eltern scheiden lassen. Mein Vater zog in eine kleine Wohnung nicht weit von mir und meiner Mutter entfernt. Er ist ein großer Film-Fanatiker und hat sich immer die neuesten VHS-Kassetten gekauft, die wir uns gemeinsam an den Wochenenden angeschaut haben. Ich habe ihn sogar dazu überreden können, mir Filme zu zeigen, die für mein Alter noch gar nicht angemessen waren: *Pulp Fiction*, *Matrix* oder *Goodfellas* sind nur einige Beispiele. Ich prahlte damit in der Schule, weil die Eltern meiner Schulkameraden ihnen selbst das nie erlaubt hätten. Aber nicht nur dort – ich habe es auch meiner Mutter erzählt. Die fand es jedoch überhaupt nicht lustig und verfluchte meinen Vater jedes Mal dafür, weswegen wir uns darauf geeinigt haben, ihr nichts mehr davon zu erzählen.

Es gab aber auch einen Film, zu dem ich ihn nie überreden konnte, ihn mir zu zeigen: *Braveheart*.

„Nein, Mischa, der ist zu brutal für dich.", hieß es ständig von seiner Seite. Ich habe das nicht verstanden, immerhin hatte er mir bisher alle Filme mit FSK 16 gezeigt, obwohl ich noch zu jung war.

Doch eines Abends war es endlich soweit: Nach langer Überzeugungsarbeit konnte ich meinen Vater davon überzeugen, mir den Film zu zeigen. Es gab jedoch eine Bedingung: Ich dürfte die letzte Szene nicht sehen, da sie zu brutal sei. Natürlich willigte ich trotzdem sofort ein, mit der Hoffnung, dass er wie so oft mittendrin einschläft. Und genau so war es dann auch, wodurch ich den Film sogar bis zum Schluss sehen konnte. Er dauerte fast 3 Stunden und war definitiv kein Ponyritt. Die Schlachten und intensiven Bilder beeindruckten mich jedoch so sehr, dass ich nicht wegschauen konnte.

Braveheart spielt gegen Ende des 13. Jahrhunderts und zeigt die Geschichte von Sir William Wallace, der für die Freiheit Schottlands kämpft und vorhat, die Unterdrückung durch England zu beenden. Damals galt das sogenannte Recht der ersten Nacht (*lus primae noctis*). Das bedeutete, dass der örtliche Gerichtsherr das Recht hatte, die erste Nacht nach der Hochzeit mit der Braut zu verbringen. Anders ausgedrückt: eine legale Vergewaltigung. William konnte jedoch dem Gesetz entgehen, indem er Murron, seine Verlobte, im Geheimen heiratete. Für eine Zeit lang herrschte Frieden in ihrem Dorf und die beiden waren glücklich verheiratet. Doch eines Tages versuchte ein englischer Soldat, Murron zu vergewaltigen. Die Situation eskalierte und Murron wurde ermordet. William sehnte sich nach Rache und schwor, sich durch England nicht mehr unterdrücken lassen zu wollen und baute eine Armee auf.

Nach einigen Schlachten war er kurz davor, seinen Feind, England, endgültig zu besiegen. Doch im letzten Akt wurde er von seinen eigenen Leuten verraten und den Engländern ausgeliefert.

Als er im Kerker saß und auf seine Hinrichtung wartete, besuchte ihn die Königin Englands, die nicht nur schwanger von ihm war, (lange Geschichte), sondern sich auch um sein Wohlergehen sorgte. Er sollte gefoltert und in vier Stücke geteilt werden – weswegen sie ihm Betäubungstropfen anbot, um ihm einen schmerzfreien Tod zu ermöglichen. Nach reichlichem Druck der Königin trank er sie. Jedoch nur, um sie auszuspucken, sobald sie die Zelle wieder verlassen hatte.

In der nächsten Szene wird er vor tobender Menge auf der Folterbank aufgefordert, sich vor dem König zu verbeugen, damit er einen schnellen Tod erhält. Allerdings weigert er sich und wird weiterhin gefoltert. Sein Henker schneidet seinen Bauch auf und entnimmt ihm die Gedärme. William ist so schwach, dass er kaum noch atmet. Er wird ein letztes Mal gebeten, sich der englischen Krone zu untergeben. Doch William bleibt stur. Mit seiner verbliebenen Kraft schreit er: *„FREIHEIT!"*

Die Menschenmasse, einschließlich des Königs, zuckt zusammen. Und William ... wird enthauptet.

In der Schlussszene des Films wird erzählt, wie Schottland kurz nach der Exekution von William in einer letzten, entscheidenden Schlacht mit England gewonnen und sich so die Freiheit erkämpft hat.

Mein Vater ist kurz danach aufgewacht. Er hat mich angeschaut und gefragt: *„Hast du den Film etwa zu Ende gesehen!?"*

Aber wieso erzähle ich dir das?

Während des Schreibens dieser Zeilen bekomme ich Gänsehaut. Obwohl es inzwischen knapp 20 Jahre her ist, prägt mich dieser Film noch heute wie kein anderer und ich bin extrem dankbar, dass mein Vater mir dieses Meisterwerk in so jungem Alter gezeigt hat – und vor den entscheidenden Szenen eingeschlafen ist. Denn nur so konnte ich die tieferliegende Message ohne Filter und ohne Vorurteile aufnehmen und sie auch verstehen.

Was William über den gesamten Film, aber vor allem in dieser letzten Szene, getan hat, war der Inbegriff davon, was ich heute als „chainless" bezeichnen würde.

Er hat bis zum Schluss furchtlos für die Freiheit seiner Leute und seines Landes sowie für seine eigene gekämpft. Er hat sich nicht durch die damaligen Dogmen unterdrücken lassen und veränderte dadurch nicht nur sein Land, sondern inspirierte auch die Leute um ihn herum dazu, nach mehr zu streben und die Hoffnung nicht aufzugeben. Er bewies Mut und verwirklichte sich selbst, ohne eine Sekunde an sich zu zweifeln.

Durch seine authentische Ader gewann er nicht nur sein Volk, sondern auch die Sympathie seiner Gegner für sich – (wie gesagt, er hat die Königin seiner Feinde geschwängert). Und das Wichtigste: Er übernahm bis zum Ende seines Lebens die volle Verantwortung für sein Handeln. Bis zu seinem Tod blieb er sich und seiner Mission treu und ließ sich weder bestechen noch ruhigstellen.

Dies sind die Werte, nach denen ich seitdem versuche zu leben. Durch diesen Film wusste ich schon sehr früh, dass man den Status quo immer hinterfragen kann, wenn man den nötigen Mut und die richtigen Gründe dazu hat.

Natürlich ist mir bewusst, dass wir hier über einen Hollywood-Film sprechen – aber, hey: Wieso soll man sich solche Geschichten nicht als Inspiration nehmen?

Dieses Buch, das du gerade in den Händen hältst, ist hingegen kein Hollywood-Film. Alle Geschichten, die ich hier niedergeschrieben habe, sind echt und aus meinem noch gar nicht so alten Leben. Viele dieser Geschichten haben mich vor allem zu dem gemacht, der ich heute bin.

Seit 2013 dokumentiere ich mein Leben auf Social Media und teile es mit Tausenden von Menschen weltweit. Daher ist meine Entwicklung sehr genau dokumentiert und für viele meiner langjährigen Zuschauer transparent nachzuvollziehen. Sie haben gesehen, wie ich in einer kleinen

Wohnung in der Schweiz angefangen habe, Videos zu drehen. Und heute sehen sie mich an paradiesischen Stränden und wundervollen Naturschauplätzen auf der ganzen Welt.

Dadurch inspiriere ich meine Zuschauer und werde häufig gefragt, wie ich das alles geschafft habe. Sie fragen mich nach meinen Routinen und meinem Handeln – jedoch selten bis nie nach meiner Denkweise.

Dabei sind es aber mein Denkansatz und die Werte, nach denen ich lebe, die mir dieses vielfältige und aufregende Leben ermöglichen!

Trotz dieses ständigen Blicks hinter die Kulissen hatte ich nie das Gefühl, den Leuten das zu geben, was intern, also in mir drin, passiert ist. Die geistige und mentale Entwicklung, die ich durchgemacht habe, blieb bis jetzt zum größten Teil unerzählt.

Dieses Buch soll das ändern.

The ChainlessLIFE habe ich für genau diejenigen geschrieben, die sich nach Freiheit sehnen und nach Selbstverwirklichung streben – also für DICH!

Doch was bedeutet Freiheit eigentlich?

Manche sprechen von Freiheit, wenn sie aus einer toxischen Beziehung kommen. Manch andere sprechen von finanzieller oder beruflicher Freiheit. Die Wahrheit ist, dass keine dieser Definitionen „richtig" ist. Allerdings ist auch keine davon „falsch".

Nur du selbst kannst bestimmen, was Freiheit für DICH bedeutet – genau deswegen ist Freiheit auch kein Ziel, sondern eine Entscheidung. Niemand außer dir entscheidet, ob du frei bist oder nicht. Auch niemand außer dir weiß, was Freiheit für dich selbst heißt.

The ChainlessLIFE ist eine Zusammenstellung meiner eigenen Lebenserfahrung, meiner Rückschläge und Erfolge und was du daraus für dein eigenes Leben mitnehmen kannst.

Mein Ziel ist es, dir zu zeigen, dass das Leben, das du derzeit führst, nicht in Stein gemeißelt ist, und du es JETZT in der Hand hast, dir das geilste Leben zu kreieren, das du dir vorstellen kannst.

Wir leben jedoch in einer Welt, die von Oberflächlichkeit und der Illusion vom schnellen, ewigen Glück kontrolliert wird. Es fällt uns immer schwerer, in uns selbst zu blicken und zu verstehen, woher unsere Wünsche, Träume und Überzeugungen kommen.

Die Ergründung dieses authentischen Selbst wurde zum Mythos und viele haben den Glauben aufgegeben, dass sie ihr eigenes Glück selbst in der Hand haben. Sie haben sich mit dem „normalen" Leben abgefunden, die Hoffnung auf ein besseres aufgegeben und gegen eine ordentliche Portion Zynismus ausgetauscht.

Wieso es in meinen Augen schlecht ist, zynisch zu sein, will ich mit den Worten von Oscar Wilde ausdrücken: *„Ein Zyniker ist ein Mensch, der von jedem Ding den Preis und von keinem den Wert kennt."* Du SELBST bestimmst aber den Wert deines Lebens und deswegen möchte ich dir mit diesem Buch zeigen, dass auch niemand geringerer als DU der Schöpfer deiner eigenen Realität ist. Wann immer du glaubst, keine Wahl zu haben, und in eine ungünstige Situation geworfen wirst, mache dir bewusst, dass du dich selbst in diese Lage gebracht hast und du wiederum der Einzige bist, der dich daraus befreien kann. Deine Wünsche, Ziele und Träume kannst nur DU in die Tat umsetzen und wahr werden lassen!

Authentisch zu leben, ist die einzige Art, die sich langfristig gut anfühlt. Egal, wie viele Ferraris du in deiner Garage parkst, egal, mit wie vielen Models du bereits geschlafen hast, egal, wie viel Geld du verdienst – all das ist nur von Bedeutung, wenn es auch genau das ist, was du wirklich angestrebt hast.

Die meisten Menschen wurden regelrecht einer Gehirnwäsche unterzogen und glauben nur zu wissen, was sie wirklich wollen. Dabei merken sie nicht, dass ihre Wünsche gar nicht ihre eigenen sind. Wenn du aber schon immer davon abweichende Ziele hattest, kann es dir gleichgültig sein, was alle anderen erzählen. Mach, was DICH erfüllt und ignoriere die Urteile anderer und die Schubladen, in die sie dich gern stecken würden.

Viele Menschen klammern sich zudem an einer imaginären Sicherheit fest und glauben, dass sie auf dem Weg zu Freiheit und Unabhängigkeit diese aufgeben müssten. Obwohl es uns in der heutigen Zeit faktisch besser denn je geht und wir auch mehr Möglichkeiten denn je haben, uns selbst zu verwirklichen, fühlen sich die meisten regelrecht paralysiert oder sogar machtlos, ihr Leben selbst in die Hand zu nehmen. Das Resultat: Immer mehr junge Leute sind depressiv und stellen sogar den Sinn des Lebens in Frage.

Die heutige Gesellschaft kämpft darüber hinaus nicht mehr gegen Seuchen, Epidemien oder Hungersnöte, aber gegen Bedeutungslosigkeit und zunehmende neurotische Störungen.

Genau so hat sich auch mein Leben angefühlt, bevor ich mich dazu entschlossen habe, die Verantwortung für all dies zu übernehmen, um endlich Freiheit und mentale Unabhängigkeit zu erreichen.

Die meisten Menschen gestehen sich auch nicht ein, dass ihre aktuelle Situation ihre eigene „Schuld" ist – wieso auch? Verantwortung abzugeben, fällt leichter, als sie zu übernehmen.

Der einzige Unterschied zu früher ist, dass die Gefahren von heute nicht mehr unser Leben oder unsere Grundbedürfnisse bedrohen, sondern unsere geistige Gesundheit und unser Bedürfnis nach Bedeutung und Aufmerksamkeit.

Wir alle streben nach Bedeutung in unserem Leben, aber die wenigsten sind in der Lage, zu verstehen, wie sie diese langfristig und nachhaltig aufbauen können.

Früher kämpften wir um unser Überleben, indem wir uns Nahrung beschafft und unsere Familie beschützt haben. Heute arbeiten wir für unsere Geltungsbedürfnisse.

Aber genau DAS wollen die meisten nicht mehr.

Aus diesem Grund sind viele in ihren eigenen Ketten gefangen und leben in einem selbst erbauten Gefängnis, das sie jedoch nicht einmal sehen können. Dementsprechend schwer fällt es ihnen auch, aus diesem auszubrechen.

In diesem Buch geht es um genau diese unsichtbaren Ketten.

Ich möchte dir nicht nur zeigen, wie du sie findest, sondern auch, wie du sie ablegst und den ersten Schritt in Richtung Freiheit gehst. Ich hoffe, du bist dafür bereit, deine Ketten zu sprengen, sie hinter dir zu lassen, über den Tellerrand hinaus zu schauen und dir schließlich das Leben zu kreieren, das du verdienst.

Bevor du jetzt weiterliest, möchte ich jedoch, dass du mir versprichst, dieses Buch zu Ende zu lesen. Versprich mir auch, dass es nicht nur beim Lesen bleibt, sondern dass du auch die nötigen Schritte einleitest, um dir dein EIGENES ChainlessLIFE zu erschaffen.

Viel zu viele Leute lesen Bücher nur als Schmerztablette, um sich kurzfristig besser zu fühlen. Diese Menschen sind aber letztendlich nichts als stille Mitleser, die weiterhin mit ihren Ketten leben und dadurch nie ihr volles Potenzial ausschöpfen werden.

Genau das möchte ich verhindern, indem du dich jetzt verpflichtest, den ersten Schritt in Richtung Freiheit zu gehen.

Die einzige Frage, die bleibt, ist:

„Wie weit bist du bereit zu gehen?"

KAPITEL 2

Rebell seit Tag Eins

*"I would rather have questions that can't be answered than answers
which can't be questioned."*

RICHARD FEYNMAN

Zu sagen, ich hätte in meinem Leben einfach nur Glück gehabt, ist eine
Lüge. Ich habe mir nämlich immer schon den Arsch aufgerissen – und
zwar wirklich bei allem, was mir wichtig war.

Jedoch weiß das niemand so sehr zu schätzen, wie ich es tue.
Die Leute sehen, dass ich einen tollen Körper, eine tolle Freundin
und einen erfüllenden Job habe. Was die Leute aber nicht sehen, sind die
unzähligen Stunden, die ich dafür im Fitnessstudio verbracht habe, sowie
die vielen toxischen Beziehungen und beruflichen Rückschläge, die ich
durchleben musste.

Ich kann es zwar keinem übel nehmen, wenn jemand behauptet,
dass ich das alles, was ich erreicht habe, nicht verdienen würde – zum
ersten Mal möchte ich aber alle Karten aufdecken und meine Geschichte
erzählen.

Und zwar die ganze Geschichte. Vom kleinen Teufelsbraten aus der
Schweiz bis zum Profi-Bodybuilder, der mit seiner Freundin um die Welt
reist und sich seine Freiheit hart erarbeitet hat.

Als Scheidungskind wuchs ich mit meiner Mutter und meiner Schwester
in Pieterlen auf, einem kleinen Dorf in der Schweiz in der Nähe von Biel.
Mein Vater wohnte nach der Scheidung noch ganz in der Nähe, wodurch
wir immer guten Kontakt pflegen konnten.

Meine Schwester und ich wurden sehr bescheiden aufgezogen. Wir
haben nie die neuesten Schuhe, die neuesten Klamotten oder Ähnliches
besessen, aber ich war trotzdem nie neidisch, wenn andere Kinder das
hatten, was ich gerade wollte. Doch ich wusste auch, dass es mir genauso
zustehen würde und ich mir dafür eines Tages alles leisten werden kann,
was ich mir wünschte. So habe ich den Antrieb, immer besser werden
zu wollen, schon seit meiner Kindheit verfolgt. Bescheidenheit war mir
daneben eine ebenso wichtige Tugend.

In der Schule war ich hingegen immer ein Rebell. Das Einzige, was mich daran gestört hat, war der Fakt, dass andere Kinder nicht mit mir spielen wollten oder erst gar nicht mit mir spielen durften. Ich war nicht wirklich beliebt und wurde auch nie großartig gemocht. Als ich Wind davon bekam, dass die Eltern ihren Kindern sagten, dass sie nicht mit mir spielen sollten, war ich wirklich verletzt. Es hat mich schwer getroffen und es war auch kein schönes Gefühl, zu wissen, dass ich nicht dazugehörte und für meine Art sogar verurteilt wurde.

In einem kleinen Dorf spricht sich alles schnell herum und so kam es, dass auch die anderen Kinder von der Scheidung meiner Eltern erfuhren. Ich musste mich immer verteidigen, immer schauen, dass die anderen Kinder mich nicht mobbten. Als zum Beispiel meine Mutter einen neuen Mann kennenlernte und meine kleine Halbschwester auf die Welt brachte, beleidigten die anderen sie als Hure und versuchten mich damit runterzumachen.

Auch wenn ich dadurch verletzt war, habe ich jedoch nie mein eigenes Selbstwertgefühl davon beeinflussen lassen. Nie habe ich an mir gezweifelt, ob ich z. B. weniger wert wäre als die anderen Kinder. Und doch habe ich immer wieder versucht, mich irgendwo einzubringen und Freunde zu gewinnen.

Es kam irgendwann der Punkt, an dem ich so negativ im Unterricht auffiel, dass etwas dagegen getan werden musste. Nach jeder Unterrichtsstunde, in der ich es geschafft hatte, nicht aufzufallen, bekam ich von meiner Lehrerin eine Packung Panini-Sticker als Belohnung. Damals dachte ich, dass meine Mutter diese bezahlen würde, was jedoch nicht der Fall war. Als die anderen Kinder davon Wind bekamen, fanden sie das natürlich nicht so toll. Plötzlich war ich der Bevorzugte und, als hätten mich die anderen nicht schon genug verachtet, legte das noch einmal eine Schippe oben drauf.

Man sollte meinen, dass mein Verhalten mit zunehmendem Alter besser geworden wäre, aber das war bei mir nicht der Fall.

In der dritten Klasse bekamen wir einen neuen Klassenlehrer. Ich habe ihn gehasst und er mich ebenso. Ich habe ihn als alten, grimmigen Mann ohne Humor in Erinnerung. Er lachte über seine eigenen Witze, während es kein weiterer tat. Respekt zeigen konnte ich ihm nie, dafür hat er einfach zu oft versucht, mich vor der gesamten Klasse zu demütigen.

Irgendwann ging er sogar so weit, dass er mich nicht zur Pause lassen wollte, weil ich mein Pult nicht aufgeräumt hatte. Mein Pult! Ich wusste, dass er das nicht machen durfte und die Tatsache, dass er es trotzdem versuchte, machte mich unglaublich wütend. Tränen rollten über mein Gesicht, ich fing an zu weinen, verlor komplett die Kontrolle und nahm den nächstgelegenen Stuhl in die Hand und warf ihn auf meinen Lehrer. Er konnte den Stuhl erschrocken mit verschränkten Armen gerade noch so abwehren und wurde nicht ernsthaft verletzt.

Emotional gesehen war es eine Mischung aus Zorn und Trauer, die damals über mich kam. Zorn, weil er mich behandelte, als wäre ich Abschaum. Trauer, weil ich wie jeder andere meine Pause nehmen wollte, sie mir aber verwehrt blieb.

Durch diesen Vorfall wurde die Schulkommission eingeschaltet und ich landete in der Erziehungsberatung. Die zuständige Heilpädagogin befreite mich hin und wieder vom Unterricht, was ich, abgesehen von der Abwesenheit in der Schule, immer sehr genossen habe.

Und auch sie war es, die sehr schnell meine erste richtige Stärke entdeckte: die Fähigkeit zu logischem Denken.

Trotz dieses ersten positiven Erlebnisses in meiner Schullaufbahn wurde mir schließlich ADHS diagnostiziert und ich bekam die Empfehlung, Ritalin zu nehmen. Ich hatte hierzu jedoch meine Bedenken und wollte das eigentlich nicht. Auch weil z. B. das ADHS dafür gesorgt hat, dass ich mich andauernd mit meiner Mutter und meiner Schwester gestritten habe. Wir haben uns immer wieder gegenseitig provoziert und ich wusste, dass ich dadurch meine Mutter sehr belasten würde.

Da sich aber meine Verfassung nach weiteren Monaten ohne Medikamente nicht verbessert hatte, meine Noten sich noch weiter verschlechtert haben und sogar meine Versetzung in die Sekundarstufe gefährdet war, gab ich dem Ganzen doch eine Chance.

Bei der ersten Einnahme des Ritalins habe ich sofort gemerkt, wie es mich veränderte. Ich merkte, wie mein Fokus sich verbesserte, ich plötzlich Zusammenhänge von Themen, die mich nicht einmal interessierten, verstanden habe, und ich in gewissen Situationen ruhig geblieben bin, in denen ich normalerweise ausgerastet wäre.

Auch meine Noten wurden besser und ich schaffte es letztendlich, doch versetzt zu werden. Eine Nebenwirkung war jedoch, dass mein Hunger ausblieb und ich dadurch enorm an Gewicht verlor, weswegen ich die Medikamente nach einem halben Jahr wieder abgesetzt habe. Eine Nebenwirkung davon wiederum war eine erneute Verschlechterung meiner Noten, was sich für ziemlich lange Zeit nicht so schnell ändern sollte.

Das waren definitiv einige der schlimmsten Erfahrungen in meinem Leben, die mich jedoch nicht kleinkriegen sollten. Sie haben mich vielmehr auf dem Weg zu einem freien und selbstständigen Leben stärker gemacht und für die bittere Wahrheit abgehärtet.

„Bake it till you make it!"

Dadurch, dass ich nie etwas geschenkt bekommen habe, war ich schon immer sehr darauf fokussiert, mein eigenes Geld zu verdienen. Diese Einstellung entwickelte ich schon sehr früh in meinem Leben.

An einem Mittwoch, an dem alle frei hatten, ging ich durch mein Dorf in der Schweiz, suchte mir im Alter von gerade einmal 12 Jahren einen Job und wurde beim Dorfbäcker fündig. Jeden Samstag war ich nun um 4 Uhr morgens in der Bäckerei und half, Croissants und Brötchen zu backen. Mein Lohn beschränkte sich auf gerade einmal 3 Franken die Stunde, was heute ungefähr 2,50 Euro entspricht. Ganz legal war das Ganze natürlich nicht, aber mit 12 Jahren hatte ich nicht viel mehr Optionen.

Es war ziemlich hart für mich, jeden Samstag so früh aufstehen und arbeiten gehen zu müssen. Immer wenn ich in die Bäckerei fuhr, war es noch stockdunkel. Gegen 9 Uhr gab es eine Pause, in der wir alles essen durften, was es in der Bäckerei so gab. Das war meine liebste Zeit während der Arbeit. Ich habe mich jedes Mal so richtig vollgestopft. Immer wenn ich schon am Verhungern, aber die Pause noch nicht in Sicht war, schnappte ich mir auch mal aus dem Ofen etwas Kleines und aß es heimlich im Badezimmer.

Lange hielt ich diese Arbeit aber nicht aus – nach 6 Monaten kündigte ich. Ich wusste bereits damals: Es kann in der Zukunft nur besser werden.

Nach dieser Zeit in der Bäckerei konnte ich mir aber endlich eine damals ultraangesagte Fubu-Hose kaufen, auf die ich so lange gespart hatte. Jeder, der cool war, hatte so eine Hose und ich wollte zu den Coolen dazugehören. Sie war in der Schule der neueste Schrei, wobei sie nicht einmal wirklich gut aussah. Meine Mutter wollte sie mir nicht kaufen, schließlich kostete diese Hose knapp 100 Franken. Darum musste ich selbst dafür arbeiten und den Job in der Bäckerei bis zu meinem Ziel durchziehen. Traurigerweise zeigte die Hose nicht die gewünschte Wirkung – und ich gehörte immer noch nicht zu den Coolen. Schon damals habe ich erkannt, dass mich materielle Dinge nicht glücklich machen konnten.

Mit 13 Jahren nahm ich einen nächsten Job im Supermarkt an, in dem ich für 5 Franken die Stunde Regale aufgefüllt habe. Das war fast das Doppelte meines ersten Gehalts in der Bäckerei! Zudem machte mir diese Arbeit sogar Spaß, da ich mich dabei irgendwie selbstständig fühlte.

Ich konnte dadurch bereits in jungem Alter ein für mich kleines Vermögen ansammeln und es sogar schon entsprechend verwalten: Ich sorgte stets dafür, dass Geld floss und auch bei mir blieb. Wenn ich nicht gerade Dosen in Regale füllte, sammelten meine Schwester und ich auch ab und an Blumen und verkauften sie von Haus zu Haus in unserem Dorf. Oft sogar nicht nur Blumen, sondern auch Früchte vom Bauern. Wir mussten aber auf der Hut sein, da er davon nicht Wind bekommen durfte. Es gab auch Zeiten, an denen wir zum Beispiel Lose mit irgendwelchen Preisen erstellten und verkauften. Auch unter den Kassenregalen des Supermarktes suchten wir manchmal nach Kleingeld, das runtergefallen war. Mit all diesen Kleinigkeiten hatten meine Schwester und ich genug Geld, um z. B. kleinere Bedürfnisse, die unsere Eltern nicht finanzieren wollten, befriedigen zu können.

Für die großen Bedürfnisse war wiederum der Winter „zuständig".

Das Highlight des Jahres war nämlich für mich schon immer Weihnachten. Über das Jahr hinweg gab es von meiner Mutter keine großen Geschenke. Zu Weihnachten bekam ich hingegen immer das, was ich mir wünschte. Dies waren die schönsten Zeiten meiner Kindheit. Ich weiß noch, wie ich jeden Dezember in den Läden stand, mir Elektronik anschaute und mich freute, sie zu Weihnachten auch zu bekommen. So wurde zum Beispiel der Lerncomputer, den ich mir so lange gewünscht hatte, im Winter endlich Realität. Ich erinnere mich auch noch ganz genau daran, wie es war, meinen ersten Gameboy oder den Nintendo 64 zu bekommen. Ein unbeschreiblich tolles Gefühl. Auch wenn es im engeren Sinne nur materieller Natur war.

Wenn das Leben plötzlich ernst wird

Als es in der Schule bei mir erneut bergab ging, bestand sogar die Gefahr, in die Unterstufe abzurutschen. Mein Mathe war unterdurchschnittlich, von meinem Französisch wollen wir gar nicht erst anfangen. Eine Schulkollegin fing deswegen an, mir zu helfen und mit mir an den Wochenenden gemeinsam zu lernen.

Sie stellte für mich den ersten richtigen Kontakt mit einem Mädchen dar. Mein erstes Date, mein erster Kuss, das war sie. Ich glaube, dass sie nie wirklich auf mich stand, aber weil sie so eine Helfernatur war, sich auf mich eingelassen hat. Nichtsdestotrotz hätte ich ohne sie wahrscheinlich keine einzige Prüfung bestanden und wäre durchgefallen. Ich bin wirklich unglaublich froh, sie kennengelernt zu haben – in jeder Hinsicht.

Mit 14 Jahren standen meine Schulkameraden und ich dann schließlich vor der Entscheidung, welchen Job wir jetzt, d. h. in Zukunft, machen wollen – und ich stand dadurch unter großem Schock. Eigentlich wir alle. Die Schule endete bald und ich wusste, dass ich nicht zur Hochschule gehen würde. Es kam einfach alles so früh und so schnell. Ich war gerade einmal 14 Jahre alt und musste bereits entscheiden, was ich für den Rest meines Lebens tun sollte.

So war es eine ziemlich spontane Entscheidung von mir, eine kaufmännische Ausbildung anzufangen. Ein Kollege hatte nämlich zuvor damit geprahlt, dass man dabei nur am Computer sitzen und nichts tun würde. Ohne großartig darüber nachzudenken, beschloss ich, genau das zu tun. Ich informierte mich nicht, welche anderen Möglichkeiten mir geblieben wären. Ich war jung, noch grün hinter den Ohren und da ich schon immer wusste, keine körperliche Arbeit machen zu wollen, dachte ich mir, dass diese Ausbildung genau das Richtige sei. Daraufhin habe ich angefangen, mir einige Unternehmen anzusehen und in verschiedene Praktika reinzuschnuppern. Eine ruhige Kugel schieben und ein paar Tasten auf der Tastatur tippen? Für einen 14-Jährigen klang das wie ein wahr gewordener Traum.

Schließlich bekam ich ein Vorstellungsgespräch bei einer Versicherung in Biel. Zunächst war ich jedoch unsicher. Ich wusste, dass ich nicht die besten Zeugnisse bzw. Noten hatte. Ich wusste auch, dass es einige Bewerber gab, die über eine höhere Qualifikation verfügten. Nur für diesen Tag und wahrscheinlich wegen dieser Unsicherheit habe ich mir ein weißes Hemd gekauft und anhand eines YouTube-Videos gelernt, wie ich es richtig zu bügeln hatte.

Als ich das Gebäude der Versicherung betrat, wurde ich herzlichst empfangen und von der Sekretärin in das Büro des Personalchefs gebeten. Herr Bent und ich redeten über die Stelle, über meine Vorstellungen und auch über seine. Ich versicherte ihm, dass ich der Richtige für die Stelle sei und er auf mich zählen könne.

Es kam mir zwar ungewöhnlich vor und ich konnte mir auch nicht erklären warum, aber ich wurde tatsächlich angenommen! Innerhalb weniger Wochen merkte ich jedoch, dass dieser Job nicht das Richtige für mich war. Meine rebellische Ader kam erneut zum Vorschein und ich verfiel in meine alten Muster. Zum damaligen Zeitpunkt wusste ich es noch nicht zu schätzen, dass mir jemand die Möglichkeit gab, etwas zu lernen. Dass jemand Geld und Zeit in mich investierte.

Und so ging alles wieder langsam den Bach runter – meine Leistungen verschlechterten sich, ich arbeitete unsorgfältig, wurde respektlos und fiel insgesamt negativ auf.

Sogar Herr Bent wurde von unseren Kollegen auf der Arbeit runtergemacht und gehänselt – allein dafür, dass er mich eingestellt hatte. Ich weiß noch, wie schlimm das Ganze für mich war. Irgendwann fing ich an, alle in diesem Unternehmen zu hassen. Die Situation eskalierte sogar so weit, dass Herr Bent das Unternehmen freiwillig verließ. Ich weiß noch, wie er mir einen Abschiedsbrief schrieb und sich für alles entschuldigte.

Dann kam aber auch eine große „Überraschung" für mich: Nach gerade einmal sieben Monaten sollte auch ich das Unternehmen verlassen – ich erhielt die Kündigung.

Ich war am Boden zerstört und wusste, dass ich Scheiße gebaut hatte. Ich fühlte mich wie ein Missgeschick und weinte allein in meinem Zimmer. Meine Mutter war genauso schockiert, doch machte sie mir weder Vorwürfe, noch gab sie mir Schuldgefühle, wofür ich ihr bis heute noch dankbar bin.

Meine Eltern drängten mich nie in eine bestimmte Richtung, sagten mir auch nie, was ich mit meiner Zukunft machen sollte. Vielleicht war dies sogar zu wenig, denn ich selbst hatte keinen Schimmer, wohin ich gehen sollte. Einerseits empfand ich es dadurch schon immer als großes Privileg, keine Erwartungen erfüllen zu müssen, andererseits hätte ich es auch begrüßt, wenn sie mich wenigstens ein bisschen dazu ermutigt hätten, einen bestimmten Weg einzuschlagen.

Nach der Kündigung meiner Ausbildungsstelle fiel ich so in ein Loch voller Selbstzweifel und Schuldzuweisungen. Was folgte, war ein Sommer ohne jegliche Verpflichtungen. Ich fing an, regelmäßig zu trinken, zu kiffen und kümmerte mich um nichts mehr. Ich genoss die Zeit und machte, was ich wollte.

Nach all dem Tumult wusste ich aber auch, dass es in meinem Leben wieder bergauf gehen musste. Und meine zuvor ausgebildete Härte und Stärke sollte sich endlich auszahlen.

Serendipity

Nach all den Fehlschlägen und nennen wir es Missgeschicke in der Vergangenheit nahm ich mir fest vor, mich endlich zu bessern, und legte in den kommenden drei Jahren eine unglaubliche Transformation hin. Meine Mutter hatte mir durch Beziehungen die Möglichkeit zu einer neuen Ausbildungsstelle gegeben, die ich, ohne zu zögern, wahrnahm. Der Swisscom-Shop in Biel wurde so mein neuer Ausbildungs- und Arbeitsplatz für die nächsten Jahre. Ich musste auf Kunden zugehen, ihnen behilflich sein und auch Produkte an sie verkaufen. Dabei hatte ich immer nur das Beste für den Kunden im Kopf. Wenn es mal hieß, dass etwas nicht möglich wäre, habe ich trotz potenzieller Widrigkeiten alles, was in meiner Macht stand, getan, um es doch ermöglichen zu können. Das merkten sowohl meine Arbeitskollegen als auch die Kunden. Innerhalb kürzester Zeit brachte ich den höchsten Umsatz seit Langem ins Geschäft. Ich lernte so aber nicht nur den Akt des Verkaufens sehr zu schätzen, mit der Zeit wurde ich auch persönlich reifer und verantwortungsbewusster.

Natürlich gab es aber auch Tage, an denen ich die Arbeit nicht so sehr genoss. Hin und wieder ging ich abends feiern, wonach ich am nächsten Tag nie Lust hatte, auf der Arbeit zu erscheinen. Pro Jahr standen mir zudem gerade einmal 5 Wochen Urlaub zu, was mit den knapp 15 Wochen während der Schulzeit nicht zu vergleichen war. Relativ früh wurde mir dadurch klar, dass ich das nicht jahrelang machen könne – geschweige denn, bis ich 65 bin.

Im Alter von 18 Jahren wurde mir darüber hinaus Skoliose diagnostiziert – eine Verkrümmung der Wirbelsäule – auch nicht unbedingt die beste Voraussetzung für eine meist sitzende Tätigkeit bis ans Lebensende. Auf Anraten meines Arztes fing ich mit Fitness an, was schnell zu meiner größten Leidenschaft werden sollte. Ich trainierte regelmäßig und achtete daneben auch mehr und mehr auf meine Ernährung.

Nachdem ich meine Ausbildung nach drei Jahren mit einer überraschend sehr guten Note abgeschlossen hatte, wurde mir angeboten, fest in diesem Unternehmen zu arbeiten. Ich sagte zu! Obwohl ich mit meinem Gehalt davon und den dazugehörigen Provisionen gut verdiente, wollte ich mehr.

Deswegen verfolgte ich nebenbei kleinere, (nicht erlaubte) Tätigkeiten, wie zum Beispiel das Kaufen und Verkaufen von Handynummern. (Sofern eine Nummer eine besondere Zahlenfolge hatte, konnte ich diese auf eBay für einen höheren Preis verkaufen.) Auch fuhr ich nach der Arbeit manchmal zu Kunden, um deren WiFi-Gerät zu installieren, womit ich mir ebenso einige Franken dazuverdiente.

Mit dem angesparten Geld konnte ich mir so meine erste Reise in die USA finanzieren! Ich nahm mir dafür unbezahlten Urlaub, der sich wiederum für den Rest meines Lebens als unbezahlbar herausstellte. Ich lernte in dieser Zeit z. B. Matt Ogus kennen, ein bekanntes Fitness-Model und erfolgreicher YouTuber. Wir drehten sogar gemeinsam ein Video, bei dem wir am Strand von Venice stehen und unsere Körper zur Schau stellen. Durch ihn habe ich zum ersten Mal erfahren, dass man mit YouTube Geld machen kann. Das alles klang für mich damals aber fast schon zu schön, um wahr zu sein.

Auf YouTube hatte ich selbst bereits einige Videos, auch zu meiner Transformation. Doch machte ich das alles bisher nur als Hobby. Ich konnte aber vorauskalkulieren, dass ich mit einem Video pro Tag mit jeweils 10.000 Klicks schon ziemlich gut leben könnte. Erfahrungen und Überlegungen, die meine zukünftige Lebensplanung ziemlich beeinflussen sollten.

Nach meiner USA-Reise wurde mir zudem bewusst, dass ich nicht ewig in der Schweiz leben wollte, woraufhin ich den Job in meinem ehemaligen Ausbildungsbetrieb kündigte. Auch wenn es sich seltsam anfühlte, nach vier Jahren in einem Betrieb die Kündigung einzureichen, musste ich es einfach tun.

Ich habe schon immer den Status quo hinterfragt und nach alternativen Wegen gesucht. Und als ich einen ebensolchen Weg durch YouTube gefunden habe, wusste ich, dass ich jetzt auch etwas tun musste. Es gab vor allem noch so viel da draußen zu sehen, so viel verschiedene Kulturen, die ich kennenlernen wollte. Ich durfte mich definitiv nicht an einen einzigen Ort binden lassen.

Doch ich fing auch an zu zweifeln. Meine Reise in die USA hatte mich sehr viel Geld gekostet und ich wusste auch nicht, ob ich jetzt schon bereit wäre, alles auf eine Karte zu setzen. Ich hatte Angst und war mir unsicher, ob ich die richtige Entscheidung getroffen hatte. Aber dann wurde mir klar, dass ich gerade wegen meiner Angst handeln muss – denn nur so kann ich als Mensch wachsen. Also habe ich 1.000 Franken in meine erste eigene Website investiert, auf der ich ein erstes Coaching angeboten habe. Mich als arbeitslos zu melden, war keine Option. Um in der Schweiz Arbeitslosengeld zu erhalten, muss man unzählige Bewerbungen abgeben – praktisch, um zu zeigen, dass man sich wenigstens um einen Job bemühen würde. So entschied ich mich für einen erneuten festangestellten Job und bewarb mich bei Orange, einem Telekommunikations-Anbieter. Ich erhielt eine Zusage und ging mit einer besonderen Intention an den Job: zu den Besten des Unternehmens gehören zu wollen.

Witzigerweise konnte ich bereits in der ersten Woche bei Orange einen Durchbruch in meinem Online-Business einfahren. Als ich in der betriebsinternen Schulung war und mich zu Tode langweilte, loggte ich mich auf meiner Website ein und sah, dass ich bereits drei Coachings verkauft hatte! Drei Coachings! Mehr als ein paar YouTube-Videos hatte ich bis dahin nicht gemacht, weswegen ich unglaublich überrascht war.

Endlich ging es bergauf! Da ich mir aber immer noch nicht sicher sein konnte, ob es auch in Zukunft weiterhin gut laufen würde, behielt ich „zur Sicherheit" meinen Job bei Orange. Nach gerade einmal drei Monaten wurde ich sogar befördert und arbeitete von da an in der Telefon-Sales-Abteilung.

Ich musste dort lediglich mein tägliches Ziel von drei Verkäufen erreichen, was ich so gut wie immer bereits am Vormittag erledigt hatte. Den Rest des Arbeitstages verbrachte ich damit, heimlich an meiner eigenen Website zu arbeiten, und konnte so nebenbei mein Business hochziehen. Abends ging ich zudem immer ins Fitnessstudio oder trainierte einen meiner Klienten. Zu Hause schrieb ich dann noch Trainingspläne für meine Kunden. Somit hatte ich zwar einen 16-Stunden-Tag, was aber dringend notwendig war, denn ich wollte meinen festangestellten Job vollständig hinter mir lassen und in Zukunft nur von YouTube und meinen Coachings leben können. Dementsprechend ging ich die Sache mit immer mehr Elan an, produzierte weiterhin fleißig Videos und coachte nach wie vor meine Klienten.

Ungefähr ein Jahr später nahm ich erneut unbezahlten Urlaub und flog ein weiteres Mal in die USA – 2 Wochen Miami und 3 Wochen Los Angeles. Dort bekam ich eines Morgens einen Anruf von einem meiner Kollegen, der mir mitteilte, dass unsere Abteilung bei Orange geschlossen würde. Ich wusste, dass ich auf genau diesen Moment eigentlich nur gewartet hatte. Anstatt die Abteilung zu wechseln oder mir einen neuen Arbeitsplatz zu suchen, entschied ich mich dazu, es mit den Jobs auf

Angestelltenbasis komplett sein zu lassen und mich von da an voll und ganz meiner eigentlichen Leidenschaft zu widmen.

Ab diesem Zeitpunkt lief eigentlich alles wie am Schnürchen. Alon Gabbay, ebenso einer der ersten Fitness-YouTuber, schrieb mich zum Beispiel an und fragte, ob wir gemeinsam Videos drehen wollten. Nebenbei erklärte er mir auch noch, wie man mit Affiliate-Marketing Geld verdienen kann. Ebenso baute ich zu Karl Ess, ein weiterer Fitness-Guru, eine Verbindung auf, der mir in Bezug auf meine Leidenschaft auch eine Menge beibrachte.

Meine Arbeit trug endlich Früchte! Die Anzahl meiner Abonnenten auf YouTube stieg von Woche zu Woche und auch die Klicks wurden immer mehr – ich hatte es tatsächlich geschafft!

Und das kannst DU tatsächlich auch!

Mit diesem Buch will ich dir zeigen, wieso es gut ist, stets deinen Status quo zu hinterfragen – auch wenn dir schon dein Leben lang suggeriert wurde, dass du mit einem „rebellischen" Verhalten anecken wirst.

Stehe ein für dein Recht, ein freier Mensch zu sein, stelle für dich wichtige Fragen und gib dich nicht mit Antworten wie: *„Das ist halt so."* zufrieden.

Ja, mein Weg war hart. Und wenn du nach Freiheit strebst, wird es deiner höchstwahrscheinlich auch sein. Aber dieses „Leid" ist nichts im Vergleich zur „Belohnung", die du dafür erhalten wirst. Wenn du den ersten Schritt in Richtung Freiheit gehst und meine Ratschläge aus diesem Buch befolgst, wirst du in deinem Leben ein völlig neues Level an Glück, Zufriedenheit und Erfüllung erreichen. Versprochen.

KAPITEL 3

Die Vegas-Story

Las Vegas, September 2015

Zyzz war seit 2007 die Fitness-Ikone schlechthin. Ein stahlharter und wohl proportionierter Körper, Frauen, die ihn vergötterten, Fans bis zum Abwinken. Es gab niemanden, der ihn nicht wegen seines Ansehens oder seiner Figur beneidete. Die Fitness-Welt blieb stehen, als 2011 die Meldung aufkam, dass Zyzz mit nur 22 Jahren in einer Sauna an einem Herzinfarkt verstorben war. Eine Mischung aus Anabolika und weiteren Partydrogen hatte neben der enormen Hitze dazu geführt, dass sein Herz aufhörte Blut zu pumpen und schließlich stehenblieb. Die ganze Welt trauerte, alle vermissten ihren Star. Bis heute gilt Zyzz als eine der ersten, großen Fitness-Ikonen, die immer noch hohes Ansehen genießt.

So wirkt es umso ironischer, dass ich zu diesem Zeitpunkt aber keinerlei Mitgefühl für ihn empfand. *„Es ist doch seine eigene Schuld, wenn er so rücksichtslos mit sich und seinem Körper umgeht, oder?", „Was hat er denn anderes erwartet?", „So etwas passiert doch nur den Dümmsten der Dümmsten!"*, dachte ich mir damals. Wie naiv ich doch dahingehend war ...

2015 stellte eines meiner turbulentesten Jahre meiner Karriere dar. Ich verdiente in dieser Zeit so viel Geld, dass ich nicht mehr wusste, was ich damit anfangen sollte – ich hatte aber gleichzeitig auch so viel Stress und Ärger, dass ich nicht mehr wusste, wie ich meine Probleme lösen sollte.

Den größten Ärger hatte ich mit meiner eigenen Klamottenmarke *„ProBroWear"*, die zwar erst vor Kurzem an den Start gegangen war, aber bereits drohte, eingestellt werden zu müssen.

Alles fing damit an, als wir wegen unseres alten Logos verklagt wurden, aber keine Rechtschutzversicherung hatten. Wir benötigten dringend Hilfe, da wir nicht wussten, wie wir mit der Situation umgehen sollten. Der Bruder von Dario, einem Mitgründer, empfahl uns einen Anwalt, den wir dahingehend um Hilfe baten. Was wir jedoch nicht wussten: Er war kein Anwalt, sondern ein Betrüger. Er hatte nie vor, uns zu helfen, seine einzige Intention war, uns übers Ohr zu hauen.

Da wir ihn über unseren Mitgründer kennengelernt hatten, gaben wir ihm einen großen Vertrauensvorschuss und hinterfragten seine Handlungen nicht. Anfangs gab er uns die Empfehlung, in Deutschland eine Firma zu gründen und dort unser Geld zu lagern. Wir gaben ihm 20.000 Euro, damit er das für uns erledigte. Auf der Fibo, der größten Fitnessmesse der Welt, generierten wir im selben Jahr einen Umsatz von 120.000 Euro, was wir Jungs ihm ebenso übergaben, damit er es auf unser Konto einzahlte. Nach diesem Tag haben wir ihn jedoch nie wieder gesehen. Dieser selbsternannte „Anwalt" hatte zudem nie eine Firma in Deutschland für uns gegründet und unser gesamtes, ihm anvertrautes Geld für sich behalten.

Bestohlen zu werden, ist an sich schon eine sehr negative Erfahrung, doch in diesem Fall betraf es auch noch eine enorme Menge an Geld. Wir mussten mit der Firma beinahe Insolvenz anmelden und spielten mit dem Gedanken, das Unternehmen zu schließen.

Das war der bisherige Tiefpunkt meiner Karriere. Ich war wütend, traurig und frustriert. Mit dieser Art von Problemen war ich bisher noch nicht konfrontiert gewesen. Und nicht nur ich drehte komplett am Rad. Patrick Reiser, einer meiner besten Freunde und Geschäftspartner, verlor sogar komplett die Kontrolle und schlug in einer Kurzschlussreaktion mit seiner Faust gegen eine Metalltür, wodurch er sich die Hand brach.

Bei „ProBroWear" wussten wir nicht, wie wir das Ganze retten sollten. Täglich führten wir Krisentelefonate und entwickelten Strategien, um den falschen „Anwalt" doch noch zur Rechenschaft ziehen zu können. Ich spielte sogar mit dem Gedanken, ihn persönlich aufzusuchen und damit zu konfrontieren – was ich aber letztendlich nicht tat.

Wegen dieses ganzen Stresses und der daraus resultierenden schlechten Laune war es mir, glaube ich, nicht zu verdenken, dass ich einfach nur noch wegwollte. Ich wollte dem ganzen Alltagsstress entfliehen.

So flog ich einige Tage nach der Fibo mit Patrick, (der mit der gebrochenen Hand), nach Ibiza. Wir hatten die einzige Intention, alles für einen Moment zu vergessen und einfach nur die Zeit zu genießen.

Auf Ibiza kam ich das erste Mal mit der chemischen Droge MDMA in Berührung. Schon witzig, wenn man bedenkt, dass ich abgesehen von Marihuana bis zu meinem 24. Lebensjahr noch nie mit Drogen in Kontakt gekommen war und dann innerhalb eines Jahres MDMA und sogar Kokain konsumierte.

Wir feierten drei Tage lang durch und machten dank der Drogen keine Pause. Ich rutschte immer weiter in die Party-Szene und kam meiner eigentlichen Vorbildfunktion nicht mehr nach, da ich nicht mehr nach den Werten lebte, die ich einst vertrat. Ich dokumentierte die Reise sogar auf YouTube, wodurch aber ein großer Shitstorm auf Patrick und mich zukam, weil wir die Drogen nicht versteckten.

Im Juni des gleichen Jahres machten wir uns für eine dreimonatige Reise in die USA auf, wo wir jedoch ebenso viel feierten und uns zudem (wieder!) mit den „falschen" Leuten abgaben. Wir lernten zum Beispiel den Manager von Dan Bilzerian kennen, einem berühmten Poker-Spieler, der vor allem für seine legendären Partys bekannt war. Damals war er für uns noch eine Ikone, weswegen wir unbedingt einmal auf einer seiner Partys sein wollten. Die Gelegenheit dazu gab uns sein Manager, nachdem er uns „für cool befunden" hatte und wir uns auch prima miteinander verstanden. Selbstverständlich sagten wir, ohne zu zögern, zu und freuten uns wie Kinder auf den Tag einer der berüchtigten Partys.

Und obwohl die drei Monate in den USA bereits vorbei waren und wir uns eigentlich schon auf Teneriffa befanden, flogen wir nur für Bilzerians Feier nochmals für eine Woche in die Staaten.

Den Anfang der Reise machten wir in Las Vegas, wo wir mit Steve Aokis Manager feierten.

Es war in genau dieser Nacht, in der das eigentliche Übel seinen Lauf nahm ...

Der Manager von Steve Aoki brachte uns zunächst in eine VIP-Lounge, in der er uns MDMA anbot, das wir auch einnahmen. Danach ging es in Steve Aokis privates Hotelzimmer, in dem wir weiterfeierten und auf ihn warteten. Patrick und ich haben zwei Frauen mit ins Zimmer genommen, mit denen wir nochmals Kokain und Marihuana konsumierten. Steve Aoki kam zwar nie, doch wir hatten die ganze Nacht unseren Spaß. Wir feierten, unterhielten uns und nahmen Drogen. Das alles ging bis knapp 7 Uhr morgens, bis wir uns schließlich dazu entschieden, mit den Frauen ins Spa des Hotels zu gehen. Da es jedoch kein gemischtes Spa war, wurden die Mädels schnell rausgeworfen, was unserem Spaß aber keinen Abbruch tat.

Es war bereits früh am Morgen und wir hatten die ganze Nacht durchgemacht. Ich war total fertig und wollte nur noch schlafen. Doch bevor wir ins Bett gehen wollten, wollten wir noch in die Sauna gehen, um uns zu entspannen und die Nacht ausklingen zu lassen. Meine Augen wurden dort jedoch immer träger und so kam es, dass ich für einen Moment eingeschlafen bin.

Ich erinnere mich nur noch daran, dass Patrick wiederholt meinen Namen rief: „*Mischa, Mischa!*" Mit jedem Mal wurde die Stimme lauter und mit jedem Mal wurde auch die Angst und das Entsetzen in seiner Stimme größer. Ich konnte seine Angst spüren. Patrick glaubte, dass ich kurz davor sei, zu sterben. Ich spürte, wie seine Verzweiflung wuchs und er sich Sorgen um mein Leben machte.

Als ich wieder zu mir gekommen bin, habe ich realisiert, wie bescheuert ich mich verhalten hatte. Ich habe Drogen genommen, exzessiv Party gemacht, bin bis 7 Uhr morgens wach geblieben und war dann noch der Meinung, in die Sauna gehen zu müssen. Genau das Verhalten, das ich noch vor zwei Jahren bei Zyzz belächelt hatte, habe jetzt auch ich an den Tag gelegt. Ich weiß noch, wie ich mich am nächsten Tag gefragt habe, wie zum Teufel es überhaupt so weit kommen konnte.

Dieses Ereignis machte mir in einer entscheidenden Perspektive bewusst, wer ich eigentlich sein wollte und wie weit ich aber von meinem Weg dorthin abgekommen bin. Die Angst meines besten Freundes zu spüren, machte mir bewusst, dass es so nicht weitergehen konnte. Ein Leben, in dem man von Party zu Party feiert und sich jedes Mal Drogen einflößt, stellt heute für mich kein befriedigendes Leben dar. Damals wollte ich jedoch einfach nur vergessen und meine Sorgen ertränken, anstatt meine Probleme richtig anzugehen und sie zu lösen.

Auch die Feier von Dan Bilzerian einige Tage später machte mir ein weiteres Mal klar, dass ich nicht mehr in diesem Umfeld sein wollte.

Ich kann mich noch genau daran erinnern: Ich stand am Pool seiner Villa und konnte über ganz Hollywood schauen. Aber ich war nicht glücklich.

Wieso war ich aber nicht glücklich? Meine Freunde waren in der Nähe, ich hatte dutzende Frauen um mich herum und ich war auf einer der legendären Partys von Dan Bilzerian!

Ich dachte damals, wenn ich erst einmal hier sei, würde ich zu den angesagten Leuten gehören und ein Teil Hollywoods sein. Das war auch alles, was ich wollte. Dachte ich zumindest.

Als ich dann aber tatsächlich dort war, realisierte ich, dass es überhaupt nicht das war, was ich eigentlich wollte, und dass ich einer Illusion hinterhergerannt war. Es war alles nur eine Scharade.

Man hört zwar ständig, dass Hollywood Fake sei, aber glauben konnte ich das erst, als ich selbst dort war. Das verhält sich so ähnlich wie mit Geld. Man hört zwar ständig, dass Geld nicht so wichtig sei, aber das versteht man erst, sobald man selbst vermögend ist.

Durch dieses Erlebnis habe ich erkannt, dass es im Leben um weit mehr geht als um Partys und Ansehen. Auch das hört man oft, aber verstehen kann man es erst, nachdem man es selbst erlebt hat. Ich bekam vor allem das Gefühl, dass ich mich nicht mehr auf dem richtigen Weg befand und meinen Kurs ändern musste.

Zurück zu Zyzz. Zum Zeitpunkt seines Todes sah ich ihn noch als dumm und verantwortungslos an – aber nur solange, bis auch in meinem Leben der Moment kam, an dem mir beinahe dasselbe passiert wäre.

Auch wenn dies ein Ereignis war, mit dem niemand konfrontiert werden möchte, bin ich dankbar dafür, dass ich diese Erfahrung machen durfte. Sie hat mich wachgerüttelt und mir klar gemacht, dass so etwas wirklich jedem passieren kann. Sie hat mir in meiner dunkelsten Stunde gezeigt, wer ich eigentlich war und wo ich noch hinmöchte.

Wir sehen schlechte Erfahrungen als überaus negativ an und bereuen unsere Taten, wobei wir eigentlich darauf schauen sollten, was wir aus ihnen lernen können. Ein Rückschlag ist nur ein Rückschlag, wenn wir ihm die Erlaubnis geben, einer zu sein. Alles was uns passiert, jede negative Emotion, die daraus entsteht, kann uns entweder in ein tiefes Loch fallen lassen oder der beste Katalysator für Wachstum sein. Nachdem ich die Erfahrung in der Sauna gemacht habe, entschied ich mich für Letzteres und konnte mein Leben dadurch sogar bereichern!

Als ich in der davon kritischen Phase war, in der ich Stimulanz nach Stimulanz verfolgt habe, habe ich realisiert, dass ich auf meinem Weg komplett falsch abgebogen war und dass mich das nicht wirklich glücklich machte. Die Außenwelt versucht uns vorzugeben, was Glück bedeutet und wie wir es erreichen können – aber die Wahrheit ist, dass jeder eine andere und individuelle Vorstellung davon hat. Für den einen bedeutet es, auf der Karibik zu entspannen, während es für den anderen heißt, einen erfüllenden Beruf auszuüben und eine gesunde Familie zu haben.

Lass uns gemeinsam herausfinden, was DICH glücklich macht und wie du das alles erreichen kannst!

Teil 1:

EINE BITTERE WAHRHEIT

I. DIE ÄUSSEREN KETTEN

KAPITEL 4

Die Ketten, die wir täglich tragen

Im Kindesalter kennen wir noch keine Furcht und besitzen auch noch kein Ego. Wir vergleichen uns mit niemandem und sind frei von jeglichen Erwartungen. Jedoch hat unser Umfeld direkten Einfluss auf unsere Entwicklung. Von unseren Eltern, Lehrern und Freunden bekommen wir gesagt, was vermeintlich richtig, falsch, gefährlich oder unhöflich sei. Plötzlich haben wir Grenzen und uns werden symbolische „Ketten" angelegt, die uns in unseren Entscheidungen und Handlungen limitieren und uns davon abhalten, unser volles Potenzial zu entfalten. Sie stören sogar unsere Entwicklung und beeinträchtigen eine gesunde und durchweg positive Lebenseinstellung.

Was ist hier falsch?

Im Laufe meines Lebens habe ich immer wieder gesehen, wie mein Umfeld und ich in diesen „Ketten" gefangen waren: Weil wir uns dann in einem unsichtbaren Gefängnis befinden, sind wir nicht in der Lage, uns weiterzuentwickeln. Das Leben fühlt sich wie eine Gefangenschaft an. Eine Gefangenschaft, in der wir angekettet sind, und dadurch unsere Ziele nicht erreichen können.

Das Ziel von „*The ChainlessLIFE*" ist es, genau diese und somit auch deine Ketten zu sprengen, um so ein besseres Fundament zu erschaffen, das dir helfen soll, dich selbst zu verwirklichen.

Es gibt verschiedenste Formen von Ketten und jeder Mensch trägt seine individuellen. Oftmals sind wir uns jedoch nicht einmal bewusst, dass wir überhaupt Ketten tragen. Um diese jedoch sprengen zu können, müssen wir uns selbst reflektieren und uns erst einmal bewusst werden, dass wir sie haben und wie sie uns beeinflussen. Dieser Prozess kann Monate, vielleicht sogar Jahre in Anspruch nehmen. Allerdings bedarf es nicht mehr als eines Moments, um sich von ihnen zu befreien.

Genau dieser Moment, in dem du dich das erste Mal von einer Chain loslöst, bezeichne ich als Schlüsselmoment. Das bedeutet jedoch nicht, dass du die Kette für immer los bist, denn das Leben ist lang und du bist natürlich auch nicht perfekt. Durch die zahlreichen Herausforderungen, die das Leben für dich bereithält, ist es sehr gut möglich, dass du dich danach wieder in einer Chain befindest, ohne es zu merken. Aber da du nun den Schlüssel besitzt, kannst du das metaphorische Schloss jederzeit wieder öffnen – egal welcher Art von Kette.

In meinem Leben gab es viele dieser Art Schlüsselmomente, die ich in diesem Buch mit dir teilen möchte. Ich gebe dir einen Einblick hinter die Kulissen, zeige dir, wie ich durch meine Ketten beeinträchtigt wurde und was ich getan habe, um sie loszuwerden. Meine Geschichten sollen dir helfen, deine eigenen Ketten besser zu erkennen. Ich möchte, dass du herausfindest, welche Chains du trägst, und ich will auch dafür sorgen, dass du sie ablegst, indem ich dir helfe, selbst solche Schlüsselmomente zu erleben.

Nutze dieses Buch aber bitte nicht nur als Schmerztablette – denn dafür ist es nicht gemacht. Es soll dir Ergebnisse liefern und dich dabei unterstützen, mehr Freiheit zu erlangen und die Verantwortung für dein Leben zu übernehmen. Deswegen bitte ich dich, es gewissenhaft zu lesen und alle enthaltenen Aufgaben zu erledigen. Da die Kapitel aufeinander aufbauen, empfehle ich dir, das Buch chronologisch durchzulesen. Nachdem du es beendet hast, kannst du natürlich zu einzelnen Kapiteln wieder zurückgehen, um Informationen weiter zu vertiefen.

Ich habe dieses Buch in zwei Teile unterteilt:

Im ersten Teil gehen wir auf die Ketten ein, die den Ursprung allen Übels darstellen und für viel Leid und zahlreiche Probleme im Leben verantwortlich sind. Du erhältst hier jedoch keine Ansammlung vieler kleiner Probleme – diese sind nämlich oftmals nur die Symptome noch viel größerer Probleme. Stattdessen gehen wir auf die Ursachen, die „großen" Ketten ein, schauen uns an, woher sie kommen und inwiefern sie sich in unserem Leben manifestiert haben.

Im zweiten Teil dieses Buchs gehen wir noch einen Schritt weiter und klären die Frage, wie du nach der Ablegung deiner Ketten im Umkehrschluss auch endlich dein volles Potenzial ausschöpfen kannst.

Dein Leben ist nämlich nicht prädestiniert und noch hast du die Möglichkeit, dich aus deinem Gefängnis zu befreien.

Überrascht?

Ich gebe dir tatsächlich die besten Tools an die Hand, mit denen du dir genau das Leben kreieren kannst, das du anstrebst. Ich zeige dir, wie du dich selbst verwirklichen kannst. Ich zeige dir bis zum Ende der „bitteren Wahrheit", wie du dir dein EIGENES ChainlessLIFE erschaffst.

KAPITEL 5

Das soziale Umfeld

"You are the average of the five people you spend most of your time with."

JIM ROHN

Pieterlen, 2008

Als ich 17 Jahre alt war und erst kürzlich meinen Ausbildungsplatz verloren hatte, hatte ich dementsprechend viel Freizeit und war durch meine daraus entstandene Verzweiflung leicht beeinflussbar. Meine Mutter hatte hingegen nicht mehr viel Kontrolle über mich, da sie stets am Arbeiten war und mich von daher nicht so oft sah. Ich hatte einen Freundeskreis, der zugegebenermaßen nicht aus den hellsten Köpfen bestand und hin und wieder rauchte ich gern Marihuana und ging auf Partys. Das Gras war aber eher die Ausnahme als die Regel. Ich hatte alles noch unter Kontrolle und war, den Umständen entsprechend, auf keinem schlechten Pfad. Bis ich Dominik kennenlernte ...

Dominik wurde mir von meinem langjährigen Freund Oliver vorgestellt. Er war 35, damit mehr als doppelt so alt wie wir und frisch in unser Dorf gezogen. Er hatte einen Pitbull, war bereits im Gefängnis gewesen und kiffte exzessiv. Sein Alltag bestand aus nichts anderem als dem täglichen Gassi Gehen und dem Konsum von Marihuana. Gut, ab und an ging er noch in die Innenstadt, aber nur, um sich neues Gras zu besorgen.

Oliver meinte, dass Dominik ein cooler Typ sei, mit dem man gut reden und eine spaßige Zeit verbringen könne. Wir freundeten uns schnell an und verbrachten immer mehr Zeit miteinander. Diese beinhaltete immer, und ich meine tatsächlich immer, Gras. Das, was davor für mich noch gelegentlich war, wurde zur Gewohnheit. Dominik zeigte mir auch, wo ich mir selbst das beste Marihuana kaufen konnte. Seine Geschichten über Gewalt, Ladendiebstähle und sogar Raub imponierten mir sehr und ich empfand es als außerordentlich cool.

Ich nahm es nicht bewusst wahr, aber mit der Zeit verharmloste ich Gewalt und Schlägereien immer mehr, was dazu führte, dass ich oftmals sogar nach

Konflikten suchte und diese mit einem gezielten Schlag ins Gesicht beendete – wortwörtlich.

Ich rutschte immer mehr und mehr in die Drogenszene. Durch mein Verhalten und meine Einstellung zog ich Leute an, die entweder auch kifften oder denselben Hang zur Gewalt hatten. Immer öfter geriet ich in Schlägereien und andere Delikte. Ich fühlte mich unverwundbar und glaubte, machen zu können, was auch immer ich wollte.

Den Höhepunkt nahm das Ganze, als Oliver und ich einen Tipp erhalten hatten, wo sich eine illegale Marihuana-Anlage befinden sollte. Ich träumte bereits davon, haufenweise Gras zu besitzen. Jedoch nicht nur zum Rauchen, sondern auch zum Verkaufen.

Und so beschlossen wir, diesen Traum in die Realität umzusetzen. Wir brachen in der Nacht in die besagte Anlage ein und stahlen alles, was wir in die Finger kriegen konnten. Es war so viel Gras, das wir in unserem Leben nicht hätten rauchen können!

Die Beute teilten wir gerecht auf und so kam es, dass ich fast ein halbes Kilogramm bei mir zu Hause verstecken musste. Natürlich erzählten wir Dominik von unserem Raubzug, schließlich war er unser Freund. Er wollte das Marihuana probieren und bat uns, ihm ein wenig abzugeben, was wir natürlich taten.

Einige Tage später rief mich Oliver an: *„Mischa, wusstest du, dass wir eine Gang ausgeraubt haben?"*, fragte er erschrocken. *„Bitte was? Wie kommst du denn darauf?"*, erwiderte ich.

„Dominik hat es mir erzählt, Mann. Wir haben eine verdammte Gang ausgeraubt! Und Dominik kennt diese Typen! Ich musste ihm alles geben, damit er das für uns geradebügelt."

„Du hast ihm dein gesamtes Gras gegeben, Alter?"

„Ich hatte keine andere Wahl! Er hat gesagt, wenn ich ihm das nicht gebe, verpfeift er mich!"

Ich beendete schockiert das Gespräch, aber wollte einfach nicht glauben, dass wir tatsächlich eine Gang ausgeraubt hatten. Ich wollte auch nicht glauben, dass Dominik mit dieser Gang vertraut war. Mein Gefühl sagte mir, dass irgendetwas faul war. Es dauerte nicht lange, bis ich die Bestätigung dafür erhielt: Oliver war von Dominik über den Tisch gezogen worden.

Einige Tage später rief mich Dominik an und fragte, ob ich ihn besuchen kommen wollte, um Zeit miteinander zu verbringen. Mir gegenüber erwähnte er nichts von einer Gang. Auch verlangte er nicht von mir, dass ich ihm mein Gras bringen sollte. Da wurde mir klar, dass alles eine Lüge war und er meinen Kumpel gnadenlos hintergangen hatte. Ich wusste, dass es so nicht weitergehen konnte, woraufhin ich jeglichen Kontakt zu Dominik beendete. Ich habe mich komplett distanziert und mir bewusst gemacht, dass er keinen guten Einfluss auf mich hatte. Auch wenn es etwas gedauert hat, bin ich letztendlich froh, mich von ihm getrennt zu haben. Seitdem habe ich ihn nie wieder gesehen. Mit Oliver hingegen blieb ich weiterhin in Kontakt. Diese Erfahrung hat uns beide etwas gelehrt und uns vielleicht sogar noch enger zusammengeschweißt.

Wie du diese Erfahrung auch auf DEIN Leben übertragen kannst

Stell dir vor, du bist in einem Bus. Die Dame neben dir hustet laut, hält ihre Hand aber nicht vor den Mund und verbreitet so ihre Keime um sich herum. Würdest du dich von ihr entfernen? Natürlich würdest du das, denn du möchtest dich nicht anstecken und krank werden, richtig?

Lass uns noch einen Schritt weitergehen. Stell dir vor, dein seit Kindertagen bester Freund beschwert sich ständig über alles Mögliche, ernährt sich ungesund und denkt keine Sekunde seines Lebens über seine Zukunft nach. Würdest du dich von ihm entfernen?

Wie auch immer du diese Frage beantwortest – fest steht, dass dein soziales Umfeld, das deine Freunde, Familie, Arbeitskollegen und sogar deine Wohngegend einschließt, einen enormen Einfluss auf dich und deine Entscheidungen hat.

Die meisten Menschen glauben, dass sie eine freie Meinung haben. Bis zu einem gewissen Punkt ist dies auch wahr, jedoch zeigt sich auch, dass diese vermeintlich gänzlich freie Meinung durch unser Umfeld beeinflusst wird.

Ähnlich verhält es sich mit Gewohnheiten und Glaubenssätzen.

Nehmen wir mal an, dein soziales Umfeld ist fettleibig: dein Partner, dein bester Freund, deine Familie. Die Wahrscheinlichkeit ist sehr hoch, dass du es auch bist. Es muss zwar nicht so sein, aber es ist sehr wahrscheinlich. Umgibst du dich mit Menschen, die wie in diesem Beispiel fettleibig sind, sagt dir das unterbewusst, dass es völlig in Ordnung sei, fettleibig zu sein. Es ist in Ordnung, jeden Tag ungesundes Junk-Food zu essen und es ist auch völlig in Ordnung, keinen Sport zu machen und lieber zu Hause einen Abend voller Videospiele und mit Pizza en masse zu verbringen.

Schlechte Gewohnheiten verhalten sich genauso wie die Grippe bzw. ein Virus, der jeden ansteckt, der sich in der gleichen Umgebung aufhält.

Doch wie kann es sein, dass wir unser Verhalten und sogar unsere Denkweise so sehr von Anderen beeinflussen lassen?

Um diese Frage zu beantworten, musst du wissen, dass in unserem Hirn sogenannte Spiegelneuronen existieren, die dafür sorgen, dass wir andere Personen „lesen" und unterbewusst ihre Verhaltensweisen kopieren. Wenn z. B. jemand glücklich ist und uns anlächelt, macht uns das genauso glücklich und wir lächeln gern zurück. Ist jemand aber schlecht drauf, zieht uns das genauso runter.

Du spiegelst somit deine Mitmenschen und bist stets eine Reflexion deines Umfelds. Das kann ins Positive gehen, wenn du dich mit Menschen umgibst, die dich inspirieren und die Werte vertreten, die du schätzt. Wie wir bereits wissen, kann diese Spiegelung aber auch stark ins Negative gehen.

Generell werden dadurch aber nicht nur Gewohnheiten wie z. B. unkontrolliertes Essen, sondern auch die gesamte Einstellung zum Leben beeinflusst!

Wenn dein Vater z. B. raucht und es ihm scheinbar guttut, kopierst du diese Denkweise und bist eher dazu geneigt, auch mal eine Zigarette anzufassen. Bist du in einem Umfeld voller Kiffer, dann bist du wahrscheinlich der Nächste, der Marihuana raucht. Bist du in einem Umfeld voller Millionäre, dann bist du in nächster Zukunft auch potenziell wohlhabend oder sogar reich.

Diese Spiegelneuronen sind, historisch gesehen, unter anderem dafür verantwortlich, dass wir Menschen in der Evolution so weit gekommen sind. Durch sie haben wir uns angepasst, Kulturen gebildet und vor allem so lange überlebt. Durch sie haben wir angefangen, miteinander zu kooperieren, in Gruppen zu leben und uns zu verständigen. Sie sind der Grund, wieso wir empathisch sind und mitfühlen können.

Sei dir also stets bewusst, dass wir immer unser Umfeld spiegeln und diese Neuronen nicht einfach „abstellen" können.

Von daher: Wenn du realisierst, dass du in einem ungesunden Umfeld gefangen bist, dann darfst du es nicht einfach akzeptieren und darauf beruhen lassen. Nein, du musst dich aktiv davon entfernen. Ob du es nämlich willst oder nicht, du wirst durch dein Umfeld automatisch „umprogrammiert". Darum ist es so wichtig, positive Menschen um dich herum zu haben.

Solltest du dich hingegen in einer Situation befinden, in der du kein gutes Umfeld bzw. keine Menschen vorfindest, die dich inspirieren, gibt es in diesem Fall eine weitere Lösung: Bücher. Genauso wie du dieses Buch liest und einen Einblick in meine Denkweise bekommst, kannst du durch das Lesen anderer Bücher weitere Perspektiven und Verhaltensmuster von erfolgreichen, positiven Menschen beobachten, erfahren, reflektieren und aus ihnen lernen.

Doch egal wie viele Bücher du liest, egal wie viele Seminare du besuchst, egal wie motiviert du auch bist, dein Leben zu verändern: Solange dein Umfeld dich täglich in seinen negativen Sog zieht, wirst du dich unbewusst seinem Durchschnitt anpassen. Dadurch nimmst du dir gleichzeitig die Möglichkeit, als eigenständige Person wachsen zu können.

„Aber Mischa, ich kann doch auch einfach die Menschen in meinem Umfeld beeinflussen und verändern, oder?"

Das ist zwar prinzipiell machbar, allerdings in meinen Augen sinnlos und zudem fast unmöglich.

Stell dir vor, dass du zum Beispiel einen Freund zu einem positiveren Lebensstil bewegen möchtest. Natürlich kann möglicherweise ein Teil deines Einflusses auf ihn abfärben, jedoch ist das nicht genug, um nachhaltig sein Leben zu verändern. Schließlich verbringt er seine Zeit nicht nur mit dir, sondern auch mit seinen anderen Freunden, die ihn wiederum genauso beeinflussen.

Er hat dadurch zwar einen Freund, der ihn hochzieht, aber auch fünf andere, die ihn runterziehen. Um ihn auf lange Sicht positiv beeinflussen zu können, muss sich also sein gesamtes Umfeld, oder zumindest ein Großteil davon, mit ihm verändern – was wiederum nur er selbst bestimmen kann.

In jungem Alter sind wir besonders stark von diesem Beeinflussungspotenzial betroffen. Wir haben noch keine eigene Identität und übernehmen Glaubenssätze und Verhaltensmuster von unseren Eltern, Lehrern oder Schulkameraden. Ebenso ist es als Kind schwieriger, sich von seinem Umfeld zu trennen, da man nicht einfach aus- oder umziehen kann. Genauso wenig kann man einfach seinen Arbeitsplatz oder die Schule wechseln. Umso wichtiger ist es als Erwachsener, sein Verhalten stets zu reflektieren und sich immer wieder Gedanken darüber zu machen, welche Glaubenssätze aus der Kindheit im eigenen Denken noch Bestand haben.

Hat dir zum Beispiel deine Mutter als Kind immer und immer wieder gesagt, dass du nicht mit fremden Menschen reden sollst? Sie hat sich damals einfach Sorgen gemacht und es war auch wichtig, dass sie dir das gesagt hat. Aber wenn du diesen Glaubenssatz übernommen hast, kann es passieren, dass du dich noch heute nicht traust, auf andere Menschen zuzugehen und dich ihnen zu öffnen. Das wiederum blockiert jedoch deine Beziehungen, obwohl es gar nicht mehr relevant ist.

Zwei andere Beispiele dazu:

Bist du eine eher faule Person, wäre es nicht sonderlich ratsam, dich mit noch fauleren Personen zu umgeben.

Neigst du generell zu Gewalt, ist es eventuell intelligenter, dich mit ruhigen Menschen abzugeben, die Gewalt eher ablehnen.

Du wirst dich niemals als Person weiterentwickeln, sofern du nicht im Zuge dessen dein Umfeld veränderst. Oder wie Albert Einstein es angeblich ausgedrückt haben soll:

„Die Definition von Wahnsinn ist, immer wieder das Gleiche zu tun und andere Ergebnisse zu erwarten."

Mögliche Erkenntnisse für dich

Wie wir bereits wissen, ist es in jungem Alter schwer, sich von seinem Umfeld zu lösen. Es ist aber nicht unsere Schuld. Wir können nichts dafür, dass wir in dieser Familie, in dieser Gegend oder auf dieser Schule sind.

Aber genau das ist der Punkt: Es ist nur bis dahin nicht unsere Schuld. Sobald wir jedoch die Möglichkeit haben, etwas daran zu ändern und aus unserem Umfeld auszubrechen, sind wir es uns allein selbst schuldig, genau das zu tun. Machen wir hingegen nichts, dann ist es tatsächlich unsere eigene Schuld und nur wir sind dafür verantwortlich. Aber auch wenn wir in der Vergangenheit unter unserem Umfeld gelitten und einen hohen Preis dafür bezahlt haben, müssen wir uns eingestehen, dass wir aus jeder schlechten Erfahrung auch etwas lernen können:

Die Familie, für die wir nie genug waren, hat uns eventuell dazu angespornt, Bestleistungen zu erbringen. Die reichen Yacht-Boys haben uns vielleicht gezeigt, dass wir unser Leben nicht mit exzessivem Feiern, Koks und Nutten verbringen wollen. Die Schläger aus der Nachbarschaft haben uns womöglich das finale Signal gegeben, in eine andere Gegend zu ziehen und unser Leben in Zukunft gewaltfrei und in Frieden verbringen zu wollen.

Von daher ist es für manche Menschen sogar von Vorteil, bereits in jungem Alter in einem toxischen Umfeld gewesen zu sein – da man aus diesen Lektionen stets dazulernt und es danach für sein zukünftiges Leben ausschließen kann.

Falls du jedoch im Allgemeinen das Problem hast, dass du dich leicht von Menschen beeinflussen lässt, ist es unglaublich wichtig, dass du dir deine eigenen Werte und Ziele täglich vor Augen hältst.

Stelle dir die richtigen Fragen, die dafür sorgen, dass du auch die richtigen Antworten bekommst:

Wer bist du und wo möchtest du hin? Was für eine Person möchtest du sein? Ist dein Umfeld ein schlechter Einfluss und blockiert dich dabei, dein Potenzial zu entfachen?

Sei hierbei sensibel und höre auf deine innere Stimme.

Sei zudem immer auf der Suche nach Mentoren oder Vorbildern, die dich dabei unterstützen können und von denen du lernen möchtest. Wenn du dabei auf erfolgreiche Menschen treffen solltest, mache nicht den Fehler und frage sie zuerst, ob sie dir helfen können. Auch wenn du sympathisch sein magst, erreichst du dadurch wenig. Biete stattdessen zunächst DEINE Fähigkeiten an und frage sie, wie du IHNEN helfen kannst.

Das Leben ist nämlich ein Geben und Nehmen, kein Nehmen und Gehen.

Dabei musst du wiederum aber auch verstehen, dass du dich nicht ausschließlich mit erfolgreichen Menschen umgeben solltest.

Du brauchst in jedem Fall auch Personen um dich herum, die mit dir auf einer Ebene sind und mit denen du gemeinsam deinen Weg bestreiten kannst. Genauso brauchst du aber auch Personen in deinem Umfeld, die noch nicht so weit gekommen sind wie du. Genauso wie deine Mentoren dich unterstützen, musst auch DU ein Mentor für andere sein und ihnen helfen, Fortschritte zu machen. Gib deine Erfahrungen stets weiter und tue der Menschheit etwas Gutes. Bringe den Schneeball für sie ins Rollen und sie werden dir dankbar sein. Und wenn du dann IHRE Hilfe dringend benötigst, werden sie auch für DICH da sein und sich erkenntlich zeigen.

Ein weiterer, nicht zu vergessender Schritt zur unabhängigen Entwicklung deiner Persönlichkeit ist es, auch einmal Nein sagen zu können.

Ich habe bereits viele Leute kennengelernt, die zu allem Ja sagen und mit sich herumspielen lassen. Die Arbeit der Kollegen wird ohne

Beanstandung übernommen, der Schwarm wird ohne Zögern beim Umzug unterstützt und einem Bekannten wird auch gern mal beim Haushalt geholfen.

Du musst jedoch wissen, dass jedes Ja gewissermaßen auch ein Nein bedeutet: Sagst du deiner Freundin zu, ihr am Abend zu helfen, musst du zwangsläufig Nein zum Sport sagen. Auf dem Weg nach oben ist es aber eine unglaublich bedeutende Fähigkeit, seine eigenen Prioritäten setzen und dafür auch mal Nein zu weniger wichtigen Dingen sagen zu können.

Bist du dir unsicher, ob du jemandem zu- oder absagen solltest, frage dich, ob du es auch tun würdest, wenn du am frühen Morgen im Halbschlaf aufstehen und dich vorbereiten könntest, um diesen Termin wahrzunehmen. Beantwortest du diese Frage mit Nein, gibt es womöglich auch einen Grund, der Person abzusagen. Beantwortest du diese Frage jedoch mit Ja, dann genieße die Zeit und hab Spaß dabei!

Zurück zu meiner Einsicht von damals

Obwohl es mich seit dem Vorfall mit Dominik noch einige Jahre gekostet hat, bis ich mich vollständig von dem Gedanken, dass Gewalt und Gras etwas Tolles sind, trennen konnte, bin ich dennoch unglaublich froh darüber, dass es z. B. „*nur*" Marihuana war. Ich will mir nicht vorstellen, was mit mir geschehen, oder besser gesagt, was aus mir geworden wäre, wenn Dominik chemische Drogen wie Kokain oder LSD auf dem Tisch gehabt hätte. In so jungem Alter war es für mich schwer, zu differenzieren, was gut und was schlecht für mich ist. Alles, was nur im Ansatz rebellisch war, war für mich etwas Besonderes – à la „weg vom langweiligen Alltag und rein in eine neue, spannendere Welt".

Für die Jüngeren von uns ist es wichtig, zwischen richtig und falsch entscheiden zu können. Auch, wenn das bedeutet, dass das Richtige manchmal schwer, ordinär und langweilig sein kann. Und auch, wenn das bedeutet, dass das Falsche hingegen oft leicht, aufregend und spannend ist. Wir sind es uns schuldig, die Welt zu einem besseren Ort zu machen. Leid durch Gewalt zu erzeugen, gehört sicherlich nicht dazu.

Für die Älteren von uns ist es wichtig, die richtigen Werte an unsere jüngeren Mitmenschen zu vermitteln. Dir mag es vielleicht nicht bewusst sein, aber du hast zu jedem Zeitpunkt deines Lebens eine Vorbildfunktion. Jedes Mal, wenn du z. B. über die Straße läufst, obwohl die Ampel Rot anzeigt, bist du ein negatives Vorbild für die Kinder, die dabei zusehen. Mit allem, was du tust, definierst du dich und dein Umfeld.

Als mir diese Lektion für mein Leben klar wurde, habe ich mich dazu entschlossen, kein schlechtes Vorbild mehr sein zu wollen. Sowohl für die Menschen um mich herum als auch für die tausend anderen Leute, die mir auf meinem Weg zuschauen.

Es ist ein unfassbar gutes Gefühl, zu wissen, dass ich dadurch zur positiven Entwicklung vieler beigetragen habe und dies auch in Zukunft weiterhin tun werde.

KAPITEL 6

Die Gesellschaft

"If you change the way you look at things, the things you look at change."
WAYNE DYER

Schweiz, 2014

In der Schweiz aufzuwachsen, bedeutet auch, den Schweizer Käse und die Schweizer Milch entsprechend zu würdigen. Es ist etwas, worauf wir Schweizer sehr stolz sind und womit wir uns auch teilweise sogar identifizieren. Mein Leben lang hatte ich nie ein Problem mit Fleisch oder tierischen Produkten. Im Gegenteil, ich habe dies alles sehr genossen und sogar zelebriert. Meine Mutter aß Fleisch, mein Vater aß Fleisch, einfach jeder in meinem Umfeld hat Fleisch gegessen, ohne sich dabei schlecht fühlen zu müssen. Hin und wieder sprach meine Mutter zwar ihr Leid darüber aus, dass sie es schade findet, noch sehr junge Kälber zu unserem Genuss zu schlachten. Aber mehr als das hörte ich nie.

Ich hatte natürlich auch einmal den Gedanken, dass es sehr merkwürdig sei, tote Tiere sowie deren Milch und Eier zu konsumieren, allerdings hatte ich dabei nie ein Gefühl von Schuld. Seit 2009 betreibe ich bereits aktiv Bodybuilding, in dessen Umfeld es jedoch als völlig normal und sogar als hilfreich angesehen wurde, kiloweise Fleisch zu essen.

Mit Veganismus wurde ich zum ersten Mal konfrontiert, als Cornelia, eine meiner Kolleginnen und ebenso Fitnesssportlerin, sich dazu entschlossen hat, sich vegan zu ernähren. Es galt damals jedoch noch als absolut unmöglich, sich eine tolle Statur aufzubauen und sich dabei nur vegan zu ernähren. Zu wenig Proteine, zu viele Kohlenhydrate – hieß es damals.

Doch mit der Zeit entstanden mehr und mehr Vertreter dieser tierfreien Kultur.

Karl Ess, einer der größten YouTuber im Bereich Fitness, propagierte diese Art zu essen zum Beispiel sogar als überlegen. Ich betrachtete das

Thema jedoch weiterhin skeptisch und ließ mich weder von meinen Glaubenssätzen abbringen noch dazu bewegen, diese Ernährungsweise in Betracht zu ziehen.

2013 lud Cornelia mich und Alon Gabbay zu einem veganen Brunch in Berlin ein, bei dem wir zwar erschienen, uns aber wie die größten Vollidioten benommen haben.

Bereits beim Betreten der Tür riefen wir: „*Wo ist das Fleisch!?*"

Cornelia schämte sich für uns, weil sie diejenige war, die uns eingeladen hatte. Wir blamierten sie mit unserem Verhalten und stellten sie völlig bloß. Anstatt es für sie erträglicher zu machen, verschlimmerten wir den Abend, indem wir uns über die vegane Lebensweise lustig machten und uns dumm stellten. All das führte dazu, dass ich danach sogar ein Video-Statement auf YouTube abgab, in dem ich mich offen gegen diese Art sich zu ernähren stellte und dabei sagte, dass ich nie Veganer werden würde. Dass diese Behauptung nicht lange hielt, offenbaren die nächsten zwei Jahre danach ...

Den ersten Stein brachte mein Aufenthalt in Bangkok ins Rollen. Patrick und ich waren zum ersten Mal in dieser Stadt und konnten unseren Augen nicht trauen. Tiere wurden auf offener Straße in Käfigen gehalten, aufgeschlitzt und zum Verzehr zubereitet. Dies mit den eigenen Augen zu sehen, hat mich dazu gebracht, dass ich in Thailand kein Fleisch, keine Eier und auch keine Milch konsumieren wollte.

Eine weitere einschneidende Erfahrung erlebte ich in Rio de Janeiro. Ich sah dort eine Farm, in der Hühner so deformiert waren, dass man auf den ersten Blick nicht einmal erkennen konnte, welche Tiere es einmal waren. Diese armen, unschuldigen Lebewesen wurden gequält, gefoltert und einer Unmenge an Leid ausgesetzt.

Die Werbebranche hatte mich also angelogen. Die Werbebranche hat uns alle angelogen. Es gibt keine glücklichen Kühe und auch keine glücklichen Hühner, die auf den Alpen spazieren und ihr Leben genießen. Es war alles eine große Lüge ...

Den finalen Stoß gegen mein bisher noch ungebrochenes Fleischesser-Leben erlebte ich, als ich in den USA zum ersten Mal in einem Walmart war. Die Tiefkühlabteilung erstreckte sich über einen halben Kilometer und man sah weit und breit nichts als Tod. Es geschah in genau diesem Moment, als ein Teil meiner Identität zu zweifeln begann und sich fragte, wie man sein Leben lang so etwas unterstützen konnte.

In der Folge sah ich mir Dokumentationen wie „*Cowspiracy*" und „*Earthlings*" an, die den Schalter in meinem Kopf endgültig umgelegt haben. Was als ein Ein-Monats-Test begann, führte zu einer einjährigen flexitarischen Ernährung und schließlich zu einer vollständig tierfreien Lebensweise. Selbstverständlich hatte ich anfangs noch meine Zweifel.

Verliere ich meine Muskeln? Werde ich vielleicht dünner? Was ist mit meiner Gesundheit?

All diese Fragen konnte ich für mich nur beantworten, indem ich es einfach ausprobierte. Mit der Zeit fühlte ich mich sogar besser, gesünder und leistungsfähiger. Weder verlor ich meine Muskelmasse, noch wurde ich krank.

Aber warum erzähle ich dir das?

Wie du meine Einsicht in Ernährungsfragen auch im Allgemeinen auf DEIN Leben anwenden kannst

Wir wachsen in einer Gesellschaft auf, in der das perfekte Leben für uns bereits vermeintlich perfekt entworfen wurde. Zur Schule gehen, eine Ausbildung oder ein Studium absolvieren, heiraten, Kinder kriegen und in einem Unternehmen arbeiten, bis man 65 ist, mindestens. Alles, was außerhalb dieser Blaupause geschieht, gilt als absurd oder riskant.

Ein eigenes Unternehmen aufbauen? Du Träumer. Du willst dein Studium abbrechen und auf Reisen gehen? Du spinnst doch. Du willst keine Kinder? Jetzt hör schon auf mit den Witzen!

Vielen von uns fällt es schwer, zu realisieren, dass das, was unsere Gesellschaft uns vorgibt, oftmals nicht unsere eigenen Träume und Ziele sind.

Wie viele in deinem Umfeld kennst du, die BWL, Informatik oder Jura studieren? Aber wie viele davon brennen wirklich dafür? Das Einzige, was die meisten dazu bringt, diese Fächer zu wählen, ist die soziale Anerkennung sowie der Fakt, dass es in der Zukunft sicheres Geld einbringen wird. Wenn du auf einer Familienfeier bist, können deine Eltern zudem stolz verkünden, dass du Anwalt wirst, worauf die anderen mit ebensolchem Stolz reagieren werden. Sollten deine Eltern hingegen kundtun, dass du dich beruflich dazu entschieden hast, über Videospiele auf YouTube zu „reden", würdest du nur schief angesehen und als seltsam bezeichnet werden, richtig?

Durch derartige Erwartungshaltungen fühlen wir uns abgegrenzt, oftmals sogar verletzt, was dazu führt, dass wir unsere Träume lediglich träumen, aber nicht verwirklichen.

Der Mensch ist ein soziales Wesen und früher hätte unser Leben auf dem Spiel gestanden, wenn wir zu keinem Stamm dazu gehört hätten. Es ist also mehr oder weniger verständlich, weshalb wir auch heute noch so reagieren.

Leider zeigen Statistiken aber auch, dass die Anzahl der Menschen, die unter Depressionen leiden, steigt. Ebenso die Anzahl der Menschen, die finanzielle Schulden haben, weil sie sich das neue iPhone oder ein neues Auto gekauft haben, nur um „dazuzugehören".

Wir leben das Leben nach den Vorstellungen der Gesellschaft, jedoch nicht nach unseren.

Als Kinder wurde uns zum Beispiel auch gesagt, dass es schlecht sei, viel zu wollen. Wir müssten bescheiden sein und uns immer unter dem Radar halten. Uns wird sogar in die Wiege gelegt, was möglich sei und was nicht.

Wir müssen uns jedoch bewusst werden, dass das nicht UNSERE Denkweise ist und dass sie uns sogar in unserem Handeln blockiert, sollten wir sie übernehmen. Folglich erreichen wir mehr, (selbst wenn etwas nicht möglich ist), sofern wir auch mehr WOLLEN, und wiederum weniger, sofern wir weniger wollen.

Richtig und falsch, gut oder böse

Die erwähnten Normen sind bereits vorgegeben und wir adaptieren sie von unseren Eltern, unserer Kultur und unserer Gesellschaft, ohne überhaupt zu hinterfragen, ob sie denn wirklich auf uns „zutreffen".

Ein kleines Beispiel dazu:

In Japan ist es gang und gäbe, beim Verzehr von Nudeln zu schlürfen. Es ist nicht nur normal, es ist höflich. Schlürft man nicht laut beim Essen, zeigt man damit seinen Gastgebern, dass es nicht schmeckt. In der westlichen Kultur gilt Schlürfen hingegen als unappetitlich und unhöflich.

Was ist denn nun aber „richtig"?

Manche würden jetzt argumentieren, dass Schlürfen eben in Asien richtig ist und in Europa falsch. Dem kann ich jedoch mit folgenden Worten nur widersprechen: Immanuel Kant, einer der größten Philosophen der Menschheitsgeschichte, sagte einmal, dass ein moralisches Gesetz nur gelten würde, wenn es allgemeingültig und für alle Menschen zutrifft.

In einfacheren Worten erklärt bedeutet dies, dass beispielsweise das Schlürfen von Nudelsuppe auf keinem Ort der Welt als „richtig" empfunden werden kann, wenn es in einem anderen Ort der Welt als falsch empfunden wird. Demzufolge ist es weder richtig noch falsch.

Vermutlich ist seine Maxime nicht unbedingt auf Essgewohnheiten ausgelegt, allerdings finde ich, dass man es dennoch darauf beziehen kann.

Unweigerlich kommt nun die Frage auf, wie wir generell erkennen können, ob unsere Aktionen richtig oder falsch sind. Ich habe dafür 3 einfache Leitsätze definiert, anhand derer du auch deine Handlungen hinterfragen kannst.

1. Schade niemandem mutwillig.

Obwohl es selbstverständlich klingt, scheitern viele bereits an diesem ersten Leitsatz.

Mord, Gewalt und Diebstahl werden dadurch z. B. ausgehebelt. Aber auch Worte, manchmal sogar mehr als körperliche Gewalt, können verletzen. Traurigerweise wirst du aber in deinem Leben viele Menschen verletzen. Das ist völlig normal und lässt sich nicht komplett verhindern. Wenn du z. B. mit deiner Freundin Schluss machst, jemanden versetzt oder Ähnliches tust. Wir verletzen immer wieder Personen um uns herum.

Schlimm wird es allerdings erst, wenn wir es mit Absicht tun. Sobald wir z. B. etwas aus Rache unternehmen oder vorsätzlich vorhaben, dass sich jemand schlecht fühlt, sind unsere Taten nicht mehr gut und sollten in Frage gestellt werden.

2. Behandele andere so, wie du selbst behandelt werden möchtest

Es gibt das Sprichwort „*Wie du mir, so ich dir.*" oder auch „*Auge um Auge, Zahn um Zahn.*", was ich beides in keiner Weise unterstützen kann. Würde jeder Mensch nach diesen Maximen leben, wäre die Welt mit noch mehr Gewalt, Mord und etlichen anderen Delikten geprägt. Wenn dir das nächste Mal jemand unrecht tut, dich beleidigt oder versucht, dich runterzumachen, widerstehe dem Drang, dem- oder derjenigen dasselbe antun zu wollen. Mache die Welt hingegen zu einem besseren Ort, nicht zu einem schlechteren. Du musst dich nicht mit dieser Person anfreunden, aber du solltest ihr auch keinen weiteren Schaden zufügen.

3. Frage dich, wie deine Freunde auf deiner Beerdigung über dich reden sollten

Schließe deine Augen und stelle dir deine Beerdigung vor. Deine Verwandten, deine Freunde und deine Bekannten sind da. Stelle dir vor, wie sie untereinander von dir sprechen.

Gefällt dir, was sie sagen? Was möchtest du hören? Willst du, dass sie sagen, dass du wegen jeder Kleinigkeit ausgerastet bist oder willst du, dass sie sagen, dass du die Menschen immer mit Respekt behandelt hast?

Was auch immer du hören möchtest, du hast jeden Tag die Chance, die Erinnerung an dich zum Positiven zu verändern. Es ist nie zu spät, um an dir zu arbeiten.

Mit diesen 3 Leitsätzen wirst du immer in der Lage sein, zwischen richtig und falsch zu entscheiden. Alles andere – dein Kleidungsstil, die Wahl deines Partners, Tischmanieren oder deine Ausdrucksweise – ist reine Definitionssache.

Richtig gelesen, alles andere kannst du nur für dich selbst bestimmen. Jedes Mal, wenn du etwas tust, nur um der Masse zu gefallen, gibst du einen Teil deiner eigenen Persönlichkeit auf. Jedes Mal, wenn du nach den Vorstellungen anderer handelst, büßt du einen Teil deiner Individualität ein.

Aber damit will ich nicht sagen, dass du allgemeine Gepflogenheiten ignorieren und nur noch so handeln sollst, wie du es gerade willst.

Ich bin der Meinung, dass man sich auch zu einem gewissen Grad anpassen sollte. Jedoch nicht, weil man ein Opfer der Gesellschaft ist, sondern aus Respekt anderen gegenüber. Wenn ich zum Beispiel in der Schweiz bin, dann schlürfe oder schmatze ich nicht beim Essen, eben weil ich weiß, dass es andere stören könnte.

Genauso will ich auch in anderen Situationen, dass die anderen in meinem Umfeld mich mit Respekt behandeln. Natürlich könnte mir das auch egal sein und ich könnte z. B. die Füße auf den Tisch stellen oder in einem Bikini in Dubai herumlaufen, aber dann dürfte ich mich dahingehend auch nicht über die Verurteilung meiner Mitmenschen beschweren. Schließlich bin ich auch ein soziales Wesen, möchte Freunde gewinnen und mir ein positives Umfeld schaffen.

Konventionen und deren Zweck

Fangen wir ganz einfach an: Du hast bestimmt schon davon gehört, dass man nicht über Geld sprechen sollte.

Aber wieso eigentlich?

Man redet doch mittlerweile über fast alles. Welche Probleme man hat, welche Frau oder welchen Mann man mit nach Hause genommen hat oder auch, welche Krankheiten man hat – also wieso sollte Geld ein Tabuthema sein?

Wieso sind wir eigentlich die einzige Spezies, die arbeiten muss, um überleben zu können? Weshalb sollen wir uns entschuldigen, wenn unser Magen knurrt? Warum soll der Mann bei einem Date die Rechnungen bezahlen? Wieso soll man sich jeden Tag duschen und das Shirt wechseln? Aus welchem Grund sieht die Gesellschaft die Monogamie als die einzig richtige Beziehungsform an?

Im Laufe unseres Lebens wurden wir darauf konditioniert, diese „Regeln" blind anzunehmen und sich ihnen zu beugen. Vor allem aufgrund religiöser Dogmen, die sich seit hunderten von Jahren eingebrannt haben, sind wir nicht in der Lage, einfach mal umzudenken.

Im späteren Teil dieses Buchs werden wir genauer auf diese Fragen eingehen und uns anschauen, was es damit wirklich auf sich hat. Fürs Erste möchte ich lediglich, dass du dir Gedanken darüber machst, woher diese in den Fragen erwähnten Konventionen kommen und welchen Nutzen sie haben. Was sie dir bringen und es wirklich nötig ist, sich an sie zu halten oder sie dich nur in deinem Handeln beschränken.

„Vater Staat"

Ein nicht zu vergessender Punkt in der heutigen Zeit ist darüber hinaus, vor allem in Bezug auf Konventionen, der Staat. In jedem Land existiert er, in jedem Land hat er seine Vorteile, aber auch seine Nachteile.

Beispielsweise die Polizei jedes Staates gibt uns Schutz, unsere Straßen bleiben sauber und modernisiert und wir haben das Privileg, zur Schule gehen zu dürfen. Unsere Grundbedürfnisse sind dadurch gedeckt und wir brauchen im Falle eines funktionierenden Sozialsystems so schnell keine Angst zu haben, auf der Straße zu landen. Jedoch reicht in einigen Staaten bereits eine „opferlose" Tat aus, um ins Gefängnis zu kommen. (Verbotene) Prostitution, Drogen oder auch (illegales) Glücksspiel kann dich in den meisten Staaten ins Gefängnis bringen.

Ich will nicht sagen, dass Prostitution oder Glücksspiel etwas Gutes ist. Jedoch sind es Dinge, die jeder für sich selbst unter Kontrolle haben muss – sich jedoch von einem Staat in dieser Hinsicht beschränken zu lassen, empfinde ich als fragwürdig, da genau diese Beschränkungen wiederum zu organisiertem Verbrechen führen können. Als bspw. Alkohol in den USA verboten war, hat das nicht dazu geführt, dass die Leute keinen Alkohol mehr getrunken haben – es entstand lediglich ein Schwarzmarkt dafür. Genauso ist es heutzutage so einfach wie nie, an Drogen zu kommen, und zwar trotz des Verbots.

Schwarze wurden in der dunkelsten Zeit unserer Menschheitsgeschichte als Sklaven gehalten und ausgepeitscht. Juden wurden vergast und als Menschen niedrigerer Klasse degradiert. Frauen hatten kein Wahlrecht und es war ihnen nicht gestattet, arbeiten zu gehen. Ich will nicht sagen, dass das die alleinige Schuld des Staates war, allerdings haben es alle akzeptiert und sind lange nicht dagegen vorgegangen. Noch heute werden andere Lebewesen wie z. B. Tiere gequält, geschlachtet und ihrer Freiheit beraubt.

In Bezug auf die Finanzierung dieses Staates: Ich zahle gern Steuern, um beispielsweise die Straßen oder Ähnliches zu unterstützen. Allerdings nicht für ein Wettrüsten, für das Militär oder für Tierleid. Das ist für mich persönlich einfach nicht in Ordnung. Viele bezahlen auf diese Weise kommentarlos Geld für Dinge, die sie guten Gewissens eigentlich nicht unterstützen möchten.

Wendest du also „fremde" Moral an, ohne sie zu hinterfragen, hat es dich bereits „getroffen". Lebst du in einer Gesellschaft, in der jeder Dummes tut, dann ist das Dumme für dich nicht dumm, sondern richtig. Sobald du für deine Taten keinen triftigen Grund hast, sondern es einfach mit einem „Das ist eben so." abtust und damit im Endeffekt bejahst, steckst du bereits in der Falle.

Ich sage dir das alles nicht, um dich abzuschrecken – vielmehr möchte ich, dass du gesellschaftliche Konventionen kritisch betrachtest und dich fragst, ob DU vielleicht ein Opfer der Gesellschaft bist. *Machst du Sachen, die du eigentlich nicht tun möchtest? Bist du jemand, der seine eigenen Ansichten versucht auf andere Menschen abzuwälzen, und glaubt, ihnen vorschreiben zu können, was richtig und falsch ist? Ist es dein Bestreben, dich in das Leben anderer einzumischen?*

Sobald du in der Lage bist, die Konditionierung der Gesellschaft zu verstehen und sie auf rationaler Ebene zu akzeptieren, bist du auch fähig, deine eigenen Entscheidungen frei von Vorurteilen treffen zu können. Sei dir bewusst, dass die Gesellschaft stets „versucht", dir ihre Normen und Dogmen aufzuerlegen, und akzeptiere diese Gedanken. Sei dir aber auch bewusst, dass du ihre Meinungen nicht teilen musst.

Öffne deinen Verstand und schaue stets außerhalb der Norm. In der Vergangenheit haben viele Menschen aufgrund mangelnden Wissens gehandelt und so falsche Entscheidungen getroffen. Heute steht uns jedoch so viel Wissen zur Verfügung, dass wir unsere Perspektive vergrößern und alles aus einem erweiterten Blickwinkel betrachten können. Und so auch DU!

Als ich beispielsweise offen und ehrlich meinen Wechsel zum Veganismus in den sozialen Medien bekanntgegeben habe, herrschte Unruhe unter meinen Fans. *„Du hast dich verändert!", „Du bist doch krank!", „Das wird nicht funktionieren!"* und vieles Weiteres musste ich über mich „ergehen" lassen. Dass ich, Mischa Janiec, ehemaliger Fleischliebhaber, mich dazu entschieden habe, keinem Tier auf diesem Planeten mehr Leid zuzufügen zu wollen, griff also viele Leute stark an. Dies machte mir jedoch vor allem eines klar: Die gemeine Gesellschaft unterstützt keinen Individualismus. Die Masse möchte sich vielmehr zu einer Einheit formen und lieber alles, was nicht dazugehört, als Fremdkörper betrachten und missachten.

Wenn du also deine eigenen Ziele und Träume verfolgst, musst du dich darauf gefasst machen, von einer großen Welle an Missgunst getroffen zu werden.

Um dir ein positives Gegenbeispiel zu geben: Trotz des ganzen Hasses, den ich damals erlebte, gewann ich im Jahr 2016 die WNBF-Pro-Card im Bodybuilding mit einer ausschließlich veganen Ernährung, spielte im

Dokumentarfilm „*The Gamechangers*" an der Seite von Arnold Schwarzenegger mit und fühle mich auch seitdem besser denn je.

Obwohl jeder mir sagte, dass ich damals die falsche Entscheidung getroffen hätte und obwohl jeder mir sagte, dass ich früher oder später fallen würde, blieb ich standhaft und akzeptierte nicht den gegenteiligen Glaubenssatz der vermeintlich „richtigen" Gesellschaft.

Ich entschied mich vielmehr dafür, meinem Gefühl zu folgen und insbesondere dem, was ICH für richtig halte. Bisher hatte diese Sichtweise für mich nur Vorteile und seitdem habe ich auch nicht eine Sekunde an mir und meiner Entscheidung gezweifelt. Ich habe auch nie wieder zurückgeblickt.

Wie sieht es bei DIR aus?

KAPITEL 7

Das digitale Chaos

"Social Media has created jealous behaviour over illusions that don't even exist."

UNBEKANNT

Hawaii, Sommer 2014

Als ich meine Ausbildung zum Verkäufer anfing und somit auch in die Berufsschule ging, gab es so etwas wie Social Media noch nicht. Wenn wir gemeinsam am Tisch saßen, unterhielten wir uns. Wenn wir in der Bahn saßen, warteten wir. Jeder lebte sein Leben, ungeachtet dessen, was andere Personen aus dem Internet davon halten würden. Bis Facebook kam …

Facebook war seitdem voll im Trend und die meisten in meinem Alter meldeten sich auf dieser Plattform an. Heute ist Facebook mit über 2 Milliarden Nutzern weltweit das größte Social-Media-Netzwerk für jedes Alter – selbst mein 10-jähriger Bruder und die Großmutter meiner Freundin posten heute regelmäßig etwas!

Aber zur Zeit meiner Ausbildung sah ich noch keinen Sinn darin, meine Zeit damit zu verbringen, z. B. die täglichen Mahlzeiten meiner Mitmenschen anzuschauen und zu erfahren, auf welcher Party sie sich am letzten Wochenende betrunken haben. Dementsprechend weigerte ich mich, Facebook zu nutzen.

Nachdem sich jedoch sogar mein 40-jähriger Chef, ein typischer Bünzli (Schweizer Spießbürger), auf Facebook angemeldet hatte, musste ich mich selbst hinterfragen:

Bin ich jemand, der sich gegen den Fortschritt wehrt? Bin ich jemand, der sich gegenüber neuer Technik verschließt und letztendlich den Anschluss verpasst?

Aufgrund dieser Selbstreflexion kam die Zeit relativ schnell, in der ich doch nachgegeben habe und für mich herausfinden wollte, was es mit Social Media auf sich hat.

Anfangs nutzte ich Facebook nur, um mit Freunden und Verwandten in Kontakt zu bleiben. Mit zunehmendem Gefallen an all dem beschloss ich, darüber hinaus eine Seite zu erstellen, auf der ich mein Wissen rund um Fitness und Bodybuilding weitergebe. Was mit dem Posten von Bildern meines eigenen Körpers anfing, führte über das Beantworten einiger Fragen meiner Follower bis zum Posten kleinerer Videos.

Die Anzahl der Personen, die mir folgten, stieg von Tag zu Tag, bis sie im Jahr 2014 schließlich die magische Grenze von 100.000 überschritten hat.

Doch mit dem Erfolg kamen auch neue Probleme und Herausforderungen auf mich zu.

Ich bekam bspw. täglich 50–60 Privatnachrichten, die ich stets alle beantwortet habe. Mein Ziel war es schon immer gewesen, jemand zu sein, der sich um seine Follower bemüht und auf ihre Fragen antwortet. Ich wollte niemanden als selbstverständlich nehmen und meinen Fans auch die größtmögliche Unterstützung bieten.

Irgendwann kam der Zeitpunkt, an dem mich diese fast schon unmögliche Aufgabe drei bis vier Stunden meines Tages gekostet hat. Jeden Nachmittag saß ich an meinem MacBook, öffnete Facebook und sah die unglaubliche Menge an Nachrichten, die ich seit meinem letzten Login erhalten hatte. Bereits der Gedanke daran, mich durch all diese Nachrichten durchzuarbeiten, bereitete mir Kopfschmerzen. Und sobald ich eine Frage beantwortet hatte, kamen in derselben Zeit zwei neue hinzu. Hier hinterherzukommen, war bei der schieren Anzahl an Fragen einfach nicht mehr möglich.

Es war Mitte 2014 und ich war gerade mit Patrick in Los Angeles. Was ursprünglich als Urlaub geplant war, wurde lediglich zu einem Ortswechsel unseres Arbeitsplatzes. Wir arbeiteten praktisch den gesamten Tag und drehten ein Video nach dem anderen.

Jedoch galt auch hier: Jede Nachricht, die ich erhielt, musste beantwortet werden. Ich konnte von Glück reden, wenn ich abends, völlig erschöpft, selbst noch die Gelegenheit hatte, YouTube-Videos meiner Lieblings-Influencer anzuschauen.

Unser Hawaii-Trip, der im Anschluss an Los Angeles folgte, war als Belohnung für die harte Arbeit gedacht. Wir wollten uns dort die Zeit nehmen, um endlich zur Ruhe zu kommen und uns zu entspannen.

Doch als es dann soweit war und ich meinen ersten Morgen auf Hawaii erlebte, spürte ich beim Anblick meines Smartphones eine furchtbar große

Panik: unzählige Nachrichten auf WhatsApp und Facebook, dutzende E-Mails und eine immense Menge verpasster Anrufe! Ich realisierte, dass egal wo ich auf der Welt bin, man mich immer erreichen konnte. Die Tage, an denen ich einfach Urlaub nehmen konnte und nicht mehr erreichbar war, waren vorbei.

Diese Erkenntnis führte dazu, dass ich nicht mal mehr aufstehen wollte. Ich hatte keine Lust mehr, meine Lebenszeit auf Social Media zu verbringen! Würde ich nämlich auf eine Nachricht antworten, käme die Reaktion in Sekundenschnelle, die wiederum einer Antwort bedürfen würde.

Es war definitiv zu viel für mich. Ich war psychisch angeschlagen, stand kurz davor, mental unter dem Einfluss von Social Media zu leiden, und hatte große Sorgen, weil ich nicht wusste, was passiert, wenn ich mir eine Auszeit nehmen würde. Eine Flucht vor dem Ganzen schien nahezu unmöglich.

Doch ich sah keine Alternative – also schaltete ich mein Smartphone aus.

Zum ersten Mal wurde mir die asymmetrische Beziehung zwischen mir und meinen Zuschauern bewusst. Obwohl ich immer „nur" vor der Kamera stand und mit einer Linse sprach, habe ich indirekt mit Tausenden von Leuten geredet. Diese wussten dadurch sehr viel von mir und meinem Leben, während ich jedoch nicht einmal wusste, wer diese Menschen sind.

Derartige asymmetrischen Beziehungen sind ein neues Phänomen, das erst durch Social Media entstanden ist. Durch die sozialen Netzwerke sprechen wir Tausende, manchmal sogar Millionen von Menschen an, die uns täglich Nachrichten schreiben und mehr von uns wissen wollen. Ich denke, dass mir jeder Influencer zustimmen kann, wenn ich sage, dass genau das jedoch auch überfordern kann.

Welche Bedeutung haben soziale Medien für DICH?

Früher haben wir uns über Briefe miteinander ausgetauscht. Irgendwann kam das Telefon hinzu. Und dann das Internet, was uns komplett neue Wege eröffnet hat. Wir haben heute die Möglichkeit, uns mit jedem auf der Welt zu unterhalten, egal wo wir sind.

Bereits damals hatten wir E-Mail-Dienste und einige Websites, die wir regelmäßig besucht haben, was noch einigermaßen übersichtlich war. Doch mittlerweile haben wir dutzende Social-Media-Plattformen, tausende Influencer, hunderte von Apps und Programmen, die im Prinzip dasselbe tun, und noch vieles mehr.

Durch Social Media sind wir alle miteinander verbunden, können unsere Mitmenschen inspirieren oder auch selbst durch andere inspiriert werden. Wir können unser Wissen und unsere Erfahrungen weitergeben oder Wissen durch andere erlangen.

Wir haben so die Möglichkeit, uns ein Netzwerk aus positiven Menschen aufzubauen und uns mit jedem Einzelnen von ihnen auszutauschen. Jeder kann seine Meinung kundtun und jeder will dies auch aufgrund seines Bestätigungsbedürfnisses verfolgen.

Obwohl sich das alles theoretisch toll anhört und auch seine Vorteile hat, sehe ich dabei zwei große Nachteile:

1. Zu viel Auswahl paralysiert

Sheena Iyengar, Professorin für Wirtschaftspsychologie an der Columbia University, führte in einem Supermarkt ein Experiment durch. An einem Tag stellte sie einen Verkaufstisch mit 24 verschiedenen Sorten Marmelade auf. An einem anderen Tag stellte sie lediglich 6 Sorten zur Verfügung.

An welchem Tag glaubst du, wurde mehr Marmelade verkauft?

Das Ergebnis zeigte, dass mehr Umsatz an dem Tag generiert wurde, an dem weniger Auswahl zu finden war. Schauen wir uns die Psychologie dahinter an, verstehen wir auch wieso.

Dir ist das bestimmt bereits selbst einmal passiert. Vielleicht hast du dich nach einem Smartphone oder neuen Kopfhörern umgeschaut und wusstest nicht, wie du dich entscheiden solltest. Ein iPhone ist simpel, einfach zu nutzen und sieht schön aus. Ein Android-Smartphone hat ein offenes System und vielleicht ein oder zwei Funktionen, die dir mehr zusagen.

Für was auch immer du dich letztendlich entschieden hast, im Nachhinein ist es fast unmöglich, vollständig glücklich mit der Entscheidung zu sein, ohne die fehlenden Vorteile des anderen Produkts immer noch im Hinterkopf zu haben.

Doch es hört nicht bei der Entscheidung für ein bestimmtes Produkt auf. Selbst in der Wahl des Partners, des Berufs oder der nächsten Mahlzeit sind sich heutzutage viele unsicher und fragen sich schon beim kleinsten Aufkommen eines Problems, ob vielleicht noch etwas Besseres existieren würde. Es ist also nicht nur schwerer, eine endgültige Entscheidung zu treffen, es ist sogar bewiesen, dass diese uns nicht mehr so glücklich machen kann, wie es einst einmal war:

Heutzutage existieren mehr als 30.000 Studiengänge, unzählige Restaurants in der Nähe und Tausende Filme auf Netflix. Durch die Unmenge an Auswahl entsteht das sogenannte „Paradox of Choice". Die Auswahl überflutet, erschreckt und paralysiert, anstatt dass sie uns nützlich zu sein scheint.

In der Welt von Social Media haben wir z. B. unzählige Influencer, die unsere Zeit in Anspruch nehmen wollen. Selbst in einer Nische gibt es Dutzende, die im Prinzip dasselbe erzählen und sich rein vom Inhalt her kaum voneinander unterscheiden.

Wir sehen Werbung und bekommen Empfehlungen über dies und das. Wenn wir z. B. nach einem Fitnessprogramm suchen, haben wir allein schon über 100 Auswahlmöglichkeiten – und jedes Programm soll davon das Beste sein. Wir bekommen unzählige Produkte und Dienstleistungen vorgeschlagen: Nahrungsergänzungsmittel, E-Books, Gesichtscremes und vieles mehr. Auch hier wird immer behauptet, dass es jeweils das Beste von allen sei.

Letztendlich haben wir in jedem Bereich unseres Lebens so viel Auswahl, dass wir nicht mehr wissen, was wir glauben und wofür wir uns entscheiden sollen. Und egal welche Auswahl wir dann final treffen – ein neidischer Blick auf die anderen Produkte bleibt stets bestehen.

2. Sich immer zu vergleichen, macht depressiv

Statistiken zeigen, dass jeder vierte Schüler depressiv ist. Nun kann man sich fragen, ob hier eine Kausalität besteht, sprich, ob der Ursprung der Depression tatsächlich mit bspw. Social Media zusammenhängt oder ob es vielleicht nur reiner Zufall ist.

Man kann bereits feststellen, dass das Besondere an Social Media und dem entsprechenden Newsfeed ist, dass es in Sekundenschnelle dafür sorgen kann, dass du dich durch den Vergleich mit anderen, wie z. B. Influencern oder Stars, schlecht und leer fühlst – und dennoch immer wieder zurückkehrst. Denn jedes Mal, wenn du Instagram öffnest, belohnt dich dein Gehirn mit Dopamin.

Dopamin ist ein Botenstoff, der ausgeschüttet wird und dich für einen kurzen Moment gut fühlen lässt. Dopamin wird zum Beispiel auch beim Konsum von Alkohol, Zigaretten und Glücksspielen ausgeschüttet. Social Media hat in unserem Gehirn also fast dieselbe Bedeutung wie süchtig machende Drogen. Wie es bei Alkohol und Zigaretten so ist, hören wir meist nicht nach nur einem Schluck oder Zug auf, denn wir wollen mehr Dopamin, mehr Glücksgefühle. So und nicht anders entsteht eine Sucht.

Hast du also deinen Newsfeed durchgescrollt und siehst keine neuen Bilder oder keine neuen Storys mehr, bekommst du demzufolge auch kein neues Dopamin. Das ist der Moment, in dem du anfängst, dich schlecht und völlig leer zu fühlen. Genauso, wenn du auf dein neuestes Bild keine Likes mehr bekommst oder an einem Tag keine neuen Follower. Das Dopamin in deinem Kopf bleibt aus und somit auch dein vermeintliches Glücksgefühl.

Dennoch hast du dich in diese Welt begeben und vergleichst dich z. B. mit dem Supermodel Emily Ratajkowski oder dem modernen Playboy Dan Bilzerian. Im direkten Vergleich mit der gesamten Welt verlierst du aber und das Einzige, was dir letztendlich von deinem Ausflug in das Leben anderer geblieben ist, ist das Gefühl, nicht genug zu sein.

Und genau das beschreibt das digitale Chaos.

Das digitale Chaos ist eine relativ neue Problematik. Sogar so neu, dass es dieses Kapitel nicht gegeben hätte, wenn dieses Buch vor zehn Jahren erschienen wäre. Auch weiß niemand, wohin uns Social Media in der Zukunft führen wird oder welche Konsequenzen auf uns warten werden.

Das Status-Problem

Serotonin ist ein weiteres Hormon, das ausgeschüttet wird, wenn wir Anerkennung erhalten, einen gewissen Status in unserer Gesellschaft genießen oder eine Verbindung zu unseren Mitmenschen aufbauen. Wie Dopamin ist es ein Glückshormon und sorgt dafür, dass wir uns gut fühlen.

Früher ist es den Menschen leichtgefallen, ein konstantes Level an Serotonin zu halten und glücklich zu sein. Als es beispielsweise noch keine Städte gab, lebten die Menschen in Gruppen mit knapp 150 Personen. Warst du der Größte oder der Stärkste in der Gruppe, dann warst du auch der Einzige, der das von sich behaupten konnte und niemand machte dir diesen Posten streitig. Es gab kein Social Media, kein Internet und damit auch keine Möglichkeit, sich mit Menschen anderer Gruppen zu vergleichen. Irgendwann gab es jedoch Städte mit 2.000 Einwohnern und mehr – und plötzlich warst du nicht mehr der Größte oder der Beste. Wenn du aber trotzdem dein Serotonin haben wolltest, musstest du dich enorm anstrengen, um wieder ganz oben zu sein.

Wie sieht es jedoch heute aus?

Im Staat New York leben beispielsweise mittlerweile mehr als 20 Millionen Menschen. Du wirst wahrscheinlich niemals in der Lage sein, der beste Student, der beste Informatiker oder in irgendeinem anderen Bereich der Beste zu sein. Selbst wenn du DER Eine unter einer Million bist, gibt es in New York immer noch mindestens 20 andere deiner Sorte, mit denen du dich messen musst. Und selbst wenn du auch unter diesen der Beste bist, wirst du dir nie sicher sein, dass dies auch so bleibt, weil viele Profis heutzutage wissen, wie sie sich einfach nur verkaufen müssen, um als Nummer 1 zu gelten.

Doch hierbei hört es nicht auf. Was wäre, wenn wir das Ganze in der Größenordnung des gesamten Planeten sehen? Was wäre, wenn du dich mit knapp 7 Milliarden Menschen vergleichen müsstest?

Die Wahrheit ist, dass z. B. Instagram uns genau diesen Vergleich bietet. Wir alle streben seit jeher nach Bedeutsamkeit und Anerkennung, allerdings ist es heutzutage nicht mehr ganz so einfach, dies zu bekommen. Egal wie gut du in etwas bist, jemand anderer auf der Welt wird immer besser sein.

Dies soll aber keine Aufforderung sein, deswegen mit deiner Leidenschaft komplett aufzuhören, sondern vielmehr ein Zuspruch, um dich vor allem wissen zu lassen, dass es JEDEM von uns so geht. Du bist nicht allein: Wir alle haben mal das Gefühl, nicht gut genug zu sein.

Doch du musst auch wissen, dass nur, weil du dich schlechter als jemand anderes fühlst, es nicht bedeutet, dass du schlecht BIST. Ich bin aber kein Selbsthilfe-Guru, der dir jetzt sagt, dass du trotz allem genug bist – denn das musst du für dich selbst entscheiden. Niemand außer dir kann über deinen Wert entscheiden.

Das Einzige, was ich dir sagen kann, ist Folgendes: Strebe nie nach äußerer Bestätigung und bringe dich stets selbst in die Lage, sagen zu können, dass du sogar mehr als genug bist! Bringe dich selbst in die Lage, sagen zu können, dass du mehr als genug zu bieten hast und dass du nicht der Beste auf deinem Gebiet sein musst, um deinen Platz auf der Welt zu finden. Die sogenannten „Influencer" spielen hierbei jedoch oft nicht mit fairen Karten. Da ich selbst auf Social Media aktiv und auch relativ erfolgreich bin, kenne ich mich mit diesem Spiel sehr gut aus. Auch im Austausch mit anderen habe ich einiges über deren Praktiken gelernt und bin dadurch zu 3 Erkenntnissen gekommen, die du eventuell in der ein oder anderen Form bereits gehört hast und dir, wie auch mir, eine neue Sicht auf Social Media ermöglichen werden:

1. Es werden nur noch Dinge unternommen, um sie danach auf Social Media zu posten

Man kann natürlich generell argumentieren, dass es immer etwas Gutes ist, wenn jemand z. B. mit Sport oder mit dem Kochen anfängt – egal welche Intention dahintersteckt. Allerdings sehe ich es auch etwas kritisch, denn diese Menschen stellen oft ein Instagram-Bild über die eigentliche Erfahrung: Es wird nicht mehr gekocht, weil man ein gesundes und schmackhaftes Gericht verzehren wollte, sondern damit es im Internet gut aussieht. Die Sonne geht unter, doch anstatt die Erfahrung eines wunderschönen Sunsets einfach zu genießen, wird das Smartphone aus der Tasche geholt und gefilmt.

Keine Aktivität wird mehr der Aktivität wegen unternommen, sondern nur noch, um sich über das Teilen der Erlebnisse auf Social Media identifizieren zu können. Wir selbst sind so jedoch nicht mehr in der Lage, etwas zu genießen, ohne dass die Welt ebenfalls davon erfahren muss.

2. Es werden lediglich die schönen Seiten gezeigt

Der Stapel Geld, die schöne Freundin, das teure Auto, die beeindruckenden Urlaube. Das ist es, was wir auf Social Media sehen und was wir auch traurigerweise exakt so glauben. Wir verlieben uns in eine Illusion, die es so gar nicht gibt.

Harte und nervenaufreibende Arbeit wird nämlich zum Beispiel nicht dokumentiert, ebenso wenig wie Streitereien mit dem Partner oder die Verschuldung durch das geleaste Auto – was jedoch auch Teil des Lebens ist, richtig?

Es entsteht so eine Online-Scheinwelt, die keiner näheren Betrachtung standhält und sofort zusammenbricht, sollte man sich das Ganze ein wenig genauer anschauen.

Für die Menschen, denen es nicht ganz bewusst ist, dass das nicht die echte Realität darstellt, erzeugt diese Sichtweise ein riesiges Vakuum sowie im schlimmsten Fall Depressionen und das Hinterfragen des eigenen Lebens. Auch wenn man sich des Ganzen bewusst ist, hinterlässt es immer noch kleine Spuren. Obwohl du weißt, dass das alles nicht real ist, vergleicht dich dein Unterbewusstsein mit den Stars und sagt dir dabei, dass du nicht genug bist. Du kannst dein Unterbewusstsein jedoch nicht steuern, egal wie sehr du es versuchst. Auch wenn du mit deinem Leben zufrieden bist, fühlt sich jeder Vergleich auf Social Media an, als würde dir jemand jedes Mal mit einer Nadel in die Haut stechen.

3. Solange man konsumiert, produziert man nicht

Selbst wenn du nur noch qualitativ hochwertigen Content betrachtest, der dir tatsächlich wertvolle Informationen gibt, musst du dir bewusst sein, dass du in diesen Momenten der Konsumierung nur ein Verbraucher, aber kein Produzent bist. Damit meine ich, dass du nichts Produktives tust bzw. nichts kreierst, solange du nur betrachtest und konsumierst.

Du kannst z. B. etliche Bücher, Videos oder Seminare zum Thema Business, Dating oder Sport konsumieren – aber solange du danach deinen Hintern nicht bewegst und das Ganze auch umsetzt, war alles umsonst und du hast letztendlich einfach nur mental masturbiert. Viele glauben, auf diese Weise produktiv zu sein, aber das ist ein Trugschluss.

Produktiv bist du nämlich erst, sobald du wirklich etwas tust.

Frage dich dabei selbst:

Wie viele Bücher oder Videos hast du in den letzten Wochen und Monaten konsumiert? Und wie viel von diesem Wissen hast du letztendlich umgesetzt?

Wie viel Konsum brauchst du, um dich bei deinen Fortschritten zu unterstützen? Und wie viel ist dabei zu viel und hindert dich wiederum daran, zu handeln?

Zum Abschluss dieses Kapitels solltest du dich auch Folgendes fragen:

Was würdest du tun, wenn dir niemand zuschauen würde? Was begeistert dich wirklich, ungeachtet dessen, was andere davon halten könnten? Wohin würdest du gehen bzw. was würdest du unternehmen, wenn es nie jemand erfahren würde?

Lerne, allein zu sein. Lerne, deine Zeit ohne Social Media und äußere Einflüsse zu verbringen. Lerne, den Lärm um dich herum zu reduzieren und im Moment zu sein. Was alles leicht klingt, aber in der Praxis für viele schwer umzusetzen ist. Wenn wir uns jedoch ausschließlich mit unseren Gedanken auseinandersetzen, werden wir mehr erkennen, als wir jemals für möglich gehalten haben.

All der Schmerz, den wir versuchen zu ignorieren, sowie all die offenen Probleme und wesentlichen Fragen des Lebens kommen dann auf und wir können uns dem nicht mehr entziehen. In diesen Momenten beginnt der schöpferische Teil unseres Gehirns einzusetzen und wir sehen gleichzeitig Perspektiven in unserem Leben, die wir vorher nicht einmal in Betracht gezogen haben. In diesen Momenten können wir klarer sehen und eine Wahl zwischen Entscheidungen fällt uns wiederum leichter.

Seit meinem Hawaii-Trip mache ich von daher zwei- bis dreimal im Jahr eine Pause von Social Media. Ich logge mich in dieser Zeit für ein bis zwei Wochen nirgends ein, antworte auf keine Nachrichten und poste auch nichts.

Durch diese regelmäßigen „Social-Media-Breaks" mache ich mir stets zwei für mich wichtige Lektionen bewusst:

Erstens: Ich bin nicht der Mittelpunkt der Welt.

Die Erde dreht sich weiter, auch wenn ich nicht (mehr) da bin. Dadurch nehme ich mir selber den Druck, immer aktiv und verfügbar zu sein und meinen Followern etwas bieten zu müssen.

Zweitens: Mein Leben geht auch ohne Social Media weiter.

Mein Fokus verschiebt sich dadurch auf die reale Welt, anstatt in der digitalen zu verharren. Ich lebe so mehr im Moment und kann erkennen, dass ich im Endeffekt nichts verpasst habe. Im Gegenteil, ich bekomme viel mehr mit, was um mich herum passiert.

Wenn jemand wie ich, der seinen Lebensunterhalt durch Social Media verdient, zwei- bis dreimal im Jahr eine Pause davon nimmt, dann schaffst du das bestimmt auch. Ich empfehle wirklich jedem, also auch DIR, hin und wieder solche „Social-Media-Breaks" einzulegen, um dich wieder mit deinem natürlichen Umfeld verbinden und den kreativen Teil deines Hirns wieder einschalten zu können. Ebenso löst du die Gewohnheit eines fast schon zwanghaften Scrollens und findest wieder alternative Unterhaltungsmöglichkeiten.

Also, lösche am besten gleich ein paar Apps auf deinem Smartphone und genieße zum Test eine Woche ohne Social Media.

Bist du bereit, dies zu wagen?

Teil 1:

EINE BITTERE WAHRHEIT

II. DIE INNEREN KETTEN

KAPITEL 8

Die bittere Wahrheit

Wie du siehst, ist die Welt voller Probleme und Hindernisse, die am Ende immer wieder auf die im letzten großen Kapitel beschriebenen äußeren Chains zurückzuführen sind – sei es das soziale Umfeld, die Gesellschaft im Allgemeinen oder das digitale Chaos, in dem wir uns alle befinden. Durch das soziale Umfeld werden wir oft nicht ernst genommen, fühlen uns verunsichert, müssen uns ständig beweisen, werden vielleicht zum Lästern ermutigt und können sogar mit Drogen in Verbindung kommen. Die Gesellschaft will uns dabei vorschreiben, wer wir zu sein haben, zwingt uns in ein vorgegebenes Muster und sorgt dafür, dass unser Leben von Stress gefärbt ist. Das digitale Chaos präsentiert uns wiederum eine Scheinwelt, die unser Selbstwertgefühl tagtäglich auf die Probe stellt und unsere Aufmerksamkeit fast komplett vereinnahmt.

Wenn man sich das so überlegt, leben wir in einer von Ketten geplagten Welt und haben es dadurch relativ schwer, selbstbestimmt und unabhängig glücklich zu werden, oder?

Falsch! Auch wenn ich nicht gern der Überbringer dieser Nachricht sein möchte, muss ich dir leider sagen: Du hast dich SELBST angekettet!

DU hast der Außenwelt die Erlaubnis gegeben, dich anketten zu lassen!

DU warst es, der dies erst möglich gemacht hat!

Das ist die bittere Wahrheit.

Damit will ich dir aber keinen Vorwurf machen – es soll vielmehr ein Weckruf sein. So gut wie jeder von uns lässt sich anketten, ohne sich dessen bewusst zu sein.

Deine Probleme mit dem sozialen Umfeld, der Gesellschaft und dem digitalen Chaos sind äußere Ketten, die wiederum Symptome von noch tiefer liegenden Problemen sind: nämlich den inneren Ketten.

Richtig gelesen, die äußeren Chains, die du bereits kennengelernt hast, und die damit verbundenen Probleme, die wir täglich mit uns tragen, entspringen letztendlich aus UNS!

Die Wahrheit ist also, dass du keine Probleme mit der Außenwelt hast – du hast ausschließlich Probleme mit dir selbst. Wäre dem nicht so, würdest du nämlich verstehen, dass du dein Umfeld selbst in der Hand hast. Es gäbe darin nur tiefgründige und gesunde Freundschaften. Du würdest dich mit Menschen umgeben, die dich hochziehen, unterstützen und zu einem besseren Menschen machen. Du würdest die Gesellschaft nicht als etwas Böses sehen, sondern als eine Gelegenheit, um alles zu bekommen, was du willst. Und das digitale Chaos würdest du zu deinem Vorteil nutzen, um mit deinen Freunden in Kontakt zu bleiben, Informationen zu bekommen, dein Business aufzubauen und im besten Fall sogar ortsunabhängig arbeiten zu können.

Aus dieser Perspektive klingt das Ganze ziemlich geil, oder?

Frage dich demnach Folgendes:

Was hält dich eigentlich davon ab, dein eigenes ChainlessLIFE zu kreieren? Welche vermeintliche Begründung gibst du dir selbst, wieso du etwas nicht hast oder wieso du etwas nicht kannst? Welche Ketten halten dich davon ab, dies zu erreichen und daran zu wachsen?

Bevor du jedoch deine persönliche Reise in ein kettenloses Leben beginnen willst, lass mich dir noch eines sagen: Es erfordert verdammt viel Schmerz, die beste Version seiner selbst zu werden.

Was ich damit meine?

Der erste Schritt in Richtung Freiheit beginnt genau dort, wo du anfängst, dir über dein Selbst bewusst zu werden. Das bedeutet, genau dort hinzuschauen, wo die wenigsten gern hinsehen. Es bedeutet vor allem, dir über deine Schwächen im Klaren zu sein und deine „Fehler" zu erkennen.

Sich selbst einzugestehen, viele Fehler gemacht zu haben, auf der falschen Spur zu sein oder viele limitierende „Charakterschwächen" zu haben, ist schmerzhaft.

Auch ich musste mir eingestehen, dass ich mir jahrelang etwas vorgemacht und mich selbst belogen habe. Und das nur, um mich vor der bitteren Wahrheit zu beschützen.

Und: Es war verdammt nochmal kein Ponyritt.

Ich habe Freunde verloren, gelitten, geweint und viele Nächte wach gelegen und oft nicht gewusst, wie es weitergehen soll.

Aber eine Sache habe ich nie verloren: meinen Mut.

In den nächsten Kapiteln wollen wir aber nicht nur über die kritischen inneren Ketten reden – ich will dir auch meine persönlichen Storys dahinter erzählen, die letztendlich dazu geführt haben, dass ich mir MEIN ChainlessLIFE kreieren konnte. Ich denke, dass dies die beste Strategie ist, um auch für DICH dein eigenes ChainlessLIFE erschaffen zu können!

Bist du dafür bereit?

Denn dann gilt es auch, Verantwortung für dein Leben zu übernehmen! Das heißt, dass ALLES, was von nun an passiert, in deiner eigenen Verantwortung liegt. Du bist dafür verantwortlich, ob deine zwischenmenschlichen Beziehungen gut laufen oder im Streit enden. Du bist dafür verantwortlich, ob du in zehn Jahren allein und arm in einer Einzimmerwohnung sitzt und von Arbeitslosengeld lebst oder ob du dir hingegen dein ChainlessLIFE kreiert hast und einfach nur das tust, worauf du Lust hast.

Diese Verantwortung zu übernehmen, ist jedoch mindestens genauso schmerzhaft, wie sich ihr zunächst bewusst zu werden. Es muss aber schmerzhaft sein! Und wenn dir deine Freiheit etwas bedeutet, dann musst du zwingend durch diese Phase gehen, denn Schmerz ist der größte Motivator für Wachstum!

Freiheit ist jedoch kein Ziel, das man einfach mal so erreicht. Es ist nicht wie eine Hochzeit, die du einmal erlebst, und dann für den Rest deines Lebens in diesem Stadium bleibst.

Freiheit ist ein Wert, der jeden Tag bewusst gelebt werden muss. Er muss zum Kompass werden, der dich jeden Morgen daran erinnert, wieso du verdammt nochmal auf diesem Planeten bist!

Ich weiß, dass dies hart ist. Schließlich habe ich es selbst erlebt.

Aber was wäre denn die Alternative?

Ein Leben, in dem jeden Tag ein neues Problem an deiner Tür klopft?
Ein Leben, in dem du voller Reue bist und nie das erreichst, was du dir vornimmst?
Ein Leben, in dem du die Kontrolle über deine Situation abgibst und nur überlebst, anstatt mit vollen Sinnen und Freude lebst?

Nur wenn du bereit bist, den daraus resultierenden Schmerz auszuhalten und Verantwortung zu übernehmen, kannst du dir deine Freiheit tatsächlich erschaffen. Schließlich erfordert jeder Schlüsselmoment Schmerz. Du wirst jedoch so oder so leiden, also wieso suchst du dir deinen Schmerz nicht einfach aus?

Ich denke, du hast bereits verstanden, dass wir mit den äußeren Chains gerade einmal an der Oberfläche des ganzen Prozesses gekratzt haben und dass es jetzt an der Zeit ist, uns um die entscheidenden Ketten in deinem Inneren zu kümmern.

Ich hoffe, du bist dafür bereit – lass es uns gemeinsam angehen!

KAPITEL 9

Die Komfortzone, die uns bremst

"There will be a time when we must choose between what is easy and what is right."

Albus Dumbledore

Biel, 2013

Was das Verlassen der sogenannten Komfortzone betrifft, denken die meisten oft nur daran, wortwörtlich ihren Hintern zu bewegen und Sport zu machen, arbeiten zu gehen oder endlich das sich bereits stapelnde Geschirr zu spülen.

Denke ich jedoch an meine größte Komfortzone, die es zu verlassen galt, dann ist das meine fast 4 Jahre lange Beziehung, in der ich mich zum Ende hin einfach nicht mehr wohlgefühlt hatte.

Aber weil ich damals nicht den Mut hatte, meiner Freundin genau das mitzuteilen, habe ich die Situation für uns beide nur schlimmer gemacht, was wiederum ein bitteres Ende mit sich gebracht hat ...

Beginnen wir jedoch mit dem positiven Anfang der ganzen Geschichte. Es war an einem Abend in einem Club. Ich ging mit meinen Freunden feiern und habe sie auf der Tanzfläche gesehen. Sie hatte hellblaue Augen, war wunderschön und genau mein Typ. Ich versuchte mein Glück und wir verbrachten gemeinsam den Abend damit, uns näher kennenzulernen.

Ihr Name war Larissa, sie arbeitete in einer Apotheke als Pharma-Assistentin und wohnte knapp eine Stunde von mir entfernt. Im Gespräch mit ihr merkte ich schnell, dass wir den gleichen Humor teilten und uns auf derselben Wellenlänge befanden. Wir tauschten unsere Nummern aus, blieben weiterhin in Kontakt und gingen auch einige Male miteinander aus. Es dauerte nicht lange, bis wir uns ineinander verliebten und ein Paar wurden.

Auch wenn wir eine Fernbeziehung geführt und uns maximal einmal die Woche gesehen haben, hatten wir eine wunderschöne Zeit. Wir verbrachten so gut wie jedes Wochenende zusammen und flogen sogar gemeinsam in den Urlaub.

Zwei Jahre später, nach der rosaroten Zeit, wurde mir jedoch bewusst, dass sie doch nicht die Richtige für mich und auch unsere Beziehung nicht das war, was ich mir eigentlich wünschte. Ich fokussierte mich zu dieser Zeit ausgesprochen stark auf mein Unternehmen, wurde auf YouTube allmählich bekannter und ging einen komplett selbstständigen Weg. Sie blieb hingegen bei ihrem Job in der Apotheke, was dazu führte, dass wir uns beruflich und motivationstechnisch in komplett unterschiedliche Richtungen entwickelten.

Mir wurde viel zu spät bewusst, wie stark wir uns während dieser Zeit eigentlich auseinandergelebt hatten. Nämlich sogar so weit, dass meine Gefühle für sie verblassten. Obwohl ich es bereits tief im Inneren wusste, habe ich nie den Mut gehabt, ihr mitzuteilen, geschweige es mir anmerken zu lassen, wie ich mich wirklich fühlte.

So kam es, dass ich ein weiteres Jahr lang eine Beziehung mit einer Frau geführt habe, für die ich eigentlich überhaupt nichts mehr empfunden habe. Larissa hingegen war immer noch in mich verliebt und glaubte an unsere Beziehung.

Im Jahr 2013, als ich bereits mehr als drei Jahre mit ihr zusammen war, bereitete ich mich auf die Deutsche sowie die Schweizer Meisterschaft im Natural Bodybuilding vor.

Es war bereits spät abends: Ich lief ins Fitnessstudio und hatte meine Kopfhörer aufgesetzt. Die Musik von Drake lief in meinen Ohren. Als sein Song *„From Time"* lief, wurde es mir augenblicklich klar: Ich musste die Beziehung beenden.

„So what are you? What are you, what are you so afraid of? Darling you, you give but you cannot take love."

Der Song machte mir bewusst, dass ich mich nicht mehr vor der Wahrheit verstecken dürfte und endlich ehrlich zu ihr sein müsste. Nicht nur für mein Wohl, sondern auch für ihres. Ich wusste, dass ich sonst unsere Zeit verschwenden und sie an eine Zukunft glauben lassen würde, die es so niemals geben würde.

Anstatt Larissa jedoch freizugeben und ihr zu ermöglichen, jemand anderen kennenzulernen, der sie mehr erfüllt, ließ ich unsere Beziehung einfach weiterlaufen. Wie bisher konnte es aber nicht weitergehen und das wusste ich ganz genau. Es musste enden. Und zwar bald.

Alles das nahm seinen Lauf, als sie mich zwei Wochen vor meinem ersten Wettkampf besuchte. Bedingt durch meine strenge Diät und dem sehr tiefen Körperfettanteil empfand ich kaum noch Gefühle – meine Emotionen waren praktisch abgestellt.

An sich sollte es ein gewöhnliches Wochenende werden, an dem sie zwei Tage bei mir verbringen sollte und wir zudem gemeinsam unseren nächsten Urlaub planen wollten.

Doch ich wusste bereits, dass es der letzte Abend sein wird, den wir als Paar verbringen würden.

Anstatt ihr jedoch ehrlich zu sagen, wie ich mich fühlte, zettelte ich einen Streit an, um die Beziehung beenden zu können. Selbst in diesem Moment hatte ich einfach nicht den Mut, um anständig mit ihr Schluss zu machen.

Wir fingen an, uns über ein Hotel zu streiten, das wir für unseren geplanten Urlaub buchen wollten. Da ich aufgrund meiner selbstständigen Arbeit mehr Geld als sie verdiente, wollte sie ein günstiges, ich hingegen ein teureres Hotel. Sie war generell nie eine Person gewesen, die sauer wurde und mich anschrie, aber an diesem Abend provozierte ich es.

„Ich kann auch einfach ohne dich in den Urlaub fahren, das ist für mich kein Problem!", sagte ich mit energischer Stimme zu ihr.

„Was ist eigentlich los mit dir!?", erwiderte sie.

Wir stritten uns, ich verlor die Selbstbeherrschung und schrie sie an. Jeder Gedanke, alles, was mich in unserer Beziehung jemals gestört hatte, habe ich rausgelassen. All das, was ich über die Jahre angesammelt und nie aus meinem Kopf gelassen hatte, wurde an diesem Abend ausgesprochen.

Das war auch der Moment, in dem ich zum ersten Mal mein wahres Gesicht gezeigt habe. Zum ersten Mal habe ich ihr gesagt, dass ich unzufrieden war. Zum ersten Mal habe ich ihr gesagt, dass ich mit unserer Beziehung nicht glücklich war – ohne auch nur eine Sekunde daran zu denken, dass ICH das eigentliche Problem war.

Sie war völlig schockiert, da sie von alldem nicht die leiseste Ahnung hatte. Tränen flossen ihr über die Wangen und sie war am Boden zerstört.

Ich habe ihr mit meinen Worten mehr Schaden zugefügt, als ich es selbst für möglich gehalten hatte. *„Was sollen wir jetzt machen?"*, fragte sie schluchzend. *„Geb einfach. Verlass meine Wohnung."*, war das Einzige, was aus meinem Mund kam. Anstatt sie in den Arm zu nehmen und ihr zu sagen, dass meine Wut und Unzufriedenheit nicht an ihr lag, tat ich nichts dergleichen. Ich setzte hingegen sogar noch einen drauf und sorgte dafür, dass sie bestürzt aus meiner Wohnung floh. Ich versuchte nicht einmal, sie aufzumuntern, damit es ihr trotz der Trennung und des Streits besser ging.

Ungeachtet dessen, was zu diesem Zeitpunkt geschehen war, fühlte ich eine große Erleichterung, weil ich es endlich geschafft hatte, die Beziehung zu beenden.

Ich habe mich aber wie das größte Arschloch benommen und es zu diesem Zeitpunkt nicht einmal gemerkt. Das war mit Abstand das Schlimmste, was ich jemals einer Person angetan habe.

Doch was hatte das mit meiner Komfortzone zu tun?

Wir leben in einer Welt mit Amazon, Lieferando und Tinder. Unsere Pakete, unser Essen und sogar unsere Dates sind mithilfe einer App innerhalb kürzester Zeit vor unserer Haustür. Eine Welt, in der wir nichts Unangenehmes mehr machen müssen, in der inzwischen alles vermeintlich einfach und unkompliziert geworden ist.

Diese Komfortzone umfasst einen Bereich, mit dem wir vertraut sind, keine harte Arbeit erledigen müssen und uns rundum wohlfühlen. Auch wenn sich das toll anhört, hält genau diese Komfortzone uns davon ab, unser eigentliches Potenzial zu entfalten, da wir weder Neues lernen, noch Neues erleben.

Das wird uns besonders dann klar, sobald wir uns ein neues Ziel setzen und es erreichen möchten. Unsere Ziele sind nämlich immer mit Hindernissen verbunden, mit denen wir bisher noch nicht konfrontiert waren und die sich noch außerhalb unserer Komfortzone befinden. Allein die Vorstellung dieser Hindernisse hält uns meist davon ab, diese Komfortzone zu verlassen und das neue, unbekannte Territorium zu betreten.

Wir möchten zum Beispiel eine glückliche Beziehung führen, sind aber nicht bereit, auf Menschen zuzugehen. Wir möchten gesund leben und einen schönen Körper haben, aber sind nicht bereit, auf Fast Food zu verzichten und regelmäßig Sport zu treiben. Täglich schauen wir uns auf Instagram erfolgreiche Menschen an und sehen ihre luxuriösen Autos, ihr vieles Geld und ihre wohlgeformten Körper, aber niemals die harte Arbeit dahinter.

Wir alle wollen etwas erreichen, doch die Frage sollte nicht lauten, WAS wir erreichen wollen, sondern ob wir bereit sind, aus unserer Komfortzone auszubrechen, um die Hindernisse zu überwinden und die dafür nötige Arbeit zu erledigen – auch wenn das impliziert, dass uns dies alles nicht leichtfallen wird.

Das Schlimme an einer Komfortzone ist: Es tut nicht weh, wenn wir dort unser Leben verbringen. Meistens haben wir kein Problem damit und geben uns mit der jeweiligen Situation zufrieden. Doch müssen wir uns früher oder später fragen, was wir alles erlebt hätten und wo wir hätten sein können, wenn wir unserem inneren Schweinehund nicht die Oberhand gelassen hätten.

Das ist zum Beispiel auch der Grund für die Midlife-Crisis, in der viele Menschen im mittleren Alter realisieren, dass ihre Zeit doch begrenzt ist und sie nicht das erreicht haben, was sie eigentlich wollten. Sie haben sich hingegen dafür entschieden, sich lieber wohl und bequem zu fühlen. Im schlimmsten Fall wurde ihnen erst auf dem Sterbebett deutlich, was sie alles verpasst hatten.

Wie entkommt man nun aber dieser Komfortzone?

Wie wir bereits erkennen konnten, ist es unabdinglich, die noch so bequeme Komfortzone zu verlassen, um unsere Fähigkeiten zu erweitern und dadurch unsere Ziele zu erreichen.

Doch wie genau stellen wir das an?

Nehmen wir mal an, dass wir uns in einem Flugzeug hoch über den Wolken befinden, das sinnbildlich für unsere Komfortzone steht. Es gibt nun 3 Möglichkeiten, wie wir das Flugzeug verlassen könnten:

1. **freiwillig/aktiv:** Wir tragen einen Fallschirm und springen freiwillig.

2. **freiwillig/passiv:** Wir tragen einen Fallschirm und bitten jemanden, uns zu schubsen.

3. **unfreiwillig:** Jemand schubst uns gegen unseren Willen und wirft den Fallschirm hinterher. So haben wir keine andere Möglichkeit, als uns der unangenehmen Situation zu stellen.

WIE wir unsere Komfortzone verlassen, ist jedoch nicht so wichtig wie die Tatsache, DASS wir sie verlassen.

Natürlich ist die unfreiwillige Form die unangenehmste von allen, doch sie ermöglicht im Gegenzug auch das größte Wachstum, da wir so dazu gezwungen sind, neue Erfahrungen zu sammeln und aus ihnen zu lernen.

Das Leben reißt uns sogar manchmal ganz ohne Vorwarnung aus unserer Komfortzone. Manchmal z. B. in Form eines Todes in der Familie, manchmal in Form eines Unfalls.

Während ich dieses Buch geschrieben habe, habe ich mir zum Beispiel die Hand gebrochen und wurde so vor neue Herausforderungen gestellt. Herausforderungen, die ich aber bewältigt habe, und aus denen ich zudem lernen konnte.

Der freiwillige/aktive Weg ist die Form, die wir anstreben sollten, doch aufgrund der nötigen eigenen Motivation auch die schwierigste.

Stell dir einen gewöhnlichen Samstagabend vor. Du hast die Wahl, feiern zu gehen und Spaß zu haben oder einfach mal zu Hause zu bleiben und deine dir vorgenommenen Sachen zu erledigen. Sei es, ein Buch endlich zu Ende zu lesen oder für die Uni zu lernen.

Du hast also zu jedem Zeitpunkt deines Lebens die Wahl und entscheidest dahingehend stets selbst: Nehme ich jetzt den leichten oder den richtigen Weg?

Sich jedes Mal von selbst aus für den harten Weg zu entscheiden, erfordert eine felsenfeste Disziplin und eine Mentalität, wie nur wenige sie besitzen.

Von daher sollten wir es auch in Betracht ziehen, uns jemanden zu suchen, der uns dabei hilft, unsere Komfortzone freiwillig, aber passiv, zu verlassen. Sei es ein Personal Trainer, der uns jedes Mal motiviert, z. B. beim Sport alles zu geben, oder einen Mentor, der unsere Entwicklung beobachtet und uns auf unserem Weg, egal wohin, unterstützt. Es ist auf jeden Fall von Vorteil, jemanden zu haben, der Autorität auf uns ausübt und uns dabei unterstützt, stetig Fortschritte zu machen.

Also, auch wenn du (noch) nicht bereit bist, selbst zu springen, bitte zumindest jemand anderen, dich zu schubsen – in jedem Fall ist es deine freiwillige Entscheidung und entspricht deiner intrinsischen Motivation. Ich arbeite seit zwei Jahren selbst als Mentor und schätze es immer wieder, Menschen auf ihrem Weg zu einem ChainlessLIFE zu fördern und zu unterstützen. Sollte ich verfügbar sein, hast auch du die Möglichkeit, dich unter extra.chainlesslife.com für ein kostenloses Beratungsgespräch bei mir zu bewerben.

Die Lügen, die wir uns täglich erzählen

Entgegen dem Glauben, dass Selbstvertrauen mit Mut zu tun hat, ist das Wort vielmehr wortwörtlich zu nehmen: Wahres Selbstvertrauen beginnt nämlich genau dann, wenn wir anfangen, uns selbst zu vertrauen, und uns nicht mehr selbst belügen.

Wenn dich dein Freund ständig versetzt, würdest du ihm beim nächsten Mal noch glauben, dass er überhaupt kommt? Wenn deine Freundin dich ständig anlügt, würdest du ihren Aussagen noch weiterhin glauben?

Das Ganze lässt sich auch auf uns selbst anwenden: Wir belügen uns jedes Mal, wenn wir uns nicht an unser Vorhaben halten. Es wird uns nicht einmal bewusst, wie oft wir Dinge auf morgen oder die nächste Woche verschieben. Setzen wir um, was wir uns vornehmen, steigt unser Vertrauen in uns, während es sinkt, wenn wir es nicht tun. Ob es das Lernen für eine Klausur, das Lesen eines Buchs oder der Verzicht auf Junk Food ist.

Wagen wir nun den ersten Schritt und überwinden unsere gewohnte Bequemlichkeit, ist das wiederum der erste Impuls auf eine Erweiterung unseres Selbst. Die Dinge, vor denen wir uns fürchten, sind meist auch die Dinge, die uns am meisten voranbringen. Verweilen wir jedoch in unseren alten Routinen wie am Tag oder im schlimmsten Falle Jahre zuvor, stagnieren wir und kommen nicht voran.

Besonders deshalb ist es wahnsinnig wichtig, unsere Komfortzone immer wieder aufs Neue zu erweitern und unsere Ziele durch Tätigkeiten, die wir zuvor nicht ausgeübt haben, zu erreichen.

Gehen wir bspw. zum ersten Mal ins Fitnessstudio, ist es anstrengend und der Schmerz fast nicht zu ertragen. Wir haben jedes Mal die Wahl: Bleibe ich zu Hause liegen und schaue fern oder ziehe ich meine Sportschuhe an und gehe los? Für diese Überwindung erlangen wir im Gegenzug einen schönen Körper, den wir zuvor noch nicht hatten, und erreichen damit auch ein Ziel, auf das wir stolz sein können.

Es ist unglaublich wichtig, dass du stets auf die Stimme tief in dir hörst, die dir sagt, ob du dich in deiner derzeitigen Situation wohlfühlst oder nicht. Es sollte nicht 40 Jahre brauchen, bis dir klar wird, dass du nicht das Leben führst, dass du dir eigentlich wünschst. Diese Stimme in dir ist immer präsent und wird dir auch immer sagen, wie du dich wirklich fühlst. Niemand hat es jemals bereut, seine Ziele verfolgt zu haben. Nein, du wirst es vielmehr bereuen, wenn du es nicht tust. Du wirst niemals bereuen, eine Diät durchgezogen zu haben – aber spätestens nächsten Sommer, wenn du sie nicht gemacht hast. Ob du letztendlich erfolgreich sein wirst oder scheiterst; du wirst definitiv deine Schmerzgrenze erweitern und Unmengen an Neuem gelernt haben, sobald du auf deine innere Stimme hörst, den inneren Schweinehund überwindest und schließlich aus deiner Komfortzone ausbrichst.

Wie du bereits erkennen konntest, ist die Komfortzone ein kleiner Teufel, der dir dreist ins Gesicht lügt.

So sehr ich mich selbst auch bemüht habe, täglich meine Komfortzone zu verlassen und immer wieder aufs Neue die beste Version meiner selbst zu werden, sei es durchs Gym, verschiedene Challenges, Reisen oder auch Selbstexperimente, habe ich ein Jahr meines Lebens in ihr verweilt, mindestens.

In dieser Zeit habe ich nicht nur meine Kraft, Emotionen und Lebenszeit verschwendet, sondern auch die eines anderen Menschen. Obwohl man glaubt, sich aus der Komfortzone zu bewegen, befindet man sich oftmals immer noch in ihr, weshalb es umso wichtiger ist, sich dahingehend regelmäßig selbst zu hinterfragen und zu reflektieren: Wachse ich eigentlich noch mit dem, was ich gerade tue?

Glück liegt dort, wo die Komfortzone endet. Oder wie Neale Donald Walsch zu sagen pflegte:

„Life begins at the end of your comfort zone."

Stell dich deinen Problemen und du wirst sehen, wie gut es dir tun wird. Dies ist das Erfolgsrezept aller erfolgreichen Menschen: Sie erweitern stetig ihre Komfortzone bzw. brechen komplett aus ihr aus.

Wie hat sich mein Leben durch das Verlassen MEINER Komfortzone verändert?

Ich beendete sowohl die Deutsche als auch zwei Wochen später die Schweizer Meisterschaft als jeweils Zweitplatzierter. Zur Feier des Tages besuchte ich mit meinen Freunden ein nobles Steakhaus, wo wir es uns gutgehen ließen.

Als ich, endlich wieder, wohlgenährt und zufrieden sowie frei vom Druck der Wettkämpfe im Restaurant saß, wurde mir plötzlich klar, wie schlecht ich mich Larissa gegenüber verhalten hatte. In mir machte sich eine große Schuld breit, die mich in ein emotionales Tief stürzte. Sofort holte ich mein Handy aus der Tasche und schrieb ihr, dass wir uns so schnell es ginge treffen müssten. Glücklicherweise stimmte sie zu und wir verabredeten uns für das darauffolgende Wochenende.

Als sie schließlich bei mir war, legte ich die Karten offen auf den Tisch. Ich erzählte ihr alles und erklärte ihr mein Verhalten. Dieses Mal fingen die Tränen auf beiden Seiten an zu fließen. Sie verstand nun meine Situation und wir gingen letztendlich mit gutem Gewissen auseinander.

Es war ein unglaublich schönes Gefühl, ihr endlich sagen zu können, wie ich wirklich empfunden und was die ganze Zeit in meinem Kopf geschlummert hatte. Letztendlich hat sich alles zum Guten gewendet. Selbst nach unserer Trennung blieben wir in Kontakt und tauschten uns miteinander aus.

Ich weiß nicht, ob ich heute in den Spiegel schauen könnte, wenn es diese Aussprache nicht gegeben hätte.

Lustigerweise testete mich das Leben noch nicht einmal ein Jahr später erneut.

Ich war zu dieser Zeit mit Anja Zeidler, einem bekannten Fitnessmodel aus der Schweiz, in einer Beziehung. Wir verstanden uns nicht nur charakterlich sehr gut, sondern arbeiteten auch zusammen. Ich half ihr, sich in der Fitness-Szene zu etablieren, schrieb mit ihr ein Fitness-Programm und involvierte sie in „ProBroWear", unserer Bekleidungsmarke.

Doch nach nicht einmal drei Monaten fand ich heraus, dass sie mich belogen hatte.

Anja versprach mir zu Beginn unserer Beziehung hoch und heilig, dass sie mit dem Konsum illegaler Steroide aufhören und clean werden wollen würde.

Als ich jedoch das Gegenteil herausgefunden hatte, gestand sie mir unter Tränen, dass sie verzweifelt wäre und es ihr schwerfallen würde, aufzuhören. Für eine Sekunde kam mir der Gedanke, die Beziehung trotzdem weiterlaufen zu lassen – immerhin verstanden wir uns super und hatten auch geschäftsmäßig viel miteinander zu tun.

Aber dann erinnerte ich mich an den Schmerz aus dem vergangenen Jahr ... ich konnte diesen Fehler nicht noch einmal begehen und setzte von daher konsequent einen Schnitt.

Diese Entscheidung führte zwar zu einem finanziellen Debakel und beinahe zu einem Rechtsstreit, aber ich bereue sie in keiner einzigen Sekunde.

Wir wissen beide, warum, richtig?

KAPITEL 10

Die Ängste, die uns betäuben

"Fear is a natural reaction to moving closer to the truth."
PEMA CHÖDRÖN

Biel, 1991

Die erste Erinnerung, die ich überhaupt habe, ist nicht unbedingt die schönste. Ich war vielleicht ein oder zwei Jahre alt, als meine Mutter am Telefon war und anfing zu weinen. Ihre Mutter war gerade gestorben. Obwohl ich noch ein kleines Kind war, konnte ich ihren Schmerz deutlich spüren. Ich wusste, dass etwas sehr Schlimmes passiert sein musste. Durch dieses Erlebnis habe ich schon sehr früh realisiert, dass das Leben vergänglich ist. Denn damals wurde ich zum ersten Mal mit dem Tod konfrontiert. Als Kind konnte ich deswegen nachts oft nicht schlafen. Der Gedanke daran, dass meine Mutter, mein Vater und meine Schwester irgendwann nicht mehr da sein würden, hielt mich stundenlang wach. Ich konnte mir einfach nicht vorstellen, was auf mich zukommen würde, wenn sie aufhörten zu existieren.

Meine Familie ist nicht religiös. Von daher konnten wir uns auch nie mit der Vorstellung vom Himmel oder Ähnlichem trösten. Meine Mutter glaubte damals nicht an ein Leben nach dem Tod und dementsprechend auch nicht daran, dass meine Großmutter von nun an im Himmel in Frieden weiterleben würde.

Die Angst vor dem Tod wurde für mich jedoch irgendwann so präsent, dass ich anfing, abends zu beten, und Gott darum bat, meine Familie vor dem Tod zu verschonen. Ich wollte, dass es einen Himmel gibt und ich wollte, dass Gott existiert. Doch so sehr ich es auch versuchte, konnte ich einfach nicht an das Ganze glauben. Auch im Gebet fand ich keinen Trost und so blieb meine Angst bestehen.

Der Tod ist etwas Endgültiges. Wenn jemand stirbt, ist er weg. Verschwunden. Für immer.

Inwiefern war das Angst, die mich betäubt hat?

Angst ist ein Signal unseres Körpers: Es ist eine Warnung vor etwas, das gefährlich sein könnte.

Angst warnt uns z. B. davor, nicht unüberlegt eine Straße zu überqueren, von Hochhäusern zu springen oder nachts allein durch dunkle Gassen zu laufen. Generell lähmt sie uns und hält uns davon ab, etwas zu tun. Doch sie schützt uns dadurch nicht nur vor lebensbedrohlichen Ereignissen – wir werden z. B. auch vor sozialer Abstoßung gewarnt.

So haben wir bspw. Angst, uns in der Öffentlichkeit zu blamieren, anderen unsere ehrliche Meinung zu sagen oder einer Frau unsere Liebe zu gestehen.

Wenn man das Ganze evolutionär betrachtet, ergibt das auch einen Sinn.

Angst ist ein Überbleibsel unserer Vorfahren. Zu deren Zeit bedeutete soziale Abgrenzung den Tod! Allein zu überleben war damals kaum möglich.

Schon krass, oder? Unser Hirn warnt uns und gibt uns das Gefühl, dass unser Leben gefährdet ist, wenn wir uns in der Öffentlichkeit blamieren sollten – dabei ist das in der heutigen Zeit nicht einmal ansatzweise mehr realitätsnah, geschweige denn relevant!

Grundsätzlich ist Angst jedoch nichts Schlechtes. Wenn wir keine Angst hätten, würden wir Dinge tun, die tatsächlich unser Überleben gefährden – sei es in physischer oder sozialer Hinsicht.

Jedes Lebewesen hat Angst. Der Unterschied zwischen Tier und Mensch ist, dass bspw. eine Antilope nur Angst verspürt, wenn sie einen Löwen sieht bzw. wittert. Sie rennt daraufhin los, bis sie in Sicherheit ist. Sobald der Löwe nicht mehr in Sicht ist, verschwindet auch ihre Angst.

Wir Menschen hingegen können Angst sogar verspüren, wenn wir in Sicherheit sind und es eigentlich nichts gibt, wovor wir uns in dem Moment fürchten müssten. Wir sind demgemäß sogar in der Lage, chronische Angst (ohne offensichtlichen Grund) zu entwickeln.

Angst kann uns aber nicht nur lähmen: Manchmal ist sie auch ein Antrieb, um zu handeln.

So gibt es immer wieder Menschen, die z. B. ein Unternehmen gründen, studieren oder eine Frau nach einem Date fragen, nur weil sie Angst haben, etwas bereuen zu können. Allerdings ist das meiner Meinung nach keine nachhaltige Motivation, weil man oft irrational handelt, wenn man Angst hat. Dies führt wiederum zu schlechten Entscheidungen, die uns vielleicht mehr schaden, als dass sie Gutes tun. Menschen mit diesem Antrieb wollen eher von etwas weg statt zu etwas hin. Also eine „Weg-von-Motivation", keine „Hin-zu-Motivation". Diese Weg-von-Motivation führt wiederum dazu, dass Menschen lediglich versuchen, ihrer Angst zu entkommen. Sobald sie das aber geschafft haben, besitzen sie keinen zusätzlichen Antrieb mehr, einen Schritt weiterzugehen und „weiterzumachen" – und verfallen dadurch schnell wieder in alte Muster.

Dabei sind Ängste etwas ganz Normales und gehören zum Leben dazu. Wir können sie nicht umgehen, aber wir können lernen, mit ihnen umzugehen. Die eigene persönliche Entwicklung ist immer mit ihnen verbunden, weswegen ich dir in diesem Buch primär die Ängste vorstellen will, die unsere Entwicklung beeinträchtigen können.

Im Rahmen dessen kann ich jedoch nicht von pathologischen Ängsten oder Angststörungen sprechen, die in Panikattacken münden können. Diese Fälle kann man oft nicht allein lösen, weswegen ich jedem davon Betroffenen ans Herz lege, sich dabei professionelle Hilfe zu suchen.

Oftmals verspüren wir genau dann Angst, wenn wir vor einer Herausforderung stehen, der wir noch nicht gewachsen sind. Angst ist dann ein Zeichen, das uns sagt, dass wir etwas noch nicht beherrschen, können oder wissen. Dies ist jedoch eine gesunde Form der Angst. Um sie zu überwinden, ist es „nur" vonnöten, sich als Mensch weiterzuentwickeln.

Natürlich gibt es Leute, die glauben, dass sie generell nicht viel Angst haben. Aber das sind oftmals die Leute, die ihren Ängsten einfach nur aus dem Weg gehen und sich ihnen so gar nicht erst stellen müssen. Ergo bleiben sie in ihrer Komfortzone und nehmen sich die Möglichkeit zu wachsen. Ergo, sie stagnieren.

Die 4 Schlösser der Angst

Angst ist eine sehr starke und große innere Chain, weswegen es gleich mehrere Schlösser gibt, die entriegelt werden müssen, um diese Kette sprengen zu können.

Ich unterscheide in diesem Zusammenhang 4 Bereiche, in denen man Angst empfinden kann. Damit kannst du optimal erkennen, an welchen Bereichen DU arbeiten kannst.

1. Bindungsangst

Wir alle kennen Menschen, die Angst davor haben, sich an jemanden zu binden. Diese Personen führen gern lockere und unverbindliche Beziehungen, scheuen sich aber davor, sich vollends zu committen und einen Menschen zu lieben. Sie wollen sich nicht festlegen und gehen dem Ganzen lieber aus dem Weg.

Aber nicht nur Liebesbeziehungen sind hierbei ein Thema: Oftmals lassen diese Menschen auch rein platonische Freunde nicht zu nah an sich heran und entwickeln so auch nie enge Freundschaften.

Sie argumentieren damit, dass sie frei und unabhängig bleiben wollen, aber meistens liegt das Problem viel tiefer: Sie wollen keine Verantwortung übernehmen und fürchten sich davor, ihre raue Schale abzulegen und sich offen und verletzlich zu zeigen.

Dabei wissen wir, dass der Mensch ein soziales Wesen ist, das viel mehr erreichen kann, wenn es gemeinsam mit anderen agiert – so auch DU!

2. Angst vor Veränderung

Sobald wir auf eine neue Schule gehen, in eine neue Stadt ziehen oder ein neuer Lebensabschnitt ansteht, wissen wir nicht, was auf uns zukommen wird, und haben von daher Angst vor dem Ungewissen. Wir waren auch recht zufrieden mit dem, was war, und möchten eigentlich, dass alles beim Alten bleibt. So hätten wir wenigstens die Gewissheit, dass wir mit der Situation zurechtkommen, richtig?

Die Menschen, die aber diese Art von Angst verspüren, haben oft das Gefühl, keine Kontrolle in ihrem Leben, aber dafür Probleme damit zu haben, Entscheidungen zu treffen. Jede Entscheidung ist für sie ein Dilemma, weil beide (oder mehrere) Optionen sie von ihrem ursprünglichen Status quo entfernen würden. Sie kommen nicht damit klar, dass z. B. ihr Friseur schließt, ihr iPhone ein Update bekommt oder sie ihren Arbeitsplatz wechseln müssen. Wenn sie im Restaurant sind, bestellen sie sich stets dasselbe – die Gefahr, dass ein neues Gericht nicht schmecken könnte, ist für sie zu groß.

Wenn sie in eine neue Situation geworfen werden, wollen sie sie nicht akzeptieren und beschweren sich andauernd, wodurch sie sich selbst und ihrer Entwicklung im Weg stehen. Sie haben Probleme, Dinge aus einer anderen Perspektive zu betrachten und Kompromisse einzugehen. Sie sind in dieser Ansicht so sehr versteift, dass sie keinen Platz für spontane

Aktionen haben, und gehen dementsprechend unzufrieden durch ihr Leben.

Im Extremfall lähmt ihre Angst sie so sehr, dass sie nicht einmal eine Möglichkeit sehen, sich in jeglicher Weise fortzubilden und Neues zu entdecken.

3. Verlustangst

Angst davor zu haben, etwas oder jemanden zu verlieren, ist völlig normal. In gesunden Maßen ist das auch legitim, allerdings kann es zu einem Problem werden, sobald die daraus entstehende Panik zu groß wird. Diese sorgt nämlich dafür, dass wir generell ängstlich durchs Leben gehen und immer das Gefühl haben, dass etwas Schlimmes passieren könnte. Menschen, die davon betroffen sind, sind durch ihre Furcht so stark gelähmt, dass sie nicht mehr rational denken können und dadurch sehr impulsiv handeln.

Das kann man bspw. an eifersüchtigen Partnern sehen: Weil die Angst, verlassen oder betrogen zu werden, so groß ist, wird das Smartphone der Freundin kontrolliert, ihr der Kontakt zu männlichen Freunden untersagt oder das Tragen von zu aufreizender Kleidung verboten. Diese Menschen sind oft generell sehr impulsiv und geben ihren Mitmenschen das Gefühl, dass sie gebraucht werden sollten. Dadurch möchten sie sich unverzichtbar machen, damit die anderen auf sie angewiesen sind und gar nicht erst daran denken, ohne sie klarzukommen. Sie versuchen alles, damit ihre zugrunde liegende Angst nicht wahr wird, und werden so zu Kontrollfreaks, was ironischerweise diese Angst verstärkt.

Eben diese Angst führt auch dazu, dass sie in ihrem Leben nichts verpassen wollen. Diese sogenannte FOMO (*fear of missing out*) sorgt dafür, dass ihnen wiederum Entscheidungen äußerst schwerfallen:

„Kündige ich meinen Job und verfolge meinen Traum oder bleibe ich angestellt? Was, wenn ich kündige und nach einigen Monaten scheitere und keine neue Arbeitsstelle mehr finde? Was, wenn ich angestellt bleibe und mein Leben an mir vorbeizieht?"

Diese FOMO ist auch ein Grund dafür, wieso manche Menschen sich nicht trauen, ihr Smartphone für einige Zeit beiseite zu legen. Sie glauben, wichtige Nachrichten, Anrufe oder Social-Media-Posts verpassen zu können und sich so etwas entgehen zu lassen. Dadurch werden sie sogar smartphonesüchtig und meinen, z. B. Instagram jede zweite Minute aktualisieren zu müssen.

Das große Problem dabei ist, ist dass sie dadurch ihre reale Umwelt vernachlässigen und sich nur noch auf die digitale Welt fokussieren.

4. Angst vor Selbstverwirklichung

Wer sich selbst verwirklicht, fokussiert sich auf sich und nicht auf andere. Man tut das, was einem wichtig ist, ohne darauf zu achten, was die anderen davon halten.

Also wieso fürchten sich manche davor, ihren eigenen Weg zu gehen?

Die Angst vor Selbstverwirklichung rührt daher, dass wir in diesem Zusammenhang Angst vor 3 anderen Dingen haben, die aufkommen, sobald wir uns selbst verwirklichen wollen:

Angst, verurteilt zu werden

Es erscheint paradox, das so zu hören, denn wir möchten ja alle unsere Träume verwirklichen und unsere Ziele erreichen. Jedoch besteht in der Gesellschaft ein vorgegebenes „Modell", wie das Leben verlaufen sollte: Kindergarten, Schule, Universität und schließlich 40 Jahre lang bis zur Rente arbeiten. Unsere Kindheitsträume vom Rockstar-Leben oder eines Schauspieler-Daseins werden nicht beachtet. Wenn wir uns umschauen, sehen wir eine große Anzahl an Leuten, die ihre Träume nicht verwirklichen – entweder, weil sie es nicht schaffen oder weil sie es nicht einmal versuchen. Es ist fast schon merkwürdig zu sagen, dass man sich einfach nach *mehr* sehnt. Mehr Freude. Mehr Freiheit. Mehr vom Leben. Jedoch gibt es ein Bedürfnis, das uns dahingehend ausbremst: Akzeptanz. Wir haben Angst davor, nicht mehr akzeptiert zu werden, sollten wir unsere Träume verfolgen oder sogar real werden lassen. Dadurch scheitern wir, bevor wir überhaupt begonnen haben. Wie wir schon festgestellt haben, hat diese Angst auch ihre Existenzberechtigung: Von der Gesellschaft nicht akzeptiert zu werden, *hat* bedeutet, ausgestoßen zu werden. Ausgestoßen zu werden *hat* bedeutet, allein zu sein. Allein zu sein *hat* bedeutet, keinen Schutz zu haben und dadurch auch allein zu sterben.

Aber ist dies auch heute noch so?

Angst, andere zu verletzen

Der Gedanke, Menschen, die dir wichtig sind, zu verletzen, bereitet dir wahrscheinlich Unbehagen. In vielen Fällen sind es die Eltern, denen wir bspw. nicht sagen möchten, dass wir einen anderen Karriereweg einschlagen möchten, als sie ihn für uns vorgesehen haben. Oder es ist eine Beziehung, die wir beenden möchten, uns aber nicht trauen, da wir unseren Partner potenziell verletzen könnten. Selbst wenn wir nach unserer Meinung gefragt werden, gilt es in der Gesellschaft als ungeschriebenes Gesetz, nur Positives von sich zu geben. Wenn wir bspw. gefragt werden, wie das Essen geschmeckt hat, sagen die meisten: *„Sehr gut."*, obwohl das nicht ihre ehrliche Meinung ist. Dadurch untergraben sie jedoch gleichzeitig ihre Authentizität und spielen nicht mit offenen Karten.

Angst, zu versagen

Die Angst vor dem Versagen kann dich paralysieren und davon abhalten, deine Träume zu verwirklichen. Du kannst schließlich nicht(s) verlieren, wenn du gar nicht erst mitspielst, richtig? Dabei verstehen viele nicht, dass es aber ein Teil des Lebens ist, zu versagen. Rückschläge und Misserfolge erlebt jeder und sie gehören zu einer positiven Entwicklung dazu. Denn schaut man weiter, sieht man, dass jeder Rückschlag, jeder Misserfolg und jeder „Fehler" dazu führt, dass man wiederum daraus lernt.

Diese 3 Ängste können der Grund sein, wieso man wiederum Angst hat, sich selbst zu verwirklichen. Menschen mit diesen Ängsten haben oft auch ein starkes Verlangen nach der Bestätigung ihrer Mitmenschen, was wiederum dazu führt, dass sie davon abhängig sind und glauben, ihren Weg nicht allein gehen zu können. Sie haben in vielen Fällen ein geringes Selbstwertgefühl und kaum Vertrauen in sich selbst.

Diese Leute erwarten, dass man ihnen sagt, was sie zu tun haben, und sie brauchen auch einen gewissen Push, um in die Gänge zu kommen. Sobald sie z. B. in einer Beziehung sind, ist diese oftmals toxisch, in der sie sich herumschubsen lassen.

Wie du siehst, haben wir alle unterschiedliche Ängste, die individuell und vielfältig sind. Sie führen dazu, dass wir als Mensch nicht wachsen, und sie hindern uns daran, im Leben weiterzukommen.

Doch woher kommen eigentlich Ängste? Wo liegt der Ursprung jeder Angst?

Angst vor dem Tod

Der Gedanke, nicht mehr da zu sein, kann uns erschüttern. Aus diesem Grund haben viele Menschen auch Angst vor ihrem Schicksal. Manche treibt es sogar in den Wahnsinn, nicht zu wissen, wann ihr Leben enden wird. Andere sind so panisch, dass sie nicht das Haus verlassen, da sie glauben, dass ihnen jederzeit etwas zustoßen könnte. Der Wunsch wieder anderer, sich einen Namen zu machen, damit sie nicht in Vergessenheit geraten, kommt daher, dass sie sich auf diese Weise unsterblich machen wollen. Wenn man darüber nachdenkt, entsteht JEDE Angst aus der Angst vor dem Tod. Weil wir uns jedoch bewusst sind, dass der Tod endgültig ist, wissen wir wiederum, dass wir nur begrenzt Chancen im Leben haben.

Stell dir dazu Folgendes vor:

Du schreibst morgen eine wichtige Klausur und machst dich deswegen verrückt. Aber was wäre, wenn du diese Klausur jeden Tag wiederholen könntest? Was wäre, wenn es gleichgültig wäre, ob du morgen bestehst, weil du es auch noch in den darauffolgenden Tagen versuchen könntest? Die Angst würde verschwinden, richtig?

Genauso verspürst du ja auch keine Angst, wenn du ein Videospiel spielst. Du weißt, dass es nicht schlimm wäre, zu verlieren, weil du es immer wieder neu versuchen kannst.

Genauso ist es auch mit unseren anderen Ängsten. Wir haben Bindungsängste, weil wir glauben, einen Teil von uns aufgeben zu müssen, wenn wir eine Beziehung eingehen. Diesen Teil unseres Selbst bekommen wir nämlich nie zurück. Wir haben Angst, etwas oder jemanden zu verlieren, weil wir glauben, dass es keine Möglichkeit mehr gäbe, es oder ihn wieder zurückzubekommen. Wir haben Angst, uns selbst zu verwirklichen, weil wir wiederum Angst haben, von unserem Umfeld dafür nicht verstanden und akzeptiert zu werden.

Ein Teufelskreis.

Wäre das Leben hingegen unendlich lang, würde es uns nicht interessieren, ob wir für eine „kurze" Zeit nicht gemocht werden oder etwas kurzzeitig verlieren, richtig?

Alle Ängste sind also im Endeffekt auf die Angst vor dem Tod (und der Angst vor Endgültigkeit) zurückzuführen.

Wie kannst du diese Erkenntnis nun auch auf DEIN Leben anwenden?

Wie bereits erwähnt, kann und sollte man seine Ängste nicht unterdrücken, sondern sich ihnen stellen und lernen, mit ihnen umzugehen. *Wie stellt man das jedoch am besten an?*

Ich möchte dir hier 3 Möglichkeiten zeigen, wie du dich nicht mehr von deiner Angst lähmen lassen musst und dir das Leben kreieren kannst, das du dir wünschst:

1. **Akzeptiere deine Angst und lebe mit ihr.** Sage dir selbst: *„Ich weiß, dass ich Angst habe, und das ist völlig in Ordnung so."* Verheimliche die Angst nicht – tu nicht so, als hättest du sie nicht, sondern lerne, mit ihr umzugehen. Die Angst anzuerkennen, ist ein sehr wichtiger Schritt, und lindert sie erstaunlicherweise sogar.

2. Wenn du weißt, dass du in deiner jetzigen Situation nicht mit deiner Angst umgehen kannst, oder nicht in der Lage bist, sie zu akzeptieren, dann musst du entweder **deine Situation verändern oder sie verlassen.** Oft ist das sogar die beste Lösung. Stell dir z. B. vor, du hättest eine starke Spinnen-Phobie und du wärst in einem Land, in dem sich jede Nacht Taranteln in dein Bett schleichen. Es ist wesentlich leichter, das Land zu verlassen, als die Angst zu akzeptieren und mit ihr dein gesamtes Leben zu verbringen, oder?

3. **Stelle dich deiner Angst und konfrontiere dich mit ihr.** Versuche, durch sie zu wachsen und lass sie danach hinter dir. Stoiker praktizieren bspw. eine Technik, die wir heute auch unter dem Namen „Fear Setting" kennen. Sie ist meiner Meinung nach auch genau die Methode, die das größte Wachstum mit sich bringt:

Fear Setting

Fear Setting ist eine Art der Visualisierung, in der er es darum geht, sich die schlimmsten Konsequenzen vorzustellen und sie aufzuschreiben. Es geht nicht darum, sich mit den Szenarien anzufreunden, sondern darum, zu ergründen, was alles möglich ist und wie schlimm es werden könnte.

Die meisten weichen ihren Ängsten jedoch aus und wollen nicht an eventuelle Konsequenzen denken – aber genau das solltest du tun, um als Person wachsen zu können.

Schließe jetzt einmal deine Augen und stelle dir vor, wie eine deiner Ängste wahr werden könnte.

Was würde passieren, wenn du z. B. ein riskantes Investment eingehst und deswegen deine Firma bankrott geht?

Du müsstest deine Mitarbeiter entlassen, dein Büro kündigen, vielleicht dein Auto verkaufen und in eine kleinere Wohnung ziehen. Du würdest am nächsten Tag aufstehen und keinen Job mehr haben. Wahrscheinlich müsstest du dich danach irgendwo anstellen lassen, um deine Rechnungen weiterhin bezahlen zu können.

Aber weißt du, was auch passieren würde?

Du würdest auch erkennen, dass du immer noch lebst. Du würdest auch wissen, dass du immer noch eine Frau hast, die dich liebt. Du würdest auch erkennen, dass du immer noch ein Leben hast, in dem dir Millionen von Möglichkeiten offenstehen!

Immer wenn du vor einer großen Entscheidung stehst, stelle dir aber auch die gegenläufige Frage:

Was würde passieren, wenn du deiner Angst nachgibst und dich bspw. nicht selbstständig machst oder nicht reisen gehst?

Du würdest keine neuen Leute und Kulturen kennenlernen. Du würdest in deiner jetzigen Situation gefangen bleiben, in der du bereits unzufrieden bist. Die Zeit würde vergehen, aber dein Leben würde sich nicht verändern. Du würdest in Reue leben und dich ständig fragen: „*Was wäre, wenn ich es doch gemacht hätte?*"

Durch das Fear Setting löst du deine Probleme zwar nicht, stellst dich aber der zugrunde liegenden Angst und wirst dadurch furchtloser. Der Knoten in dir wird sich dadurch praktisch von selbst lösen.

Obwohl ich mich im weiteren Verlauf meines Lebens immer mehr mit dem Tod abfinden konnte, gab es durchaus wieder Phasen, in denen ich erneut mit den bereits zuvor aufgekommenen Gedanken konfrontiert wurde. Ich beschloss von daher, mich intensiver mit dem Thema zu befassen und stellte mir folgende Frage: Wenn alle Ängste und somit auch alle Chains auf die Angst vor dem Tod (und damit vor potenzieller Endgültigkeit) zurückzuführen sind, woher kommt dann überhaupt diese Ur-Angst?

Gibt es in uns vielleicht eine noch viel größere Chain, die dir so noch nie bewusst geworden ist?

KAPITEL 11

Die Narbe des Egos

"Humility is a knowledge of our weaknesses, confidence is a knowledge of our strengths, and ego is something dangerous with none of the former and a skewed sense of the latter."

RYAN HOLIDAY

Zürich, 2010

In meinen Jugendjahren war ich des Öfteren in Schlägereien und handfesten Auseinandersetzungen verwickelt. Wenn ich sage, dass ich auf der Suche nach Konflikten war, würde das zwar nicht ganz der Wahrheit entsprechen, eine Lüge wäre es aber auch nicht.

In den Anfangsjahren meines Trainings, die ebenfalls zu dieser Zeit begannen, fühlte ich mich durch meine muskulöse Statur meinen Mitmenschen gegenüber überlegen. Ich glaubte, in einem Kampf klare Vorteile zu besitzen. So teilte ich oft aus, steckte manchmal aber auch ein.

Jedoch trotzdem ich in einigen Prügeleien involviert war, entstanden daraus für mich niemals ernsthaftere Konsequenzen. Es ging nie so weit, dass ich etwas zu befürchten hatte.

Bis ich im Jahr 2010 zu einer Geburtstagsfeier eines Freundes nach Zürich fuhr ...

Ich fühlte mich von Anfang an unwohl, denn mein Freund wollte seinen Geburtstag in einem Club feiern – ich hatte mich jedoch bereits langsam, aber sicher vom Partyleben und Alkohol verabschiedet. Meine Prioritäten galten gänzlich dem Sport. (Ich muss, denke ich, nicht erwähnen, dass sich Alkohol und Sport nicht sonderlich gut vertragen.)

Meine negative Einstellung demgegenüber trug sich von daher auch nach außen und man konnte mir ansehen, dass ich nicht allzu viel Lust auf die Feier hatte. Nichtsdestotrotz ging ich hin und trank sogar ein wenig. Das Geburtstagskind dagegen war völlig zugedröhnt und irgendwann sogar nicht mehr ansprechbar – wie viele andere auch.

Als ein Freund von mir, ebenso einer der Partygäste, versehentlich in irgendeinen Typen lief, gingen bei mir die Lichter aus. Jedoch nicht, weil das an sich schlimm war, sondern weil der Typ, nennen wir ihn einfach-heitshalber Boris, meinen Freund daraufhin aggressiv wegschubste. Das konnte er nicht machen, so etwas ging für mich gar nicht klar! Ich lief zu Boris und schubste ihn genauso wie er meinen Kumpel weg. Was ich zu dem Zeitpunkt aber nicht wusste: Boris war nicht allein.

Um ihn herum waren drei seiner Freunde. Aus dem Augenwinkel habe ich noch kurz gesehen, wie eine Faust in Richtung meines Gesichts schwang – bis sie mich auch traf. Adrenalin setzte sich bei mir frei und Wut durchströmte meinen Körper. Ich versuchte, einem von Boris' Freunden eine Kopfnuss zu verpassen, doch traf ich ihn nicht mit meinem Kopf, sondern nur mit meiner Stirn! Die Stelle platzte auf und Blut floss über mein Gesicht. Danach ging es wie im Wilden Westen zu: Wir schlugen alle aufeinander ein und am Ende standen alle gegen mich.

Nach kurzer Zeit kam die Security des Clubs und sah dabei vor allem mich, den muskulösen Kerl, auf einem anderen, während ich auf ihn einschlug. Doch anstatt die Lage zu beruhigen und uns auseinanderzu-bringen, würgten mich die Sicherheitsmänner am Hals und drückten zu. So fest sogar, dass ich keine Luft mehr bekam und den Kampf aufgeben musste.

Sie zogen mich weg und ich wurde selbstverständlich rausgeworfen. Ich hatte eine aufgeplatzte Stirn, ein blaues Auge und einen Hals, bei dem der Verdacht bestand, dass ich innere Blutungen hätte. Mein Kumpel begleitete mich ins Krankenhaus, wo die Ärzte mich um vier Uhr morgens in die Röhre geschoben und untersucht haben. Als man mir sagte, dass alles in Ordnung sei, durfte ich gehen und ich nahm noch den ersten Zug nach Hause.

Ich sah richtig schlecht aus, konnte die darauffolgenden Tage weder ins Training noch zur Arbeit. Ich sah jedoch nicht nur scheiße aus, ich fühlte mich auch richtig scheiße.

Bis zu diesem Tag hatte ich die Schuld und damit auch die Verantwortung egal welches Problems immer auf andere geschoben und auch nie mich selbst reflektiert.

Die Schlägerei im Club war jedoch mein persönlicher Schlüsselmo-ment, an dem sich diese Einstellung für immer verändert hat. Durch den Schmerz, der nicht nur körperlicher Natur war, wurde ich das erste Mal mit meinem Ego konfrontiert und habe realisiert, dass alles nur meine Schuld war und ICH es war, der es richtig verbockt hatte.

Wie sieht es um DEIN Ego aus?

Du wirst dich daran nicht erinnern können, aber versuche, dich in die Zeit zurückzuversetzen, in der du noch im Mutterleib warst: Du warst noch nicht geboren und hattest noch keine Bedürfnisse. Es war warm, komfortabel und dir fehlte es an nichts. Du hast gegessen, wenn deine Mutter gegessen hat. Du hast geschlafen, wenn deine Mutter geschlafen hat. Du hattest noch keine Gedanken und auch keine Probleme. Du warst sozusagen ein Mensch in seiner reinsten Form.

Dann jedoch ... wurdest du geboren und die Welt war plötzlich nicht mehr so warm und sicher wie zuvor. Plötzlich hattest du Bedürfnisse. Du hattest dadurch auch bewusst Hunger und musstest gefüttert werden. Du hast in die Windel gemacht und sie musste gewechselt werden. Du musstest dich letztendlich als Mensch identifizieren, der überleben will – und dein Ego wurde geboren.

Dein Ego hat dich daraufhin dazu veranlasst, zu schreien, wenn du etwas brauchst. Dein Ego war dafür verantwortlich, dein Überleben zu sichern. Dein Ego war jetzt der Teil in dir, der ohne Zweifel festgestellt hat: *„Ich bin wichtig auf dieser Welt und habe Bedürfnisse, die gestillt werden müssen."*

Ein Ego zu haben, ist generell nichts Schlechtes – im Gegenteil: Es ist ein Teil von uns und wir benötigen es, um unser Überleben zu sichern.

Dabei können wir entweder ein zu großes Ego haben, was bedeutet, dass wir uns selbst als zu wichtig ansehen und nur an uns denken.

Oder wir können ein zu kleines Ego besitzen und stellen dadurch die Bedürfnisse anderer über unsere eigenen.

Das Ego wird erst zu einem großen Problem, wenn wir uns seiner Existenz nicht bewusst sind. Dann sind wir nämlich nicht in der Lage, es zu regulieren. Dies würde wiederum dazu führen, dass es immer weiter wächst und sich auf negative Art in unserem Leben manifestiert.

Inwiefern sich ein ungesundes Ego zeigen und inwieweit man darunter leiden kann, möchte ich dir im Folgenden darlegen. Vielleicht siehst du dich darin selbst wieder und erkennst, wie auch DU durch dein Ego angekettet bist.

Mögliche Manifestationen des Egos und wie du damit umgehen kannst

Ignoranz

Sie glauben, sie wissen alles und müssen nicht mehr dazulernen. Die Meinung anderer kann ihnen relativ egal sein, denn sie haben ihre eigene, und von der lassen sie sich auch nicht abbringen.

Vermutlich fällt dir sofort eine Person ein, die genau so denkt und nicht mit sich reden lässt. Vielleicht sind es aber auch wir selbst, die meinen, schon „ausgelernt" zu haben.

Weshalb auch immer man so denkt, die hier zugrunde liegende Ignoranz führt dazu, dass wir stehenbleiben und uns nicht mehr vorwärtsbewegen. Wir überschätzen uns und glauben stets, besser zu sein, als wir es eigentlich sind.

Aber nicht nur das – wir gehen damit auch unseren Freunden, Kollegen und Familienmitgliedern unglaublich auf die Nerven, da man mit uns keine anständige Konversation führen kann, ohne eine Predigt über dies und das zu bekommen. Mit uns reden lassen wir auch nicht, denn wir sind so ignorant, dass wir sogar glauben, perfekt zu sein und alles besser machen zu können.

Ignoranz blockiert uns jedoch, hält uns auf und lässt ein Erscheinungsbild von uns entstehen, das von der Wahrheit nicht ferner sein könnte.

Diese Ignoranz kann wiederum in ein weiteres Problem münden:

Wir gestehen uns keinerlei Schuld ein und schieben sie immer auf jemand anderen. Schlechte Noten? Der Lehrer hätte es besser erklären können. Das eigene Unternehmen muss Insolvenz anmelden? Die Politiker haben den Markt zerstört.

Was auch immer passiert, jeder ist schuld, nur nicht wir selbst.

Ebenso werden ignorante Menschen lernresistent und stoppen damit ihre eigene Entwicklung: *„Wozu Neues lernen, wenn ich schon alles weiß?"*

Entitlement

Entitlement beschreibt die Einstellung, wenn man glaubt, dass einem etwas zustehen und man nur Gutes verdienen würde.

Menschen mit dieser Sichtweise sehen sich als das Zentrum des Universums und sind im Extremfall der Meinung, dass andere ihnen sogar dienen sollten.

Egozentrik in seiner krassesten Form. Du kennst bestimmt eine Person, die z. B. sofort ausrastet und herumschreit, wenn jemand respektlos mit ihr redet. Das Einzige, woran sie dann denkt, ist: *„Diese Person hat kein Recht, so mit mir zu reden. Ich bin doch etwas Besonderes und genau so MUSS ich auch behandelt werden!"* Ich möchte den respektlosen Ton und die Beleidigungen der anderen auf keinen Fall rechtfertigen. Wir alle sollten respektvoll miteinander umgehen und uns um unsere Mitmenschen sorgen. Jedoch ist die Welt nicht perfekt und es wird immer Situationen geben, in denen wir nicht das bekommen, was wir wollen, und dann eventuell so reagieren. Problematisch wird es erst, wenn wir glauben, dass das, was wir wollen, uns zusteht. Dies trifft nämlich für nichts auf dieser Welt zu und auch niemand ist uns irgendetwas schuldig. In dem Moment, in dem uns das klar wird, sparen wir uns eine Menge Frustration und Aggression für die Zukunft. Dinge, die außerhalb unserer Kontrolle liegen, dürfen uns nicht beeinflussen und unser eigenes Wohlbefinden beeinträchtigen.

Wie Bruce Lee einmal sagte:

„You will continue to suffer if you have an emotional reaction to everything that is said to you. True power is sitting back and observing everything with logic. If words control you that means everyone can control you. Breathe and allow things to pass."

Er spricht hierbei bewusst von Worten, doch genauso lässt sich sein Zitat auch auf alles andere, das außerhalb unserer Kontrolle liegt, anwenden. Es regnet, obwohl du ein schönes Date im Freien geplant hast? Such dir einfach einen anderen Ort, bevor du dich unnötig aufregst. Jemand rempelt dich an und will einen Streit anfangen? Wünsche ihm einen schönen Tag und lauf weiter.

Entitlement führt nicht nur zu großem Leid, sondern auch zu Narzissmus, Arroganz, Egozentrik und Selbstabsorption. Alles Eigenschaften, die unsere zwischenmenschlichen Beziehungen und damit auch unser Leben qualitativ verschlechtern.

Opfer-Mentalität

Die Opfer-Mentalität ist ebenso eine Manifestation eines zu großen Egos, auch wenn viele diese nicht als solche erkennen.

Menschen, die dieser Opfer-Einstellung folgen, sehen sich ebenso als das Zentrum des Universums. Im Gegensatz zur Manifestation durch Entitlement glauben sie jedoch nicht, das Beste, sondern nur alles Schlechteste verdient zu haben. Sie stellen sich selbst in den Mittelpunkt, beklagen sich dabei jedoch darüber, wie schwer sie es doch im Leben hätten und geben dadurch ihre Verantwortung ab. Dies entspricht mehr oder weniger einem übertriebenen Selbstmitleid in seiner stärksten Form.

Diese Menschen gestehen sich nicht ein, dass SIE etwas mit ihrem Leid zu tun haben und meinen, dass alles und jeder ihnen Böses will: *„Ich wurde mit einer zu großen Nase geboren. Kein Wunder, dass ich keine Chancen bei Frauen habe." „Für die Beförderung muss ich mich gar nicht erst ins Spiel bringen, denn die anderen haben sowieso viel mehr Glück als ich."*

Du siehst, was hierbei das Problem ist. Im Denken in einer Opferrolle sind wir der Meinung, dass alles außerhalb unserer Kontrolle liegt. Wir glauben, dass jeder böse Absichten hat und werden dadurch leicht (oder auch schwer) paranoid. Das führt dazu, dass wir gar nicht erst versuchen, unsere Ziele zu erreichen oder glücklich zu sein. Stattdessen baden wir lieber in Selbstmitleid.

Problematisch wird es hierbei vor allem, wenn uns mal etwas Gutes passiert: Unsere Eltern schenken uns z. B. zum 18. Geburtstag ein Auto oder wir haben endlich einen Lebenspartner, der uns toll behandelt. Entweder akzeptieren wir dann unser Glück einfach nicht und sabotieren uns selbst, indem wir bspw. Geschenke nicht annehmen. Oder wir vermuten, dass niemand so gut zu uns sein könne, und suchen unterbewusst nach Hinweisen, um vermeintlich wahre Hintergedanken zu entlarven.

Low Ego

Doch nicht nur ein zu großes Ego kann sich negativ in unserem Leben manifestieren – auch ein zu kleines Ego kann ein genauso großes Problem darstellen.

Wenn wir uns als zu unwichtig ansehen, stellen wir die Bedürfnisse anderer über unsere und werden so von unseren Mitmenschen oft ausgenutzt und übertrampelt. Wir glauben stets, nicht genug zu sein und dass uns nichts zustünde, sowie fühlen wir oft Schuld, Scham oder Reue, sobald uns etwas Gutes passiert. Ebenso können wir unter einem geringen Selbstwert leiden und unsicher durch das Leben gehen.

Menschen mit einem kleinen Ego lassen sich im Extremfall sehr leicht manipulieren und können auch schnell in Sekten oder ähnliche Gemeinschaften gezogen werden. Sie trauen sich wenig zu, sind nicht von sich überzeugt, unterschätzen ihre eigenen Fähigkeiten und sind dementsprechend oft nicht in der Lage, den Mund aufzumachen und zu sich und ihrer Meinung zu stehen.

Inwiefern habe ICH diese Art von Manifestationen bisher erlebt?

In der Vergangenheit sah ich mich selbst oft als zu wichtig an und glaubte dadurch, anderen überlegen zu sein. Ich hatte einen viel zu hohen Anspruch an mich selbst, den ich unbewusst auch auf andere übertragen habe. Dadurch habe ich den Menschen in meinem Umfeld das Gefühl gegeben, nicht genug zu sein. Sie waren von meiner Art verletzt und bezeichneten mich als arrogant. Ich habe dadurch nicht nur meine Beziehungen, sondern auch mein Leben insgesamt schwerer gemacht, als es hätte sein müssen.

Dadurch, dass ich selbst eine sehr egogetriebene Person war, weiß ich, dass das Ego einem meistens nur im Weg steht. Das Ego ist, wie bereits erwähnt, nichts Negatives an sich, allerdings kann es zu einer Vielzahl von Problemen führen.

An dieser Stelle möchte ich 5 Erkenntnisse mit dir teilen, die dir zeigen sollen, wie perfide ein zu großes Ego oft sein kann und in welchen Situationen man vorbereitet sein sollte, wenn man bewusster durchs Leben gehen will.

1. Erkenntnis

Sein Ego künstlich aufzublasen, war zu keinem Zeitpunkt der Menschheitsgeschichte einfacher, als es heute der Fall ist. Mit gemieteten Limousinen, dem neuesten iPhone, gekauften Followern auf Instagram oder was auch immer uns einfallen mag – schnell können wir genau die Rolle in der Gesellschaft einnehmen, die uns gerade gefällt.

Wir schreiben z. B. in unsere Instagram-Bio, dass wir „Unternehmer" sind, und schon sind wir etwas Besonderes. Ob auf einem aufgesetzten oder ehrlichen Weg, es fällt uns dadurch leicht, uns anderen überlegen zu fühlen. Dabei lassen wir dann jedoch Werte wie Freundlichkeit, Toleranz und Respekt auf der Strecke liegen, was schnell zu einem Problem werden und nach hinten losgehen kann. Täglich sehe ich bspw. Fitness-„Influencer", die sich für etwas Besseres halten und meinen, sie seien der Messias der Szene. Ohne sie schlechtreden zu wollen – es genügt oftmals ein kurzer Blick, um sagen zu können, ob sie wirklich etwas wissen oder nur Wasser predigen, aber Wein trinken.

Bleibt man jedoch nicht bodenständig, werden früher oder später all diejenigen von der Erfolgsschiene fallen, die ausschließlich egozentrisch handeln und dementsprechend auch ihre Mitmenschen behandeln.

Auf dem Weg zum Erfolg dürfen wir also niemals vergessen, wieso wir das alles tun: Wollen wir nur unser Ego befriedigen und uns dadurch klarwerden, dass wir super toll sind, oder wollen wir tatsächlich etwas Gutes tun?

2. Erkenntnis

Gehen wir mal davon aus, dass auf deiner Reise zu deinem (vermeintlich) besten Selbst alles „gut" verläuft. Du machst dich z. B. selbstständig, gewinnst deinen ersten Kunden, verdienst deine ersten paar Tausend Euro und schläfst jede Woche mit einem anderen Victoria's-Secret-Model. Du fühlst dich wie ein König und bist unantastbar. Alles, was du anfasst, wird zu Gold. Ich spreche hier vom sogenannten *„Walk-over-Water-Komplex"*.

Lass mich dir eine Menge Frust und Ärger ersparen, indem ich dir sage, dass dich mit einer derartigen Sichtweise dein Ego schnell auf den Boden der Tatsachen zurückholen wird: Deine Bescheidenheit sinkt damit nämlich merklich, schnell wirst du durch den Erfolg und das Geld geblendet und handelst immer egoistischer. Deine alten Freunde lässt du links liegen, da sie sich deiner Ansicht nach nicht weiterentwickeln und nur mehr armer Ballast sind. Du kommst zu spät zu Terminen, redest mit deinen Mitmenschen immer respektloser und behandelst andere wie Abschaum. Irgendwann wird der Moment kommen, in dem du realisierst, dass du keine wahren Freunde mehr hast, dass alle um dich herum nur wegen deines Geldes da sind und dich niemand mehr aufrichtig liebt, da du dich charakterlich in eine komplett falsche Richtung entwickelt hast.

Als Warnung an all diejenigen, die noch auf dem Weg „nach oben" sind, lässt sich von daher sagen, dass man immer vorsichtig sein sollte, sobald man Erfolg hat.

Je höher wir steigen, desto schwieriger wird es nämlich, die Tricks unseres Egos zu durchschauen.

Wir müssen also darauf achten, uns mit denjenigen Freunden zu umgeben, die schon da waren, bevor wir erfolgreich waren, und die darauf achten, dass wir uns in die richtige Richtung bewegen und uns nicht irgendwann für etwas Besseres halten.

Unsere Gedanken sollten wir stets reflektieren sowie uns selbst ständig hinterfragen – denn wenn wir das nicht tun, vergessen wir irgendwann, woher wir kommen und was auf dem Weg „nach oben" alles nötig war.

3. Erkenntnis

Studien zeigen, dass Menschen, die sich zu ernst nehmen und sehr viel von sich halten, schnell die Motivation verlieren und aufgeben.

Sie glauben, ihre Arbeit und ihre Aufgaben mit Leichtigkeit erfüllen zu können, und streben nicht mehr danach, ihr Bestes zu geben. Wenn sie eine neue Aufgabe angehen, werden sie jedoch von selbst erkennen, dass sie doch nicht so toll sind und sich schlichtweg überschätzt haben. Kleinste Hindernisse bringen sie komplett durcheinander – doch Selbstkritik existiert in deren Welt nicht. Anstatt ihre Fehler einzugestehen, werfen sie unter dem Vorwand einer Ausrede das Handtuch und widmen sich lieber leichteren Dingen. Dabei handelt es sich dabei paradoxerweise um Personen, die gar nicht groß mit sich und ihren Fähigkeiten prahlen und die ihre Arbeit auch zu Ende bringen.

Wenn du bspw. der Chef eines Unternehmens bist, solltest du dir nur diejenigen Bewerber genauer anschauen, denen Bodenständigkeit wichtiger ist als das eigene Ansehen. Und für all jene, denen ein zu großes Ego bereits Probleme bereitet hat, empfiehlt es sich, nüchtern zu überprüfen, ob man seine Fähigkeiten eventuell überschätzt. Denn auch wenn wir exzellent in einem Bereich sind, sollten wir bescheiden damit umgehen und unsere Fähigkeiten stets pragmatisch betrachten. Nur wenn wir der Meinung sind, nicht „perfekt" zu sein, können wir weiterhin lernen und dadurch dem potenziell Perfekten immer wieder einen Schritt näherkommen.

4. Erkenntnis

Manche Menschen sehen eine starke Persönlichkeit als arrogant an, manche hingegen als selbstsicher. Wo ist hier die Grenze, wo besteht eventuell ein schmaler Grat zur Unterscheidung? Ab wann gilt man als arrogant und bis wann ist man noch selbstbewusst? Wie viel ist zu viel? Nach außen hin kann Selbstbewusstsein mit Arroganz verwechselt werden, jedoch wird Arroganz selten mit Selbstbewusstsein gleichgesetzt. Der Unterschied liegt hierbei „im Inneren". Wir reden von Arroganz, wenn wir uns als etwas Besseres darstellen und z. B. mit unseren Muskeln, Erfolgen oder was auch immer prahlen. Der Arrogante tut dies unbewusst und möchte sich eigentlich nur selbst schmeicheln und sein eigenes Ego befriedigen. Er möchte Bestätigung, um sich immer wieder klarzumachen, dass er einen bedeutenden Platz in dieser Welt hat.

Schaut man sich hingegen das Wort Selbstbewusstsein genauer an, bedeutet es eigentlich nichts anderes, als dass man sich selbst bewusst ist. Genau dort liegt der größte Unterschied zu Arroganz. Der Selbstbewusste ist sich nur bewusst, dass er in etwas gut ist, und muss damit nicht angeben. Er braucht weder Bestätigung noch Anerkennung und hat es von daher nicht nötig, zu prahlen. Daraus resultiert, dass der Selbstbewusste durch seine Körpersprache, Tonalität und Mimik ein komplett anderes Charisma ausstrahlt als der Arrogante.

Stellt man nun die beiden nebeneinander, wird einem schnell klar, wer arrogant ist und nur sein großes Ego befriedigen möchte und wer wahres Selbstbewusstsein besitzt.

Unser Ego kann bereits im Kindesalter zu einer so enormen Größe anwachsen, dass wir es noch im Erwachsenenalter mit uns tragen und sogar weiter heranziehen.

Unsere Eltern lieben uns und auch unsere Lehrer wollen im Idealfall nur das Beste aus uns herausholen. Dabei loben sie uns oftmals in den Himmel, ohne die Konsequenzen daraus bedacht zu haben. Indem wir immer wieder eingetrichtert bekommen, wie genial und schön wir doch wären, wächst unser Ego stetig: „*Wir sind die Besten, die Schlauesten und niemand darf uns nur schief angucken oder sich uns gegenüber respektlos verhalten.*"

Das Ganze geht aber auch genau andersherum: Indem wir ständig runtergemacht werden und immer und immer wieder zu hören bekommen, was wir doch alles falsch machen würden.

Wenn wir jedoch mal etwas gut machen, wird dem keine Beachtung geschenkt. Bei kaputten Vasen oder ähnlichen Katastrophen dreht sich aber plötzlich alles um uns und unser daraus resultierender Hausarrest gilt gleich für die nächsten 3 Jahre. Schnell sinkt unser Selbstwertgefühl und wir glauben, für nichts mehr gut genug zu sein.

Für Eltern und Lehrer existiert also nur ein schmaler Grat zwischen zu viel und zu wenig Zuneigung, dessen sie sich stets bewusst sein sollten. Ich bin zwar kein Erziehungsexperte, jedoch habe ich mehr als genug Erwachsene gesehen, deren Kindheitserlebnisse sie bis heute noch verfolgen.

5. Erkenntnis

Mit einem großen Ego bist du zudem nicht in der Lage, aus dir selbst heraus zu wachsen und mehr aus dir zu machen. Sieh es mal so: Wir brauchen Rückschläge und müssen Fehler machen, um im Nachhinein besser reflektieren zu können. Durch diese Reflexion erkennen wir nämlich, was wir falsch gemacht haben und wie wir es beim nächsten Mal besser machen könnten.

Steht uns unser Ego jedoch im Weg, haben wir den Eindruck, nichts falsch gemacht zu haben und dass der Fehler bei den anderen liegt.

Wer sind aber die anderen?

Wer genau ist unerheblich, aber genau das ist es, was uns unser Ego sagt. Du sprichst z. B. ein Mädchen an, benimmst dich aber wie ein Möchtegern-Macho und sie will dir deswegen ihre Nummer nicht geben: *„Ach, die steht eh nur auf Geld und Autos! Klar, dass ich keine Chance hatte."* Bist du dir wirklich sicher, dass es nicht vielmehr daran lag, dass du dich wie ein Idiot verhalten hast?

Unser Ego schiebt in solchen Fällen die Schuld auf andere und macht uns gegen Selbsterkenntnis immun. Selbsterkenntnis bringt nämlich immer eine gewisse Schuld und negative Gefühle mit sich, denn niemand möchte sich eingestehen, dass er oder sie Fehler gemacht hat und gewisse Dinge einfach nicht beherrscht. Wir wollen z. B. vor der Klasse, den Kollegen oder Freunden nicht schlecht dastehen und blasen unser Ego künstlich auf, wodurch wir uns paradoxerweise selbst unsere Entwicklung blockieren, mit der wir eigentlich besser werden hätten können.

Auf diese Art und Weise verteidigen wir z. B. auch unsere Süchte nach Dingen, die uns und unserem Körper schaden. Seien es Zigaretten, Drogen oder auch Pornos. Unser Ego lässt es einfach nicht zu, dass wir uns eingestehen, dass wir süchtig sind: *„Ich kann jeden Moment aufhören, aber ich will gar nicht."* Anstatt uns einzugestehen, dass wir die nötige Disziplin nicht aufbringen können, um unsere Sucht zu besiegen, schieben wir die Schuld lieber woanders hin. Irgendwohin, aber auf keinen Fall zu uns selbst.

Was ich aus all dem gelernt habe

Mit den Jahren ist die Narbe an meiner Stirn gut verheilt und nahezu nicht mehr sichtbar. Doch wenn ich in den Spiegel schaue, sehe ich sie jedes Mal. Bis heute erinnert sie mich immer wieder aufs Neue, dass ich mein Schicksal und die Entwicklung meines Egos in den eigenen Händen halte. Sie erinnert mich auch daran, dass es immer meine eigene Entscheidung ist, was ich zulasse und was nicht. Schlägereien und Konflikte könnten für mich also nur mehr entstehen, wenn ich ihnen das Ja-Wort geben würde.

In den letzten neun Jahren seit dem erzählten Vorfall gab es für mich jedoch keine Schlägerei mehr. Ich wurde in dieser Zeit noch zwei Mal verbal angegriffen, doch ich ließ nicht zu, dass es darüber hinausging. Ich war immer Herr der Lage und blieb entspannt. Feuer bekämpft man nicht mit Feuer – genauso wie eine gewaltvolle Auseinandersetzung ein Problem nicht löst, sondern nur ein neues entstehen lässt.

Damals schon konnte ich nicht mehr leugnen, dass ICH derjenige war, der die Situation eskalieren ließ und von daher selbst Schuld an allem hatte. Dieses Eingeständnis bereitete mir enorme Schmerzen, die mich wiederum zu einer Selbstreflexion zwangen. Es gab für mich danach keinen anderen Weg, als mir endlich einzugestehen, dass ICH es war, der Mist gebaut hatte.

Jedes Problem, jeder Konflikt und der darauffolgende Schmerz kann der beste Katalysator für Wachstum sein, solange man sich selbst nüchtern betrachtet und über das Geschehene nachdenkt.

So geschah es, dass ich mich endgültig vom Partyleben, dem Alkohol und meinem toxischen Freundeskreis verabschiedete und meinen eigenen Weg ging. Ich schwor mir, mich nur noch mit Dingen zu beschäftigen, die mich weiterbrachten und auf die ich wirklich Lust hatte. Seitdem geht es mir um einiges besser und mein Leben nahm eine positive Wendung!

Ich trage meine Narbe jedoch weiterhin mit Ehrfurcht, denn ich weiß, was sie für mich bedeutet und wofür sie steht. Sie ist die Narbe meines Egos.

KAPITEL 12

Metanoia – Die letzte Chain bist DU

"Some people die at 25 and aren't buried until 75."
BENJAMIN FRANKLIN

Costa Rica, Januar 2017

Ich war allein und ging über den heißen Sand in Richtung Meer. Nur in der Ferne konnte ich einige Stimmen wahrnehmen. Der Sand unter meinen Füßen wurde immer heißer und ich fing an, zu laufen. Es kam mir vor, als wäre ich in einem Glitch eines Videospiels gefangen: Das Wasser war nur einige Meter vor meinen Augen, aber egal wie viele Schritte ich machte – ich bin einfach nicht näher gekommen. Erst als ich anfing, zu rennen, wurden meine Füße durch das nun endlich erreichte Wasser gekühlt ... noch nie hatte ich ein solch blaues Wasser gesehen. Ich sprang sofort hinein und schwamm ins weite Meer hinaus. Das Wasser fühlte sich unbeschreiblich sanft an und ich hatte das Gefühl, dass die Wellen mit mir tanzen würden. Gefühlt mehrere Stunden waren vergangen, bis ich realisiert habe, dass etwas nicht stimmte.

Die Geräusche um mich herum verstummten und es herrschte eine beunruhigende Stille ... plötzlich kamen riesige Wellen auf, die mich aus dem Gleichgewicht warfen und unter Wasser hielten! Ich bekam kaum Luft und kämpfte damit, zurück an die Oberfläche zu kommen. Es war fast schon so, als wollten die Wellen mir etwas sagen wie: *„Was meinst du, wer du bist? Du bist nicht so krass, wie du denkst. Komm mal wieder von deinem hohen Ross runter."* Natürlich hörte ich diese Sätze nicht wortwörtlich, allerdings gab deren Vorstellung mir ein Signal. Ein Signal, das mir sagen wollte, dass ich zu weit gegangen war – sowohl wortwörtlich als auch im übertragenen Sinne.

Doch wobei war ich zu weit gegangen?

Es traf mich wie ein Blitz: Ich hatte einfach alles zu viel und zu schnell gewollt. Mehr Anerkennung, mehr Geld, mehr Luxusgüter.

So hatte ich nämlich in meinem Leben aufgrund meiner fehlenden Geduld viele falsche Entscheidungen getroffen, die mich eher von meinen Zielen weg statt zu ihnen geführt haben. Ich hatte mir z. B. die falschen Geschäftspartner und die falschen Freunde ausgesucht und nach den falschen Werten gelebt.

Dann fiel mir noch etwas wie Schuppen vor die Augen: Vor ein paar Stunden hatten meine Freundin und ich psychedelische Pilze zu uns genommen. Aber sie war nicht mehr in meiner Nähe! Ich hatte Sarinia einfach allein gelassen! Wie konnte ich nur so dumm sein und sie einfach zurücklassen, ohne zu wissen, wo sie gerade war und was sie machte?! Ich musste sofort aus dem Wasser und sie suchen!

Meine Zunge schmeckte Salz. Sehr viel Salz. Ich habe wahrscheinlich Meerwasser geschluckt, aber ich konnte mich nicht mehr daran erinnern – ich war auf Pilzen, verdammt! Ich schwamm so schnell ich konnte und versuchte, meine Freundin zu finden. Wie zuvor fühlte sich der Weg wie die Sahara an: eine scheinbar nicht endende Strecke.

Irgendwann sah ich verschwommen am Horizont mehrere Menschen, konnte jedoch Sarinia nirgends sehen. Dann sah ich einen Mann. Er hatte zerzauste Haare, war nicht sonderlich gepflegt, hatte Tattoos über den halben Körper und saß gemütlich am Strand. Der Hippie winkte mir zu und neben ihm … saß glücklicherweise meine Freundin.

War das ein Traum? War es die Realität? Lag ich vielleicht bereits bewusstlos am Meeresgrund und erlebte gerade meine letzten Minuten?

Ich wusste nicht mehr, was real und was imaginär ist …

Was diese Geschichte mit meiner eigenen Metanoia zu tun hat

Metanoia
Änderung der eigenen Lebensauffassung,
Gewinnung einer neuen Weltsicht,
griechisch: metánoia = Sinnesänderung

Seit dem Tag meiner Narbe bis zu meinem 26. Geburtstag glaubte ich, mit mir selbst im Reinen zu sein. Ich dachte, stets zu wissen, wie ich mich selbst reflektieren kann und war der festen Überzeugung, meinen Verstand und meine Emotionen unter Kontrolle zu haben.

Doch ich lag sowas von falsch ...

An meinem Geburtstag bekam ich von einem Schamanen in Costa Rica psilocybinhaltige Schokolade, die ich essen sollte, um meinem Verstand eine Auszeit zu gönnen. Unglücklicherweise war ich mir über die genaue Dosierung nicht im Klaren. Was dazu führte, dass ich, ohne es zu wissen, eine 4-fach höhere Dosis zu mir nahm, als es einem „Anfänger" empfohlen wird. Das Ergebnis: eine 6-stündige Konfrontation mit meinem Ego.

Ich verlor das Gefühl für Zeit, wusste nicht mehr, wer ich bin, woher ich kam und wieso ich das tat, was ich eben zu diesem Zeitpunkt so alles getan habe. Erst als mein Verstand langsam wieder einsetzte, erinnerte ich mich wieder an alles, und realisierte am Ende des Trips, dass ich seit langem ein Opfer meines eigenen Ego-Verstandes geworden war.

Der Hippie am Strand war zufälligerweise ein Experte für jegliche Art von Drogen, was meine Erfahrung mit der psychoaktiven Schokolade noch intensivierte. Wäre ich nicht auf Shrooms gewesen, hätte ich ihm vermutlich nicht einmal zugehört, aber in diesem Moment war ich für alles offen. Nach einem sehr tiefgründigen Gespräch erhielt ich nicht nur eine komplette Übersicht über mein Leben, sondern insbesondere eine Erinnerung der Geschichten dahinter, die ich mir selbst erzählt habe, um meine eigenen Handlungen bis zu diesem Zeitpunkt zu rechtfertigen.

Ich habe dadurch erstmals verstanden, wie sehr ich durch das Verlangen nach Bestätigung und Anerkennung von anderen gesteuert worden war, und realisierte auch zum ersten Mal, wie dumm das eigentlich war. Ich war ein Opfer meiner selbst erschaffenen Geschichten geworden: Mein Verstand kreierte eine vermeintliche Identität und mir war nicht einmal bewusst, dass daneben noch ein anderes „Ego" existierte.

Durch diese Erfahrung habe ich nicht nur gemerkt, dass dieses von mir künstlich erschaffene Ego-Konstrukt existiert, sondern auch, dass mein wahres Wesen nichts mit ihm gemeinsam hat.

Doch durch meine Präsenz auf Social Media und mein ursprünglich toxisches Selbstbild hatte ich damals angefangen, mich stärker denn je mit diesem selbst fabrizierten, „abgespaltenen" Ego zu identifizieren. Diese Identität glaubte, besser als andere zu sein, nahm sich viel zu ernst und war teilweise respektlos und verurteilend. Diese Identität beschränkte in dieser Hinsicht mein authentisches Selbst, nahm mir die Möglichkeit, meine Emotionen zuzulassen, und legte mein Glück in die Hände anderer. Und zwar, indem ich meinen Selbstwert ausschließlich durch die Bestätigung von außen definiert habe. Ich habe so mein Glück in die Hände anderer gelegt, indem ich jegliche Verantwortung abgegeben habe. Das alles hat im Endeffekt dazu geführt, dass ich mich selbst nicht mehr verwirklicht habe. Ich habe mein Leben fremdbestimmen lassen, anstatt es selbst zu bestimmen. Ich habe mein Leben aus diesem Grund letztendlich nicht mehr vollumfänglich genießen können.

Eckhart Tolle, ein spiritueller und sehr inspirierender Lehrer aus Deutschland, ist der Meinung, dass wir einen Verstand haben, der logisch denkt, sich auf Fakten stützt und versucht, alles rational zu erklären. Zudem existiert wiederum das Ego, das ein kleiner Teil von uns ist und in unserem Verstand lebt. Jedoch wird es problematisch, sobald der Verstand glaubt, das Ego zu sein. Sprich, sobald man anfängt, sich mit seinem Ego zu identifizieren, handelt man nicht mehr nach seinen tiefsten Werten und nimmt sich dadurch die Chance, zu wachsen.

Aus genau diesem Grund kann das Ego zu unserer größten Chain werden, wenn wir uns dessen nicht bewusst sind.

Ein kleines Beispiel dazu: Wenn dein Ego dir sagt bzw. wenn du glaubst, nicht der Typ zu sein, der z. B. gern Sport macht, weigerst du dich automatisch, Sport zu treiben. Damit nimmst dir die Möglichkeit, an deinem Körper und an deiner Gesundheit zu arbeiten. Oder, wenn du glaubst, nicht für feste Beziehungen gemacht zu sein, wirst du gar nicht erst versuchen, eine Bindung einzugehen.

Du kreierst also Gedanken und siehst diese als die Realität. Dein Ego bleibt dabei „starr" und verändert sich nicht. Es schützt sich vielmehr vor neuen Eindrücken und will so bleiben, wie es ist. Da das Leben allerdings nicht starr verläuft, sondern sich stets verändert, läufst du damit automatisch gegen die Wand und behinderst dich nur selbst.

Diese Erkenntnis war für mich so unglaublich herzergreifend und überwältigend, dass sie eine „Metanoia" – eine Sinnesänderung – in mir ausgelöst hat. Ich habe daneben noch eine weitere Erkenntnis erlangt, von der ich dir allerdings erst in einem späteren Kapitel erzählen werde.

Diese Erfahrung machte mir auf jeden Fall klar, dass ich nicht mehr als Held gefeiert werden will, sondern andere Menschen dazu inspirieren möchte, sich selbst auf ihre Heldenreise zu begeben.

Dies war die Geburtsstunde von „The ChainlessLIFE".

Die letzte Chain bist DU!

"It ain't what you don't know that gets you into trouble. It's what you know for sure that just ain't so." – *Mark Twain*

In der Vergangenheit habe ich mich stets mit meinem Verstand und meinen Gedanken identifiziert und mich als das Zentrum des Universums gesehen. Solange ich das gemacht habe, stand ich mir jedoch immer selbst im Weg und kam mit meinem Leben einfach nicht voran. Seit meiner Erfahrung in Costa Rica hat sich das drastisch verändert. Zum ersten Mal hatte ich das Gefühl, mir nicht mehr selbst im Weg zu stehen, weil ich realisiert hatte, dass es dieses künstliche „Ego" gar nicht gibt. Ich habe erkannt, dass ich nur der Beobachter meiner Gedanken war, jedoch nicht der Erschaffer.

Doch es kann noch schlimmer kommen, als sich nur eine „falsche" Identität anzulegen: Durch das digitale Chaos und den immer größer werdenden Druck der Gesellschaft unterteilen viele von uns ihr ohnehin schon künstliches Ego in weitere „Unter-Egos" und vergessen dabei, wer sie eigentlich sind.

Was bedeutet das jedoch für DICH?

Wenn du allein bist, bist du nur du. Wenn du in der Nähe deiner Mutter bist, verhältst du dich anders und bist „der Sohn". Wenn du mit deinen Freunden zusammen bist, bist du „der Kumpel" und in der Anwesenheit deiner Freundin bist du „der feste Freund". Das ist völlig normal und an sich nicht schlimm. Allerdings kann es zu einem Problem werden, wenn du anfängst, dich innerhalb dieser „Rollen" zu verstellen. Viele machen das jedoch ihr Leben lang und wissen irgendwann nicht mehr, wer sie wirklich sind und wie sie zu ihrem wahren Ich zurückkommen sollen. Das fühlt sich dann so an, als würdest du so weit im Meer schwimmen, bis du am Horizont nur noch Wasser siehst und nicht mehr weißt, wie du zurückkommst. Mehrere abgespaltene Egos zu haben, ist zwar noch keine Schizophrenie, allerdings hält es dich in jedem Fall davon ab, deine authentische Ader zu ergründen und nach deinen wahren Werten zu handeln. Als ich mein künstlich fabriziertes Ich endlich hinter mir gelassen hatte, konnte ich nicht nur meine anderen Chains sprengen, sondern auch erkennen, was meine ultimative und zuletzt zu überwindende Chain war: ICH selbst. Ich hatte mich ständig selbst blockiert und dadurch meinen eigenen Fortschritt verhindert.

Eine Kettenreaktion – Wie du den Ursprung DEINER Ängste identifizierst

Kannst du dich noch daran erinnern, was der Ursprung aller Ängste ist? Die Angst vor dem Tod.

Doch wie entsteht diese Angst?

99 % aller Menschen auf diesem Planeten identifizieren sich mit ihrem eigenen Ego. Wir alle haben einen Namen, Gedanken, Emotionen etc. und denken, dass das WIR sind. Genau diese Identifikation führt zu einer Angst vor dem Tod: Sich nämlich eine Welt vorzustellen, in der man nicht mehr denkt, fühlt und vor allem nicht mehr IST, ist für die meisten kein schöner Gedanke.
Der Ursprung aller Ängste liegt somit in der Identifikation mit dem eigenen Ego.

Diese Ängste führen wiederum dazu, dass wir unsere Komfortzone nur ungern verlassen wollen und dadurch aber „unter unserem Potenzial" leben. Wir verfolgen unsere Ziele nicht, weil wir Angst davor haben, zu scheitern, verurteilt zu werden oder dass uns etwas zustößt. Auf diese Weise werden die meisten Menschen unglücklich – sie haben zwar nicht das, was sie sich wünschen, aber unternehmen auch nichts dagegen.

Falls du dich hierbei auch angesprochen fühlst, wirst du vielleicht bereits gemerkt haben, dass du dir eigentlich selbst im Weg stehst.
Du fragst dich dann auch sicher: *„Wie kann ich mit der Angst vor dem Tod umgehen? Wie kann ich diese Chain sprengen, um endlich frei zu werden?"*
Dies habe ich mich auch eine Zeit lang gefragt, bis ich zu einer eindeutigen Antwort gekommen bin. Aber bevor ich dir diese geben kann, musst du zuerst verstehen, WIESO du dich in dieser Lage befindest.

Die folgenden 2 Schilderungen mit jeweils einem Handlungsansatz sollen dir dabei helfen, ein tiefgründiges Verständnis für deine aktuelle Situation zu erhalten. Die Handlungsansätze sollen dir wiederum zeigen, welche Optionen du hast, um mit dieser Situation optimal umgehen zu können.

Fall 1: Wir identifizieren uns zu stark mit dem eigenen Ego

Wir alle sehen Menschen um uns herum sterben und werden uns so immer wieder bewusst, dass das Leben, und somit auch unser eigenes, irgendwann ein Ende hat. Spätestens wenn unser Körper nicht mehr so gut funktioniert, wie er es einst tat, kommt der Punkt, an dem wir uns dieser Tatsache stellen müssen.

Handlungsansatz: Selbst-Transzendenz („Erleuchtung")

Bevor du weiterliest, muss ich noch eine Sache erwähnen: Das Wort „Erleuchtung" ist ein umstrittenes Wort, das schnell falsch verstanden werden kann. Heutzutage wird es sogar sehr häufig missbraucht, um Menschen zu manipulieren und in gewisse Glaubensrichtungen oder Sekten zu ziehen. Dementsprechend distanziere ich mich ganz klar von einer absoluten Definition und möchte dir erklären, was ich persönlich unter „Erleuchtung" verstehe:

Gewisse Menschen erleben „Erleuchtung" als ein Phänomen, nachdem sie bspw. eine Nahtoderfahrung hatten oder während sie, wie ich, eine intensive, (psychedelische) Erfahrung gemacht haben. Ihr Ego stirbt danach.

Allerdings heißt das nicht, dass ihr Ego für immer weg ist – es kommt immer wieder und bildet sich neu. Das Gute daran ist wiederum, dass man dieses Ego stets von Grund auf neu aufbauen kann. Man startet sozusagen immer wieder bei null und hat dadurch die Möglichkeit, sein Selbstbild neu zu formen und die dementsprechenden Werte auszuwählen.

Zurück zum Handlungsansatz der „Selbst-Transzendenz":

Es sollte dabei nicht das Ziel sein, das Ego zu töten, denn es ist ein Teil unseres Selbst. Es trennt uns von unserer Umwelt und gibt uns das Gefühl, dass wir „wir" sind – was wichtig für unser Überleben ist. Wir brauchen es, um unsere Bedürfnisse und Wünsche auszudrücken. Hätten wir kein Ego, wären wir auch nicht in der Lage, in der heutigen Welt überleben zu können. Dennoch bin ich der Meinung, dass jeder einmal einen Ego-Tod erleben sollte, um sich vor allem zweier Dinge bewusst zu werden:

1. **Die Identifikation mit dem Ego ist nur eine Illusion.**
Sobald das Ego stirbt, realisieren wir, dass wir nicht das Ego waren und dass wir auch ohne es weiterleben können. Wir realisieren, dass nicht wir Angst vor dem Tod haben, sondern dass unser Ego diese Angst verspürt. Wir erkennen hier eine klare Linie und

gehen mit diesem Bewusstsein durch den Rest unseres Lebens. Auch wenn das Ego zurückkommt, werden wir das Leben komplett anders wahrnehmen als zuvor. Um dies mit den Worten von Eckhart Tolle auszudrücken: *„Die before you die and find that there is no death."*

2. **Wir sind alle eins.**
Wir sind Teil eines komplexen Systems („Oneness"), in dem wir alle miteinander verbunden sind.

Ein buddhistischer Mönch würde diese „Oneness" wie folgt erklären: Schau dir ein Blatt Papier an. Wenn du das tust, siehst du auch irgendwo eine Wolke? Du müsstest eine Wolke sehen, denn ohne Wolke gäbe es keinen Regen. Ohne Regen gäbe es keine Bäume. Und ohne Bäume gäbe es kein Blatt Papier. Wenn du dir das Blatt anschaust, siehst du auch ein Stahlwerk? Du müsstest ein Stahlwerk sehen, denn ohne Stahlwerk gäbe es keinen Stahl. Ohne Stahl gäbe es keine Axt oder eine Säge, um einen Baum zu fällen. Wenn du dir das Blatt anschaust, siehst du zudem Cornflakes? Die Holzfäller arbeiten hart und brauchen ein gutes Frühstück. Ohne Holzfäller gäbe es wiederum keine gefällten Bäume. Und ohne gefällte Bäume gäbe es schließlich kein Papier.

Was will ich damit sagen?

Erstens: Nichts existiert unabhängig.
Zweitens: Keine Komponente ist wichtiger als die andere.

Diese beiden Punkte bilden im Übrigen die Basis des Buddhismus.

Ein Ego-Tod durch den Konsum einer Substanz oder eine Nahtoderfahrung ist aber nicht zu vergleichen mit dem, was buddhistische Mönche machen und „Erleuchtung" nennen. Sie meditieren über mehrere Jahre und setzen es sich als Ziel, sich von ihrem Ego komplett zu lösen. Sie trainieren jahrelang, um sich von ihren Gedanken, Emotionen und teilweise auch von ihren Bedürfnissen zu trennen und sind auf diese Weise jederzeit am „Sein".

Was ist DEINE „Erleuchtung"?

Fall 2: Wir leben ein Leben ohne Sinn

"The fear of death follows from the fear of life. A man who lives fully is prepared to die at any time." – *Mark Twain*

Wenn man nicht das Leben lebt, das man sich wünscht, und am Ende nicht die Sachen erlebt hat, die man erleben wollte, dann geht man immer mit folgenden Gedanken durch das Leben: *„Was ist, wenn ich morgen sterbe? Dann habe ich dies und das noch nicht erlebt. Dann habe ich Person xy noch nicht gesagt, was ich für sie empfinde. Dann habe ich mein Leben nicht ausgekostet."*

In diesem Fall gehen wir unzufrieden durch das Leben, fühlen uns nicht erfüllt, wünschen uns, woanders zu sein, und haben ein schlechtes Gefühl über den Tod.

Handlungsansatz: Selbstverwirklichung

In dem Moment, in dem du anfängst, dich selbst zu verwirklichen, hast du keine Angst mehr, dass dein Leben irgendwann vorbei sein wird. Richtig gelesen – nicht erst in dem Moment, wenn du dich selbst verwirklicht hast, sondern bereits in dem Moment, wenn du damit anfängst.

Sobald du nämlich anfängst, dich selbst zu verwirklichen, bist du immer am richtigen Ort zur richtigen Zeit, denn DU suchst dir schließlich aus, wann du wo sein möchtest. Selbst in harten Zeiten bist du zufrieden, denn du hast deinen Weg selbst gewählt und bist bereit, auch die schwierigen Phasen auf diesem Weg durchzustehen. Wenn du z. B. in einem abstürzenden Flieger sitzt, wirst du keine Angst verspüren, weil du weißt, dein Leben gelebt zu haben.

Das ist es, was Selbstverwirklichung bedeutet.

Wie viele Menschen kennst du, die gerade einmal Ende 30 sind und bereits eine Midlife-Crisis erleben? Diese Personen werden sich in diesem Zusammenhang ihrer Sterblichkeit bewusst und realisieren, dass sie momentan ihr Leben nicht so leben, wie sie es eigentlich gern möchten. Sie haben den Großteil ihres Potenzials noch nicht einmal ausgeschöpft, beklagen sich aber nur über ihre aktuelle Lebenssituation.

Deswegen ist meine Message an wirklich jeden:

Versuche, JETZT ein geiles Leben zu leben! Nicht später, nicht morgen – JETZT! Verwirkliche dich selbst und kreiere dir genau das Leben, das du haben möchtest.

Ich will nämlich nicht, dass du mit Ende 30 auf dein Leben zurückblickst und denkst: *„Scheiße, wo ist nur die ganze Zeit hin?"* Ich will, dass du mit 80 auf dein Leben zurückblickst und denkst: *„Verdammte Scheiße – mein Leben war einfach geil!"*

Ich will dich genau dabei unterstützen, um dein Potenzial zu entfachen und dein Leben endlich vollends auszukosten!

Viele sagen, dass das Leben kurz sei. Jedoch sehe ich das ganz anders. Das Leben ist lange genug – das Problem ist nur, dass wir mit unserer Zeit oft verschwenderisch umgehen.

Um dies besser zu verstehen, möchte ich ein kleines Gedankenexperiment mit dir machen:

Stell dir vor, dass auf dein Bankkonto 86.400 Euro eingezahlt werden. Das Geld gehört komplett dir und du kannst am Tag der Einzahlung damit machen, was du willst. Jedoch wird der an diesem Tag nicht verbrauchte Geldbetrag pünktlich um Mitternacht gelöscht.

Wie würdest du mit diesem Geld umgehen und was würdest du dir damit kaufen? Vermutlich würdest du wie ich jeden Cent herausholen und ihn mit Bedacht für sinnvolle Dinge ausgeben, oder?

Jetzt kommt das Ironische: Jedem von uns stehen an einem Tag 86.400 Sekunden zur Verfügung. Doch viele vergeuden einige dieser Sekunden freiwillig mit sinnlosen Beschäftigungen, nutzlosem Im-Bett-Herumliegen oder Ähnlichem. Dabei sollten wir die Chance nutzen, unsere Zeit stets bewusst und sinnvoll zu verbringen!

Wir haben jeden Tag 86.400 Sekunden – also wie wäre es, wenn wir uns in dieser Zeit darum bemühen, uns selbst zu verwirklichen?

Wie du endlich im „Jetzt" leben kannst:

"The past has no power over the present moment." – Eckhart Tolle

Das erste Mal vom „Leben im Jetzt" habe ich 2013 erfahren, als ich das Buch *„The Power of Now"* von Eckhart Tolle gelesen habe. Obwohl dieses Buch bereits 1997 erschienen ist, beschreibt es die aktuellen Probleme der Menschheit immer noch extrem treffend und war auch für den ersten „Spark" meiner Entwicklung verantwortlich.

(Dieses Buch lege ich übrigens wirklich jedem ans Herz, der sich mit den Themen Spiritualität, Ego-Verstand und Selbst-Transzendenz weiterführend auseinandersetzen möchte.)

Im „Jetzt" zu leben, bedeutet, seiner Vergangenheit nicht nachzutrauern und auch nicht an seine Zukunft zu denken. Es bedeutet, den aktuellen Moment zu leben und seine Gedanken ohne Wertung und Gefühle zuzulassen. Diesen Zustand nenne ich simpel „Sein".

Der Reiz, einfach nur zu „sein", ist bei den meisten nicht vorhanden oder wird sogar mit etwas Negativem assoziiert. Viele identifizieren sich so stark mit ihrem Verstand, dass ihnen jegliche Ruhe langweilig oder sogar bedrückend erscheint. Sie hören Storys über Meditation, lesen hier und da mal einen Artikel oder ein Buch zu diesem Thema, aber die wenigsten beschäftigen sich wirklich tiefgründig damit.

So kommt es, dass die meisten Leute leben, ohne zu sein.

Anstatt das Leben im Jetzt zu genießen, rennen auch viele lieber den neuesten Trends hinterher, machen sich Gedanken darüber, was sie sich als nächstes kaufen, vergleichen sich mit ihren Mitmenschen oder erklimmen ununterbrochen die Karriereleiter. Dabei realisieren sie nicht einmal, dass diese vermeintliche Karriereleiter in Wahrheit ein Hamsterrad ist, in das sie sich irgendwann selbst begeben haben und aus dem sie jetzt nicht mehr wieder so leicht entkommen können.

Dabei ist das Leben nichts anderes als eine Aneinanderreihung von Erlebnissen, die nur im HIER und JETZT stattfinden. Auch wenn du an deine Vergangenheit zurückdenkst, tust du das im Hier und Jetzt. Du kannst jedoch nicht mehr zurück, da es bereits Vergangenheit ist. Genauso verhält es sich, wenn du in die Zukunft blickst. Der Gedanke an die Zukunft findet ebenso nur im Hier und Jetzt statt. Die Vergangenheit wird also so oder so nicht zurückkommen –wieso noch darüber trauern? Und die Zukunft sollte uns solange nicht interessieren, bis sie zur Gegenwart wird.

Damit meine ich aber nicht, nur noch Party zu machen, Fast Food zu essen und die Schule zu schmeißen. Ich meine vielmehr, dass du aufhören sollst, dir negative und destruktive Zukunftsszenarien vorzustellen und dich auf diese „vorzubereiten".

Sieh es mal so: Wie viele deiner ausgemalten Zukunftsszenarien sind im Endeffekt Wirklichkeit geworden? Bei mir und auch bei vielen anderen ein vernachlässigbarer Bruchteil. Also warum sollen wir vorausplanen und uns um eine Zukunft sorgen, die vermutlich nie wahr werden wird?

Das Problem dabei ist vor allem, dass jeder Gedanke, der sich nicht um deine Gegenwart dreht, dich aus dem Moment zieht und dich davon abhält, „jetzt" zu leben.

Deine Vergangenheit ist bereits nicht mehr existent und deine Zukunft wird erst wichtig, wenn sie deine Gegenwart ist – also ist das JETZT das Einzige, was wirklich zählt, oder?

„Aber Mischa, meine Gedanken sind nicht kontrollierbar, also wie soll ich denn so einfach nicht mehr daran denken?"

Da gebe ich dir Recht – bis zu einem gewissen Punkt kannst du deine Gedanken nicht kontrollieren. Allerdings hast du immer die Wahl, ob du sie nur beobachtest oder auch an sie glaubst und dich mit ihnen identifizierst. Oftmals sind sie nämlich sehr weit von der Realität entfernt, können sich aber realer anfühlen, sobald du an sie glaubst. Und selbst wenn deine Gedanken wahr werden sollten, kannst du immer noch selbst entscheiden, ob sie dir dienen oder dich eher sabotieren.

Stell dir z. B. vor, dass du der Betreiber einer Kneipe bist. Deine Gedanken gelten Gästen, die kommen und gehen. Begrüßt du sie und lässt sie nach einer Weile wieder gehen oder sperrst du sie ein und lässt sie dadurch Unruhe stiften? Wenn man Gedanken beliebig kommen und gehen lässt wie Gäste in einer Kneipe, ist das nur problematisch, sobald es um unhöfliche Gäste geht. Solche Gäste würdest du aber trotzdem nicht einsperren, sondern sie freundlich bitten, zu gehen, oder? Mit unseren Gedanken machen wir aber meistens genau das Gegenteil.

Was tust du nun aber gegen diese „Denk-Sucht"?

Denken tut jeder von uns. Manche mehr und manche weniger. Bei einigen sind die aufkommenden Gedanken zu laut und zu negativ, was dazu führt, dass diese Menschen in ihrem Leben beschränkt werden und dadurch negativer eingestellt sind, was sogar in Depressionen münden kann.

Tools wie bspw. Meditation und Atemtechniken können dir dabei helfen, deinen Verstand zu beruhigen und dich von deinen Gedanken zu distanzieren. Auf diese Weise bist du nicht mehr der Denker, sondern der Zuhörer.

Aber auch Dinge wie Leistungssport, Floating Tanks, Fasten, Tauchen, extreme Körperfett-Reduktionen oder auch Bungee-Jumping können eine Hilfe dabei sein, das Denken für einige Zeit einfach mal abzuschalten und mehr im Moment zu sein. Cliffdiving, Skydiving und andere Extremsportarten sind hingegen Tätigkeiten, die unser Körper eigentlich nicht machen möchte. Er stößt dabei nämlich das Stresshormon Cortisol aus, um uns zu sagen, dass wir sterben könnten. Aber dennoch machen manche von uns dies bewusst. Warum? Ich glaube, dass es ein unterbewusstes Bedürfnis ist, hin und wieder nicht zu denken. Und genau darum sollte jeder auch bewusst versuchen, seinem Verstand hin und wieder eine Pause zu gönnen – egal mit Extremsportart oder ohne. Einige Menschen erleben den gegenwärtigen Moment z. B. auch beim Essen sehr intensiv, da dabei alle fünf Sinne aktiv sind. Jedoch fällt es den meisten heutzutage schwer, sich auf eine einzige Sache zu konzentrieren, weswegen sogar eine Mahlzeit mehr zu einem Akt statt zu einem Erlebnis werden kann.

Probiere es bei deiner nächsten Mahlzeit einfach mal selbst aus: Widme dich ihr mit voller Aufmerksamkeit und versuche bewusst, alle fünf Sinne zu involvieren. Mache währenddessen nichts anderes und versuche, ausschließlich den Moment zu genießen.

Chainless sein ist alles, chainless sein ist nichts?

"Before enlightenment, chop wood and carry water. After enlightenment, chop wood and carry water." – Unbekannter Zen-Buddhist

Wenn der gegenwärtige Moment also alles ist, was wir haben, wieso sind wir so verbissen darauf, immer an Szenarien zu denken, die vermutlich nie eintreten werden?

Wieso sind wir so stark damit beschäftigt, uns selbst zu „finden", anstatt uns im Hier und Jetzt zu erschaffen? Wieso fokussieren wir uns auf die Zukunft statt nur auf die Gegenwart?

Wir atmen und unser Körper ist intakt: Wir leben zwar, aber „SIND" wir auch? Wie viel nehmen wir wirklich von unserer Umwelt wahr, wenn sich alles, was sich in unserem Kopf abspielt, wie ein Nebel ausbreitet und unsere Sicht auf das, was eigentlich IST, trübt?

Wo führt uns die konstante Identifikation mit unserem Ego eigentlich hin?

Du bist nicht deine Vergangenheit und weißt auch nicht, was die Zukunft mit sich bringen wird.

„Chainless" zu sein, soll dir dabei helfen, diesen Fakt bereits früh im Leben zu akzeptieren und so effektiver und nachhaltiger an deiner Persönlichkeit arbeiten zu können.

Und genau darin liegt die Herausforderung:

„Chainless" zu sein, ist erst der Anfang.

Nämlich erst, nachdem du deine Ketten abgelegt hast, kannst du damit anfangen, effektiv an deinem Mindset, deinem Beruf, deinen Beziehungen etc. zu arbeiten. Einige, die behaupten, bereits „erleuchtet" zu sein, konzentrieren sich wiederum so sehr auf ihr Sein, dass sie alles andere vernachlässigen, sich jedoch weder selbst verwirklichen, noch etwas für ihr persönliches Wachstum tun.

„Chainless" sein ist alles. Es ist der Anfang und der erste Schritt in Richtung Freiheit. „Chainless" sein ist aber auch gleichzeitig nichts, denn es ist nur das Fundament dafür.

Sobald du deine Chains hinter dir gelassen hast, ermöglichst du dir endlich, effektiv an deinem Denken, deinem Handeln und an deinem Leben zu arbeiten.

Life is calling you!

"The mystery of life is not a problem to be solved, but a reality to be experienced." – Alan Watts

Bevor ich dir im zweiten Teil dieses Buchs zeigen werde, wie du dich selbst verwirklichen kannst, möchte ich dir 2 weitere Anregungen geben, die dir dabei helfen sollen, dein Leben vielseitig und vor allem nachhaltig zu kreieren.

Selbstverwirklichung ist schließlich viel mehr, als nur den ganzen Tag zu arbeiten und sich im Kreis zu drehen.

1. Ein stetiges Streben nach Ruhestand, Luxus und Legacy lässt ein langes Leben nur mehr kurz erscheinen.

Wenn du die ganze Zeit daran denkst, was du alles erleben wirst, wenn du z. B. endlich im Ruhestand bist, zieht dich das automatisch aus der Gegenwart: *„Wenn xy passiert, dann bin ich endlich glücklich und kann xy tun."* Diese Art von Gedanken lassen das Leben im Jetzt jedoch weniger wert erscheinen und erschweren es dir gleichzeitig, wirklich erfüllt zu sein. Menschen, die sich nur darum kümmern, wann sie sich endlich ein Haus kaufen oder wie sie sich das nächste Auto finanzieren können, laufen Gefahr, ihre wertvollen 24 Stunden zu vergeuden.

Genau dasselbe kann in Bezug auf deine Legacy passieren: Wenn du dich nur darauf fokussierst, dass dir irgendwann eine Statue erbaut wird oder dass man sich in 500 Jahren noch an deinen Namen erinnert, zieht das Leben automatisch an dir vorbei. Ich dachte ebenso eine Zeit lang, ein Vermächtnis erschaffen zu müssen. Erst durch meine transformative Metanoia-Erfahrung habe ich verstanden, dass es uns nicht zu interessieren hat, was nach unserem Leben passieren könnte. Es hat uns nur zu interessieren, was JETZT in unserem Leben vor sich geht.

2. Du kannst dein ganzes Leben lang „beschäftigt" sein, ohne jemals etwas Sinnvolles zu tun. Pass also auf, auf was du deinen Fokus legst.

Hierzu möchte ich dir in eigenen Worten eine passende Metapher von Seneca erzählen:

Es gab einmal einen Mann, der mit seinem Boot auf eine Reise gegangen ist. Doch der Wind spielte wie verrückt und das Boot drehte sich nur im Kreis. So verbrachte er mehrere Jahre auf See, ohne wirklich vom Fleck zu kommen. Als der Mann nach langer Zeit zu seiner Heimatstadt zurückgekehrt ist, hatte er letztendlich nichts erlebt.

Ich mag diese Metapher, weil sie in Bezug auf die Wünsche und Vorhaben der Menschen auch heute noch den Nagel auf den Kopf trifft: Es gibt leider so viele, die meinen, voranzukommen, sich aber nur im Kreis drehen und auf der Stelle treten. Viele haben ihre Vision noch nicht ausgearbeitet, probieren ohne einen Plan viel zu viele Sachen aus und wechseln ständig die Richtung.

Dann gibt es Menschen, die zwar wissen, was sie tun sollen, es aber aus Komfortgründen nicht tun und dadurch auch nie vorankommen. Diese

Menschen werden dadurch jedoch von anderen Umständen und Personen gelenkt und haben ihr Leben nicht mehr selbst unter Kontrolle.

Andere wiederum machen das genaue Gegenteil: Sie bleiben auch mal bei einer Sache und schauen sich nicht einmal um, ob es eventuell etwas anderes geben würde, das besser zu ihnen passen könnte.

Am Ende des Tages liegt es bei DIR, ob du dich, um dies zu erreichen, entweder wie ein buddhistischer Mönch von deinem Ego loslöst oder den ChainlessLIFE-Weg der Selbstverwirklichung gehst und genau das Leben lebst, das du auch verdienst.

Nimmst du dir meine 2 zuvor genannten Anregungen zu Herzen und befolgst sie regelmäßig, wirst du definitiv bessere Karten fürs Leben haben und dich auch selbst besser verwirklichen können.

Wie bereits erwähnt, halte ich die weiter oben beschriebene Selbstverwirklichung für den naheliegendsten Weg, um mit der allem zugrunde liegenden Angst vor dem Tod umzugehen, die eigenen Ketten nachhaltig zu sprengen, sein Leben in die eigene Hand zu nehmen und den ersten Schritt in Richtung Freiheit zu gehen.

Sobald du die Angst vor dem Tod hinter dir gelassen hast, wirst du in der Lage sein, dir genau das Leben zu ermöglichen, das du verdienst. Du wirst dir dein eigenes ChainlessLIFE kreieren, furchtlos und proaktiv an deinen Zielen arbeiten und dich dadurch nicht mehr von deinen Ängsten bremsen lassen können.

Ich freue mich darauf, mit dir gemeinsam diese Reise anzutreten und dir zu zeigen, mit welchen Schritten du genau diese Selbstverwirklichung erreichen kannst.

Wir sehen uns im zweiten Teil dieses Buchs!

Teil 2:

GLEICHES SPIEL, NEUE REGELN

I. ChainlessDENKEN

KAPITEL 13

Der Blick nach innen

"Life isn't about finding yourself. Life is about creating yourself."
GEORGE BERNARD SHAW

Wie du bereits im letzten Teil dieses Buchs erfahren hast, haben wir alle Probleme, die auf äußere Ketten – definiert durch unser Umfeld, die Gesellschaft und das digitale Chaos – zurückzuführen sind. Diese äußeren Ketten wiederum sind Symptome von inneren Ketten – Ängste, unser Ego und die Herausforderung einer Metanoia – die wir oftmals unbewusst tragen, und auch nicht wissen, wie wir mit ihnen umgehen sollen.

Das wiederum führt dazu, dass viele Menschen nicht wissen, was sie im Leben wollen, sich im Kreis drehen und einfach nicht vorankommen. Sie leben ihr Leben voller unerfüllter Träume und finden sich einfach damit ab, dass sie von Problem zu Problem wandern.

Das ist aber das Leben – und es ist eigentlich wie ein Spiel.

Für einige ist es einfach, für viele ist es schwierig. Doch wir können dieses Spiel nicht einfach „wechseln", nur weil es zu anstrengend ist. Denn das Leben ist das einzige Spiel, das wir tatsächlich „spielen" können. Und um dieses Spiel zu meistern, brauchen wir Regeln. Neue Regeln. Regeln für ein selbstbestimmtes und freies Leben – Regeln für ein ChainlessLIFE.

Mit diesem zweiten Teil meines Buchs möchte ich dir hierfür eine Art Regelwerk geben.

Die darin aufgeführten Grundsätze habe ich in 3 Teile untergliedert:

ChainlessDENKEN, ChainlessHANDELN, ChainlessLEBEN

Mein Ansatz hierbei ist es, „von innen nach außen zu gehen".

Deswegen werden wir uns zuallererst mit deinem Mindset, (d. h. mit deinem Denken), beschäftigen und dafür sorgen, dass dieses das nächste Level erreicht. Denn alles, was wir Menschen jemals erschaffen und manifestiert haben, entsprang irgendwann unserem Denken.

Wollen wir uns also ein ChainlessLIFE kreieren, bringt es recht wenig, sich über Morgenroutinen oder Lifestyle-Tipps Gedanken zu machen, wenn deine Denkweise noch das größte Problem darstellt.

Theoretisch kannst du auch den umgekehrten Weg gehen und einfach handeln, bevor du denkst – aber das wäre so, als würdest du in dein Auto steigen und losfahren, ohne zu wissen, wo es hingehen soll.

Du kannst dir das Ganze einmal anhand dieses Beispiels vorstellen: Weil du das Gefühl hast, von deinen Mitmenschen übertrampelt zu werden, möchtest du selbstsicherer auftreten und schaust dir von daher an, wie deine Vorbilder agieren. Du kopierst ihre Körpersprache, ihre Tonalität, teilweise sogar ihre Worte. Sobald du dein neu gewonnenes Wissen in die Tat umsetzen möchtest, merkst du jedoch, wie anstrengend das Ganze ist. Kopf hoch, Schultern zurück, Brust raus ... so viele Kleinigkeiten, die du beachten musst.

Eventuell kannst du dein Umfeld glauben lassen, eine andere Person zu sein, aber diese Scharade aufrechtzuerhalten, ist nahezu unmöglich. Früher oder später wird deine Maske fallen und deine Freunde werden dein wahres Ich sehen – denn wenn du kein Selbstvertrauen besitzt, was sich durch ein ausschließliches Kopieren nicht entwickeln wird, wirst du auch kein wahres Selbstvertrauen ausstrahlen können.

„Fake it till you make it" ist eben doch nicht der beste Ansatz.

Arbeitest du stattdessen an deinem Mindset und lernst, wie du wahres Selbstvertrauen erlangst, werden sich deine gesprochenen Worte und deine Körpersprache automatisch und ohne Anstrengung an dieses neue Mindset anpassen.

Bevor wir uns also spezifischen Handlungen widmen, die dir dabei helfen, „chainless" zu werden, werden wir uns erst darum kümmern, das Fundament dafür in Form eines starken Geistes zu legen.

Everything popular is WRONG!

Die Menschheit glaubte lange Zeit, die Erde sei eine Scheibe, und warf jeden auf den Scheiterhaufen, der etwas anderes behauptete. Vor auch nicht einmal hundert Jahren durften z. B. Frauen weder wählen noch arbeiten gehen, weil man sie als Menschen niedrigerer Klasse deklarierte. Vor nicht allzu langer Zeit dachte man auch, Kohlenhydrate würden dick machen und das Abnehmen verhindern.

Alles, was wir uns gegenseitig erzählen und alles, was wir heute als richtig empfinden, kann also auch genauso falsch sein.

Doch viele Menschen glauben blind, was ihnen erzählt wird. Besonders z. B. im Alter von gerade einmal 18 Jahren haben wir noch nicht genügend Erfahrungen gesammelt, um uns ein charakteristisches Bild von der Welt machen zu können. In so jungen Jahren verlassen wir uns hingegen auf die Worte unserer Eltern, Lehrer und anderer Mitmenschen, die durch ihre Lebenserfahrung „verlässlich" wirken. Dabei realisieren wir jedoch nicht, dass wir deren Glaubenssätze oft einfach blind übernehmen.

Du musst dabei eine wichtige Sache verstehen: Jedes Mal, wenn jemand *Das kannst du nicht.*" oder *„Das ist viel zu schwer!"* zu dir sagt, spricht er nicht von DEINEN Grenzen, sondern zeigt dir nur seine eigenen. Wenn etwas für ihn nicht geklappt hat, ist er der Meinung, dass diese Grenzen auch für dich gelten müssten.

Verurteile diese Menschen nicht voreilig, denn sie machen es meistens nicht absichtlich. Oftmals ist es nur der Versuch, ihr eigenes Ego zu schützen, indem sie andere kleinhalten. Oder aber sie versuchen, ihr eigenes Verschulden zu rechtfertigen.

Auch ich musste lernen, dass vieles, von dem ich glaubte, wahr zu sein, in Wahrheit falsch ist.

Mit besonders 3 Erkenntnissen aka Mythen musste ich mich befassen, als ich mich intensiver mit dem Thema Persönlichkeitsentwicklung auseinandergesetzt habe:

Mythos #1: Kopiere deine Idole, um erfolgreich zu werden

In der Vergangenheit habe ich immer wieder versucht, die Routinen von berühmten Personen wie z. B. Tony Robbins zu kopieren. Das hat dazu geführt, dass ich diese zwar ausgeführt habe, allerdings immer nur für eine kurze Zeit. Was ich dabei jedoch nicht erkannt habe, war: Es war nicht meine Routine, sondern ihre. Und diese Routine diente nur deren höherem Zweck, allerdings nicht meinem. Ich habe einen Lifestyle-Tipp wahrgenommen, ohne zu verstehen, wieso diese Person das überhaupt macht. Ich habe nicht hinterfragt, ob diese Tipps auch für mein Leben anwendbar sind, und habe sie einfach blind übernommen. Das war fast so, als würde ich den Trainingsplan von Arnold Schwarzenegger kopieren wollen und hoffen, dass er auch für mich funktioniert.

Mythos #2: Lies so viele Bücher wie möglich

Man hört ständig, dass das Lesen von Büchern das Nonplusultra und ein Muss sind, um sich weiterzuentwickeln. Dem würde ich per se nicht widersprechen, allerdings ist dahingehend in der „Selbsthilfe-Szene" ein falsches Bild entstanden. Wir wissen, dass z. B. der Überkonsum von Alkohol, Fast Food oder auch von Social Media ungesund ist, aber nicht, dass uns auch der Überkonsum von Informationen schaden kann.

Anstatt ein Buch nach dem anderen durchzulesen, sollten wir uns stattdessen nur auf diejenigen Bücher fokussieren, die uns auch einen Mehrwert für unsere jeweilige Situation bieten. Es bringt nichts, bspw. Bücher über Management oder Marketing zu lesen, wenn man mit seinem Mindset noch gar nicht so weit ist, überhaupt ein Unternehmen gründen zu können.

Beim Lesen sollte es primär darum gehen, sich gezielt Informationen anzueignen, die einem zum gegenwärtigen Zeitpunkt auch tatsächlich weiterhelfen.

Mythos #3: Schaffe dir ein gutes Umfeld

Es wird immer wieder gesagt, dass man sich ein gutes Umfeld bilden müsse. Dem stimme ich zweifellos zu, schließlich habe ich genau das bereits im ersten Teil dieses Buchs behauptet.

Jedoch wird hierbei immer der eigentlich wichtigste Aspekt vernachlässigt: Die Person, mit der wir am meisten Zeit verbringen, sind wir selbst. Deswegen sollten wir nicht nur anfangen, uns von Personen zu trennen, die uns schaden, sondern v. a. SELBST zu einer „wertvollen" Person zu werden. Anstatt sich nur auf die Außenwelt zu fokussieren, müssen wir beginnen, uns auf uns selbst zu konzentrieren. Doch um effektiv an uns arbeiten zu können, müssen wir insbesondere einen Skill lernen: Selbstreflexion.

Selbstreflexion

Dieser Skill ist ein integraler Bestandteil eines ChainlessLIFE.

Indem du dir Gedanken über dich selbst machst und dir nicht nur über deine Schwächen, sondern auch über deine Stärken bewusst wirst, weißt du, wo du im Leben stehst, und kannst anfangen, dir auch DEIN ChainlessLIFE zu erschaffen.

Selbstreflexion betreibt eigentlich bereits jeder. Einige machen es bewusst, die Meisten jedoch unbewusst. Oftmals folgt eine größere Reflexion auf eine negative Erfahrung, wie das Ende einer Beziehung oder die Kündigung des eigenen Jobs. Erst in diesen Phasen konfrontieren wir uns nämlich selbst und fangen an, uns zu fragen, was wir falsch gemacht haben.

Ist man jedoch guter Laune, sehen die meisten keinen Grund, über ihr Leben nachzudenken und sich dabei zu fragen, ob man irgendetwas besser machen könnte. Dabei könnten es bereits nur kleine Fragen wie „Wer bin ich?" oder „Wo will ich hin?" sein, die auf lange Sicht einen großen Einfluss hätten.

Wenn du z. B. einen Streit mit deiner Freundin hast, ist es von Vorteil, noch am selben Abend die Situation zu reflektieren und dir einzugestehen, dass du im Unrecht warst, damit du dich am nächsten Morgen dafür entschuldigen kannst. Die Alternative wäre, dass ihr euch wieder und wieder streitet, bis sie irgendwann genug von dir hat und dich letztendlich verlässt.

Selbstreflexion ist zudem der Schlüssel zu mehr Selbstbewusstsein.

Oftmals wird Selbstbewusstsein aber mit dem sehr ähnlichen Begriff der Selbstsicherheit verwechselt – jedoch haben die beiden Begriffe unterschiedliche Bedeutungen.

Selbstsicherheit heißt, dass man sich seiner Fähigkeiten sicher ist und weiß, was man tut und wer man ist.

Selbstbewusstsein bedeutet, dass man sich seiner selbst bewusst ist. Das wiederum heißt, seine Emotionen, Handlungen, Wünsche, Begeisterungen etc. zu kennen und zu verstehen. Dies tun jedoch die wenigsten von uns. Sie wissen nicht, wieso sie handeln und reagieren, wie sie es letztendlich tun. Das Leben kontrolliert sie, nicht andersherum.

Der Bestsellerautor Mark Manson hat in seinem Buch „The Subtle Art of Not Giving A F*ck" das Selbstbewusstsein in 3 Level unterteilt:

Level 1 besagt, dass wir uns bewusst sind, WAS wir tun.

Level 2 besagt, dass wir uns bewusst sind, WIE wir uns dabei fühlen.

Level 3 besagt, dass wir uns bewusst sind, WARUM wir uns dabei so fühlen.

Ein kleines Beispiel dazu:

Level 1: Ich streite mich mit meiner Freundin, weil sie mit einem Arbeitskollegen über WhatsApp schreibt.

Level 2: Obwohl es von außen so wirkt, als wenn ich eifersüchtig und wütend wäre, verspüre ich in Wahrheit Angst.

Level 3: In meinen früheren Beziehungen wurde ich des Öfteren betrogen und leide seitdem an Vertrauensproblemen. Die kleinsten Anzeichen dafür, wieder betrogen zu werden und dadurch meine Freundin zu verlieren, machen mich ängstlich und resultieren in Wutausbrüchen.

Leider befinden sich viele Menschen immer nur auf Level 1. Nur die wenigsten erreichen Level 2 oder sogar Level 3. Viele davon beleidigen oft zusätzlich ihre Mitmenschen, legen ein destruktives Verhalten an den Tag und sabotieren dadurch sich und ihren Erfolg selbst, ohne überhaupt zu wissen, wieso.

Jedoch erst wenn du das dritte Level erreichst, bist du in der Lage, etwas gegen dein destruktives Handeln zu unternehmen und selbstbestimmt zu leben, weil du dann dein Verhalten und die zugrunde liegenden Emotionen kennst. Verweilst du jedoch auf den unteren Leveln, bleibst du nur eine Marionette deiner Emotionen.

Erst indem man sich selbst reflektiert, wird man gleichzeitig selbstkritisch und fängt an, viel über sich und seine Schwächen zu lernen. Wenn man an dem Punkt ankommt, an dem man selbst sein größter Kritiker ist, kann man von niemand anderem mehr verunsichert werden. Dies ist auch der Punkt, an dem du verstehen wirst, dass nur du selbst dir verzeihen kannst und keine Bestätigung von anderen mehr brauchst.

Und genau das ist der Schlüssel für ein selbstbestimmtes Leben.

Je besser du dich selbst verstehst, desto besser wirst du auch die Leute in deinem Umfeld und schließlich auch die Gesellschaft verstehen.

Auch je ehrlicher du zu dir selbst bist, desto ehrlicher kannst du zu deinem Umfeld sein. Diese Ehrlichkeit kann ebenso deine Freunde und Bekannten dazu inspirieren, ehrlicher mit sich selbst zu sein, was im besten Falle zu mehr Selbstbewusstsein für die gesamte Menschheit führen kann.

Stell dir das Ganze einfach wie ein Feuer vor, das sich immer weiter und weiter verbreitet. Du hast bereits alles, was du brauchst, um diesen Schritt zu machen. Das Wichtigste dabei ist, dass du dich zuerst auf dein

DENKEN konzentrierst, bevor du versuchst, etwas Konkretes in deinem Leben zu verändern.

Am Ende entscheidest du, ob du ein Teil des Problems bleiben möchtest oder es dir hingegen zur Aufgabe machst, ein Teil der Lösung zu werden.

Weil auch ich durch meine eigene Selbstreflexion eine enorme Entwicklung durchlebt habe, möchte ich, dass JEDER die Möglichkeit hat, eine mindestens genauso große Entwicklung zu erreichen.

Deshalb ist dieser zweite Teil des Buchs so aufgebaut, dass du stets die Chance hast, das Gelesene anhand von Fragen und Aufgaben zu reflektieren. Ich rate dir dabei, alle Aufgaben gewissenhaft auszuführen, da sie ein fester Bestandteil deiner Selbstreflexion darstellen.

Bereits jetzt will ich dir 2 Aufgaben geben, die das Ziel haben, deinen Status quo zu erkennen. Denn ohne deine Ausgangslage zu kennen, wirst du keine gezielten Veränderungen anstoßen können.

Damit die folgenden Aufgaben für dich am wirksamsten sind, empfehle ich dir, deine Ergebnisse schriftlich festzuhalten. Dadurch kann sich nämlich das Geschriebene in deinem Verstand verfestigen, was wiederum zu mehr Selbstbewusstsein führen wird.

Deine Aufgabe #1: Reflektiere deine Chains

Nachdem du dich in den letzten Kapiteln mit allen 6 Chains, (den 3 inneren + den 3 äußeren), befasst hast, ist es nun an der Zeit, dieses Wissen in die Praxis umzusetzen.

Rufe dir dazu zunächst die allererste „Aufgabe" aus Teil 1 dieses Buchs ins Gedächtnis: Du solltest dir Gedanken über deine Ketten machen und analysieren, welche davon noch an dir haften und inwiefern sie dein derzeitiges Leben beeinträchtigen (= Gedanken über das WAS?).

Gehe nun noch einen Schritt weiter und analysiere deine Ketten nicht nur auf Level 1 des Selbstbewusstseins, sondern auch auf Level 2 und 3 (= Gedanken zum WIE? und zum WARUM?).

Ein Beispiel dazu, wie du deine Chains auf Level 2 und 3 beschreiben und reflektieren kannst – hier in Bezug auf die sogenannte Komfortzone:

„Gelegentlich bleibe ich in meinem Bett und schaue Serien auf Netflix oder spiele Videospiele, anstatt an meinem Start-up zu arbeiten. Währenddessen fühle ich mich gut, aber im Nachhinein bereue ich es, weil ich weiß, dass ich mir auf diese Weise

Probleme schaffe. In Wahrheit fürchte ich mich davor, mit meinem Start-up zu scheitern, und gehe dem Ganzen lieber aus dem Weg."

Ein weiteres Beispiel auf die Gesellschaft bezogen:

„Mein Studium als Mediziner habe ich nur begonnen, weil es ein gewisses Prestige mit sich bringt – allerdings nicht, weil mich das Thema wirklich interessiert. Am liebsten würde ich Entwickler für Videospiele werden, fürchte mich jedoch vor den Reaktionen meiner Familie und Freunde."

Wie du bereits weißt, besteht das Leben jedoch nicht nur aus Arbeit und Beziehungen, sondern aus vielen verschiedenen Bereichen, die alle bis zu einem gewissen Grad voneinander abhängig sind.

Deswegen möchte ich dir gern eine zweite Aufgabe geben, die dir dabei helfen wird, deinen derzeitigen Status quo zu ermitteln.

Deine Aufgabe #2: Mache dir auch über alle anderen Bereiche deines Lebens Gedanken

Nämlich Liebe, Freunde, Familie, Gesundheit, dein Beitrag für die Welt, persönliches Wachstum, Karriere, Finanzen, Reisen und Spiritualität.

Mache eine Momentaufnahme deiner gegenwärtigen Lage und schreibe dir wie in der vorigen Aufgabe alles auf. Beachte jedoch, dass es dabei einen gefühlten und einen effektiven IST-Zustand gibt, wobei nur der effektive entscheidend ist.

Um dies in ein Beispiel zu packen:

Du fühlst dich gesund und deine Beziehung läuft gut. Das ist dein gefühlter IST-Zustand. In Wahrheit schläfst du aber zu wenig, ernährst dich zu oft ungesund und du und deine Freundin seht euch viel zu selten, wodurch ihr euch langsam, aber sicher auseinanderlebt. Das ist wiederum dein effektiver IST-Zustand. Erkenne daran den Unterschied zwischen beiden IST-Zuständen und notiere nun deinen effektiven IST-Zustand.

Diese Aufgabe hilft dir dabei, ein neues Bewusstsein zu schaffen und zu sehen, wie ausgeglichen dein Leben derzeit ist, in welchen Bereichen du noch Luft nach oben hast und in welchen weniger. Es ist dabei nicht das Ziel, in jedem Bereich „perfekt" zu sein, jedoch solltest du deine Zeit in die Aspekte investieren, in denen du noch relativ viel ungenutztes Potenzial hast.

Hier sind einige Fragen, die dich bei deiner Herangehensweise unterstützen können:

Liebe: Bist du schon einmal eine feste Beziehung eingegangen? Fühlst du dich geliebt? Liebst du dich selbst?

Freunde: Pflegst du enge Freundschaften? Hast du eher oberflächliche oder tiefgründige Freundschaften? Ist es leicht für dich, neue Freundschaften zu schließen?

Familie: Hast du das Gefühl, in einer guten Familie zu sein? Bereichert sie dich? Wie häufig siehst du deine Familie? Hast du regelmäßig Kontakt mit ihr?

Gesundheit: Ernährst du dich gesund? Wie oft treibst du Sport?

Beitrag: Tust du etwas für deine Mitmenschen? Hast du das Gefühl, etwas zurückzugeben? Bist du bereit, die Menschen um dich herum durch deine Taten zu inspirieren?

Wachstum: Bildest du dich regelmäßig weiter? Entwickelst du dich als Mensch stetig weiter? Wann warst du das letzte Mal außerhalb deiner Komfortzone?

Arbeit: Fühlst dich in deiner Arbeit wohl? Wirst du für deine Arbeit geschätzt? Verbindest du deine Arbeit mit deiner Leidenschaft? Führst du eine gute Work-Life-Balance?

Finanzen: Wie wichtig ist dir Geld? Kannst du gut mit Geld umgehen? Wie fühlst du dich, wenn du über Geld nachdenkst?

Reisen: Hast du das Bedürfnis zu reisen? Wie langweilig ist dein Leben für dich, wenn du nur in deiner Heimat bleibst? Brauchst du Abenteuer?

Spiritualität: Glaubst du an dich? Glaubst du an eine höhere Macht? Bist du mit dir selbst im Reinen? Lebst du im Einklang mit dir selbst? Hast du das Gefühl, mit deinem „höheren Selbst" verbunden zu sein?

Das Beste an dieser Übung ist, dass du sie nach einiger Zeit wiederholen und völlig unterschiedliche Ergebnisse bekommen kannst.

In der Regel gilt: Je ausgeglichener du bist, also je weniger „Schwachstellen" du besitzt, desto besser ist dies für ein selbstbestimmtes, freies ChainlessLIFE.

Immer wenn du Phasen in deinem Leben hast, in denen es nicht vorangeht oder du seit längerem schlechte Laune hast, kannst du diese Übung wiederholen. In vielen Fällen wirst du dann realisieren, dass du einen dieser Bereiche bisher vernachlässigt hast.

Solltest du bei deiner Selbstreflexion realisieren, dass du viele Fehler gemacht hast, die dazu geführt haben, dass du momentan noch nicht das Leben lebst, das du eigentlich möchtest, stecke nicht den Sand in den Kopf. Sei stattdessen dankbar für alles, was dir bisher widerfahren ist!

Du hast immer die Wahl, ob du dich entweder durch deine Chains betäuben lässt und nichts unternimmst oder ob du Dankbarkeit zeigst, weil dich jeder Fehltritt in deinem Leben zu einem Moment der Erkenntnis geführt hat. Und in genau diesem Moment strebt in dir wiederum das Verlangen, mehr aus dir und deinem Leben zu machen.

Es ist von unschätzbarem Vorteil, so mit sich selbst ins Gericht zu gehen und sich seine Baustellen einzugestehen. Nur so sind wir überhaupt in der Lage, an uns zu arbeiten. Auch wenn es sich schlecht anfühlen mag, seine Schwächen und Fehler direkt vor sich zu sehen, ist genau das der richtige Weg zum Fortschritt. Und Selbstreflexion ist dabei das Ausschlaggebende für alles Weitere in deinem Leben:

Es ist wichtig, dass du dich als Erstes nüchtern betrachtest und erkennst, welche Ketten an dir haften – was der erste Schritt war, den du bereits gemeistert hast! Ab jetzt geht es darum, dich selbst zu verwirklichen.

Wie du in meinen Geschichten lesen konntest, habe ich wirklich mit allen Ketten meine Probleme gehabt.

Auch wenn es einige Schlägereien, ungesunde Beziehungen, toxische Freundschaften und fast einen Burnout gebraucht hat, bis ich schließlich zu meinem Moment der Erkenntnis kommen konnte, bin ich dennoch froh darüber, jedes einzelne dieser Ereignisse erlebt zu haben.

Sie haben mich gelehrt, wer ich sein möchte und mich zu dem gemacht, der ich heute bin.

Wünsche dir nie, ein einfacheres, unbeschwerteres Leben führen zu wollen – wünsche dir stattdessen, eine stärkere Person zu sein, die mit den Herausforderungen in ihrem Leben fertig werden kann. Sieh dich selbst als dein größter Gegner und schaue dabei nicht nach rechts und links. Die einzige Person, mit der du dich vergleichen musst, ist ausschließlich die Person, die du gestern warst.

KAPITEL 14

Dein Selbstbild bestimmt, wer du bist

"What you do speaks so loudly, that I cannot hear what you say."
RALPH WALDO EMERSON

Definition des Selbstbilds: Alles, was du über dich und die Welt (= Realität) glaubst bzw. zu wissen denkst. Der Begriff „Selbstbild" ist also fast schon selbsterklärend: Es ist das eigene Bild über dich selbst, das oftmals bereits unterbewusst in dir verankert ist und sich nach außen trägt, ohne dass du dir dessen bewusst bist. Glaubst du z. B. innerlich, ein Versager zu sein, wirst du auch tatsächlich in deinem Leben versagen.

Warum das so ist?

Nehmen wir mal an, du hast ein Vorstellungsgespräch. Tief in dir glaubst du nicht an dein Gelingen und siehst dich selbst als ein Niemand. Dieser Glaube macht dich ängstlich, was sich wiederum in deiner Körpersprache und schlussendlich auch in deinen Worten und deinem Ton widerspiegelt: Dein Händedruck ist lasch, dein Stimmton zeigt, dass du nicht an dich glaubst und deine Worte sind leicht negativ angehaucht.

Selbstverständlich wirst du so die Stelle nicht bekommen – dafür war der Eindruck, den du durch dein suboptimales Selbstbild vermittelt hast, nicht gut genug.

Glaubst du hingegen, ein kompetenter Anwärter für die Stelle zu sein, wärst du selbstsicher aufgetreten und hättest deinen Gesprächspartner mit Leichtigkeit von dir überzeugt.

Unser Selbstbild bestimmt also unser Leben. Anders ausgedrückt: Die eigene Wahrnehmung der Realität hat einen signifikanten Einfluss auf unser Leben.

Doch jetzt kommt das Krasse: Diese Realität ist stets subjektiv und kann genauso auf das Fremdbild bezogen werden. Und jeder hat eine andere Auffassung von dem, was man gerade als real empfindet.

Du und ich können z. B. denselben Roman lesen, mit derselben Beschreibung einer Protagonistin. Diese kann als eine Frau Ende zwanzig mit blonden Haaren und einem auffälligen Kleidungsstil beschrieben werden. ICH sehe eine schlanke, gut aussehende Dame mit einem roten Kleid und DU vielleicht eine korpulente Frau mit einem Trenchcoat und einer Jeans. Die Möglichkeiten unserer subjektiven Vorstellungskraft sind endlos!

Dieses Phänomen kann man oftmals auch an Tatorten beobachten, sobald die Zeugen den Täter beschreiben sollen. Jeder Zeuge hat eine andere Wahrnehmung und beschreibt ihn z. B. mit einem komplett anderen Gesicht. Das geht sogar manchmal so weit, dass die Farbe der Kleidung, die Statur oder auch die Hautfarbe in jeder Aussage unterschiedlich geschildert wird. Das ist übrigens kein übertriebenes Beispiel – so passiert es täglich auf der ganzen Welt.

Klären wir kurz, wieso das so ist.

Stell dir vor, die Realität wäre eine Software. Du bist der Computer, auf der diese Software installiert ist. Durch deine fünf Sinne – Sehen, Hören, Riechen, Fühlen und Schmecken – läuft die Software theoretisch einwandfrei. Doch weil es einfach um so viele Daten geht und du aufgrund deiner beschränkten Rechenleistung nicht alles verarbeiten kannst, musst du die Realität komprimieren – und zwar so, dass nur noch 5–10 % der „wahren" Realität übrig bleiben. Sprich, du lässt deswegen unterbewusst Tatsachen aus. Damit letztendlich aber ein vollständiges Bild entsteht, ersetzt du die fehlenden 90–95 % mit Informationen aus deiner Vergangenheit (wie z. B. Erfahrungen, Erlebnisse, Kenntnisse oder Routinen). Und schon hast du dir deine eigene Realität kreiert, die jedoch kaum noch etwas mit der „Wahrheit" zu tun hat.

Wenn du in der Vergangenheit bspw. bereits zwei Mörder mit einem Tattoo auf dem Arm gesehen hast, ist die Wahrscheinlichkeit groß, dass du dir unterbewusst vorstellst, dass Mörder generell ein Tattoo auf dem Arm haben. Vielleicht schaffst du es, zumindest ein wenig zu differenzieren – allerdings wirst du stets Mörder mit Tattoos oder Tattoos mit Mördern assoziieren. Auch gibst du dadurch Geschehnissen eine andere Bedeutung als deine Mitmenschen. Für den einen kann z. B. eine Achterbahnfahrt ein Horror-Trip sein, während es für den anderen enormen Spaß bedeutet.

Dies bringt uns schließlich zur folgenden Erkenntnis:

Realität ist stets subjektiv und von einem Filter abhängig, durch den wir sie individuell wahrnehmen. Sehen wir die Welt insgesamt als einen schrecklichen Ort, sehen wir darin auch nur die schrecklichen Dinge. Sehen wir die Welt jedoch als einen wunderbaren Ort voller

Möglichkeiten, erkennen wir wiederum diese Möglichkeiten und können sie auch für unser Leben anwenden.

Dein Selbstbild wiederum entscheidet schlussendlich darüber, welchen Filter du anwendest, wie du dadurch die Realität wahrnimmst, welche Meinung du über dich selbst hast und folglich auch darüber, wie glücklich du mit deinem Leben bist.

Deswegen will ich es ein weiteres Mal betonen: Es macht keinen Sinn, an deiner Vorgehensweise bzw. an deinem Handeln zu arbeiten, wenn deine Denkweise noch keinem positiven Selbstbild entspricht.

Du würdest nur ein Vorstellungsgespräch nach dem anderen vermasseln. Du könntest dutzende Bücher durchlesen, zu Motivations-Speakern fahren und dich berieseln lassen – aber all das würde dir nichts bringen, solange dein Selbstbild am Arsch ist.

Maxwell Maltz war Gesichtschirurg und ist der Autor des Buchs *„Psycho-Cybernetics"*, das sich weltweit mehr als 35 Millionen Mal verkauft hat. Neben seiner Berufung, durch das dem Buch zugrunde liegende System von Ideen das Selbstbild der Menschen zu verbessern, hatte er in der Vergangenheit viele Patienten, deren Selbstwertgefühl stark von ihrem Äußeren geprägt war. Viele dieser Patienten hatten z. B. eine krumme Nase, die sie durch ihn korrigieren ließen.

Jetzt kommt das Erstaunliche dabei: Nach der Operation sahen sich diese Menschen völlig anders als zuvor – ihr Selbstbild wurde komplett geändert. Sie sahen sich nicht mehr als das hässliche Entlein, sondern als ein schöner Schwan. Dieses Selbstbild beflügelte sie auch in anderen Bereichen ihres Lebens, was sie wiederum zu mehr Erfolg und Glück führte.

Doch leider gab es auch andere Fälle. Obwohl alle Operationen glatt verliefen, gab es immer wieder Personen, die auch danach noch glaubten, ihre Nase sei schief, und die Maxwell für sein angebliches Missgeschick verklagten!

Deren Leben hat sich selbstverständlich nicht verändert. Ihr Selbstbild war immer noch negativ. Und wären sie nicht irgendwann gestorben, empfänden sie sich auch heute noch als hässlich.

Die Erkenntnis aus dem Ganzen: Wir glauben nicht, was tatsächlich wahr ist. Wahr ist nur, was wir glauben. Und zwar ganz egal was ...

„Ich bin hässlich." = Realität
„Ich bin ein schlechter Tänzer." = Realität
„Ich bin nicht intelligent genug." = Realität

Das beweist also, dass unser Selbstbild stets subjektiv ist und somit nicht real sein muss. Theoretisch müssen wir also einfach nur unser Selbstbild verändern und all unsere Probleme würden sich in Luft auflösen, oder? Jein. Der Haken dabei ist folgender: Das Selbstbild lässt sich nicht so einfach verändern, wie es so oft von Selbsthilfe-Gurus versprochen wird. Diese reden in diesem Zusammenhang oft von der Kraft von Affirmationen. Im Grunde sind Affirmationen Sätze, die du dir jeden Tag laut vorliest, um dadurch dein Selbstbild zu verändern und in eine bestimmte Richtung zu lenken.

Bist du beispielsweise unzufrieden mit deiner Produktivität, sagst du dir jeden Morgen vor dem Spiegel: *„Ich bin ein produktiver Mensch, der hart und lange arbeiten kann!"*

In der Theorie glaubt dein Unterbewusstsein irgendwann an das Ausgesprochene und soll dich dadurch unterbewusst dazu bringen, produktiv zu sein sowie hart und lange zu arbeiten.

Doch leider ist dem nicht so.

Sieh es mal so: Muss eine Person, die glücklich in ihrem Leben ist, jeden Morgen in den Spiegel schauen und sich selbst sagen, dass sie glücklich ist? Muss Bill Gates sich jeden Morgen sagen, dass er reich ist? Natürlich nicht.

Affirmationen sind nämlich an sich Paradoxa:

Das eigentliche Ziel liegt darin, sein Selbstbild zu verändern – allerdings bestätigt eine Affirmation unterbewusst das Gegenteil, nämlich dass man tatsächlich hässlich, arm etc. sei! Jedes Mal, wenn du also vor dem Spiegel stehst und dir sagst: *„Ich bin hübsch!"*, gibst du deinem Unterbewusstsein das Signal *„Ich bin hässlich, aber ich sage jetzt diesen Satz, damit ich mich (irgendwann) als hübsch empfinde."*

Wenn Affirmationen also nicht funktionieren, was kann man dann wirklich effektiv tun, um sein Selbstbild nachhaltig zu verändern?

Ich möchte dir hierfür eine kleine Übung vorstellen, die du ab sofort in deine tägliche Routine einbauen solltest. Beachte jedoch, dass es mindestens 30 Tage braucht, um in Bezug auf dein Selbstbild eine merkliche Veränderung zu spüren.

Deine tägliche Übung: Visualisiere deinen Tag!

Mit Hilfe einer Visualisierung ist es möglich, dein Selbstbild, deine Handlungen und somit auch die Resultate in deinem Leben zu steuern.

Hierbei geht es darum, sich den kommenden Tag und die entsprechenden Ereignisse im Vorfeld vorzustellen und dabei seinen Fokus auf ein bestimmtes Resultat zu legen.

Stelle dir also vor, wie du deinem Alltag z. B. morgen nachgehen wirst: Ärgernisse bringen dich nicht aus dem Konzept, Hindernisse begrüßt du freudig und deine To-do-Liste hakst du mit Leichtigkeit ab.

Wenn du dir ein Ziel für diesen Tag setzt, frage dich, mit welcher Strategie du dieses erreichen wirst und welche Gefühle dabei aufkommen sollen.

Visualisiere alles so präzise und detailliert wie möglich.

Sieh dich immer als Gewinner und ersticke deine Zweifel im Keim.

Hast du dir beispielsweise als Ziel gesetzt, eine Frau aus deinem Fitnessstudio nach einem Date zu fragen, dann stelle dir vor, wie du sie fragen wirst. Je genauer du dich bei der Tätigkeit siehst, desto besser wirst du dich im Eifer des Gefechts schlagen werden. Wenn sie in deiner Vorstellung bereits Ja sagt, wird sich dein Selbstbild automatisch zum Positiven wenden, da du unterbewusst glaubst, kein Nein bekommen zu können. Dein Auftreten am darauffolgenden Tag wird charismatischer, selbstsicherer und für sie vermutlich auch attraktiver sein. Ob sie letztendlich Ja oder Nein sagt, liegt zwar immer noch bei ihr, allerdings hast du deine Chancen für ein Ja massiv verbessert!

Ich verwende diese Technik bereits seit Jahren und sie hat mir in so einigen Situationen einen enormen Vorteil verschafft.

Wer noch mehr darüber erfahren möchte, dem lege ich das Buch „Psycho-Cybernetics" von Maxwell Maltz ans Herz.

Zum Abschluss dieses Kapitels möchte ich dir noch 2 Aufgaben mit auf den Weg geben, die dir dabei helfen werden, dich besser kennenzulernen und ein genaueres Bild von dir zu erhalten. Aber nicht nur das: Selbst wenn du meinst, dich bereits gut zu kennen, wirst du wahrscheinlich auch von den Ergebnissen verblüfft sein.

Deine Aufgabe #3: Mache einen Persönlichkeitstest

Im Internet gibt es tausende Tests, um deine Persönlichkeit einordnen zu können und dahingehend mehr zu erfahren. Einige davon sind akkurat und auch empfehlenswert, von den meisten würde ich jedoch die Finger lassen. Aus diesem Grund will ich dir meinen persönlichen Favoriten vorstellen, der meiner Meinung nach sehr genau ist und die Realität am ehesten widerspiegelt:

Es ist der sogenannte „*16Personalities*"-Test[1], bei dem du eine präzise Beschreibung davon erhältst, wer du bist und warum du Dinge auf die Art und Weise angehst, wie du es letztendlich tust. Der Test dauert knapp 12 Minuten und ordnet dich zum Schluss einem von 16 Persönlichkeitstypen zu, über die du dich im Anschluss weiter informieren kannst.

Mache diesen Test, aber lege die Antworten nicht auf eine Goldwaage, da eine Formel deine Persönlichkeit verständlicherweise nicht perfekt wiedergeben kann.

Deine Aufgabe #4: Befrage eine Person aus deinem Umfeld

Auch wenn ich geglaubt habe, mich selbst zu kennen und ein gutes Selbstbild von mir zu haben, habe ich durch die Beziehung mit meiner Freundin noch eine Menge mehr über mich gelernt.

Persönlichkeitstests sind ein guter Anfang, um ein besseres Bild über dich zu erhalten, allerdings sind die Ergebnisse doch relativ abstrakt und zeigen dir keine spezifischen Stärken und Schwächen.

Anders sieht es aus, wenn du Feedback von einer Person erhältst, die dir nahesteht. Vor allem, wenn es bspw. deine langjährige Partnerin ist, wird sie dir mehr über dich und deine charakterlichen Tendenzen sagen können, als du vermuten würdest. Meiner Freundin z. B. fallen auch heute noch kleine Details und Ticks an mir auf, die ich selbst nie bemerkt hätte.

Der Vorteil einer fremden Reflexion liegt von daher auf der Hand: Du kannst dein Selbstbild extrem verbessern, wodurch es noch präziser und spezifischer wird.

Die einzigen Kriterien dafür: Die von dir befragte Person muss dich gut kennen, selbst ein gewisses Maß an Selbstbewusstsein haben, nicht zu sehr aus ihrer Perspektive heraus denken und auch nur dein Bestes wollen.

Sage dieser Person, dass du nur ein ehrliches Feedback erhalten willst, auch wenn es dich verletzen könnte.

Und stell ihr dahingehend z. B. folgende Fragen:

„Wie zeige ich mich dir? Was denkst du, was meine Stärken sind? In welchen Bereichen kann ich mich deiner Meinung nach verbessern? Wo denkst du, sabotiere ich mich selbst?"

Wie sieht dein Selbstbild nun aus?

KAPITEL 15

Die Wahrheit
über das „Gesetz der Anziehung"

"I've had a lot of worries in my life, most of which never happened."
<small>MARK TWAIN</small>

Vermutlich hast du schon einmal vom sogenannten „Gesetz der Anziehung" gehört und dir bereits eine eigene Meinung dazu gebildet. Die einen halten dieses „Gesetz" für esoterischen Schwachsinn, während andere behaupten, mit ihm ihr Leben zum Positiven verändert zu haben.

Ich gebe zu, dass es tatsächlich viele Missverständnisse zum Thema rund um dieses „Gesetz" gibt, weswegen ich mit diesem Kapitel alle Irrtümer darüber aus dem Weg räumen möchte und dir zeigen will, was das *„Law of Attraction"* wirklich bedeutet und warum ich denke, dass du das dem „Gesetz" zugrunde liegende Konzept auch in DEIN Leben integrieren solltest.

Kurz und knapp besagt das „Gesetz der Anziehung", dass du immer das bekommst, worauf du dich fokussierst. Legst du also deinen Fokus auf Positives, erhältst du dementsprechend Positives in deinem Leben. Konzentrierst du dich stattdessen auf negative Dinge, ziehst du nur Negatives an.

Das Ganze verhält sich ähnlich wie bei einer selektiven Wahrnehmung.

Kurzgesagt beschreibt selektive Wahrnehmung ein psychologisches Phänomen, bei dem wir nur gewisse Dinge in der Außenwelt wahrnehmen, während wir andere ausblenden.

Vielleicht warst du ja auch schon einmal davon betroffen: In deiner Vergangenheit gab es bestimmt mal eine Zeit, in der du eine bestimmte Sache unbedingt haben wolltest, wie z. B. ein Smartphone, ein Auto oder auch ein Baby. Aufgrund dessen hast du selektiv überall nur noch das eine Smartphone, das eine Auto oder generell Babys gesehen.

Das ist jedoch kein Hokuspokus – du hattest lediglich in deiner Sichtweise deinen Fokus verändert.

Setzt du also deinen Fokus nicht bewusst in eine gewünschte, generell positive Richtung, was bei dem Großteil der Menschen leider der Fall ist, tendiert dieser Fokus fast schon wie von selbst ins Negative.

Warum das so ist?

Der älteste Teil unseres Gehirns, auch der Hirnstamm oder das Reptilienhirn genannt, ist einzig und allein darauf spezialisiert, Bedrohungen aller Art frühestmöglich zu erkennen und Maßnahmen gegen sie zu treffen.

Um ihr Überleben zu sichern, war es für unsere Vorfahren wichtig, diese Gefahren sofort zu sehen und etwas gegen sie zu unternehmen. Beim Anblick eines Säbelzahntigers hieß es z. B.: Kämpf oder flieh. Oder, falls sich ein Mann eines anderen Stammes deren Frauen näherte, wurde gekämpft, bis nur noch einer übrig blieb.

Dieses Reptilienhirn „arbeitet" noch immer in uns, obwohl unser Leben heutzutage nicht mal mehr ansatzweise so stark gefährdet ist wie damals. Dies hat die Auswirkung, dass wir auch heute noch unsere Umgebung analysieren, uns auf das Schlimmste gefasst machen und uns vorstellen, was so alles potenziell schieflaufen könnte. Natürlich hat dies auch seinen Sinn und Zweck – allerdings nicht mehr in dem Verhältnis von damals.

Bevor ich dir sagen werde, was in diesem Zusammenhang das „Gesetz der Anziehung" für uns bewirkt, möchte ich zunächst darauf eingehen, was es nicht tut.

Das „Gesetz der Anziehung" besagt bspw. nicht, dass du einfach an irgendetwas stark genug glauben musst, um es auch tatsächlich zu erhalten.

Deine Gedanken können sich nicht auf magische Art und Weise manifestieren und dir Erfolg oder materielle Wertgegenstände zaubern. Egal wie stark du z. B. an einen Ferrari denkst, er wird nicht einfach so aus dem Nichts auftauchen. Es würde noch immer harte Arbeit und viel Disziplin erfordern.

Genauso kann das Kind in Somalia sich so oft es will eine bessere Zukunft wünschen. Es wird dennoch hungern und den morgigen Tag vielleicht gar nicht erst erleben, sofern es keine Unterstützung von außen erhält.

Ebenso herrscht der Irrglaube, dass man allein durch eine negative Einstellung Schicksalsschläge und Unfälle sprichwörtlich anziehen würde. Wenn du jedoch mit deinem Auto auf der Straße fährst und jemand von hinten mit dir kollidiert, dann bist definitiv nicht du an dem Unfall schuld und hast es auch nicht mit der „Macht deiner Gedanken" provoziert oder sogar herbeigeführt.

Natürlich kann man ohne Zweifel sagen, dass man nicht auf das beste Ergebnis hoffen kann, wenn man immer nur die schlechten Dinge im Leben sieht – aber dadurch sind noch lange keine Auffahrunfälle entstanden.

Von dieser Art von Definitionen des „Law of Attraction" möchte ich mich bewusst distanzieren und mich stattdessen auf die wahren Gegebenheiten konzentrieren.

Was hat man also davon, wenn man das „Gesetz der Anziehung" für sich nutzt – sich also auf die positive Seite der Medaille fokussiert?

Zuallererst empfehle ich dir, dich von dem Konzept der ausschließlich positiven und negativen Gedanken zu entfernen und dich demgegenüber mit dem sogenannten stoischen Ansatz vertraut zu machen.

Ein stoischer Ansatz liegt darin, dass wir uns nicht fragen, ob ein Gedanke positiv oder negativ, sondern konstruktiv oder destruktiv ist.

Genau darin liegt nämlich auch das große Problem der klassischen Selbsthilfe-Fraktion: Man konzentriert sich irrtümlich NUR noch auf das Positive, unterdrückt damit seine wahren Gefühle und damit auch das Potenzial, überhaupt fühlen zu können.

Es gibt für unseren Körper jedoch keine positiven oder negativen Emotionen – ausschließlich die Bedeutung, die wir ihnen geben, machen sie erst gut oder schlecht für ihn. Ob wir uns z. B. gestresst oder verliebt fühlen, macht an sich keinen Unterschied. Erst die Art und Weise, wie wir das Gefühl deuten, sorgt dafür, ob unser Körper es mag oder nicht.

Wenn Menschen, die so verfahren, dann etwas Schlechtes passiert, sind sie oft überfordert und kommen mit der Situation nicht klar: *„Ich habe doch positiv gedacht! Ich habe das doch gar nicht angezogen!"* Negative Gedanken gehören jedoch wie positive zu unserer Natur. Gäbe es kein Negativ, gäbe es auch kein Positiv.

Ich will sogar so weit gehen und behaupten, dass negative Gedanken auch positiv sein können.

Ich weiß, dass das paradox klingt, also lass es mich kurz erklären: Erinnerst du dich noch an unsere „Fear Setting"-Übung aus Kapitel 10?

Um dein Wissen dahingehend aufzufrischen: Beim Fear Setting stellen wir uns immer das Worst-Case-Szenario vor und fühlen uns bestmöglich in die jeweilige Situation hinein. Wenn du also bspw. eine Firma gründen möchtest und dahingehend Zweifel in dir aufkommen, sind diese Gedanken negativ. Gehst du hingegen mit Hilfe des Fear Settings tiefer in diese Zweifel, kannst du dich mit dem Horrorszenario anfreunden und eventuell eine Lösung für den Worst Case finden sowie die Firma trotz deiner Furcht letztendlich gründen. So hatte dieser ursprünglich negative Gedankengang doch etwas Positives. Oder im Sinne des stoischen Ansatzes ausgedrückt: Er war konstruktiv.

Kommen wir nun zur eigentlichen Bedeutung des „Gesetzes der Anziehung" mit dem Hintergrund eines stoischen Ansatzes:

Das „Gesetz" ist im Grunde genommen eine Erinnerung daran, wie wichtig es ist, seine Energie stets in konstruktive Gedanken zu stecken.

Du hast zwar nicht unbegrenzt Energie und Kapazitäten, doch du kannst zu jeder Zeit entscheiden, WORIN du diese investierst.

Steckst du sie in eine unterstützende Denkweise, werden auch die richtigen Handlungen folgen.

Ein simples Beispiel dazu:

Du möchtest eine Weltreise machen und deswegen deinen Job kündigen. Wenn du deinen Fokus nicht gezielt setzt und auch nicht mit dem Fear Setting arbeitest, wirst du dir in deinem Kopf vor allem ausmalen, was bei deinem Plan bzw. Traum so alles schieflaufen könnte: Flüge werden zu teuer, Unfälle passieren, dein Geld geht aus und letztendlich musst du mit einem Minus auf deinem Konto und einem gebrochenen Bein in dein altes Kinderzimmer im Haus deiner Eltern zurückziehen.

Diese Art von Gedanken sind in jeder Hinsicht destruktiv und halten dich letzten Endes vom Handeln ab.

Fokussierst du dich stattdessen auf konstruktive Gedanken, überlegst du dir in diesem Zusammenhang, was du machen könntest, um eine schöne Zeit zu haben und mögliche Unannehmlichkeiten zu umgehen – diese Gedankengänge ermutigen dich hingegen zum Handeln.

Du kannst deine Energie also entweder in bloße Vorstellungen potenzieller Risiken stecken oder in konkrete Schritte und Maßnahmen, die nötig sind, um deine Träume tatsächlich zu erfüllen.

Mit letzterer Möglichkeit werden zudem nicht nur positive Ereignisse angezogen, sondern auch Personen, die auf derselben Wellenlänge wie du schwimmen. Wenn du dich nämlich erst einmal mental auf deine Ziele fokussierst, begibst du dich auch öfter an Orte, an denen du Gleichgesinnte treffen wirst.

In a nutshell: *Fokussierst du dich auf das Schlechte, kannst du dich nicht gleichzeitig auf das Gute fokussieren.*

Aber anstatt deine „negativen" Gefühle und Emotionen nun komplett unterdrücken zu wollen, solltest du ihnen zumindest etwas Raum geben und sie auch anfangs akzeptieren – bis du ihnen wenig später keine weitere Beachtung mehr schenken musst: *„Stelle dich deinen Problemen, aber mache sie nicht größer, als sie sind."*

Deine Aufgabe #5: Beobachte deine Gedanken in den nächsten Tagen und kategorisiere sie

Anstatt deine Gedanken in positive oder negative zu unterteilen, kategorisiere sie in konstruktive und destruktive.

Versuche gleich danach, den destruktiven Gedanken keine weitere Beachtung mehr zu schenken und fokussiere dich ausschließlich auf die konstruktiven.

Um diese Aufgabe bestmöglich umsetzen zu können, möchte ich dir 2 Techniken zeigen. Sie geben dir einen kleinen Einblick in das „Gesetz der Anziehung" und zeigen dir gleichzeitig sofort, inwiefern dies dein Leben bereichern kann.

Technik 1: Ziehe die Dinge zu dir, die du nicht gern machst

Schließe deine Augen und stelle dir etwas vor, das du gern machst. Dann stelle dir etwas vor, das du nicht gern machst.

Der Hintergrund dabei ist, dass wir oft die Dinge, die wir mögen, sehr nah vor uns sehen. Die Dinge, die wir nicht mögen, sind hingegen weit von uns entfernt. Stellst du dir also die Tätigkeiten, die du nicht magst, nah vor dir vor, glaubt dein Verstand unterbewusst, dass du sie eigentlich magst.

Dies führt wiederum dazu, dass du dahingehend weniger Widerstand aufbaust und es dir leichter fallen wird, unangenehme Dinge zu erledigen.

An welche Dinge denkst du?

Technik 2: Ändere deine Tonlage

Über Aktivitäten, die du gern machst, sprichst du völlig anders als über Aktivitäten, die du nicht gern machst. Es steckt viel mehr Enthusiasmus und Freude in deinen Worten, wenn du z. B. über deinen nächsten Urlaub als über deine nächste Steuererklärung sprichst, richtig? Deswegen: Finde deine eigene enthusiastische Tonlage und sprich auch über negative Dinge in einer positiven Ausdrucksweise.

Sobald du diese 2 Techniken miteinander kombinierst, wirst du die gewaltige Macht des „Gesetzes der Anziehung" spüren und sehr viel größere Chancen haben, deine Steuererklärung (jetzt sogar ohne negativen Beigeschmack) beenden zu können!

Vermutlich bist du jetzt überrascht, dass es gar nicht zwingend notwendig ist, alles positiv zu sehen. Es ist nicht einmal essentiell, um „chainless" zu werden! Das „Gesetz der Anziehung" kann also sinnvoll und hilfreich sein – solange man sich nicht der esoterischen Auslegung hingibt und darauf achtet, sich auf das Konstruktive und Hilfreiche zu fokussieren. Ich lege dir also ans Herz, dich mit dem „Gesetz" vertraut zu machen und es in deinem Leben zu implementieren.

Alles, was du bereits hast, und alles, was du in Zukunft bekommen wirst, ist lediglich das Resultat deines Fokus. Du kannst also alles bekommen, was du willst, solange du dich ausschließlich darauf fokussierst und auch die nötige Arbeit hineinsteckst. Umso früher du das verstehst, desto einfacher wirst du es im Leben haben und desto leichter wirst du auch die Dinge anziehen, die du wirklich willst.

Wenn du dich jedoch nur auf das Destruktive fokussierst, wirst du unnötig doppelt leiden: Das erste Mal, wenn du dich sorgst, und das zweite Mal, wenn deine Befürchtungen tatsächlich eintreten. Die meisten Menschen leiden tatsächlich für Dinge, die noch nicht einmal passiert sind!

Verstehe, dass du zu jeder Zeit die Möglichkeit hast, dein Leben so zu verändern, wie du es dir vorstellst.

Denn DU bist der Regisseur deines Lebens.

KAPITEL 16

Der Blick nach außen

"All of our miseries are nothing but attachment."
ALAN WATTS

Mein Freund Max führte in meinen Augen schon immer das klassische Traumleben. Eine wunderschöne Freundin, ein toller Wagen, ein großes Haus, Geld im Überfluss und ein entspannter Beruf als Versicherungsfachmann.
Es sah so aus, als bestünde kein Grund für ihn, unglücklich zu sein – und doch war er es.
Als ich noch in der Schweiz lebte, trafen wir uns des Öfteren bei ihm zu Hause und verbrachten gemeinsam Zeit miteinander. Jedes Mal war ich aufs Neue davon beeindruckt, wie gut er es doch hatte. Jedoch schien er mit der Zeit immer unglücklicher zu werden – als wäre er mit dem, was er hatte, nicht zufrieden.
„*Vielleicht ein neuer Wagen oder ein größeres Haus.*", erwähnte er mir gegenüber manchmal. Ob das Ironie oder purer Ernst war, konnte ich zu dem Zeitpunkt nicht sagen. Was ich aber erkennen konnte, war, dass es mich schockierte, wie Max trotz all der Besitztümer und mehr als guter Umstände nicht zufrieden sein konnte.

Woher kam der stetige Drang nach mehr?

Nachdem ich der Schweiz den Rücken gekehrt und beschlossen hatte, um die Welt zu reisen, verlor ich den Kontakt zu vielen meiner Freunde und so blieb auch Max vorerst nur in meiner Erinnerung bestehen.
In Costa Rica traf ich einen alten Freund aus der Schweiz, der mich mit den neuesten Nachrichten aus meinem Heimatland versorgte:
„*Max hat Krebs.*", berichtete er mir.
Mir fehlten die Worte.
Ich stand wie geschockt da und wusste nicht, wie ich reagieren sollte. Dass es ausgerechnet ihn traf, war für mich schwer zu glauben. Er war doch noch so jung und hatte auch noch so viel vor sich … Ich beschloss, ihn fürs

Erste nicht zu kontaktieren oder anzurufen, sondern mit ihm persönlich zu reden, sobald ich wieder in der Schweiz wäre.

Als ich im März 2017 für die Geburtstagsfeier meiner Schwester tatsächlich nach Hause flog, nutzte ich die Gelegenheit, um meinem alten Freund einen Besuch abzustatten.

Er hatte gerade die Chemotherapie hinter sich gebracht und ähnelte optisch kaum noch dem Max aus meiner Erinnerung. Dieser „neue" Max war mager, hatte keine Haare mehr und es war schwierig für ihn, sich für eine längere Zeit zu bewegen.

Mitleid war in diesem Moment das Einzige, was ich verspürte.

Doch je länger ich mit ihm sprach, desto mehr fiel mir auf, dass sich nicht nur sein Äußeres verändert hatte, sondern auch sein Charakter: *„Anfangs war es für mich und meine Familie hart – doch es war das Beste, was mir je passiert ist! Ich weiß jetzt wieder, wie wundervoll das Leben ist und kann jede Sekunde auf diesem Planeten wertschätzen!"*

Diese Aussage überraschte mich zunächst fast so sehr wie die Nachricht über seine Krankheit.

In genau diesem Moment schwor ich mir, keinen Krebs oder ein ähnlich schwerwiegendes Ereignis zu benötigen, um dankbar für mein Leben zu sein.

Geh in einen Perspektivenwechsel

Manche sind unglücklich darüber, ein iPhone 6 zu besitzen, weil es bereits einige Jahre auf dem Buckel hat und es inzwischen neuere Modelle auf dem Markt gibt. Andere sind glücklich darüber, überhaupt ein Smartphone zu besitzen, weil sie so mit ihren Freunden in Kontakt bleiben und das Handy als wertvolle Ergänzung für ihren Alltag nutzen können.

Manche sind unglücklich darüber, in die Schule gehen zu müssen, und brechen sie ab, sobald sie die Gelegenheit dazu haben. Andere sind glücklich darüber, kostenlose Bildung überhaupt in Anspruch nehmen zu können und sich damit selbst zu verwirklichen, während dies an anderen Orten dieser Welt undenkbar wäre.

Manche sind nach dem Ende einer Beziehung am Boden zerstört und verlieren jegliche Hoffnung. Andere sind hingegen dankbar für die schöne Zeit und die Lektionen, die sie lernen durften, und freuen sich auf das, was noch vor ihnen liegt.

Eine Situation allein macht nie glücklich oder unglücklich.

Erst die Sicht auf die Situation entscheidet, wie wir uns fühlen. Wenn du die Menschen um dich herum bittest, ihre Zufriedenheit auf einer Skala von 1–10 zu bewerten, werden sich die Antworten durchschnittlich im Bereich von 6–8 befinden.

Doch wieso nur so niedrig? Wieso wird so gut wie niemand sein Leben mit einer 9 oder sogar einer 10 bewerten?

Wir finden immer Gründe, wieso wir vermeintlich nicht vollends glücklich sein können.

Der Wunsch nach einem schnelleren Wagen, mehr Geld, einem schöneren Partner oder ähnlich Besserem lässt uns erblinden. Wir sehen nicht die Dinge, die wir haben, sondern nur die Dinge, die wir augenscheinlich noch brauchen. Oder wir sehen die Dinge vielleicht an sich, aber wir sehen sie als nicht genug an und suchen ständig nach etwas Besserem.

Du kennst das bestimmt, wenn du z. B. ein neues Smartphone oder Ähnliches haben willst und dir dabei denkst, dass du nur diese eine Sache brauchen würdest, um (endlich) glücklich zu sein. Nach deiner Anschaffung bist du zunächst aufgeregt und fühlst dich auch kurzzeitig gut, doch nach einiger Zeit lässt die anfängliche Euphorie nach und das „Hoch", das du verspürt hast, wurde zu deinem neuen „Normal".

Dieses Phänomen nennt man *hedonistische Adaption*.

Egal wie weit du kommst, egal, was du erreichst oder was du dir kaufst, irgendwann wird es dich nicht weiter glücklich machen.

Man kann sich sein Glück eben doch nicht kaufen.

Solange man nicht versteht, wie wichtig die Perspektive für das eigene Glück ist, wird man am Versuch, nachhaltige Zufriedenheit zu erlangen, kläglich scheitern. Schlussendlich entscheidet nämlich so gut wie immer unsere Sichtweise darüber, ob wir eine Situation als gut oder schlecht wahrnehmen.

Vielleicht ist dir schon einmal ein Nachbar begegnet, der dich immer anschaut, als wäre er wütend auf dich und würde dich umbringen wollen. Oder vielleicht bist du mal einer verbitterten, alten Frau über den Weg gelaufen, die sich über alles und jeden beschwert hat.

Es ist nicht schwer, solche Menschen zu kritisieren oder sich sogar über sie lustig zu machen.

Aber lass uns mal dieses ganze Bild drehen und deine Perspektive „reframen":

Wie würdest du deinen Nachbarn wahrnehmen, wenn du wüsstest, dass er einen schweren Autounfall hatte und deswegen sein Gesicht permanent gelähmt ist? Wenn du also wüsstest, dass er nicht wütend ist, sondern sogar versucht, dich anzulächeln, es aber nicht kann? Wie würdest du die alte Frau wahrnehmen, wenn du wüsstest, dass sie ihren Ehemann verloren hat, ihre eigenen Kinder sie übers Ohr hauen wollen und sie bald ihre Wohnung verlieren wird? Ist in diesem Fall ein wenig Verbitterung nicht irgendwie verständlich?

Die Welt ist nicht so negativ, wie viele meinen. Und insbesondere nicht nur in Bezug auf sie selbst.

Hate und Gossip verteilen sich durch Social Media schneller und negative Nachrichten sind durch die Medien lauter. Aber das heißt nicht, dass die Welt untergeht. Die Welt ist viel mehr als nur Schwarz und Weiß.

Dieses Kapitel soll dir dabei helfen, dir die Perspektiven näherzubringen, die ich über die letzten Jahre kennengelernt und angenommen habe, und nach denen ich heute täglich lebe.

Das Ziel dieser alternativen Sichtweise ist ein zufriedenes und glückliches Leben, bei dem dir alle Türen offenstehen und die Möglichkeiten dahinter unendlich sind.

Auf dem Weg zu deinem ChainlessLIFE werden viele Hürden auf dich warten, die dich paralysieren oder zum Aufgeben hinreißen können.

Deswegen will ich dir jetzt 4 bedeutende Anschauungsweisen mitgeben, die auf deiner Reise zu einem horizonterweiternden Perspektivenwechsel von unschätzbarem Wert sein werden:

1. Scheitern ist gut

Wir alle treffen Entscheidungen, die wir letztendlich bereuen und die uns in ungünstige Lagen befördern können. Schließlich sind wir auch nur Menschen.

Dabei sind es gerade Fehler, durch die wir erst lernen und wachsen können. Nur indem wir scheitern, wissen wir, was wir in Zukunft vermeiden und wo wir nicht langgehen sollten. Indem wir scheitern, kommen wir unseren Zielen näher und werden auch jedes Mal ein wenig schlauer.

Menschen, die es weit gebracht haben, sind zuvor dutzende Male gescheitert – nur sieht man dies oft nicht. Viele glauben, sie seien weit gekommen, weil sie nie gescheitert wären – allerdings ist genau das Gegenteil der Fall. Warren Buffet, Ray Dalio und Russel Brand sind nur einige Beispiele, die auf dem Weg zu ihrem Erfolg so einige Fehler gemacht haben. Der Unterschied war: Sie haben trotzdem weitergemacht.

2. Es gibt kein Ende

Wieso denken so viele, dass sie ihr Leben vergeigt haben, nur weil sie mit 25 noch keinen Erfolg haben? Oder mit 30. Oder mit 40. Oder noch nicht einmal mit 50!

Woher kommt der Gedanke, dass man in seinem Leben versagt hat, nur weil man in einem bestimmten Alter noch nichts „erreicht" hat?

Chip Wilson z. B. hat „erst" mit 42 „*Lululemon*" gegründet und das Unternehmen 2016 für mehrere Milliarden Dollar verkauft.

3. Nichts kommt sofort

Stell dir den Weg zum Erfolg wie eine Ölquelle in der Sahara vor, die hunderte Meter unter dem Boden liegt. Jeden Tag pilgern hunderte von Leuten dorthin und buddeln. Niemand weiß, wie tief man graben muss – von daher geben viele bereits nach wenigen Stunden, Wochen, Monaten oder Jahren auf. Einige davon bestimmt nur wenige Meter von der Ölquelle entfernt.

Viel zu viele Menschen arbeiten hart, um erfolgreich zu werden, doch geben vor dem Ziel viel zu früh auf, nur weil ihr Erfolg nicht sofort ersichtlich ist.

4. ALLES ist an eine Bedingung geknüpft

Instagram schluckt zu viel deiner Zeit und wird ein Problem für dich? Deinstalliere die App. Du weißt nicht, wie du dich selbstständig machen kannst? Lerne es. Du hast zu wenig Geld zum Reisen? Suche dir einen zweiten Job und arbeite dafür.

Was ich damit sagen will: Das, was viele als Probleme bezeichnen, sind eigentlich nur Bedingungen, die sie nicht erfüllen wollen. Sobald du jedoch deine Perspektive änderst und dadurch verstehst, dass viele Probleme eigentlich nur Bedingungen sind, wirst du auch verstehen, dass das Einzige, das dir wirklich im Weg steht, du selbst bist.

Um auf die zuvor erwähnte Skala, mit der man seine Zufriedenheit beurteilen kann, zurückzukommen: Ich möchte dir 2 wichtige Tools zeigen, wie du dabei nachhaltig eine 9 oder sogar eine 10 erreichen kannst!

Diese „Tools" sind Akzeptanz und Dankbarkeit.

Du glaubst mir nicht?

Lies weiter und wende die Tools im Anschluss selbst an!

„Tool" 1: Akzeptanz

Akzeptiere deine Situation genau so, wie sie gerade ist.

Eventuell denkst du dir jetzt: *„Du hast leicht reden, Mischa. Du reist mit deiner Freundin um die Welt, machst, worauf du Lust hast, und hast kaum Stress."* Da hast du recht, genauso ist es. Aber du bringst da etwas durcheinander. Ich lebe dieses Leben, weil ich meine Sichtweise geändert habe und dadurch meine Vergangenheit akzeptieren konnte. Erst dadurch ist mein Leben um einiges einfacher geworden.

In diesem Sinne eine weitere bittere Wahrheit:

Solange du deinen IST-Zustand nicht akzeptierst, wird sich langfristig in deinem Leben nichts ändern. NICHTS!

Leute, die sich gegen ihre derzeitige Situation wehren, sind nicht in der Lage, nach vorne zu schauen und Fortschritte zu machen. Diese Menschen können mit ihrer Vergangenheit einfach nicht abschließen und leiden noch heute darunter.

Wenn du aus diesem Kapitel nur eine einzige Sache mitnehmen könntest, dann lass es bitte Folgendes sein:

Alles ist gut, genauso wie es jetzt ist. DU bist genug und hast alles, was du brauchst, um dich selbst zu verwirklichen!

Alles was du brauchst, um den entscheidenden ersten Schritt in Richtung Freiheit zu gehen, ist Akzeptanz.

Akzeptieren bedeutet, nichts zu vertuschen, nichts zu verstecken und nichts zu unterdrücken.

Es heißt, alles anzunehmen und hinter dir zu lassen. Und das gilt für wirklich alles:

Akzeptiere deinen IST-Zustand, genauso wie er jetzt ist.

Akzeptiere dich selbst und verurteile dich nicht für das, was du bist.

Akzeptiere deine Gedanken und kehre sie nicht unter den Teppich. Akzeptiere deine Gefühle und unterdrücke sie nicht. Akzeptiere andere Leute und verurteile sie nicht, nur weil sie nicht so sind wie du. Akzeptiere deine Vergangenheit ungeachtet dessen, was für Fehler du oder andere gemacht haben. Akzeptiere die Welt sowie alles in ihr und du wirst zum ersten Mal nicht im Widerstand zu deinem IST-Zustand sein.

Nur so kannst du nach vorne schauen. Nur so wendest du deinen Blick von deiner Vergangenheit zu deinem Jetzt und auch deiner Zukunft. Nur so entfernst du dich von der Weg-von-Motivation und näherst dich der Hin-zu-Motivation. Wer sich gegen seinen Status quo WEHRT, kann sich nicht weiterentwickeln und auch nicht vom Fleck kommen. Wer zudem andere nicht akzeptiert, gibt ihnen keine Chance sich zu verbessern. Wer seine eigenen Gefühle nicht akzeptiert, finden nicht zu seinen Werten – (zu anstrebbaren Werten kommen wir in einem späteren Kapitel).

Wenn du etwas in deinem Leben verändern willst, musst du also zuallererst anfangen, zu akzeptieren.

Gehen wir nun einen Schritt weiter: Wir akzeptieren den IST-Zustand nicht nur, wir sind sogar dankbar für ihn.

„Tool" 2: Dankbarkeit

Richtig gelesen: Dankbarkeit – so simpel und doch für viele so schwierig.

Es herrscht der Irrglaube, dass Dankbarkeit ein Gefühl ist, das man verspürt, wenn man ein Geschenk oder einen Gefallen erhält. Vielmehr ist Dankbarkeit jedoch eine Tugend, die man verinnerlichen sollte.

Wahrscheinlich wurde dir in deiner Kindheit von deinen Eltern vorgeworfen, nicht dankbar für das zu sein, was du hast, oder?

Auch wenn sie dir damit sagen wollten, dass du nur dankbar*er* sein solltest, war es eigentlich ein Eingeständnis für die eigene Inkompetenz, dir Dankbarkeit beizubringen.

Denn mit Dankbarkeit verhält es sich ähnlich wie mit einem Muskel: Dankbarkeit wird dir nicht in die Wiege gelegt, sondern muss antrainiert werden. Wenn Eltern Dankbarkeit also nicht vorleben, werden ihre Kinder die Fähigkeit dazu auch nicht adaptieren können, weswegen es wiederum ganz normal ist, dass mehr und mehr Menschen diese Tugend verlieren oder gar nicht erst kennen.

Auch hier ist wieder unser Reptilienhirn „schuld": Wir suchen ständig nach Dingen, die wir nicht haben und die uns (noch) fehlen, anstatt glücklich zu sein für das, was wir bereits besitzen.

Hast du dich jemals hingesetzt und dich für die Dinge bedankt, die du in deinem Leben bereits hast? Für deine Familie, für deine Freunde, für dein Essen oder für die Luft, die du atmest? Hast du einfach mal das wertgeschätzt, was sich bereits in deinem Leben befindet?

Glaubst du, es würde dein Wohlbefinden beeinflussen, wenn du dir täglich 3 Dinge vor Augen halten würdest, für die du dankbar bist?

Es können dabei simple Dinge wie dein Bett, dein Arbeitsplatz oder auch deine Socken sein. Wenn du täglich Dankbarkeit übst und die großen als auch die kleinen Dinge in deinem Leben wertschätzt, wirst du bereits nach einigen Tagen merken, wie sich dein Fokus auf die positiven Dinge legen wird. Deine Probleme werden kleiner erscheinen, während die guten Aspekte größer werden. Du wirst dadurch nicht nur glücklicher und erfüllter, sondern auch ruhiger und gelassener werden.

Je öfter du Dankbarkeit praktizierst, desto schneller wirst du merken, wie gut es dir im Leben eigentlich geht und wie viele Sachen es gibt, für die du dich tatsächlich glücklich schätzen kannst.

Lege nun dieses Buch für fünf Minuten beiseite und probiere es selbst aus: Schreibe dir 3 Dinge auf, für die du dankbar bist.

Spürst du bereits einen Unterschied?

So simpel diese Aufgabe auch sein mag – sie ist verdammt effektiv.

„Make it or Break it!"

Die Tatsache, dass ich bereits nach sieben Monaten meinen Ausbildungsplatz verloren habe, hat mir gezeigt, wie falsch ich damals gehandelt hatte. Wie bereits erwähnt, hat sich diese Situation zu diesem Zeitpunkt alles andere als gut angefühlt, jedoch führte sie im Endeffekt dazu, dass ich meine Perspektive geändert habe. Meine nächste Ausbildung habe ich dadurch nicht nur abgeschlossen, sondern wurde sogar der beste Verkäufer im Geschäft.

Ich hoffe natürlich, dass es nicht bei jedem ein Schicksalsschlag wie bei Max sein muss, um zu realisieren, wie gut man es im Leben doch hat.

So sehr ich mir auch wünsche, dass das bloße Lesen dieses Kapitels ausreichen würde, um einen Perspektivenwechsel herbeizuführen, weiß ich leider, dass es nicht bei jedem so sein wird. Es gibt Menschen, die einen Fehler erst dutzende Male wiederholen müssen, um in die sogenannte „*Make it or Break it*"-Situation zu kommen, in der sie komplett auf die Schnauze fliegen, um endlich zu begreifen, dass sie etwas ändern müssen. Manchmal ist es z. B. einfach vonnöten, seinen Job zu verlieren, seine Beziehung in den Sand zu setzen, verschuldet zu werden oder in eine Schlägerei zu geraten, um zur Einsicht zu gelangen und dadurch seine Perspektive ändern zu können.

Zum Schluss dieses Kapitels möchte ich dir eine Aufgabe geben, die dafür sorgen kann, dass sich auch DEINE Perspektive erweitert und zum Positiven verändert.

Deine Aufgabe #6: Beobachte und reflektiere dich

Schreibe dir deine Antworten schriftlich auf. Bei dieser Aufgabe geht es primär darum, im Alltag aufmerksamer zu werden und sich und seine Perspektiven zu hinterfragen. Deswegen solltest du dir diese Fragen nicht nur einmal stellen, sondern immer wieder auf sie zurückkommen.

Welche Dinge stehen wirklich in meiner Macht bzw. unter meiner Kontrolle?

Diese Erkenntnis ist sehr wichtig, da du dadurch verstehen wirst, wie wenig du eigentlich unter Kontrolle hast. Ebenso legst du deinen Fokus nur auf die Dinge, die du kontrollieren kannst, statt auf die, auf die du ohnehin keinen Einfluss hast.

Bemühst du dich darum, deine Vorurteile abzulegen?

Seine Perspektiven zu wechseln, ist manchmal hart. Besonders, wenn man sein Leben lang „eine Brille trug", ohne es zu merken. Es ist schmerzhaft, sein gesamtes Weltbild hinter sich zu lassen, aber am Ende des Tages ist es der einzige Weg, um nach vorne zu blicken und ein „neuer Mensch" zu werden.

Bist du bereit, (bedeutende) Fehler zuzugeben?

Oftmals zeigen sich Fehler nicht sofort. Hin und wieder spuckt man gegen den Wind und es wird einem sofort offensichtlich, dass man einen Fehler begangen hat. Manchmal spuckt man allerdings gegen den Wind und die Spucke kommt erst Monate später zurück – doch dann sind viele nicht mehr in der Lage, ihre Fehler zu sehen und einzugestehen. Das Ego will sich damit schützen und blockiert ein potenzielles Eingeständnis.

Der Grund, wieso viele sich selbst im Weg stehen und ihre Träume nicht erfüllen, ist oftmals die falsche Perspektive. Perspektiven bestimmen dein Leben – ohne, dass du dir dem bewusst bist. Viele Menschen, die sich ein besseres Leben wünschen, tun sich schwer damit, ihre alten Perspektiven loszulassen und alles aus einem anderen Blickwinkel zu betrachten. Sie wünschen sich zwar ein besseres Leben, aber ihre Handlungen sprechen eine andere Sprache. Und dadurch ändert sich daran auch leider nichts.

Man sagt ja so schön: *„Du weißt nicht, was du nicht weißt."* Genau deswegen solltest du stets über den Tellerrand schauen, deine Sichtweisen kritisch betrachten und dich fragen, ob sie dir auch wirklich dienen.

KAPITEL 17

Erkenne deine Stärken

"Authentic happiness derives from raising the bar for yourself, not rating yourself against others."

MARTIN SELIGMAN

Rolf Dobelli erzählt in seinem Buch „*Die Kunst des klaren Denkens*" von Nassim Taleb, einem Schriftsteller und Börsenhändler, der sich das Ziel gesetzt hat, an seinem Körper zu arbeiten und einige Kilos an Fett zu verlieren.

Um sich für dieses Ziel für eine bestimmte Sportart zu entscheiden, sah sich Nassim die Körper verschiedenster Athleten an. Jogger waren ihm zu dürr, Bodybuilder zu breit, aber Schwimmer – die gefielen ihm sehr gut. Also ging er zweimal in der Woche schwimmen, nur um nach einer gewissen Zeit zu realisieren, dass diesen Schwimmern ihren eleganten Körperbau nicht die Sportart bescherte, sondern dass sie vielmehr gute Schwimmer waren, WEIL sie diesen Körperbau schon hatten.

Ich selbst mag die Vorstellung, dass man mit genügend Ehrgeiz und Training alles erreichen kann – allerdings sieht die Realität anders aus:

Manchmal zieht man einfach von Anfang an schlechte Karten. Es gibt Dinge, die werden dir einfach nie liegen, genauso gibt es aber auch Dinge, in denen du definitiv sehr gut sein wirst oder bereits sehr gut bist:

Das sind deine Stärken.

Es ist enorm wichtig, dir über deine Stärken bewusst zu werden.

Ich will sogar so weit gehen und behaupten, dass dies essentiell und auch der Schlüssel zu langfristigem Glück ist!

Viele Menschen werden glücklich, indem sie sich ständig neuen Reizen aussetzen. Sie kaufen sich etwas Neues, nehmen Drogen oder gehen jedes Wochenende feiern. Doch dieses Glück ist immer nur kurzfristig. Nach einiger Zeit fällt der Glückspegel und sie brauchen neue Reize, um wieder gut drauf zu sein.

Langfristiges und nachhaltiges Glück hingegen erreichst du, wenn du deine Stärken so oft wie möglich und so zweckmäßig wie nötig nutzt!

Tust du das nicht, wirst du immer das Gefühl haben, dein Potenzial nicht vollständig zu nutzen. Und das wird wiederum dazu führen, dass du dich unnütz und schlussendlich unglücklich fühlen wirst. Du wirst dich z. B. in deinem Job nur zufrieden fühlen, wenn du das Gefühl hast, etwas zu bewirken und zu verändern. Doch du wirst dieses Gefühl nie erreichen, wenn du für diese Arbeit nicht gemacht bist und deine Bemühungen in keine oder nur schlechte Ergebnisse münden. Früher oder später wirst du die Nase voll davon haben, Dinge zu tun, die du nicht gut beherrschst und in denen du auch nie gut werden wirst.

Um beim Thema Job zu bleiben:

Leider wird unsere Berufswahl viel zu oft von unseren äußeren Ketten beeinflusst: Unser soziales Umfeld oder auch unsere Eltern halten uns davon ab, unseren eigentlichen Träumen nachzugehen und sagen uns z. B., was wir studieren sollten.

Die Gesellschaft wertet gewisse Berufsfelder höher als andere und sagt uns damit, was vermeintlich gut oder schlecht sei.

Das digitale Chaos gibt uns sogar das Gefühl, dass bspw. jede Festanstellung und jeder Job, der nicht von den Malediven auszuführen ist, automatisch schlecht sei.

Jeder von uns kennt wahrscheinlich jemanden, der z. B. BWL oder Maschinenbau studiert, nur weil seine Eltern ihm das eingeredet haben.

Jeder kennt vielleicht auch einen Jura-Studenten, der eigentlich keine Affinität für den Stoff besitzt, das Fach aber dennoch studiert, weil es ein gewisses Prestige mit sich bringt.

Jeder kennt auch eventuell einen „Entrepreneur", der zwanghaft versucht, sich ein ortsunabhängiges Online-Business aufzubauen, obwohl es ihm offensichtlich gar nicht liegt, selbstständig zu sein.

Dabei macht es viel mehr Sinn, seine Karriere um seine STÄRKEN herum aufzubauen!

Personen, die bspw. sozial sehr kompetent sind, tun sich einen großen Gefallen, wenn sie sich ein Berufsfeld aussuchen, in dem sie viel Kontakt mit anderen haben.

Personen, die ein starkes Führungsvermögen haben, sollten ganz klar ein Team leiten.

Menschen mit einer ordentlichen Portion Kreativität sollten diese auch ausleben und bspw. als Künstler oder Musiker ihr Glück versuchen!

Ich weiß, dass es schwer sein kann, sich gegen diese vermeintlich alles bestimmende „Außenwelt" durchzusetzen und diese äußeren Ketten abzulegen.

Deinen Eltern zu sagen, dass du lieber deinen eigenen Weg einschlagen willst, kann hart sein.

Die Abgrenzung von der Gesellschaft ist hin und wieder schmerzhaft. Auch auf Social Media nicht als der größte Gewinner dazustehen, kann für den ein oder anderen weh tun. Aber schlussendlich ist die Belohnung in Form eines Jobs, der dich wirklich glücklich macht, es absolut wert!

Denn viel zu viele streben nur nach Erfolg – wobei sie viel eher nach zwei anderen Aspekten streben sollten: Glück und Zufriedenheit.

Und genau das erreichst du nur, wenn du deine Stärken ausleben kannst.

Witzigerweise lässt auch der Erfolg nicht lange auf sich warten, sobald du dich in deinem Job glücklich und zufrieden fühlst.

Ein bedeutender Bestandteil eines ChainlessLIFE ist es, seine Stärken, seine Interessen und seine Werte in eine Linie zu bringen. Das bedeutet, dass du etwas tun solltest, das du auf natürliche Weise gut beherrschst, das dir Spaß macht, und das sich für dich richtig anfühlt. Das bedeutet auch, den Beruf auszuwählen, der am besten zu dir passt.

Wenn du das erst einmal geschafft hast, wirst du ein unbeschreibliches Gefühl aus Glück und Zufriedenheit erfahren. Du wirst spüren, wie viel Energie durch deinen Körper fließt und wie viel Potenzial in dir steckt!

Ich weiß, das hört sich etwas esoterisch und merkwürdig an, aber nachdem du es selbst erlebt hast, wirst du es auch verstehen können.

Bevor wir weitermachen, wollen wir jetzt erst einmal herausfinden, worin also deine STÄRKEN liegen!

Dafür habe ich dir einen weiteren Online-Test herausgesucht, der dir deine Charakterstärken zeigen soll.

Er ist zwar nicht in jeder Hinsicht repräsentativ, allerdings liefert er sehr akkurate Ergebnisse, wenn du alle Fragen ehrlich beantwortest.

Worin bspw. meine Kernstärken liegen, wusste ich unterbewusst schon immer. Doch durch den Test wurde mir das auf einer erweiterten Ebene bewusst. Inzwischen fokussiere ich mich primär auf genau diese Stärken und sorge dafür, dass ich sie sogar noch weiter ausbaue und in mein ChainlessLIFE einfließen lasse.

Der Test ist völlig kostenlos und du musst dich lediglich kurz registrieren. Nimm dir dafür am besten eine Stunde Zeit.

Deine Aufgabe #7: Absolviere diesen Online-Test

Charakterstärken-Test der Universität Zürich[2]

Nachdem du den Test absolviert hast, wirst du dir über deine Charakterstärken bewusst sein. Meine Empfehlung ist nun, dir davon deine Top 7 genauer anzuschauen und dich dabei selbst zu hinterfragen:

Wo setzt du deine Stärken bereits ein? Kommen sie vielleicht sogar zu kurz? Wie kannst du sie noch effektiver in dein Leben integrieren? Sind deine Stärken mit deinem Interesse und deinen Werten auf einer Linie?

Meine größte Stärke ist bspw. Selbstregulation. Sprich, ich kann sehr gut meine Gefühle und mein Verhalten regulieren. Dies führt z. B. dazu, dass ich diszipliniert an meinem Business oder auch an meinem Körper arbeiten kann. Das Bodybuilding ist eine meiner größten Interessen, was auch gleichzeitig mit einem meiner Werte (Gesundheit) in Verbindung steht. Dadurch fühlt sich Bodybuilding für mich sehr organisch an und nicht wie für viele andere als eine Last.

Falls du jetzt aber noch nicht weißt, wie du deine ermittelten Stärken in dein ChainlessLIFE einbauen kannst: Keine Angst, einfach weiterlesen! Im kommenden Teil dieses Buchs werden wir nämlich noch näher auf deine Interessen und deine Werte eingehen. Und am Ende wirst du genau wissen, wie du deine Stärken optimal einsetzen kannst.

Lege weniger Fokus auf deine Schwächen

Unser Schulsystem hat eine großes Defizit: Wenn wir unsere Zeugnisse am Ende des Schuljahres erhalten, bekommen wir oftmals von den Lehrern zu hören, dass wir beispielsweise zwar in Deutsch gute Leistungen erbringen, aber unsere Fähigkeiten in Mathe mangelhaft sind und uns deswegen Nachhilfeunterricht empfohlen würde.

Viele von uns werden so bereits sehr früh in ihrem Leben durch das Schulsystem darauf konditioniert, ihre Defizite auszubügeln, anstatt ihre Stärken zu optimieren. Und diese Denkweise nehmen wir in unser späteres Berufsleben mit: Anstatt in einem bestimmten Gebiet sehr gut oder sogar der Beste werden zu wollen, streben es viele lieber an, ein durchschnittliches Gesamtpaket und zumindest mittelmäßig gut in Allem zu sein.

Du wirst jedoch nicht in allem ein Profi sein können – deswegen solltest du dich hingegen spezialisieren: Konzentriere dich auf deine Stärken, um genau dort dein gesamtes Potenzial ausschöpfen und in deinem Lebensweg schneller vorankommen zu können. Deine Stärken sind ein Geschenk, die du nutzen solltest, um der Welt zudem etwas zurückzugeben.

Diese Welt braucht aber nicht noch einen weiteren durchschnittlichen Fashion-Blogger oder einen weiteren gewöhnlichen Handwerker – sie braucht Menschen, die Experten auf IHREM Gebiet sind. Sie braucht DICH in deiner reinsten und stärksten Form. Nutze also das Geschenk, das dir gegeben wurde.

Auf deinem Weg zur Spitze wirst du jedoch immer wieder auf kleine Hindernisse stoßen, die dich zwingen werden, auch an deinen Schwächen zu arbeiten.

Der Unterschied hierbei sollte jedoch sein, dass du dich diesen erst widmest, wenn die Zeit dafür gekommen und der Nutzen dafür da ist.

Dieser Prozess entsteht völlig organisch und durch deine zuvor ausgebauten Stärken und Kompetenzen und das damit einhergehende Selbstvertrauen wirst du dich wiederum beflügelt fühlen, deine Defizite viel leichter ausgleichen zu können.

So war es z. B. schon immer eine kleine Schwäche von mir, anderen Leuten konzentriert zuhören und mir ihre Meinung vollständig anhören zu können, ohne sie dabei zu unterbrechen. Als ich 2018 meinen eigenen Podcast zum Leben erweckte, musste ich lernen, mein Gegenüber ausreden zu lassen und auch seine Ansichten anzuerkennen. Die Entwicklung dieser Fähigkeit hat nicht nur die Qualität meines Podcasts angehoben, sondern auch meine zwischenmenschlichen Beziehungen unglaublich verbessert.

Und genau das kannst DU auch!

KAPITEL 18

Limitierende Glaubenssätze

"The only reason we don't have what we want in life is the reasons we create why we can't have them."

TONY ROBBINS

Wie oft hast du schon Sätze wie *„Reichtum verdirbt den Charakter."*, *„Body-builder sind dumm."* oder auch *„Ich habe kein Glück im Leben."* gehört? Diese Art von Aussagen stellen Phrasen klassischer Glaubenssätze dar. Kurz zur Erklärung: Glaubenssätze sind Dinge, an die du glaubst und die dadurch eine hohe Wahrscheinlichkeit haben, wahr zu werden. Oder anders ausgedrückt: Sie sind für dich wahr, weil du an sie glaubst.

Lässt auch DU dich durch Glaubenssätze beeinflussen?

Nehmen wir mal an, du möchtest dich selbstständig machen und dazu unter anderem auf YouTube Content-Videos zum Thema Autos und Motorräder zur Verfügung stellen.

Doch unterbewusst hast du den Glaubenssatz: *„Ich werde damit sowieso nicht erfolgreich sein. Diese Nische ist bereits übersättigt und alle anderen sind viel besser als ich. Neben ihnen werden meine Videos einfach schlecht aussehen."*

Was wird demzufolge passieren?

Du wirst keine Videos drehen und dich auch nie über die Plattform YouTube selbstständig machen können. Jedoch nicht, weil der Markt wirklich übersättigt ist und alle anderen besser sind als du, sondern weil du es aufgrund deiner Zweifel nicht einmal richtig versucht hast.

Dein Glaubenssatz würde also letztendlich wahr werden.

Dies nennt man auch die *„Self-Fulfilling-Prophecy"*.

Der Gegenpol dazu wäre, dass du glaubst, es hingegen schaffen zu können. In diesem Fall gibst du Vollgas und versuchst, mit allen Mitteln dein Ziel zu erreichen. Ob du dies letztendlich auch schaffst, ist natürlich nicht zu 100 % sicher. Allerdings bist du deinem Ziel schon ein großes Stück nähergekommen.

Dein Verstand ist verdammt gut darin, Beweise für deine bestehenden Glaubenssätze zu finden. Wenn du z. B. der Meinung bist, dass reiche Menschen grundsätzlich schlecht sind, dann wirst du mit Leichtigkeit genügend wohlhabende Personen finden, die deine Überzeugungen dahingehend bestätigen werden.

Bist du hingegen der Meinung, dass es sehr viele reiche Menschen gibt, die mit ihrem Geld Gutes tun, wirst du für diesen Fall mehr als genügend Beweise finden.

Eventuell erinnerst du dich noch an das Prinzip der selektiven Wahrnehmung, von der wir in Kapitel 15 gesprochen haben: Egal woran du glaubst, wirst du dir die Wahrheit stets so zurechtrücken, dass sie für dich passen wird.

Demzufolge können wir allein mit unserem Glauben die Welt auf unterschiedlichste Art und Weise betrachten: Für die einen ist sie die Hölle, für die anderen ein Ort voller Möglichkeiten. Dies ist auch der Grund, wieso manche Menschen so viel erreichen, während andere auch nach Jahren noch an derselben Stelle stehen.

Dass unsere Realität subjektiv ist, wissen wir bereits. Zudem sind wir uns bewusst, dass jeder von uns dieselben 24 Stunden am Tag zur Verfügung hat. Wie wir diese allerdings nutzen, hängt von unseren Glaubenssätzen ab.

Es gibt dabei Glaubenssätze wie *„Ich kann alles erreichen."*, die dich in deinem Tun unterstützen, und auch solche, die dich in deinem Handeln blockieren, wie: *„Ich bin nichts wert."* Letztgenannte nennt man limitierende Glaubenssätze.

Wie der Name schon sagt, limitieren dich diese in deinem Handeln und deinem Weiterkommen: Du befindest dich bei A und möchtest nach B, jedoch wirst du auf deinem Weg dorthin gestoppt. Oder du siehst nicht einmal einen Weg zu B und glaubst deswegen, dass es gar keinen Weg dorthin gibt.

Limitierende Glaubenssätze können Aussagen wie die oben aufgeführten Beispiele oder auch auf deine Skills bezogene Sätze sein, wie: *„Ich bin nicht kompetent genug."*, wenn du dir z. B. überlegst, dich als Life Coach oder Personal Trainer selbstständig machen zu wollen.

Wie auch immer diese Sätze für dich aussehen, letztendlich sabotierst du aufgrund ihrer Existenz deinen eigenen Erfolg, stoppst deine Entwicklung und baust dir dadurch ein Gefängnis. Ein unsichtbares Gefängnis, das du dir selbst erschaffen hast und darin sehr lange gefangen sein kannst, ohne dir dessen bewusst zu sein. Im schlimmsten Fall landest du in einem Teufelskreis, aus dem du es sehr schwer haben wirst, auszubrechen. Denn jedes Mal, wenn du aufgrund deiner Glaubenssätze scheiterst, hast du nur einen Beweis mehr, der deine vermeintliche Überzeugung unterstützt. Was wiederum bedeutet, dass du diesen Glauben noch tiefer in dir verankerst und ihn dadurch zusätzlich verstärkst.

Bist du also z. B. der Meinung, schlecht kochen zu können, wirst du jedes Mal, wenn du kochst, dir nicht allzu viel Mühe geben, was wiederum dazu führen wird, dass deine Mahlzeit tatsächlich nicht gut schmecken wird. Denn dann hast du einen weiteren Beweis für deinen „Glauben", den du dir vor Augen bzw. in diesem Fall vor den Mund halten konntest.

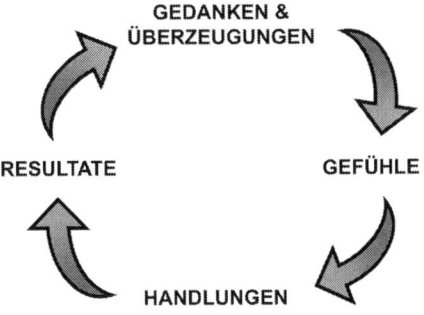

Allerdings funktioniert dieser „Teufelskreis" auch für positive Glaubenssätze!

Jedes Mal, wenn du einen Erfolg verzeichnest, wird dein Glaube auch darin bestärkt und die Wahrscheinlichkeit, zu scheitern, sinkt. Wenn du dann z. B. doch einmal ein schlechtes Gericht kochen solltest, wirst du darüber hinwegschauen können.

Finde auf einem Weg zu positiven Glaubenssätzen zum Ursprung zurück

Denke für einen Moment über einen Bereich deines Lebens nach, in dem es trotz deiner Bemühungen aktuell nicht so läuft, wie du es dir eigentlich wünschst. Das können z. B. deine Liebesbeziehungen, deine Arbeit, deine Freunde oder auch deine Hobbys sein.

Nun frage dich, ob du in genau diesem Gebiet limitierende Glaubenssätze hast. Die Wahrscheinlichkeit ist sehr hoch, dass dem so ist.

Was ich damit sagen möchte, ist, dass dein Leben nicht per se schlecht läuft, nur weil du in der Vergangenheit einmal (oder auch mehrmals) Pech hattest, sondern weil du dich durch die eben identifizierten negativen Glaubenssätze selbst sabotierst und dadurch deinem eigenen Glück im Weg stehst.

Glaubenssätze dieser Art müssen aber nicht dauerhaft sein, denn sie können mit rationalem Denken und der richtigen Strategie, die ich dir am Ende dieses Kapitels zeigen werde, entkräftet werden!

Vorher möchte ich mich jedoch dem Ursprung dieser Glaubenssätze widmen.

Die drei häufigsten Ursprünge deiner Glaubenssätze sind deine Kindheit, dein Umfeld und die Gesellschaft sowie deine eigenen Erfahrungen. Als Kind hattest du z. B. noch nicht viel Ahnung von der Welt und musstest dich auf deine einzigen Bezugspersonen verlassen: deine Eltern. Das, was sie gesagt haben, galt automatisch als wahr. Die wenigsten haben im heranwachsenden Alter die Aussagen ihrer Eltern hinterfragt, sondern sie einfach blind übernommen. Das Ironische dabei ist, dass deine Eltern diese Glaubenssätze vermutlich ebenso von deren Eltern übernommen haben.

Manchmal hörst du z. B. auch aus deinem Umfeld oder den Nachrichten wiederholt Aussagen, die du nicht auf ihre Richtigkeit überprüfst und einfach blind annimmst, da es sich um vermeintlich „legitime" Quellen handelt. *„Alle Muslime sind Terroristen."* oder *„Kriminelle sind oftmals Ausländer."* sind dafür nur einige Beispiele. Nur weil die Masse dies sagt, muss es jedoch nicht zwingend stimmen.

Der letzte Ursprung deiner Glaubenssätze sind deine eigenen Erfahrungen. Du wirst in deinem Leben bereits viele Dinge ausprobiert haben, die manchmal mehr und manchmal weniger gut geklappt haben. Wenn du beispielsweise trotz schweren Krafttrainings keine Erfolge verzeichnen konntest, wirst du irgendwann der Meinung gewesen sein, dass Bodybuilding einfach nicht für jeden funktioniert – insbesondere nicht für dich.

Nach meiner dreijährigen Beziehung mit Larissa war ich z. B. der festen Überzeugung, generell keine tiefgründige Beziehung mehr führen zu können – was dazu führte, dass ich nur mehr Frauen anzog, die mich eigentlich gar nicht interessiert haben. Es dauerte fast zwei Jahre, bis ich den dem zugrunde liegenden Glaubenssatz erkennen, abwerfen und mich dadurch wieder fest an eine Person binden konnte.

Wer ein ChainlessLIFE führen möchte, muss also seine bisherigen Glaubenssätze nicht nur erkennen, sondern sie auch analysieren, mit ihnen ins Gericht gehen und überprüfen, ob sie einem dienen oder nicht. Nur weil du also bisher davon ausgegangen bist, dass deine Glaubenssätze „richtig" seien, muss das noch lange nicht stimmen. Selbst wenn sie sich richtig anfühlen, bedeutet es nicht, dass sie dir auch weiterhelfen. In diesem Fall musst du auch mit deiner Perspektive (siehe Kapitel 16) arbeiten und versuchen, diese Glaubenssätze in ein neues Licht zu stellen. Dieser Prozess kann sehr anspruchsvoll sein und oft auch einen Coach erfordern, der dir z. B. dabei hilft, deine blinden Flecken zu erkennen und zu analysieren. Solltest du also auch nach dem Lösen dieser Aufgabe noch Probleme mit deinen Glaubenssätzen haben, hast du z. B. die Möglichkeit, dich für ein 1-zu-1-Coaching mit mir zu bewerben. In der Vergangenheit habe ich bereits mit zahlreichen Klienten große Durchbrüche erzielen können – wenn du dasselbe anstrebst, kann ich dir dieses Coaching wärmstens ans Herz legen. Gehe dafür auf extra.chainlesslife.com und bewirb dich für ein kostenfreies Beratungsgespräch. Aufgrund meiner zeitlichen Kapazitäten nehme ich jedoch nur die überzeugendsten Bewerbungen an, weswegen ich dir empfehle, dir Mühe zu geben.

Da du jedoch jetzt gerade auf dich allein gestellt bist, möchte ich dir die meiner Meinung nach beste Strategie zeigen, um alte Glaubenssätze über Bord werfen und durch neue ersetzen zu können. (Diese Methode verwende ich übrigens auch bei meinen Klienten, nachdem wir ihre limitierenden Glaubenssätze identifiziert haben.)

Deine Aufgabe #8: Ersetze deine Glaubenssätze

Schritt 1:
Suche dir einen Glaubenssatz aus, der dich in irgendeiner Weise limitiert und den du jetzt ablegen möchtest.
Beispiel: *„Frauen stehen nur auf Geld."*

Schritt 2:
Stelle dir diese Fragen:

Woher kommt dein Glaubenssatz? Wann hast du ihn zum ersten Mal gehört und als richtig empfunden?

Wenn du dir auf diese Weise den Ursprung deines Glaubenssatzes anschaust, siehst du oftmals den Grund, wieso Personen ihn an dich weitergetragen haben. Deine Eltern meinten es bspw. nur gut mit dir und haben es auch eventuell nicht besser gewusst. Dein Umfeld oder die Gesellschaft könnten ihn aus Angst an dich weitergegeben haben. Schaust du dir den Ursprung dessen genauer an, merkst du oftmals, dass dein Glaubenssatz eigentlich nie Hand und Fuß hatte.

Beispiel: *„Nachdem meine Mutter mich und meinen Vater für einen anderen Mann verlassen hatte, war mein Vater bestürzt und wiederholte immer, dass Frauen nur dem Geld hinterherjagen. Heute weiß ich, dass er sich nur nicht die Schuld für sein eigenes Fehlverhalten eingestehen konnte und deswegen alle Gründe dafür auf das Geld schob."*

Schritt 3:
Beantworte folgende Fragen:

Was würde dein Vorbild von deinem Glaubenssatz halten? Würdest du ihn an deine Kinder übertragen wollen? Was kostet er dich und wie blockiert er dein Leben? Wie würde dein Leben ohne ihn aussehen?

Nach dem Beantworten dieser Fragen wird dir wahrscheinlich bewusst werden, wie limitierend und oftmals auch lächerlich und unbedeutend deine eigenen Glaubenssätze sein können.

Beispiel: *„Mein Vorbild würde mich für eine Heulsuse halten, weil ich mich von etwas so Kleinem abhalten lasse. Für meine Kinder wünsche ich mir natürlich nur das Beste und ich möchte nicht, dass sie sich auf dieselbe Art wie ich blockieren lassen. Weil ich glaube, dass Frauen nur auf Geld stehen, öffne ich mich ihnen nicht mehr, hege einen leichten Groll gegen sie und werde so wahrscheinlich keine Liebe mehr finden. Würde ich jedoch diesen Glaubenssatz nicht haben, würde ich mich wieder öffnen und auf Dates gehen."*

Schritt 4:
Suche Beweise GEGEN deinen Glaubenssatz.
Wie ich dir bereits erklärt habe, findet dein Verstand immer Beweise FÜR deinen Glauben, weswegen wir nun bewusst Beweise GEGEN ihn suchen wollen. Damit entkräftest du ihn nämlich und machst ihn schwach, wodurch er wiederum für dein zukünftiges Leben keine Rolle mehr spielen wird:

Beispiel: *„Ich bekomme manchmal von Kollegen und Freunden mitgeteilt, dass Person xy ein Auge auf mich geworfen hat, obwohl ich nicht reich bin. Auch viele meiner Freunde führen glückliche Beziehungen, obwohl sie nicht wohlhabend sind."*

Schritt 5:

Finde jetzt einen ALTERNATIVEN Glaubenssatz, der dich auf deiner Reise zum ChainlessLIFE nicht behindert, sondern unterstützt! Sobald du nämlich deinen alten Glauben loswirst, entsteht ein Loch, das du sofort mit einem positiven Glaubenssatz füllen solltest: Beispiel: *„Frauen stehen auf Charakter! Finanziell abgesichert zu sein, ist natürlich auch wichtig, aber die Persönlichkeit ist das Entscheidende!"*

Nachdem du diese Aufgabe erledigt hast, denke noch einmal über deinen alten Glaubenssatz nach:

Wie fühlt er sich nun an? Schwach, oder?

Er hat nämlich jetzt keine Macht mehr über dich – denn du bist nun Herr deiner Lage!

Wie du siehst, ist es gar nicht mal so schwer, limitierende Glaubenssätze abzulegen. Du weißt vielleicht noch, dass du dir in Kapitel 13 Gedanken über deine verschiedenen Lebensbereiche machen solltest. Schaue dir nun an, in welchen dieser Bereiche du noch nicht das erreicht hast, was du dir für dich wünschst. Oftmals liegen genau dort die größten limitierenden Glaubenssätze. Ich möchte dich dazu ermutigen, diese Glaubenssätze zu finden und sie durch unterstützende zu ersetzen. Nur so öffnest du dir weitere Türen in deinem Leben und lässt dich nicht mehr von dir selbst aufhalten.

KAPITEL 19

Soziale Konditionierung

"It ain't what you don't know that gets you into trouble. It's what you know for sure that just ain't so."

MARK TWAIN

Definitiv kennst du jemanden, der einen Hund hat. Vielleicht hast du auch selbst einen und konntest Folgendes schon einmal beobachten: Wenn du einem Hund Futter gibst, freut er sich wie wild und fängt hin und wieder an, zu sabbern. In seinem Mund wird nämlich Speichel produziert, um die Nahrungsaufnahme zu begünstigen. Simpel ausgedrückt löst dabei ein Reiz (das Futter) eine Reaktion (das Sabbern) aus.

Der russische Forscher Iwan Petrowitsch Pawlow konnte in diesem Zusammenhang bei Zwingerhunden beobachten, wie diese bereits Speichel produzierten, wenn ihr Besitzer sich ihnen nur näherte. Seine These daraus war, dass das Geräusch der Schritte ein Vorbote für die Fütterung darstellt und die Hunde deswegen ihr Essen mit diesem akustischen Geräusch in Verbindung brachten.

1905 wollte Pawlow seine These beweisen und führte ein Experiment durch: Er läutete eine Glocke, um zu sehen, wie seine Hunde darauf reagierten. Nichts geschah. Dann fing er an, jedes Mal, bevor er ihnen Essen gab, die Glocke zu läuten. Siehe da, nach einiger Zeit konnte er die Glocke läuten und seine Hunde produzierten Speichel. Es musste darauf nicht einmal Essen folgen – seine Hunde hatten den Ton der Glocke bereits vollends mit Futter assoziiert und reagierten auch dementsprechend.

Wie man im Falle der pawlowschen Hunde sehen kann, kann also durch Konditionierung auch ohne den ursprünglichen Reiz dieselbe Reaktion erfolgen. Konditionierung ist nämlich nichts anderes als das gewollte oder ungewollte Erlernen einer Reaktion auf einen bestimmten Reiz.

Und dies trifft auch auf Menschen zu! So wie wir es bei Pawlows Experiment gesehen haben, verbinden auch wir automatisch zwei Dinge miteinander, die nicht zwangsläufig etwas miteinander zu tun haben müssen.

Ich bspw. bekomme jedes Mal Gänsehaut, wenn ich den Soundtrack von *Braveheart* höre. Ohne es zu wissen, wurde ich darauf konditioniert, diese Musik mit der positiven Erfahrung von Heroismus zu assoziieren – obwohl beides streng genommen nichts miteinander zu tun hat. Denn auch hier folgt auf einen Reiz (Musik) eine Reaktion (Gänsehaut). Aufgrund dieses Phänomens einer unterbewussten Konditionierung sind z. B. auch viele Leute auf der Autobahn gestresst, wenn sie Polizeisirenen hören – obwohl sie nichts falsch gemacht haben und sich eigentlich nicht davor fürchten müssen, angehalten zu werden. Genauso bekommen auch viele z. B. Appetit, wenn sie angebratene Zwiebeln riechen. Manche sehen sogar ihre Ex-Freundin in Gedanken vor sich, wenn sie deren Parfüm als Geruch wahrnehmen.

Auf Menschen bezogen entstehen Konditionierungen, wenn wir uns in einem emotionalen Hoch oder Tief befinden – auch *„Peak Emotional State"* genannt.

In diesen Gefühlszuständen sind wir besonders anfällig dafür, langanhaltende Assoziationen zu erschaffen. Bist du beispielsweise des Öfteren feiern und fühlst dich dabei besonders gut, wenn du immer wieder einen bestimmten Song auf den Partys hörst, kann dich schon dieser Song allein in gute Stimmung versetzen.

Die Werbebranche nutzt die Psychologie dahinter gekonnt aus: Z. B. sehen wir in *„Coca Cola"*-Werbespots nur gesunde und gut aussehende Menschen, obwohl Cola nicht gerade gesund ist und auch nicht nur von attraktiven Leuten getrunken wird. Aber die Konditionierung funktioniert: Wir assoziieren mit Cola ein Lifestyle-Produkt gesunder und gut aussehender Menschen.

Peak Emotional States können besonders bei großen Events wie bspw. dem Super Bowl oder der Fußball-WM beobachtet werden – wir sind nämlich hier in einem „perfekten" Zustand, um z. B. für Werbung besonders empfänglich zu sein.

Es gibt allerdings auch zahlreiche andere Möglichkeiten, konditioniert zu werden. In der frühen Kindheit werden wir z. B. von unserem Umfeld und der Gesellschaft in Form von beeinflussenden Gesprächen und wiederholtem Vorleben konditioniert. Auch unsere eigenen Erfahrungen können uns prägen. Im schlimmsten Fall kann hierbei ein Trauma eine festsitzende Konditionierung auslösen, die oftmals mit Angst und Panikattacken verbunden ist.

Das hört sich bis jetzt alles sehr negativ an – allerdings kannst du dich selbst auch bewusst positiv konditionieren! Jedes Mal, wenn du dich richtig gut fühlst, kannst du bspw. mit den Fingern schnipsen und dadurch dieses Gefühl mit eben dieser Geste verbinden. Nach einiger Zeit wirst du dich mit jedem Fingerschnipsen durch die erfolgte Konditionierung – (gutes Gefühl assoziiert mit Fingerschnipsen) – automatisch gut fühlen! Diese Technik nennt sich übrigens „*Ankering*".

Aber Achtung: Auch wenn sich Konditionierungen sehr ähnlich zu Glaubenssätzen „verhalten", darf man die beiden nicht miteinander verwechseln. Es gibt grundlegende Unterschiede, auf die ich kurz eingehen will. Glaubenssätze entstehen unterbewusst, können dir allerdings bewusst werden, wenn du auf sie aufmerksam gemacht wirst oder dich genügend reflektierst. Das heißt, du weißt, dass du sie hast, und kannst sie auch in einem Satz ausdrücken, wie zum Beispiel: „*Leute mit viel Geld sind mir unsympathisch, weil ...*"

Konditionierungen hingegen entstehen zwar auch unterbewusst, bleiben jedoch unterbewusst. Sie laufen praktisch an unserer linken, logisch denkenden Gehirnhälfte vorbei und lösen sofort ein Gefühl in uns aus. Wir wissen oftmals nicht, dass wir dahingehend konditioniert wurden und können es auch nicht rational erklären. Oder hast du jemals jemanden sagen hören: „*Wenn ich nackte Brüste sehe, werde ich geil, weil ...*"?

Manchmal kollidieren unsere Glaubenssätze sogar mit unseren Konditionierungen und widersprechen sich. Vielleicht hast du z. B. den folgenden Glaubenssatz bereits abgelegt: „*Wenn meine Freundin mit einem anderen Mann etwas trinken geht, macht sie das, weil ich nicht mehr gut genug für sie bin.*" Manch andere allerdings wurden von ihrem Umfeld darauf konditioniert, dies als einen Vorboten von Untreue zu sehen, weswegen es auch dir unangenehm sein kann und du tatsächlich eifersüchtig wirst, wenn deine Freundin abends ausgeht.

Genau hierbei entstehen Probleme mit sozialen Konditionierungen. Das Problem dabei ist, dass Konditionierungen wie ein Filter auf dein authentisches Selbst wirken können – (Genaueres zum authentischen Selbst erwartet dich im nächsten Kapitel):

Ähnlich wie Glaubenssätze bringen dich Konditionierungen dazu, gewisse Dinge zu tun oder eben nicht zu tun. Allerdings ohne dass du es eigentlich willst – oder schlimmer noch, dass du nicht einmal weißt, warum.

Wie oft hast du z. B. schon jemandem angeboten, dein Essen zu teilen, obwohl du eigentlich selbst sehr hungrig warst und gar keine Lust hattest, etwas abzugeben? Du wurdest darauf konditioniert, weil Teilen als eine Tugend gilt und du sonst mit sozialer Ablehnung bestraft werden würdest.

Genau in diesem Sinne beschränken Konditionierungen deine Authentizität, weil du dein Essen ja eigentlich nicht abgeben möchtest, aber nicht dementsprechend handelst. Die Konsequenz daraus ist, dass du einen kleinen inneren Konflikt mit dir selbst hast.

Das ist an sich nicht allzu schlimm, allerdings werden einige Menschen so stark von der gesellschaftlichen Norm eingeschränkt, dass ihre inneren Konflikte Überhand nehmen, sie ihr eigenes Leben nicht mehr selbst bestimmen und unbewusst von anderen gesteuert werden. Vor allem streng erzogene Menschen haben dadurch das Gefühl, ihren eigenen Willen verloren zu haben. Noch schlimmer wird es, wenn diese Menschen ihre Konditionierungen an ihre Kinder „weitergeben" und dadurch den Teufelskreis weiterführen.

Ich sage nicht, dass z. B. Teilen an sich schlecht ist – ich möchte lediglich, dass du deine Handlungen hinterfragst und dir bewusst wirst, ob du auch authentisch und nach deinen zugrunde liegenden Werten handelst.

Konditionierungen müssen von daher nichts Schlechtes sein, solange du dir ihrer bewusst bist und weißt, welche davon du in dein Leben lassen möchtest. Bist du dir deiner Konditionierungen hingegen nicht bewusst, kannst du schnell manipuliert werden, ohne dass du es merken würdest. Du hinterfragst dann nämlich deine eigenen Handlungen nicht und nimmst Dinge an, die nicht von dir selbst kommen.

Ich kenne z. B. Menschen, die bei der kleinsten Auseinandersetzung mit Wut oder sogar Gewalt reagieren. Sie wissen jedoch nicht, dass dies ihnen eigentlich schadet – sie glauben sogar, im Recht zu sein, denn sie haben „gelernt", dass Gewalt der richtige Weg ist, um Konflikte zu lösen. Andere Menschen schauen z. B. auf ihr Bankkonto, sehen Betrag xy (= Reiz) und fühlen sich aufgrund ihrer Konditionierung schlecht (= Reaktion), weil ihnen weisgemacht wurde, dass sie mindestens so und so viel Geld auf dem Konto haben müssten.

Dir soziale Konditionierungen abzugewöhnen, ist unglaublich schwer und erfordert viel Disziplin – aber jetzt geht es erst einmal darum, diese überhaupt erkennen zu können. Frage dich also immer:

Handelst du in einer bestimmten Situation aus Reflex oder nach deinem freien Willen?

Nimm nie etwas persönlich!

Wir alle sind darauf konditioniert, „normal" zu sein, in die Gesellschaft zu passen und nicht groß aufzufallen. Deswegen ist es wichtig, dass dir in diesem Zusammenhang bewusst ist, dass der Weg in die Freiheit und weg von diesen Konditionierungen sehr schwer sein wird.

Menschen sehen es nicht gern, wenn man seinen eigenen Weg geht – weswegen du vermutlich ständig verurteilt werden wirst. Wenn du z. B. sagst, dass du auf Reisen gehen möchtest, werden sie Sätze sagen wie: *„Sei nicht dumm, konzentriere dich lieber auf dein Berufsleben und vergeude kein Jahr für nichts."* Wenn du z. B. trainieren gehst, werden sie sagen: *„Bodybuilder sind dumm, das ist nur Zeitverschwendung, du tust deinem Körper nichts Gutes und deine Muskeln verschwinden eh, sobald du einmal nicht mehr trainieren gehst."*

Du magst vielleicht denken, dass du damit zurechtkommen kannst – allerdings kann ich dir sagen, dass du dich trotzdem oft ausgeschlossen fühlen wirst. Der Mensch hat nämlich den Drang, dazugehören zu wollen – deswegen ist dies alles leichter gesagt als getan. Es braucht sehr viel Mut, seinen eigenen, individuellen Weg zu gehen.

Als ich bspw. angefangen habe, zu trainieren, hatte ich stets Hemmungen, mein selbst mitgebrachtes Essen in der Cafeteria meiner Schule zu essen. Die „coolen" Kinder gingen nämlich immer zu McDonalds und aßen dort zu Mittag, während ich meinen Reis mit Brokkoli essen wollte. Auch im Bus nach Hause, bevor ich ins Fitnessstudio gefahren bin, wollte ich z. B. meinen Proteinshake nicht trinken, weil mich die Leute immer angesehen haben, als wäre ich ein Alien.

Das Traurige dabei ist, dass diese Menschen dich nicht verurteilen, weil das, was du machst, wirklich verurteilenswert ist, sondern weil sie dich beneiden. Sie beneiden dich, weil du den Mut hast, deinen EIGENEN Weg zu gehen und dich dadurch aus der sozialen Konditionierung befreist! Und sie haben Angst, diesen Weg selbst zu gehen. Vielleicht, weil sie glauben, es aufgrund mangelnder Disziplin nicht zu schaffen, oder weil sie Angst davor haben, selbst „ausgeschlossen" zu werden. Doch um ihr eigenes Selbstwertgefühl zu schützen, sind sie förmlich darauf konditioniert, DICH runterzumachen. Sie selbst wollen sich nicht klein fühlen und müssen von daher wenigstens versuchen, DICH von deinem Vorhaben abzuhalten – denn den Weg selbst zu gehen, trauen sie sich nicht.

Heute bemühe ich mich nicht mehr darum, zur Masse zu gehören und mit dem Strom zu schwimmen. Ich genieße es geradezu, als „speziell" angesehen zu werden und als Unikat zu gelten. Dadurch wurden auch erst so viele Menschen auf mich aufmerksam und hörten mir zu.

Vertrau mir, wenn ich dir sage, dass du ein besseres Leben führen und Menschen in dein Leben ziehen wirst, die genauso denken wie du, sobald du deinen eigenen Weg gehst und dich nicht mehr auf das Wort der Masse fixierst!

Wäre ich aufgrund meiner Hemmungen meinen Zielen nicht nachgegangen, wäre ich heute nicht da, wo ich jetzt bin. Um heute hier zu stehen, musste ich die Verurteilung der anderen sukzessive und fortwährend über mich ergehen lassen – jedoch nur so lange, bis ich meine Überzeugungen verwirklichen und die Benefits daraus erkennen konnte. (Witzigerweise ist es heute ein Trend, einen Proteinshake zu trinken, und wird sogar mit Ehrgeiz und Disziplin assoziiert. Vielleicht sind die „coolen" Kinder von damals inzwischen auch auf den Geschmack gekommen …)

Wie du über Trigger auch DEINE Konditionierungen beeinflussen kannst

Trigger sind Bereiche oder Themen, bei denen du verhältnismäßig stark auf einen Reiz reagierst. Sie sind sehr individuell, noch unbewusster als die Konditionierung selbst und gehen in den meisten Fällen sehr stark ins Negative. Du fühlst dich ihnen fast schon ausgeliefert und kannst auch die Selbstbeherrschung verlieren, als hättest du keinen eigenen Willen mehr.

Stell dir zu einer näheren Bestimmung deiner Trigger eine Skala von 1–10 vor, die für deine emotionale Reaktion steht. Wenn eine nahestehende Person, wie beispielsweise deine Mutter, stirbt, bist du selbstverständlich auf einer 10. Wenn du einen 50-Euro-Schein verlierst, ist das vielleicht eine 3 oder sogar nur eine 1 – je nachdem wie stark es dich betrifft. Ist Geld jedoch einer deiner Trigger, wie es z. B. bei mir der Fall ist, kann sich die Skala in Bezug auf den Verlust des 50-Euro-Scheins sogar auf einer 9 oder 10 befinden.

Ein weiteres Beispiel kann auch Zeit sein, was ebenso einer meiner Trigger ist. Wenn ich unnötig Zeit verliere, habe ich eine unverhältnismäßig starke Reaktion darauf. Als ich z. B. einmal eine Ausfahrt auf der Autobahn verpasst und dadurch eigentlich nur zehn bis zwanzig Minuten verloren hatte, war ich jedoch emotional gesehen auf einer 9, schlug mit meinen Händen mehrfach gegen das Lenkrad und schrie wiederholt: *„Fuck, fuck, fuck!"*

Natürlich versuchen wir, für Dinge, auf die wir keinen Einfluss (mehr) haben, keine Energie zu vergeuden oder darauf in irgendeiner Weise zu reagieren, jedoch wird diese Tugend immer wieder auf die Probe gestellt – vor allem, wenn es einen deiner Trigger betrifft. Auf diese Fälle musst du dich vorbereiten und dich dabei immer fragen, ob dich dies auch in fünf Jahren noch stören würde:

Beeinflussen mich die verlorenen 50 Euro auch in fünf Jahren noch? Wie sieht es mit den verlorengegangenen 20 Minuten auf der Autobahn aus?

Vermutlich wirst du dich in fünf Jahren nicht einmal mehr an diese Ereignisse erinnern.

Wenn du dir diese Frage stellst, wirst du dich zwar nicht zwangsweise auf der Stelle abregen, jedoch relativierst du damit die Situation sofort und lässt deine Emotionen nicht mehr Schaden anrichten, als sie müssen.

Kenne also deine Trigger und lerne, mit ihnen umzugehen – andernfalls machst du dir mehr kaputt und verschwendest Energie, die du eigentlich in wichtigere Aspekte deines Lebens investieren könntest.

KAPITEL 20

Finde dein authentisches Selbst

"You will never be able to escape from your heart. So it's better to listen to what it has to say."

PAUL COELHO

Viele deiner Träume und Wünsche sind nicht deine eigenen.

Was ich damit meine?

Du wirst geboren, gehst durch dein Leben, lernst dabei hunderte von Menschen kennen und siehst durch deinen Medienkonsum sogar noch viel mehr von dieser Welt als live. Auf deinem Weg wirst du tausenden Einflüssen ausgesetzt und übernimmst dadurch über die Jahre unbewusst die Wünsche deiner Mitmenschen.

Vielleicht siehst du z. B., wie leidenschaftlich dein bester Kumpel über seine Ziele redet und möchtest genau das auch. Vielleicht siehst du, wie gut er beim anderen (oder gleichen) Geschlecht ankommt, wenn er über seine Träume spricht, und wünschst dir deswegen dasselbe.

Vielleicht bist du dir einfach deiner EIGENEN Wünsche noch nicht bewusst und übernimmst von daher blind die Wünsche anderer – ohne jedoch zu hinterfragen, ob sie deinen eigenen entsprechen (würden).

Ich habe z. B. schon einige Leute kennengelernt, die einen YouTube-Channel gestartet oder ihr eigenes Unternehmen gegründet haben, obwohl sie eigentlich keine Leidenschaft dafür hatten. Sie hatten zuvor gesehen, wie erfüllt ihre Freunde und Bekannten waren, die eben genau dies beruflich gemacht haben, und haben deswegen darauf gehofft, dass auch sie sich irgendwann so fühlen werden – doch das ist in den meisten Fällen leider nie eingetreten.

Ironischerweise habe auch ich *„ProBroWear"* mitgegründet, ohne eine große Leidenschaft für die Bekleidungsindustrie gehabt zu haben. Meine Partner meinten damals zu mir, dass es einfach dumm wäre, diese Chance nicht zu ergreifen. Aufgrund externer Faktoren wie FOMO (*„Fear of missing out"*) und einer Prise Ego habe ich mich schließlich davon beeinflussen lassen und diese Firma gegründet. Obwohl ich heute für die damalige Gelegenheit dankbar bin und ich auch eine Menge lernen konnte, hat mich diese Entscheidung letztendlich mehr „gekostet", als sie mir gebracht hat.

Leidenschaften und Wünsche sind nicht universal und von Person zu Person unterschiedlich. Nur weil DICH etwas glücklich macht, heißt das nicht, dass es auch jemand anderen glücklich machen kann. Auch wenn es aufregend klingen mag, CEO eines Millionenunternehmens zu sein – was nützt es dir, einem Ziel nachzugehen, das du gar nicht erreichen möchtest? Bist du dir sicher, dass du nicht viel lieber ein kleines Wellness-Retreat in den Alpen aufmachen möchtest oder Safari-Fotograf sein willst?

Dein authentisches Selbst zu finden, bedingt, mit dir im Reinen zu sein. In den Spiegel schauen zu können und die Person zu sehen, die du wirklich bist. Dies bedeutet wiederum, dir über DEINE Wünsche und Werte im Klaren zu sein und nach diesen zu leben. Sobald deine Werte und die dadurch entstehenden Handlungen kongruent mit deinen Wünschen sind – du also das tust, was dich glücklich macht – wirst du dich automatisch und ohne großen Aufwand erfüllter fühlen und deinen Tätigkeiten mit Freude nachgehen können.

Wenn es z. B. schon immer dein Wunsch gewesen ist, Pilot zu werden, wirst du dich beim Fliegen nie so fühlen, als seist du am Arbeiten, um Geld zu verdienen, sondern um dich selbst zu verwirklichen. Genauso sitze ich oftmals bis 23:00 Uhr am MacBook und schreibe Outlines für neue Videos. Ich bin total in meinem Element und verliere völlig das Zeitgefühl – bis meine Freundin mich daran erinnert, dass ich endlich aufhören soll, zu arbeiten.

Auf das Thema Werte werden wir nun genauer eingehen.

Es ist für die eigene Freiheit nämlich nicht nur essentiell, seine Werte zu kennen und nach ihnen zu leben, sondern sogar der vielleicht wichtigste Faktor für ein nachhaltig glückliches Leben.

Erkenne deine Werte und lebe nach ihnen

Werte fungieren wie ein innerer Kompass, indem sie deine Taten leiten und dir in positiver Art und Weise die Entscheidungsfreiheit abnehmen. Wenn z. B. Authentizität einer deiner Werte ist und deine Freundin dich fragt, ob sie in einem bestimmten Kleid gut aussieht, musst du nicht erst darüber nachdenken, ob du ehrlich sein und ihr sagen willst, dass es dir nicht gefällt. Unehrlich zu sein, ist in diesem Fall keine Option, auch wenn sie sich dadurch noch einmal umziehen muss und ihr zu spät auf den Geburtstag deines besten Freundes kommt.

Eben weil du zu deinen Werten stehst, werden sich deine Handlungen einfacher anfühlen und du wirst auch mit größerer Gewissheit durch dein Leben schreiten können. Vor allem in schwierigen Phasen werden dir deine Werte dabei helfen, die richtigen Entscheidungen zu treffen. Sobald es also mal nicht so rund läuft und du normalerweise an deiner Situation verzweifelt wärst, unterstützen dich deine Werte dabei, proaktiv nach ihnen zu handeln und deine Lage zu verbessern.

Bestimmt kennst du jemanden aus deinem Umfeld, der z. B. stolz von sich behauptet, harte Arbeit zu schätzen, allerdings immer nur faulenzt und praktisch nichts tut. Oder vielleicht kennst du auch einen „superehrlichen" Typ, der meint, Lügen nicht ausstehen zu können, sie allerdings selber am laufenden Fließband produziert.

Das, was diese Personen sagen, stimmt nicht mit dem überein, was sie tatsächlich tun. In anderen Worten: Er oder sie handelt nicht authentisch.

Weil diese Personen mit ihren wahren Werten und damit auch mit einem Teil ihrer Identität nicht zufrieden sind, lehnen sie sich selbst ab und geben vor, jemand anderes zu sein.

Dabei meinen sie es aber nicht böse. Anstatt sich selbst zu akzeptieren, wünschen sie sich nur, wie ihre Vorbilder zu sein, und versuchen, deren Werte zu kopieren – vergessen aber dabei, wer sie wirklich sind.

Es ist an sich nichts Schlimmes, sich von anderen inspirieren zu lassen und einige derer Werte in deinem Leben zu implementieren – jedoch wird es problematisch, wenn du glaubst oder behauptest, gewisse Werte zu haben, aber nicht nach ihnen handelst. Letztendlich sind es nämlich deine Handlungen, die zeigen, worauf du Wert legst. Du kannst zwar sagen, dass du diesen und jenen Wert vertrittst, allerdings sprechen ausschließlich deine Taten die Wahrheit.

Wenn du z. B. sagst, dass dir Treue wichtig ist, du deine Freundin allerdings betrügst, läufst du zwangsläufig von deinem wahren Ich weg.

Doch nicht nur DU läufst von dir davon, sondern auch deine Mitmenschen. Niemand mag Personen, die A behaupten, aber B tun. Mit solchen Leuten umgibt man sich nicht gern, denn man kann ihnen nicht vertrauen und spürt, dass sie sich eigentlich selbst ablehnen.

An dieser Stelle muss man allerdings hin und wieder situationsbedingt differenzieren: Manchmal ist es (zeitweise) nicht möglich, nach seinen Werten zu leben.

Legst du beispielsweise viel Wert auf Liebe, kann es natürlich auch mal sein, dass du gerade keinen Partner hast, mit dem du dies erlebst. In diesem Fall bedeutet es jedoch nicht, dass du gegen deinen Wert handelst, sondern, dass du ihn einfach nur im Moment nicht ausleben kannst.

Es kann aber noch krasser werden: Viele Menschen kennen zwar ihre Werte, haben allerdings Angst, nach ihnen zu leben, weil sie glauben, dafür verurteilt zu werden. Sie glauben, dann von der Gesellschaft und ihrem Umfeld nicht mehr akzeptiert zu werden und keine Bestätigung mehr zu bekommen. Dabei ist es genau umgekehrt: Sobald du nach deinen Werten lebst, wirst du NIE WIEDER externe Bestätigung brauchen, denn dann gibst du dir deinen Selbstwert zu 100 % SELBST. Wenn du also zu 100 % so handelst, wie DU es für richtig hältst, ist dir die Meinung und Kritik der anderen automatisch egal!

Stell dir z. B. vor, dass du ein Gemälde gemalt hast. Du hast deine ganze Energie in dieses Bild gesteckt, bist auf das Ergebnis verdammt stolz und damit auch völlig zufrieden. Jetzt kann dich zwar jemand kritisieren und meinen, dass das Bild schlecht sei, aber dir wird es völlig egal sein, weil du genau DAS gemalt hast, was du als GUT empfindest.

Das kann natürlich auch in die entgegengesetzte Richtung gehen. Wenn du selber mit deinem Gemälde nicht zufrieden bist, können dir hunderte Leute sagen, dass es genial ist – DIR wird es gleichgültig sein, denn DU weißt, dass du es besser kannst.

In diesen Momenten bist du unantastbar und dein Selbstwert wird nur durch DICH bestimmt!

Wenn du nach deinen Werten lebst, können andere dich auch nicht mehr verletzen, denn nur du bestimmst deinen Standard. Du bist die einzige Person, die dich beurteilen kann. Es ist ein unbeschreiblich gutes Gefühl, wenn du deine Selbstsicherheit aus dem Inneren schöpfst und von keinen externen Faktoren abhängig bist. Ebenso ziehst du Menschen mit denselben Werten fast schon magisch an und distanzierst dich wiederum von denjenigen, die völlig andere Vorstellungen haben.

Unter den möglichen Werten, nach denen man leben kann, muss man zwischen positiven und negativen unterscheiden:

Die positiven führen zu deiner persönlichen Entfaltung und unterstützenden Glaubenssätzen, während die negativen zu schlechten Gefühlen und limitierenden Glaubenssätzen führen. Ein schlechter Wert beinhaltet bspw. die Beurteilung anderer, während ein positiver Wert sich nur von dir selbst beurteilen lässt. Ist einer deiner Werte z. B. Selbstbewusstsein, (bitte nicht mit Selbstvertrauen verwechseln), kann niemand außer DIR dir selbst sagen, dass du wirklich selbstbewusst bist – denn niemand außer dir weiß, was in deinem Kopf vor sich geht.

Du bist also die einzige Person, die beurteilen kann, ob du zu deinem Wert stehst oder nicht.

Welche positiven oder negativen Werte hast DU?

Wie bereits erwähnt, führen positive Werte zu unterstützenden Glaubenssätzen. Ein kleines Beispiel dazu:

Dein Wert: Gesundheit
Der daraus resultierende Glaubenssatz: Ich sehe meinen Körper und meine Gesundheit als das höchste Gut an.
Die Handlung daraus: Ich ernähre mich gesund.

Ein negativer Wert hingegen limitiert dich, was du in folgendem Beispiel sehen kannst:

Dein Wert: Gemocht werden / Akzeptanz
Der daraus resultierende Glaubenssatz: Wenn mich andere mögen, widerfährt mir Gutes.
Die Handlung daraus: Ich verbiege mich, um anderen zu gefallen, und bin nicht mehr ich selbst.

Deine Werte bestimmen also zu einem großen Teil deine Handlungen und sollten dementsprechend sorgfältig gewählt werden. Wenn du die falschen Werte auswählst, schießt du dir nur selber ins Knie. Wählst du hingegen positive Werte, unterstützt du dein Leben auf mehreren Ebenen und kommst wesentlich schneller voran.

Alte Wunden und wie du mit dir ins Reine kommst

Mein Leben lang hatte ich das Gefühl, meinem Vater nicht genug zu sein.
Ich war sportlich nicht besonders talentiert, hatte, bis ich 15 war, wenig Kontakt mit Frauen und auch sonst entwickelte sich mein Leben nicht in die Richtung, die er mir immer vorgelebt hatte.

Durch seine ständige Kritik habe ich es mir irgendwann als Ziel gesetzt, ihm zu beweisen, dass ich sogar besser bin als er! Aber alles was ich dafür tat, schien ihm, und dadurch auch mir, immer noch nicht die Genugtuung zu geben, die ich mir dafür eigentlich gewünscht hatte.

Als ich 2011 den Titel des Schweizer Meisters im Natural Bodybuilding gewann, glaubte ich, es endlich geschafft zu haben. Endlich hatte ich etwas erreicht, auf das er stolz sein konnte. Endlich sollte er sehen, dass ich sogar besser bin als er. Ich stellte mir dabei vor, wie er mir in die Augen schauen und sagen würde: *„Gut gemacht, mein Sohn."*

Doch sogar nach diesem tatsächlich wahnsinnigen Erfolg schaffte er es, mich innerhalb kürzester Zeit erneut klein und unbedeutend aussehen zu lassen: Ich hatte gerade den Titel gewonnen und wir saßen im Auto auf dem Weg nach Hause, als er mir sagte, dass seiner Meinung nach Bodybuilding nichts Besonderes sei und es wichtigere Dinge als Sport und irgendeine Trophäe gäbe. Seine Aussage traf mich wie ein Stich ins Herz.

Natürlich habe ich den Sport vor allem gemacht, weil er mir Spaß machte. Aber auch, weil ich seine Anerkennung wollte – doch die blieb mir verwehrt. Stattdessen kritisierte er mich und meine Leidenschaft und schaffte es dadurch, mein Selbstwertgefühl in Sekundenschnelle einbrechen zu lassen. Es war in genau diesem Moment, in dem ich realisierte, dass ich niemals mit mir zufrieden sein würde, solange ich nach Anerkennung und externer Bestätigung strebe.

Solange ich also meinen Selbstwert von der Meinung anderer abhängig mache, würde ich nie frei sein können.

Ich habe erkannt, dass ich die „falschen" Ziele aufgrund einer „falschen" Motivation verfolgt habe. Anstatt mich um meine Bedürfnisse und damit um mich selbst zu kümmern, habe ich versucht, meine Vaterkomplexe zu stillen und mein kaputtes Ego zu heilen.

Wir alle haben unser Päckchen zu tragen und jeder von uns hat seine Wunden und „falsche" Motivationen. Einige von uns verfolgen z. B. das Ziel, mehr Geld, mehr Macht, mehr Anerkennung, mehr Sex oder mehr Frauen zu erlangen – doch das Einzige, was wir wirklich brauchen, ist jemand, der uns beiseite nimmt und uns sagt, dass wir GENUG sind. Genauso wie der Typ, der mit Bodybuilding anfängt, weil er sein kleines Geschlechtsteil kompensieren will, versuchen andere Menschen mit z. B. ihrer Karriere, ihrem Geld oder auch ihrem Sport ihre eigenen Unsicherheiten und Komplexe zu kompensieren.

Auf deinem Weg nach oben, d. h. auf dem Weg zu deinen Zielen, musst du mir jedoch eine Sache versprechen:

Verurteile niemanden, der noch nicht so weit ist wie du.

Auf deiner Reise wirst du nämlich merken, dass du vor allem die Menschen verurteilst, die dieselben Fehler machen, die du einst selbst begangen hast. Warst du z. B. einmal Raucher, wirst du der größte Anti-Raucher sein und jeden verachten, der sich eine Zigarette anzündet. Genauso wie ich anfangs jeden Fleischesser verurteilt habe, nachdem ich beschlossen hatte, vegan zu leben. Wenn du dann diese Menschen ansiehst, siehst du nicht einfach nur jemanden, der eine Zigarette raucht oder Fleisch isst – du siehst dich und deine alten Gewohnheiten in ihm wieder. Du erinnerst dich dabei, wie „dumm" du selbst warst, welche Fehler du selbst gemacht hast und welchen Preis du dafür zahlen musstest und siehst dadurch deine „alten" Eigenschaften, die du SELBST bereits von dir abgestoßen hast, in anderen. Das ist völlig normal, jedoch musst du damit abschließen, mit dir ins Reine kommen und die Erde ihre Runden drehen lassen. Letztendlich muss jeder seinen eigenen Weg gehen und die Lösung für seine Probleme selbst finden.

Sei vielmehr eine Inspiration für diese Menschen und zeige ihnen durch dein Beispiel, dass es besser geht.

Glücklicherweise wirst du diese Verurteilungen automatisch beenden, sobald du dich selbst akzeptiert hast und nach deinen Werten lebst. Denn sobald du aufhörst, dich selbst zu kritisieren, und schließlich mit deinem authentischen Selbst in Verbindung gekommen bist, wirst du auch aufhören, andere zu verurteilen, und auch SIE akzeptieren, wie sie sind.

Deine Aufgabe #9: Finde deine Wunden

Es wird der Punkt kommen, an dem auch DIR bewusst werden wird, dass du deine falschen Ziele, deine falsche Motivation und auch deine Komplexe hinter dir lassen musst, um dich selbst verwirklichen und Freiheit erlangen zu können.

Du wirst nämlich nie frei sein, wenn du aufgrund von Erwartungen anderer handelst – weswegen es jetzt wichtig ist, deine alten Wunden zu finden und mit ihnen ins Reine zu kommen.

Schreibe dir dazu deine Wunden auf:

Was ist in deiner Vergangenheit geschehen, das heute noch dazu führen kann, dass du die falschen Ziele verfolgst und dein authentisches Selbst untergräbst?

Bist du vielleicht in der Schule gemobbt worden, wurdest du von deinem Partner betrogen oder hast du vielleicht keine Liebe in deiner Familie erfahren?

Auch wenn es schwer sein mag, nach diesen Wunden zu suchen und sie sich offen einzugestehen, ist dies ein notwendiger Schritt, um in Zukunft ein selbstbestimmtes und erfülltes Leben führen zu können.

Deine zusätzliche Master-Aufgabe: Definiere deine Werte

Die folgende Aufgabe dauert knapp 30–60 Minuten, weswegen ich dir empfehle, dir dafür einen Ort zu suchen, an dem du deine Ruhe hast und du dir ausgiebig Gedanken machen kannst. Lies dieses Buch auf keinen Fall weiter, ehe du diese Aufgabe nicht erledigt hast. Sie ist eine der wichtigsten Aufgaben in diesem Buch und wird dir in deinem Leben enorm weiterhelfen. Ich habe diese Aufgabe in 4 Teile untergliedert:

Teil 1:

Auf was legst du in deinem Leben Wert? Was ist wichtig und bedeutungsvoll für dich?

Genau das sind deine Werte.

Finde nun DEINE 5–10 Werte und schreibe dir auf, was sie für dich bedeuten.

An meinem Beispiel:

MEINE Top-10-Werte sind: Freiheit, Authentizität, Verbindung mit Leuten (Connection), Selbstverwirklichung, Selbstbewusstsein, Dankbarkeit, Gesundheit, Reisen, Leidenschaft, Verantwortung

Bedeutung am Beispiel Selbstverwirklichung: In der Lage zu sein, das zu tun, was ich will. Mein eigenes Leben in die Hand zu nehmen, nach Höherem zu streben und im Flow zu sein.

Bedeutung am Beispiel Connection: Ein Netzwerk von Freunden auf der ganzen Welt zu haben. Ebenso Leute zu haben, von denen ich lernen kann und die auch von mir lernen können und dafür dankbar sind.

Teil 2:

Bewerte jeden deiner Werte auf einer Skala von 1–10 – je nachdem, wie sehr du diesen Wert bereits auslebst.

An meinem Beispiel: Freiheit: 9 / Authentizität: 9 / Connection: 8 / Selbstverwirklichung: 9 / Selbstbewusstsein: 7 / Dankbarkeit: 6 / Gesundheit: 9 / Reisen: 10 / Leidenschaft: 9 / Verantwortung: 10

Teil 3:

Finde heraus, was du machen müsstest, um bei jedem dieser Werte eine 10 zu erreichen, und halte dies schriftlich fest.

Teil 4:

Hinterfrage diese Werte und überlege dir, was dein WHY hinter diesen ist.

Z. B.: Wieso willst du frei sein? Wieso willst du reisen? Wieso ist dir Verantwortung wichtig?

Denke dabei immer an die Tatsache, dass deine Werte nur von DIR kontrollierbar sein sollten.

Ein Beispiel für ein „schlechtes" WHY wäre z. B.: *„Ich will reisen, um bei meinen Freunden als eine abenteuerliche Person gesehen zu werden."*

Bedenke dabei jedoch immer: Deine Ziele sind nicht deine Werte

Kannst du dich noch an die Story von *Braveheart* aus dem ersten Kapitel erinnern? Erinnerst du dich auch noch an William Wallace, der sein Leben für die Freiheit Schottlands gegeben hat? Als er hingerichtet wurde, wusste er nicht, ob er sein Ziel je erreichen würde. Er starb, ohne zu wissen, ob Schottland irgendwann frei sein würde. Und dennoch sah er sich vermutlich als erfolgreich in seinem Bestreben an.

Doch wieso eigentlich? Bedeutet Erfolg nicht, seine Ziele zu erreichen?

Nein! Lass uns, um das verstehen zu können, den Begriff „Erfolg" einmal umschreiben: Erfolgreich bist du nicht nur, wenn du deine Ziele erreichst.

Du bist bereits erfolgreich, wenn du deinen Werten entsprechend handelst und jeden Tag nach ihnen lebst!

Genauso wie eben Wallace seinen Wert „Freiheit" jeden Tag ausgelebt und immer genau das getan hat, was er für richtig gehalten hat.

Oftmals sind Ziele jedoch auch von Faktoren abhängig, die wir nicht unter Kontrolle haben.

Aber wie du bereits weißt, sollten wir uns ausschließlich auf das fokussieren, was wir kontrollieren können – nämlich das Ausleben unserer Werte! Ziele dienen vielmehr zur Orientierung und als Wegweiser. Sie geben dir die Richtung an und bringen dich zum Handeln. Aber sie sind kein Indikator dafür, ob du erfolgreich bist oder nicht.

Das ist übrigens ein Problem, das ich fast schon täglich höre: Viele verwechseln ihre Werte mit ihren Zielen. Aber ein Wert ist bspw. nicht so etwas wie ein Schulabschluss oder eine Hochzeit, das man einmal „macht" und das dann „fertig" oder abgeschlossen ist.

Ein Wert hat kein Endziel und sollte JEDEN Tag ausgelebt werden. Wenn dein Wert z. B. Freiheit ist, dann arbeitest du nicht darauf hin, Freiheit zu erreichen, und lässt es sacken, sobald du Freiheit erhalten hast. Du richtest dich nach deinem Wert in jeder SEKUNDE deines Lebens.

Ebenso missbrauchen einige Menschen ihre Ziele als Ausrede, um ihre Werte nicht ausleben zu können: *„Ich kann erst mein eigenes Unternehmen gründen und frei sein, wenn ich xy erreicht habe.", „Erst wenn ich x-tausend Euro im Monat verdiene, kann ich der Welt etwas zurückgeben und z. B. spenden."*

Die Auslebung deiner Werte sollte niemals an eine Bedingung geknüpft sein und deine Ziele sollten auch nie als Entschuldigung dienen.

Werte lassen sich auf verschiedenste Weise auslegen, was auch gut so ist. Einer meiner Werte ist bspw. körperliche Fitness und Gesundheit, was ich in Form von Bodybuilding auslebe. Aber sollte einmal der Fall eintreten, dass mir der Sport keinen Spaß mehr macht oder ich ihn wegen anderer Gründe nicht mehr ausführen kann, heißt das nicht, dass ich nicht mehr zu diesem Wert stehe. Es heißt lediglich, dass ich eine Kursänderung vornehmen kann! Statt Bodybuilding könnte ich z. B. boxen, laufen oder auch Tennis spielen, um meine körperliche Fitness weiterhin hochzuhalten. Ich habe immer die Möglichkeit, meine Werte so auszulegen, wie sie gerade in meinen Lifestyle passen!

Wenn du das verstanden hast, wirst du insgesamt offener gegenüber der Welt sein und dir selber einige Türen öffnen, die vorher für dich noch verschlossen waren.

Vielleicht kannst du z. B. nicht in großem Stil spenden, aber du kannst einem Obdachlosen ein Brötchen schenken und deine alten Klamotten Hilfsbedürftigen geben. Vielleicht kannst du den Ozean nicht komplett von Müll befreien, aber du kannst z. B. dafür sorgen, dass du weniger Abfall produzierst, und dein Umfeld dazu inspirieren, dasselbe zu tun. Du kannst sofort anfangen, dich nach deinen Werten zu richten! Manchmal ist es einfach nur eine Frage der Perspektive.

Fassen wir zusammen, was du in diesem Teil des Buchs gelernt hast:

- Du bist dir über dein Selbstbild im Klaren und weißt, wie du es für dich nutzen kannst.

- Du weißt, wie du deine Perspektiven ändern kannst, und du hast dich selbst akzeptiert.

- Du bist dir deiner Stärken bewusst.

- Du kennst deine limitierenden Glaubenssätze und hast einen Wegweiser, wie du sie durch unterstützende Glaubenssätze ersetzen kannst.

- Du kennst deine Konditionierungen und Trigger und weißt, wie du mit ihnen umgehen sollst.

- Du kennst auch deine Werte und verstehst, wie wichtig sie für dich sind.

Das alles war eine Vorbereitung auf das, was noch folgen wird. Dafür haben wir bereits deine Denkmuster in die richtige Richtung gebracht.

Im nächsten Teil geht es darum, dieses Wissen in die Tat umzusetzen und DEIN ChainlessLIFE zu erschaffen. Ich werde dir zeigen, wie du deine eigene Vision kreierst, Ziele richtig setzen und schließlich den Sinn des Lebens finden kannst.

Jetzt geht's ans Eingemachte. Jetzt wird nämlich auch „chainless" GEHANDELT!

Teil 2:

GLEICHES SPIEL, NEUE REGELN

II. ChainlessHANDELN

KAPITEL 21

Wandeln durch Handeln

„Wer ein Warum zum Leben hat, erträgt fast jedes Wie."

FRIEDRICH NIETZSCHE

Ich bin fest davon überzeugt, dass du nach dem Lesen der letzten Kapitel dieses Buchs erkannt hast, weshalb wir uns zuerst mit deinem Mindset und dem darauf fokussierten ChainlessDENKEN beschäftigt haben, und insbesondere, inwiefern dies dein Handeln beeinflussen kann.

Ich hoffe, dass du auch alle Aufgaben daraus erfolgreich erledigen konntest. Blättere andernfalls bitte zurück und bearbeite die Aufgaben jetzt – denn erst, wenn du dein Denken durch die Übungen beeinflusst hast, bist du bereit, die für ein ganzheitliches ChainlessLIFE notwendigen Handlungsschritte durchzuführen und auch dieses Kapitel als „Anleitung" dazu zu meistern.

Vorab: Viele haben ein falsches Bild von einem kettenlosen Leben, dem ChainlessLIFE. Sie glauben, dass es ein Leben voller Stimulanz ist, in dem sie frei und ungebunden um den Globus reisen, finanziell selbstständig und unabhängig sind und dafür ein striktes Regime an Gewohnheiten haben müssen – dem ist aber nicht so.

Vielmehr ist der Schlüssel zu einem ChainlessLIFE z. B. jede mit Sinn erfüllte Arbeit, gute Freundschaften, intime Beziehungen, das Leisten eines Beitrags für die Gesellschaft und eine stetige persönliche Weiterentwicklung.

Doch genau da liegt der Hund begraben – all diese Aspekte benötigen nämlich Zeit und sind nur durch nachhaltige Arbeit an dir selbst zu erreichen. Wenn ich von Arbeit spreche, meine ich also nicht nur die Arbeit auf beruflicher Ebene. Sondern jede „Arbeit" in Bezug auf alle Bereiche deines Lebens!

So kannst du beispielsweise nicht erwarten, eine tiefgründige und enge Beziehung mit einer Frau führen zu können, wenn du nicht bereit bist, Kompromisse einzugehen. Liebe entsteht nicht von heute auf morgen, sondern benötigt eine Menge Geduld, Verständnis und Fürsorge. Ebenso erreichst du deinen Traumkörper nur, wenn du regelmäßig trainierst und dich zielgerichtet und optimal ernährst.

Zudem wirst du auf deinem Weg zur Selbstverwirklichung eventuell Dinge tun, die sich weder richtig noch gut anfühlen werden. Du wirst von deinem Umfeld verurteilt oder vielleicht sogar verachtet werden. Zweifel werden in dir aufkommen und die Verlockung, das Handtuch zu werfen, wird größer denn je sein.

Aber das ist der Preis, den du zahlen musst, um deine Ziele zu erreichen!

Ich sage dir das jedoch nicht, um dich zu verunsichern, sondern damit du auf die Herausforderungen, die auf dich zukommen werden, optimal vorbereitet bist. Für alles, was lohnenswert ist, musst du nämlich über deinen Schatten springen und Dinge tun, die dir nicht leichtfallen werden.

Niemand, der heute ganz oben ist, hat jemals gesagt, dass sein Weg dorthin leicht war – ob im beruflichen, finanziellen oder irgendeinem anderen Sinne. Denn etwas zu wollen und etwas zu tun, sind zwei verschiedene Paar Schuhe.

Viele wären gern reich, berühmt oder hätten ein eigenes Unternehmen. Aber wie viele dieser Menschen tun auch etwas dafür? Die meisten von ihnen entscheiden sich für nur kurzfristiges Glück in Form von Partys, Alkohol oder Videospielen, anstatt an ihre Zukunft zu denken, Bücher zu lesen, Seminare zu besuchen und konsequent an ihrem Traum zu arbeiten. Natürlich klingt es aufregender, am Wochenende die Stadt unsicher zu machen, als zu Hause zu sitzen und sich Bücher über Verkaufsstrategien durchzulesen und an seinem Start-up zu arbeiten – aber welche dieser Aktivitäten bringen einen nun langfristig voran?

Versteh mich nicht falsch – hin und wieder vor der Playstation zu sitzen, ist völlig legitim, genauso wie Feierngehen und das Trinken von Alkohol. Ziehst du diese Dinge jedoch aus Bequemlichkeit deinen wichtigeren Aufgaben vor, beginnt dein Dilemma. Denn langfristiges Glück erfordert nämlich hin und wieder, dass du simples und marginales Verlangen hintenanstellst.

Für die meisten Menschen fühlt sich der Weg der Selbstverwirklichung verdammt schwer an, da sie in folgendem Schema denken:

TUN => (FÜHRT ZU) HABEN

Sie tun etwas mit der Erwartung, dafür etwas zu bekommen.

Doch dadurch sind ihre Handlungen zu keinem Zeitpunkt zielgerichtet, da ihnen die Hin-zu-Motivation fehlt.

Zudem wird in diesem Schema ein besonders wichtiger Faktor außen vor gelassen. Ein Faktor, der entscheidet, ob sich dein Weg leicht oder schwer anfühlen wird. Ein Faktor, der dich in schwierigen Phasen standhaft bleiben lässt und deine Disziplin ohne Mühe auf ein neues Level hebt:

Dein WARUM.

Dein Warum ist der Grund, wieso du etwas tun möchtest. Es ist die Absicht hinter jeder deiner Handlungen. Und es ist die Hin-zu-Motivation, die den meisten leider fehlt.

Es gibt Menschen, die einer gewöhnlichen Arbeit nachgehen. Fünf Tage in der Woche, jeweils acht Stunden. Ihr Job ist nicht körperlich anstrengend, sie begegnen keinen neuen Herausforderungen, machen fast jeden Tag dasselbe und sind auch nicht sonderlich gestresst. Dennoch fühlt sich ihre Arbeit belastend und schwer an.

Diesen Personen fehlt das Warum.

Sie würden demzufolge nur nicht zur Arbeit gehen, wenn ihre Grundbedürfnisse nicht davon abhängig wären. Sie haben also eine Weg-von-Motivation.

Eine Weg-von-Motivation ist, wie du bereits weißt, nur kurzfristiger Natur, bei der man lediglich versucht, aus einer bestimmten Situation herauszukommen. Das kann zwar nützlich sein, um seinen Schmerz kurzzeitig zu lindern, allerdings fühlt man sich nach dem Lösen des Problems motivationslos. Personen mit einer Weg-von-Motivation wollen nur schnell von etwas weg und schauen dabei nicht nach vorn, was dazu führt, dass ihnen eine klare Richtung in Bezug auf ihre eigentlichen Wünsche und Ziele fehlt.

Demgegenüber gibt es Menschen, die teilweise doppelt so lange arbeiten, als sie müssten, mit größeren Herausforderungen und mit viel mehr Stress – aber man merkt es ihnen nicht an. Ihre Arbeit belastet sie nämlich nicht, sondern beflügelt sie! Sie wissen, wieso sie jeden Morgen aufstehen und arbeiten.

Sie haben ihr Warum.

Wenn du z. B. Unternehmer bist und ein starkes Warum hast oder in einem Unternehmen arbeitest und dich mit dem Warum der Firma identifizieren kannst, dann machst du sogar gern Überstunden und gehst stets die „Extra-Meile". Vielleicht bist du z. B. aber auch ein Elternteil, der seinen Kindern ein schönes Leben ermöglichen möchte. In jedem Fall hast du eine Hin-zu-Motivation, die dich täglich antreibt.

Was du dabei aber nicht vergessen darfst: Je nachdem wie stark dein Warum ist, erscheint dir der Weg zum Ziel dementsprechend leichter oder schwerer.

Stell dir z. B. Folgendes vor: Du hast das Verlangen, einen Big Mac zu essen, während du allerdings auch für den Sommer abnehmen willst, um einen Sixpack zu bekommen. Wenn du nur einen Sixpack haben willst, weil du gehört hast, dass dies wichtig sei, um von deinem Umfeld bewundert zu werden, ist es in dem Fall leicht zu sagen: *„Egal, ich esse den Burger jetzt einfach."* Ist es hingegen dein Ziel, gesünder, selbstsicherer und fitter zu werden, wirst du das Verlangen nach dem Big Mac augenblicklich diesem größeren Ziel unterordnen und dem Burger widerstehen können.

Lass uns das zuvor genannte Schema also dahingehend modifizieren:

Dein Warum => (führt zu) Tun => (führt zu) Haben

Falls du dich zuvor angesprochen gefühlt hast und dir deine Arbeit momentan tatsächlich schwerfällt, kann es also sein, dass du dein Warum noch nicht kennst.

In diesem Fall kann es Sinn machen, zunächst dein persönliches Warum zu ergründen und deinen Job, falls nötig und möglich, zu reduzieren oder sogar für einige Zeit Urlaub zu nehmen. Denn erst wenn du dein Warum kennst und deine Motivation dahingehend ausrichtest, wird deine Arbeit einen Sinn für dich bekommen. Nicht umsonst schreibt Stephen Covey in seinem Buch *„The 7 Habits of Highly Effective People"*: *„Begin with the end in mind."*

Fokussiere dich also auf das, was du willst und vor allem warum du es willst. Erst dann kannst du dir Gedanken darüber machen, was du tun kannst bzw. wie du deine Ziele erreichen kannst.

Die „Overnight Success"-Lüge

In den Nachrichten hören wir immer wieder von Social-Media-Influencern, Sängern oder Schauspielern, die von heute auf morgen weltbekannt geworden sind. Dadurch ist in unserem Kopf der Irrglaube entstanden, dass man über Nacht berühmt werden kann, wenn man nur die richtige Person trifft, einflussreiche Beziehungen hat oder zur richtigen Zeit am richtigen Ort ist.

Glaub mir, wenn ich dir sage, dass diese Berühmtheiten nicht einfach nur von heute auf morgen Glück hatten, sondern jahrelang im Hintergrund an ihren Fähigkeiten gearbeitet haben – nur mit dem Unterschied, dass es vorher niemanden interessiert hat. Während keiner zusah, haben sie weiter und weiter an ihrem Handwerk gefeilt, bis sie schließlich irgendwann so gut waren, dass der Durchbruch fast unausweichlich war.

Wir alle kennen z. B. Quentin Tarantino und lieben mal mehr und mal weniger seine Filme – doch die wenigsten wissen, dass er vor seinem Erfolg pleite war, in einer Videothek gearbeitet hat und keine Investoren für seine Werke finden konnte. Aus Frust darüber schrieb er das Drehbuch für „*Reservoir Dogs*", aus dem sein erster großer Film wurde und wonach die Werke wie „*Pulp Fiction*" und „*Django Unchained*" folgten.

Auch Walt Disney wohnte z. B. vor seinem Durchbruch als Filmproduzent bei seinem Onkel und versuchte, seine Produktionen bei mehr als hundert Filmstudios zu verkaufen – bekam jedoch eine Absage nach der anderen. Seine Hartnäckigkeit zahlte sich jedoch aus, da er eines Tages tatsächlich eine Zusage erhielt. Und der Rest ist Geschichte.

Von heute auf morgen berühmt zu werden, läuft also nicht so ab, wie die meisten es sich vorstellen. Hinter Erfolg steckt eine Menge Frust, dutzende Absagen, aber vor allem eine Menge Disziplin und Durchhaltevermögen.

All die zuvor erwähnten und heute berühmten Persönlichkeiten haben nicht einfach aufgegeben, nur weil jemand einmal Nein gesagt hat oder weil sie sich unwohl gefühlt haben. Sie haben nicht nur stets an ihren Traum geglaubt und gehofft, dass er irgendwann wahr werden wird, sondern auch die notwendigen Schritte eingeleitet und Entscheidungen getroffen, um diesen Traum tatsächlich irgendwann Wirklichkeit werden zu lassen. Zudem waren sie aufgrund der ständigen Absagen, der harten Arbeit und dem Gedanken, dass ihre Arbeit eventuell nie das Licht der Welt erblicken könnte, konstant außerhalb ihrer Komfortzone. Aber das hielt sie nicht davon ab, weiterzuarbeiten – nein, es motivierte sie hingegen umso mehr.

Witzigerweise habe auch ich bereits des Öfteren gehört, dass ich selbst nur durch Glück auf YouTube bekannt werden konnte. Doch um von wirklichem „Glück" sprechen zu können, würde noch viel mehr dazugehören, als nur den richtigen Zeitpunkt zu treffen. (Natürlich spielt es eine Rolle, wann du bspw. in Krypto investierst oder dein Business startest – aber tatsächlich nur eine kleine, die im Vergleich zu echtem motivationsorientiertem Streben sogar marginal ist.)

Ich möchte dir nun eine Formel vorstellen, die dir zeigt, dass Glück nichts Magisches ist, das nur die wenigsten erhalten können. Glück ist vielmehr abhängig von 4 verschiedenen Parametern, die du sogar teilweise beeinflussen kannst. Ich werde dir jeden der Summanden dieser Formel im Detail mit Beispielen aus meinem eigenen Leben erklären:

VORBEREITUNG + MINDSET + CHANCE + AKTION = GLÜCK

Summand 1: Vorbereitung

Hätte ich mich nicht fünf Jahre lang ausgiebig mit Bodybuilding beschäftigt, wäre ich gar nicht erst in der Position gewesen, um meine Erfahrungen daraus im Internet teilen zu können. Damit du also das „Glück" bekommst, von dem alle reden, solltest du dich ausgiebig vorbereiten und in eine Situation bringen, in der du dein Ziel erreichen kannst. Willst du bspw. Arzt werden, musst du dich in Form eines jahrelangen Studiums darauf vorbereiten und dir das nötige Wissen aneignen.

Summand 2: Mindset

Hätte ich nicht das richtige Mindset gehabt, hätte ich die Chance auf mein Business nie erkannt und mein Hobby auch nie zum Beruf machen können. Dein Mindset entscheidet, aus welcher Perspektive du dein Leben betrachtest, wie du Herausforderungen angehst und welche Handlungsschritte du unternimmst, um dein Ziel zu erreichen.

Summand 3: Chance

Matt Ogus hat mir damals in Los Angeles gezeigt, dass ich mehr aus meiner Leidenschaft machen kann und dass ich die Möglichkeit habe, von ihr leben zu können. Chancen ergeben sich nicht jeden Tag, aber wenn du dich stets genügend vorbereitest, werden sie dir auf deinem Weg immer wieder begegnen. Du brauchst nur das richtige Mindset, um diese auch als solche zu erkennen.

Summand 4: Aktion

2011 hatte ich mich bereits genügend vorbereitet, hatte auch das richtige Mindset und die Chance wurde mir zudem präsentiert. Jetzt musste ich nur noch handeln – und genau das habe ich getan. Manche haben sich ebenso bereits vorbereitet und haben auch schon das richtige Mindset – wenn dann aber die Chance auftaucht, handeln sie nicht dementsprechend. Sie schaffen es nämlich nicht, über ihren Schatten zu springen und den entscheidenden Schritt zu wagen.

„Es ist zu riskant." oder *„Es ist noch nicht der richtige Zeitpunkt."* sind, im Sinne eines weiteren Blickwinkels, nur Ausreden, die dich von deinem Ziel wegbringen, anstatt zu ihm hinzuführen. Das wirkliche Problem liegt darin, dass diese Menschen keine Entscheidungen treffen. Sie treffen keine Entscheidungen, weil sie ausschließlich an das Negative denken. (Beachte hierzu bitte meine Ausführungen zum „Gesetz der Anziehung" in Kapitel 15 und blättere auch gern zurück, um sie dir besser ins Gedächtnis rufen zu können.)

Du kannst so große Ziele haben, wie du willst. Du kannst auch so viel träumen, wie du willst. Wenn du jedoch keine Entscheidungen triffst und nie handelst, wirst du dich auch nie von der Stelle bewegen.

Sieh es mal so: Je mehr Aktionen du ausführst, desto mehr Reaktionen bekommst du auch. Jedes Mal, wenn du also handelst, erhöhst du deine Chance auf Erfolg. Ein einziges YouTube-Video macht dich noch nicht bekannt. Aber mit jedem weiteren Video erhöhst du die Chance, gesehen und vielleicht sogar auch erfolgreich zu werden. Das Ganze kannst du auch in einem anderen Beispiel auf Sport übertragen: Die beste Entscheidung liegt darin, mit einem Plan zu trainieren. Die nächstbeste ist immer noch, einfach nur zu trainieren – auch ohne einen Plan. Die schlechteste Entscheidung ist hingegen, gar nicht zu trainieren.

Der „Ripple-Effekt"

Stell dir vor, du sitzt bspw. in einem Flieger von Frankfurt nach New York. Alle Passagiere schnallen sich an, die Maschine nimmt Fahrt auf und hebt sich langsam, aber sicher vom Boden ab. Der Pilot begeht jedoch einen klitzekleinen Fehler und macht eine Kursabweichung von gerade einmal 2 Grad. *„Da ist doch nichts dabei.",* denkt er sich. Doch als er zehn Stunden später sieht, wo er tatsächlich hingeflogen ist, kann er seinen Augen nicht trauen: Anstatt in New York zu sein, ist das Flugzeug über den Wolken Asiens.

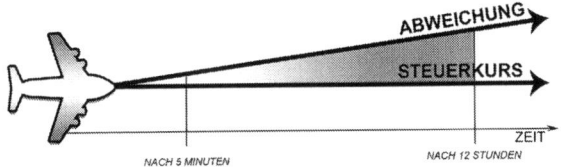

Wie konnte das passieren und was bedeutet das für DICH?

Auch wenn du der Meinung bist, dass selbst kleinste Veränderungen nichts am Endergebnis ändern werden, machen sie auf lange Sicht gesehen einen gravierenden Unterschied. Selbst wenn du z. B. nur 1 Buch pro Quartal liest, sind dies zusammengerechnet 4 Bücher pro Jahr, ergo 40 Bücher in zehn Jahren! Bist du etwa nicht der Meinung, dass das Wissen aus 40 Büchern dich verändern und dein Leben positiv beeinflussen wird, auch wenn du nur 1 Buch pro Quartal lesen konntest?

Nehmen wir mal als weiteres Beispiel die Geschichten zweier beliebiger Personen: Sie leben dasselbe Leben. Beide sind Single, arbeiten in einem Büro und wohnen in einer Zweizimmerwohnung.

Person A entscheidet sich dazu, fitter werden zu wollen. Diese Person meldet sich in einem Fitnessstudio an und geht zweimal in der Woche zum Sport. Das führt u. a. dazu, dass sie sich nun mit ihrer Ernährung auseinandersetzt und sich insgesamt gesünder ernährt.

Auch nach mehreren Monaten sieht man noch keine Abweichung: Beide Personen führen immer noch so ziemlich dasselbe Leben – mit dem einzigen Unterschied, dass Person A an sich arbeitet – auch wenn man es nicht direkt sehen kann.

Doch mit der Zeit passiert es: Person A fühlt sich wohler, attraktiver, verliert Gewicht und ihre Mitmenschen nehmen sie auch ganz anders wahr. Person B hingegen lebt ihr Leben wie gewohnt weiter. Mit der Zeit lässt sie sich jedoch immer weiter gehen und vernachlässigt auch mehr und mehr ihre Ernährung.

Person A geht hingegen sogar noch einen Schritt weiter und trainiert, zusätzlich zu ihrer gesunden Ernährung, dreimal in der Woche im Fitness-studio. Partys und Alkohol lässt sie am Wochenende weg. Stattdessen fragt sie sich, wie sie noch weiter an sich arbeiten kann. Also fängt Person A zudem an, Bücher über verschiedenste Themen zu lesen. Mit ihrem neu gewonnenen Selbstvertrauen geht Person A auf eine Frau zu und spricht sie an. Sie sind sich sehr sympathisch und tauschen ihre Nummern aus. Auf der Arbeit liefert Person A auch bessere Ergebnisse, weswegen sie befördert wird und sogar eine Gehaltserhöhung bekommt.

Person B befindet sich hingegen immer noch in derselben Position in ihrer Firma. Langsam, aber sicher passen ihr zudem ihre alten Klamotten nicht mehr, da sie immer weiter an Gewicht zunimmt. Die Bemü-hungen, eine Freundin zu finden, münden lediglich in Absagen. Person A entscheidet sich demgegenüber, ihre Firma zu verlassen und ein eigenes

Unternehmen zu gründen. Fünf Jahre später ist Person A verheiratet und wohnt mit ihrem Partner in einem Haus. Person B ist inzwischen stark korpulent, immer noch Single und wurde gekündigt. Sie ist arbeitslos gemeldet und sucht nach einer neuen Stelle.

Du magst vielleicht denken, dass dieses Beispiel etwas übertrieben ist – aber da muss ich dich leider enttäuschen. Das, was mit Person B passiert ist, ist keine Seltenheit. Das, was Person A passiert ist, ebenso wenig. Die kleinste Kurskorrektur in Bezug auf jegliche Entscheidungen kann dein Leben in eine völlig andere Richtung entwickeln lassen.

Der Schmerz, letztendlich nicht gehandelt zu haben, kommt nicht sofort. Erst nach bspw. mehreren Jahren taucht er jedoch langsam, aber sicher auf und zeigt sich dir in Form von Reue.

Aus diesem Grund ist es sehr wichtig, so früh wie möglich eine Kurskorrektur vorzunehmen. Die Zeit vergeht nämlich so oder so. Wo du aber in den nächsten Jahren stehen willst und welche Fortschritte du machen möchtest, entscheidest du jedoch hier und jetzt!

Egal ob du bereits im Handeln bist oder jetzt erst die Motivation dazu bekommen hast: Dieser Teil des Buchs ist für genau diejenigen, die bisher Mühe hatten, ihre Ziele zu erreichen und die nötigen Schritte dafür in die Tat umzusetzen.

Ich werde dir in den folgenden Teilkapiteln erneut Konzepte und Aufgaben geben, die dir dabei helfen werden, deine Träume endlich wahr werden zu lassen – und zwar in Form von Tools, die bereits erfolgreiche Menschen vor dir und mir genutzt haben, um auch ihre Freiheit erlangen zu können.

KAPITEL 22

Die Macht einer Vision

"Stories help children sleep but also to wake up adults."
JORGE BUCAY

Als du noch ein kleines Kind warst, war für dich einfach alles faszinierend. Es gab so viel zu entdecken und du wolltest alles ausprobieren, testen und erleben. Du hast nicht an die Zukunft denken müssen, denn das Jetzt war für dich interessant genug. Genauso verhält es sich übrigens auch bei Tieren. Sie leben stets von Moment zu Moment und vertrauen ausschließlich auf ihre Instinkte.

Doch im Alter von spätestens 5 oder 6 Jahren realisierst du, dass du eine Zukunft und eine Vergangenheit hast. Du kommst in die Schule und dir wird gesagt, dass du bald gewisse Fähigkeiten beherrschen und bestimmte Dinge besitzen musst, um „jemand zu werden".

Mit der Zeit kommst du an einen Punkt, an dem du merkst, dass du nicht unsterblich bist. Mit der Zeit kommst du auch an einen Punkt, an dem du merkst, dass du eine klare Richtung brauchst, in die sich dein Leben bewegen soll. Mit der Zeit realisierst du also, dass du eine Vision brauchst.

Spätestens dann fehlt den meisten eine generelle Orientierung im Leben, weswegen sie an etwas Größeres (aka „Wunsch-Vision") glauben wollen. Bei vielen Leuten ist das z. B. etwas Übernatürliches wie Gott. Gott sagt ihnen dabei, wie sie sich zu verhalten haben und wieso sie sich auch genau so verhalten sollten. Gott ist dadurch für sie eine Übermacht und stets für sie da, wenn sie ihn brauchen. Doch der Glaube an einen Gott hat in den letzten Jahren stark abgenommen, wodurch den Menschen wieder eine klare Richtung fehlt.

Wir alle glauben an etwas, wenn auch nur unbewusst. Der eine glaubt an Gott, der andere an etwas anderes Übernatürliches.

In Bezug auf die Idee eines ChainlessLIFE glauben wir ebenso an etwas Größeres: an die Verwirklichung unserer selbst. Wir glauben, dass WIR der Schöpfer unseres Selbst sind. Wir geben unser Glück nicht in die Hände anderer, sondern erschaffen es uns selbst.

Damit will ich nicht sagen, dass „ChainlessLIFE" eine Religion ist oder deinen Glauben an einen Gott ersetzen soll, allerdings kann dir der Glaube an ein ChainlessLIFE eine klare Richtung für dein Leben geben! Deine Vision, also die Visualisierung deiner Zukunft, ist nämlich genau das, was dich aus dem Bett bringen und dich täglich motivieren kann, etwas zu machen.

Diese Vision fungiert wie ein Leuchtstern am Himmel, der so hell leuchtet, dass du stets weißt, in welche Richtung du gehen sollst. Deine Vision beinhaltet alles, was dich und dein Leben betrifft: deine Karriere, deine Mitmenschen und auch die Welt an sich. Sie ist das Mittel zum Zweck, um dich auf deine Reise zu begeben und sie ist auch das Erste, das du brauchst, um zielgerichtet zu handeln.

Elon Musk z. B. gründete Tesla, weil er diese Vision hatte: Eine Welt, in der wir unseren Planeten nicht mehr durch Abgase zerstören, nur weil wir von A nach B gelangen wollen. Eine Welt, in der es weniger Unfälle gibt, weil nicht mehr die Menschen fahren, sondern die Autos, die alle miteinander vernetzt sind. Das Wichtigste bei dem Ganzen ist: Er handelt immer noch und immerfort seiner Vision entsprechend. Bis zu 120 Stunden investiert er in der Woche, um seinen Traum wahr werden zu lassen.

Natürlich gibt es auch Menschen, die ihre Vision fast krankhaft zu ernst nehmen und sogar über Leichen gehen. Sie verschreiben ihr regelrecht ihr Leben und haben nichts anderes mehr im Kopf. So hört man z. B. immer wieder von extremen Veganern, die zu unmoralischen Mitteln greifen, um ironischerweise ihre eigene „Moral" durchzusetzen. Diese fast schon Extremisten versteifen sich zu sehr auf eine Richtung und gehen dadurch aber letztendlich unbewusst durchs Leben.

Ich selbst bin Veganer – allerdings bin ich der Meinung, dass man mehr Menschen erreicht, wenn man als Vorbild dient, anstatt Metzger zu attackieren.

Eine Vision fliegt dir nicht einfach zu. Nein, du erschaffst sie dir selbst, indem du dir deine Zukunft visualisierst und dir vor Augen hältst, was du in deinem Leben erreichen willst. Das Visualisieren ist dabei wie Fahrradfahren: Du kannst es erlernen! Ob Spitzensportler, Autor, Yogalehrer oder Familienvater mit einem Bürojob – du entscheidest, WIE du dich verwirklichen möchtest.

Viele stellen sich dabei ausschließlich vor, bspw. wie viel Geld und Spaß sie in Zukunft haben werden, wie toll und schön sie sich irgendwann fühlen werden oder was sie vielleicht früher oder später alles besitzen werden. Dieser Ansatz mag für den ein oder anderen funktionieren, jedoch würde ich ihn dir nicht empfehlen.

Wenn nachhaltiges Glück und wahre Freiheit deine grundlegenden Ziele sind, schlage ich dir eine andere Variante vor – meinen ChainlessLIFE-Ansatz.

Vorher möchte ich dir aber noch folgenden wichtigen Standpunkt deutlich machen:

Das Leben an sich ist zwar lang, kann sich für manche aber nur sehr kurz anfühlen.

Wenn du dich nämlich auf die falschen Dinge fokussierst, dich wie wild im Hamsterrad drehst und jeder Tag nahezu gleich aussieht, kann dein Leben sehr einseitig und eindruckslos verlaufen. Und genau das ist es, was dir irgendwann zu schaffen machen kann. Das Leben ist wie gesagt lange genug, aber wenn wir es nicht mit bedeutenden Erfahrungen und Erinnerungen befüllen, fühlt man sich spätestens auf dem Sterbebett ziemlich leer.

Wie ich zu dieser Sichtweise auf ein nur vermeintlich langes Leben gekommen bin?

Bronnie Ware, eine australische Buchautorin und Songwriterin, hat früher als Altenpflegerin gearbeitet und ist von daher bereits mehrfach mit dem Tod in Berührung gekommen. Mit den meisten ihrer Patienten hatte sie eine enge Beziehung und hat mit ihnen über die verschiedensten Themen gesprochen.

In ihrem Buch *„5 Dinge, die Sterbende am meisten bereuen"* schildert sie ihre Erfahrungen durch diese Gespräche und listet – wie der Titel bereits vermuten lässt – 5 Dinge, die die Sterbenden am meisten bereut haben, auf.

Zwei Zitate davon haben mich zutiefst berührt und sich deswegen besonders fest in meinem Kopf verankert:

#1: „Ich wünschte, ich hätte den Mut gehabt, mir selbst treu zu bleiben, anstatt so zu leben, wie andere es von mir erwarteten."

#2: „Ich wünschte, ich hätte nicht so viel gearbeitet."

Zu viele Leute glauben, dass sie ihr Potenzial ausschöpfen würden, wenn sie nur lang und hart genug arbeiten – allerdings entspricht das nicht der Wahrheit, denn wie wir bereits in Kapitel 13 gesehen haben, ist Arbeit nur einer von zehn Lebensbereichen. Dein Beruf allein wird dich nicht erfüllen können, wenn du die anderen Bereiche deines Lebens dafür vernachlässigst.

In diesem Zusammenhang solltest also auch DU dir folgende Fragen stellen:

Wie willst du dich auf dem Sterbebett fühlen? Was wirst du am Ende bereuen werden? Was bereust du MOMENTAN? Wie lang wird es dauern, bis du dich dafür entscheidest, dein volles Potenzial zu entfalten, zu deinem wahren Ich zu finden und dich dadurch selbst verwirklichen zu können?

Du musst diese Fragen nicht zwingend schriftlich beantworten – allerdings empfehle ich dir, dir zumindest Gedanken darüber zu machen.

Doch was ist nun der ChainlessLIFE-Ansatz für eine Vision?

Du setzt deine Vision nicht mit deinem Einkommen, deinen Konsumgütern oder was auch immer gleich, sondern mit der PERSON, die du werden möchtest, und mit dem, was du auf der Welt bewirken willst.

Der Mensch, der du in Zukunft sein willst, hat auf deinem Sterbebett nämlich sehr viel mehr zu sagen, als z. B. nur über das Geld zu reden, das du verdient hast. Jeder hat andere Träume und nur, weil ein Möchtegern-„Entrepreneur" behauptet, ein 40-Stunden-Job mit einem durchschnittlichen Einkommen sei unter aller Sau, muss das noch lange nicht für jeden stimmen. Menschen, die auf ihrem Sterbebett oder generell so denken, übertragen nur ihre Angst vor potenzieller Bedeutungslosigkeit auf andere.

Selbstverständlich ist ein dickes Konto mit wenig Arbeit etwas Tolles, aber das bedeutet noch lange nicht, dass man ohne diese „Errungenschaften" nicht auch glücklich sein kann. Ich kenne z. B. Personen, die regelrecht in Geld schwimmen und doch unglücklich sind. Ich kenne aber auch Personen, die von außen gesehen ein sehr „gewöhnliches" Leben führen und dennoch unglaublich glücklich sind, weil sie sich auf ihre Weise verwirklichen können. Der Beruf oder Geld sind schließlich auch nur zwei der erwähnten zehn oder sogar mehr Lebensbereiche. Man kann sich z. B. auch durch seine Kinder, seine Freunde, seine Hobbys oder auch durch Kunst verwirklichen.

Im Leben geht es nicht darum, erfolgreich, sondern glücklich zu sein. Und dazu gehören definitiv mehr Parameter als nur der berufliche und wirtschaftliche Erfolg. Wenn du also deine Vision und somit dich selbst verwirklichst und genau das machst, was du für richtig hältst, wirst du in Einklang mit dir selbst leben können. Ein aufrichtiger, ehrlicher Mensch, der sich nicht nur um sich, sondern auch um andere kümmert, ist bewundernswerter als jemand, der zwar im Alter von 25 Jahren bereits Millionär ist, aber die Menschen um sich herum wie Dreck behandelt und sich nur für sich selbst interessiert.

Mit diesem Ansatz stellst du sicher, dass du nachhaltige Zufriedenheit und vielversprechendes Wachstum entwickeln kannst und dein Leben nicht zu zu starken „ups and downs" führt. Du stellst in diesem Sinne sicher, dass du nicht immer wieder Arbeit investieren musst, um dich wieder auf die richtige Bahn zu bringen, und dass du auch keine mangelnden Lebensbereiche kompensieren musst, weil du sie bisher außer Acht gelassen hast.

Wie sah nun meine Vision aus?

Bis ins Jahr 2016 trainierte ich ausschließlich für mich selbst: Ich wollte gut aussehen, Trophäen und Pokale abräumen, auf YouTube bekannt werden und meine Fans begeistern. Der Status als Natural-Bodybuilding-Ikone war mein ultimatives Ziel.

Doch je näher ich diesem Ziel tatsächlich kam, desto unwichtiger wurde dies alles für mich.

Vor meinem Wettkampf im Jahr 2016 zum besagten Natural-Bodybuilding-Idol stellte ich mir hingegen existenzielle Fragen, die mir vorher so noch nie in den Sinn gekommen waren:

„Warum bin ich auf dieser Welt? Was ist der Sinn meines Lebens?"

Ich bin schon immer dankbar für meine Umstände gewesen. Ich wurde in der Schweiz geboren, mit einer herausragenden Genetik gesegnet, bin sehr lernfähig und habe das Talent, zu sprechen und Leute zu überzeugen. Doch all das war damals für mich noch nicht von Bedeutung, weil ich nicht wusste, wie ich diese Fähigkeiten nutzen konnte.

Als ich den Wettkampf schließlich gewann, breitete sich eine große Leere in mir aus. Ich hatte kein Ziel mehr vor Augen und wusste auch nicht, was ich jetzt noch erreichen sollte. Meine Laune war in diesen Tagen besonders getrübt und nicht einmal meine Freundin konnte mich aufmuntern – obwohl sie diejenige war, die dies sonst immer geschafft hatte.

Meine Reise nach Südamerika noch im Dezember des gleichen Jahres kam zum richtigen Zeitpunkt, denn ich hatte bereits erkannt, dass ich in der Schweiz einfach keine Möglichkeit hatte, mich selbst wiederzufinden. Obwohl ich mir vieles „erhofft" hatte, hätte ich nie gedacht, dass diese Reise mein Leben für immer verändern würde. Die Story dahinter kennst du bereits: In Kapitel 12 habe ich dir von meiner Erfahrung eines Ego-Tods erzählt, die schließlich in eine Metanoia, meine transformative Sinnesänderung, mündete.

Eine weitere Erkenntnis daraus hatte ich allerdings ausgelassen, die ich dir nun erzählen will:

Als ich mich damals wiederfinden wollte und dafür die halluzinogenen Pilze zu mir nahm, wurden mir einige Dinge klar. Ich wusste bereits, dass ich in meiner Karriere zwar nichts falsch gemacht hatte, meine Beweggründe jedoch egoistisch waren. Anstatt bekannt werden zu wollen, um der Welt etwas zurückzugeben, wollte ich es nur für mich tun.

Mir wurde in diesem Zusammenhang bewusst, dass ich mit meiner Reichweite weitaus mehr bewirken könnte, als ich dachte! Die Leute nahmen mich nämlich ernst, hörten mir gern zu und vertrauten auf meinen Rat. Zum ersten Mal konnte ich mir deutlich machen, dass ich tatsächlich auch der Welt etwas Gutes tun kann! Ich habe dadurch z. B. die Möglichkeit, eine große Anzahl an Menschen zu einer pflanzlichen Ernährung zu inspirieren, um Tierleid zu mindern und die Umwelt zu unterstützen. Ebenso kann ich jeden dazu anregen, sich über sich selbst und seine eigenen Handlungen bewusster zu werden, und kann damit andere zu einem positiven und verständnisvollen Umgang mit sich und seinen Mitmenschen animieren.

Seit dieser Erfahrung stecke ich mehr Energie in jedes Training, nehme jeden Tag ernst und bilde mich, so gut es geht, mental weiter. Ich weiß dadurch z. B., dass ich das Paradigma des „schwächlichen" Veganers auflösen kann, wenn ich als Beispiel vorangehe. Ich weiß dadurch auch, dass ich noch mehr Menschen inspirieren kann, die beste Version ihrer selbst zu werden, wenn auch ich die beste Version meiner selbst werde.

Diese Menschen können dann wiederum ihre Mitmenschen inspirieren, was unseren Planeten schlussendlich zu einem besseren Ort für jeden machen kann.

Und das ist meine Vision.

Vor dieser Erfahrung und der darauffolgenden Erkenntnis hatte ich noch keine Vision und habe mich nur auf meine Ziele ohne Blick auf das große Ganze fokussiert. Ich hatte auch noch nicht verstanden, dass das Erreichen von Zielen nur ein „netter Nebeneffekt" ist. Ziele sind dafür da, um sich auf den Weg zu begeben – aber das Erreichen dieser Ziele ist nur eine schöne Nebensache, die nicht im Vordergrund stehen sollte. „_Der Weg ist das Ziel._" wird heutzutage zwar schon übermäßig verwendet, ist allerdings im tiefsten Sinne wahr und sollte nicht außer Acht gelassen werden. Letztendlich befindet man sich nämlich immer auf dem Weg, während das Ziel nur eine imaginäre Starthilfe deines Geistes ist und in Wahrheit jedoch nicht existiert.

Deswegen ist es ausgesprochen wichtig, dass deine Motivation für die Realisierung deiner Vision von innen und nicht von außen kommt. Deine Motivation von außen anzugehen, bedeutet nämlich, dass dein Ziel außerhalb von dir selbst liegt. Das könnte z. B. ein Ferrari, ein Haus oder wie in meinem Fall die Trophäe für einen Wettkampf sein. Wirst du durch äußere Faktoren motiviert, wird dir vermutlich dasselbe passieren wie mir: Sobald du bekommst, was du willst, wirst du dich dennoch innerlich leer fühlen. Deine Motivation ist in diesem Fall nämlich nur das Mittel zum Zweck und flacht ab, sobald du dein Ziel erreicht hast.

Um dich hingegen intrinsisch, d. h. von innen, motivieren zu können, musst du zuallererst verstehen, dass äußerliche Stimulanzien z. B. in Form von materiellen Gütern, Partys, Drogen oder auch Frauen dir keine wahre Erfüllung und auch kein langfristiges Glück ermöglichen werden. Intrinsisch motiviert zu sein bedeutet, dass du deine Motivation aus deinem Inneren ziehst und nichts und niemanden von außerhalb brauchst, um dich zum Handeln zu bewegen. Deine Vision ist in diesem Fall zwar auch ein Mittel zum Zweck – allerdings kommt sie von innen, was den entscheidenden Unterschied ausmacht: Du musst aufgrund ihrer Existenz nämlich nicht mehr von außen validiert werden, um motiviert bleiben zu können. Du behältst die Kontrolle über deine Motivation und bist nicht abhängig von unkontrollierbaren Variablen wie z. B. Lob oder gesellschaftlichem Erfolg.

„Nachhaltige Motivation ist ein Feuer in dir, das niemals erlischt, solange du es lodern lässt."

Ich glaube fest daran, dass wirklich jeder ein Talent oder eine Gabe besitzt, mit der er die Welt ein kleines Stückchen besser machen kann und es auch nur eine Frage der Zeit ist, bis man dieses Talent oder diese Gabe gefunden hat. Der eine ist kreativ, der andere hochintelligent, eloquent oder auch sensibel und mitfühlend. Selbst wenn deine Vision auf einer weniger anspruchsvollen Ebene stattfindet oder z. B. darin besteht, deinen Kindern eine große Zukunft zu ermöglichen, hast du dafür meinen größten Respekt verdient.

Viele können auch von der Vision einer anderen Person inspiriert werden und sich ihr anschließen. Wenn du bspw. bei Apple oder Tesla arbeitest, weil du Steve Jobs' bzw. Elon Musks Vision bewunderst, dann übernimmst du deren Vision und wirst ein Teil von ihr.

Verfolgst du dabei jedoch keinen „Plan", wirst du automatisch Teil einer fremden Agenda. Arbeitest du bspw. bei VW, dessen Vision nicht mit deiner übereinstimmt und du dadurch deine eigene Vision nicht verfolgen kannst, wird dich das schwer bedrücken, da dir in diesem Fall eine klare Richtung fehlt, in die du dich begeben kannst.

Mit diesem Buch möchte ich, dass JEDER seine EIGENE Vision ergründet und sie auch auslebt, sodass niemand mehr etwas auf seinem Sterbebett bereuen muss. Es ist mein tiefster Wunsch, dass jeder dieses Gefühl, das auch ich in mir trage, spüren kann!

Jetzt fragst du dich vielleicht, wieso nicht jeder einfach seine Vision ergründet und dann in die Tat umsetzt, wenn es doch so simpel klingt, oder?

Was jedoch die meisten Menschen davon abhält, sind die kleinen, bedeutungslosen und nur vermeintlichen Probleme, mit denen sich fast jeder in unserer Welt abmüht.

Struggelst auch DU mit einem sogenannten „First World Problem"?

„Mama, der Kevin hat mich nicht zu seiner Geburtstagsfeier eingeladen!" „Scheiße, die neuen Yeezys sind ausverkauft und jetzt bekomme ich keine mehr!" „Die Jessica hat mir seit drei Stunden nicht zurückgeschrieben, aber ein Bild von einem Instagram-Model gelikt!"

Es heißt nicht umsonst *„First World"*-Problem.

Menschen in Entwicklungsländern, wie z. B. Kambodscha, haben natürlich auch Probleme, allerdings sind diese existenzieller Natur und drehen sich um Themen wie Nahrungsbeschaffung oder darum, ein Dach über dem Kopf zu haben. „Probleme" in reicheren Kulturen sind im Vergleich trivial und unbedeutend – was wiederum zu einem fast sinnlosen Leben führt, indem man ihnen Aufmerksamkeit schenkt. Anstatt sich um wirklich wichtige Dinge zu kümmern, stecken diese Menschen ihre Energie in unbedeutende Angelegenheiten, die sie sowieso in einer Woche vergessen werden. Wenn man es streng sieht, ist es sogar lächerlich, sich über diese Art von „Problemen" zu beschweren, während es immer noch Familien auf der ganzen Welt gibt, die nicht einmal sauberes Trinkwasser haben.

„First World Problems" blockieren dich in deinem Weiterkommen, indem sie dich auf der Stelle treten lassen und dich daran hindern, die wirklich wichtigen Dinge in deinem Leben zu sehen. Mit jedem weiteren Lebensjahr wirst du merken, wie unwichtig deine in diesem Sinne vermeintlichen „Probleme" eigentlich waren und wie viel Energie du unnötigerweise in sie investiert hast.

Erfolgreiche Menschen kümmern sich hingegen gar nicht um diese kleinen Dinge im Leben – sie widmen sich wirklich bedeutenden Problemen und machen diese für sich sogar noch bedeutender. Denn je größer die Probleme sind, desto wichtiger ist es auch, eine Lösung für sie zu finden.

Wie nun auch DU optimal mit deinen Struggles umgehen und deine Vision ergründen kannst

Hierfür möchte ich dir zwei simple, aber intensive Aufgaben auf den Weg mitgeben, die ich bereits bei zahlreichen Menschen erfolgreich erprobt habe und die stets zu tiefgründigen Erkenntnissen geführt haben. Nimm dir einen Stift und ein Blatt Papier, begib dich an einen ruhigen Ort ohne

Ablenkungen und nimm dir eine halbe Stunde Zeit, um die Aufgaben gewissenhaft bearbeiten zu können.

Deine Aufgabe #10: Identifiziere zunächst deine Probleme

Schreibe dir all deine Probleme auf, egal wie klein oder groß sie auch sein mögen. Bewerte sie dann nach Wichtigkeit auf einer Skala von 1–10 und halte schriftlich fest, wie du in fünf Jahren vermutlich über sie denken wirst.

Ein Beispiel:

Der Bildschirm meines iPhones hat einen Riss. (= Problem)

Skala 3 (= Bewertung)

„In fünf Jahren werde ich ein neues Smartphone besitzen und den Riss bereits vergessen haben."

Nach dieser Aufgabe wirst du realisieren, wie unbedeutend (oder auch bedeutend) deine Probleme wirklich sind bzw. waren.

Widme dich daraufhin nur mehr den bedeutenden Problemen deines Lebens und schenke den kleinen Dingen nur eine minimale Aufmerksamkeit.

Implementierst du diese Übung in deinem alltägliches Leben, wirst du von nun an immer genau wissen, wie du dahingehend deine Zeit einteilen solltest. Wie z. B. deine Aufmerksamkeit nicht mehr auf die kleinen, sondern auf die großen und wirklich wichtigen Probleme zu richten. Oder auch keine Zeit mehr für Sachen zu verschwenden, die in fünf Jahren für dich ohnehin nicht mehr von Bedeutung sein werden. Ebenso wirst du aus all deinen vermeintlichen Problemen die „First World Problems" identifizieren können und sie von nun an fast nicht mehr beachten müssen.

Deine Aufgabe #11: Erschaffe mit diesem Hintergrund deine eigene Vision

Visualisiere deine Zukunft und schreibe sie in einigen Worten auf. Da eine Vision oftmals abstrakt und ungenau sein kann, musst du sie nicht bis in kleinste Detail beschreiben. Du solltest dir nur bewusst sein, in welche grobe Richtung sie gehen soll.

Ein Beispiel:

„Ich will in Südamerika eine ChainlessLIFE-Schule gründen, in der ich den Kindern beibringe, wie sie sich selbst verwirklichen und ihr Potenzial entfalten können."

Diese zweite Aufgabe ist nicht einfach. Sie soll aber sogar ein wenig unangenehm sein, denn genau dann weißt du, dass du dabei gefordert wirst. Umso schwieriger deren Formulierung und ihre Vorstellung für dich ist, desto eher ist sogar die Wahrscheinlichkeit, dass du in die richtige Richtung gehst. Manchmal müssen Gedanken und Überlegungen wie diese einfach fast weh tun und dir Angst bereiten. Aber keine Sorge, das ist eine gesunde Form von Angst.

Wenn das oben Genannte für dich nicht zutrifft, dann hast du entweder deine persönliche Vision schon gefunden oder du hast deine Vision zwar bereits formuliert, aber sie ist zu trivial – was jedoch zu keinem Wachstum führen wird, und du sie von daher einer erneuten Prüfung unterziehen solltest.

Ich habe dir dahingehend ein paar Fragen vorbereitet, die ich in dieser Form auch meinen Klienten stelle. Sie helfen dir vor allem dabei, deine eigene Vision zu finden:

· *Was wäre in meinem Leben alles möglich, wenn ich nie versagen könnte?*

· *Wo wäre ich in 20 Jahren, wenn ich ab sofort „ALL IN" gehen würde?*

· *Wie könnte ich meine Familie und Freunde sowie die gesamte Menschheit positiv beeinflussen?*

Wenn du bereits eine Idee einer Version hast:

· *Welche Durchbrüche würde ich auf dem Weg dieser Vision erleben?*

· *Wer könnte ich werden, wenn ich dieser Vision folge?*

· *Wieviel Geld könnte ich verdienen, wenn ich dieser Vision folgen würde?*

· *Wohin könnte es mich in dieser Vision verschlagen?*

Aber mit der ausschließlichen Benennung einer Vision ist die Arbeit zu einem gänzlich freien ChainlessLIFE leider noch nicht getan. Dies ist nur der erste Schritt, um ins ChainlessHANDELN zu kommen.

In den nächsten Kapiteln werden wir uns im Detail ansehen, wie wir unsere Vision zu unserer Lebensaufgabe machen können und was noch nötig ist, um sie schließlich auch wahr werden zu lassen.

KAPITEL 23

Wieso eine Vision erst der Anfang ist

"There are two great days in a person's life – the day we are born and the day we discover why."

WILLIAM BARCLAY

Du bist dir nun bereits im Klaren darüber, wie eine Vision aussehen soll und wie du sie finden kannst. Zudem weißt du jetzt, dass es vor allem darum geht, dich selbst zu verwirklichen und genau der Mensch zu sein, der du sein möchtest: ein Veganer, der die Menschheit aufklärt, ein Rockstar, der die Welt mit seiner Musik inspiriert oder ein Kindergärtner, der der zukünftigen Generation den richtigen Weg aufzeigt – dir sind dabei keine Grenzen gesetzt.

Doch eine Vision allein bringt dich noch nicht zu unserem gemeinsamen Ziel eines ChainlessLIFE, denn sie ist nur ein kleiner Teil vom großen Ganzen. Sie ist zudem nur der Anfang, um den Sinn des Lebens zu finden. Richtig gelesen, in diesem Kapitel beschäftigen wir uns mit dem Sinn des Lebens – der Grundlage deines ChainlessLIFE!

Viele verstehen unter dem Sinn des Lebens einfach nur, dass sie wissen, was sie für den Rest ihrer Tage machen wollen. Diese Beschreibung empfinde ich jedoch als wenig differenziert und auch als für viele nicht greifbar, weswegen ich zuallererst Klarheit darüber schaffen möchte.

Es existieren die unterschiedlichsten Interpretationen über den Sinn des Lebens, von denen ich dir im Folgenden zwei vorstellen möchte. Die erste ist meine eigene, die zweite stammt aus einem bewährten japanischen Konzept.

Ich betrachte den Sinn des Lebens als ein Gefühl, das man tagtäglich erlebt. Es ist ein Gefühl, das dich wissen lässt, dass deine Existenz einen Grund hat. Es ist auch ein Gefühl, das dich erkennen lässt, dass du nicht „umsonst" geboren wurdest. Und um dieses Gefühl spüren zu können, brauchen wir eine Lebensaufgabe. Eine Aufgabe, bei der wir uns vorstellen könnten, sie bis zu unserem Tod auszuführen.

Es sollte also nicht der Sinn des Lebens sein, den wir anstreben, sondern die große Lebensaufgabe dahinter. Das Gefühl dafür kommt dann wie von selbst. Natürlich ist deine Lebensaufgabe nicht in Stein gemeißelt und kann sich auf deinem Weg auch ändern, allerdings ist es wichtig, dass du dir zunächst eine solche Aufgabe gibst, um den Sinn des Lebens erstmals spüren zu können.

Wie kannst du diese Lebensaufgabe ergründen und woraus setzt sie sich zusammen?

Ich habe mich lange und tiefgründig mit diesem Thema beschäftigt und bin zu der Erkenntnis gekommen, dass für mich die Lebensaufgabe aus 3 verschiedenen Komponenten besteht, die ich dir in folgender „Formel" präsentieren möchte:

Vision + Tugend + Medium = Lebensaufgabe

Lass mich diese Formel anhand der einzelnen Summanden im Detail erklären:

Summand 1: Vision
Wir haben über die Vision, die du für dich finden musst, bereits im letzten Kapitel gesprochen, allerdings haben wir noch nicht geklärt, woraus sie sich zusammensetzt.

Deine Vision besteht immer aus deiner Leidenschaft und deinem sogenannten „Impact Statement". Eine Leidenschaft kann jegliche Tätigkeit sein, die du mit Begeisterung und Hingabe ausführst. Sie zeichnet sich dadurch aus, dass du gern deine Zeit damit verbringst und bei der du mit Herzblut dabei bist. Sie ist nicht nur ein Hobby, sondern ein Teil deines Lebens, in das du viel Zeit und Energie investierst, um stetig besser zu werden. Das kann zum Beispiel Bodybuilding oder Schreiben sein. Ohne Leidenschaft könntest du deine Vision nicht lange verfolgen, denn dann würde dir sehr bald der Spaß an der entsprechenden Tätigkeit fehlen. Dein Impact Statement entspricht der gewünschten Auswirkung deiner Handlungen. Es sagt aus, was du in dieser Welt verändern möchtest.

„Was zeichnet DEINE Vision aus und wohin soll sie führen?" „Was soll passieren, sobald du nach deiner Vision lebst?"

Die Antwort auf diese Fragen ist dein Impact Statement.

Mein Impact Statement ist bspw. die persönliche Weiterentwicklung von Menschen. Ich möchte jeden dazu inspirieren, sich mit sich selbst auseinanderzusetzen und die beste Version seiner selbst zu werden. Meine Leidenschaft daneben ist das Lehren. Gemeinsam sind sie meine Vision.

Also, wo setzt DU den Unterschied in DEINER Vision?

Summand 2: Tugend

Ich dachte immer, dass „Tugend" ein nichtssagendes Wort ist, das die Leute nur wahllos um sich werfen. Inzwischen weiß ich jedoch, dass Tugenden sogar zu einem erfüllten Leben dazugehören. Als eine Tugend wird eine vorbildliche Charaktereigenschaft oder auch eine wertvolle Handlung bezeichnet. Sie setzt sich aus deinen tiefsten Werten und Charakterstärken zusammen und ist genau das, was du bis zu deinem letzten Atemzug tun würdest, auch wenn du dabei nie Erfolg hättest. Selbst wenn du dir oder den Menschen in deinem Umfeld schaden würdest, würdest du ihr treu bleiben.

Ich bin mir sicher, dass jeder eine einzigartige und individuelle Tugend hat, die er bereits ausübt, nur vielleicht noch nicht als solche identifiziert hat. Meine Freundin z. B. trägt die Tugend Liebe in sich. Egal was passiert, am Ende bleibt ihr immer die Liebe. Selbst wenn die Welt untergeht, wird sie immer verständnisvoll, empathisch und barmherzig bleiben – auch wenn sie sich dadurch selbst schaden könnte. Bei mir ist es bspw. die Selbstgenügsamkeit. Egal was passiert, ich werde mir immer genug sein und von daher meinen Selbstwert nie durch jemand anderen bestimmen lassen. Ich lebe stets meine Freiheit aus und werde auch immer selbstbestimmt bleiben. Ich brauche nie das Feedback anderer und kann mich dadurch stets selbst zufriedenstellen.

Summand 3: Medium

Der letzte Summand der oben genannten Formel für deine Lebensaufgabe ist das Medium, durch das du deine Vision transportierst. Mit „Medium" meine ich jedoch nicht zwingend einen Social-Media-Kanal, (auch wenn ein solcher tatsächlich ein gutes Medium sein kann). Mit Medium meine ich vielmehr die Handlung, mit der du deine Vision nach außen trägst. Das kann zum Beispiel das Zeichnen, Tanzen, Singen, Schreiben, Produzieren von Filmen oder auch das Spielen eines Instruments sein.

Mein Medium ist beispielsweise Kommunikation – Reden, Inspirieren, Überzeugen. Ich kommuniziere sehr gern mit anderen. Nicht nur von Person zu Person, sondern auch über YouTube-Videos und Podcasts. Es gibt unendlich viele Medien, durch die du dich ausdrücken kannst. Deine Charakterstärken, deine Werte, deine Tugend und auch deine Vision sind dabei alles Dinge, die du dir im Kopf noch zusammenschustern kannst. Aber erst durch dein Medium wird alles konkret. Durch dein Medium HANDELST du nämlich.

Wenn du bspw. Trainer oder Coach bist, willst du deine Gedanken nicht nur für dich behalten – du willst sie nach außen transportieren. Sei es, indem du sie vor einem Publikum erzählst, durch das Internet verbreitest oder auch im Fernsehen veröffentlichst. Du kannst auch ein Buch schreiben, bei einer Zeitung arbeiten oder was auch immer. Meine Empfehlung ist auf jeden Fall, dir genau das Medium auszusuchen, zu dem du dich auf natürliche Weise am meisten hingezogen fühlst, um dich und deine Gedanken am besten ausdrücken zu können.

Nachdem wir nun jeden der 3 Summanden der Formel für deine Lebensaufgabe besprochen haben, bringen wir sie noch in einem konkreten Beispiel zusammen:

Nehmen wir einmal an, dass deine größte Stärke und auch Tugend Kreativität und abstraktes Denken ist. Du legst zudem viel Wert auf die Umwelt und möchtest, dass der Planet weiterhin grün bleibt.

Dein Impact Statement ist dementsprechend, dass die Welt durch deine Handlungen nachhaltig geschützt wird.

Deine größte Leidenschaft ist das Gestalten von Websites, was hierbei gleichzeitig dein Medium sein kann. Nun kannst du bspw. zu einer Firma gehen, die dieselbe Vision hat wie du, und ihnen dabei helfen, einen überzeugenden Webauftritt zu kreieren, der mehr Menschen auf die Umweltbelastung aufmerksam macht. Du wirst damit Teil dieses Projektes und unterstützt die Firma dabei, deren Botschaft zu verbreiten und langfristig Erfolg zu haben. Zudem kannst du dadurch deine eigene Vision fördern, da ihr ja auf der gleichen Wellenlänge liegt. Vielleicht gehst du aber auch zu einer Agentur, die dich weitervermittelt, oder du erstellst dir deine eigene Website, um deine Vision weiter voranzutreiben und damit schließlich deiner Lebensaufgabe gerecht werden zu können.

Wenn du also jeden einzelnen Parameter der Formel für deine Lebensaufgabe erfüllst, weißt du, wie diese im Genauen aussehen könnte.

Ja, dieser Prozess erfordert extrem viel Arbeit und ist auch verdammt komplex. Mit diesem Kapitel konnte ich auch nur gerade mal die Oberfläche ankratzen, weil das Thema eben so vielseitig und tiefgründig ist. Allein über die alles entscheidende Lebensaufgabe als Schlüssel zum Sinn des Lebens könnte man mindestens zwei weitere Bücher schreiben. Aber ich bin mir sicher, dass ich dir durch meine Erläuterungen und Tipps auf jeden Fall das Grundkonzept näherbringen konnte!

Ein japanisches Konzept – „Ikigai"

Eine weitere mögliche Interpretation des Sinn des Lebens beschreibt das sogenannte *Ikigai*. Der Vorteil dieses Ansatzes ist, dass er grafisch abbildbar ist und dadurch leicht verstanden werden kann. Ebenso beinhaltet er den Faktor Geld, was für viele vor allem am Anfang einer ersten Beschäftigung mit dem Sinn des Lebens ein wichtiges Thema ist.

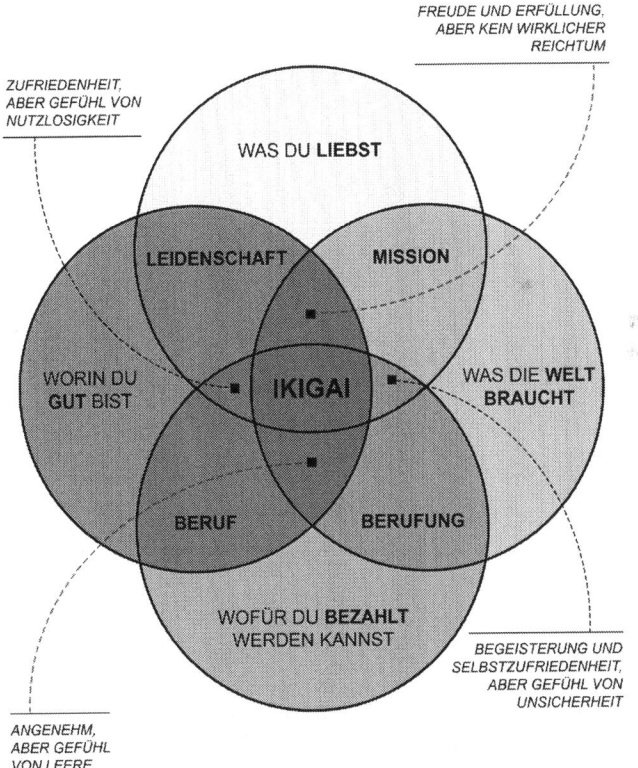

Das japanische *Ikigai* setzt sich aus 4 verschiedenen Bereichen zusammen, die ich in Bezug auf unser gemeinsames Ziel eines ChainlessLIFE frei übersetzt und dahingehend neu ausgelegt habe:

Im Grunde sagt es aus, dass du deinen Lebenssinn gefunden hast, wenn du ...

- *... etwas tust, was du liebst.*
- *... etwas tust, worin du gut bist.*
- *... etwas tust, was die Welt braucht.*
- *... etwas tust, wofür du bezahlt wirst.*

Gehen wir nun alle Punkte im Einzelnen durch:

Tust du etwas, was du liebst?

Dann tust du etwas, wodurch du konstruktive Diskussionen entfachst, und die Tätigkeit selbst liebst. Auch Leidenschaft genannt.

Tust du etwas, worin du gut bist?

Dann tust du etwas, was du gut beherrschst und worin deine Stärken liegen. Diese hast du bereits in Kapitel 17 herausgefunden.

Tust du etwas, was die Welt braucht?

Hier wird es ein wenig komplizierter. Was die Welt braucht, wirkt an sich objektiv, allerdings kannst du diese Festlegung nur für dich selbst bestimmen – da sonst nämlich jede noch so gut gemeinte Aktion wie ein Tropfen auf dem heißen Stein ist. Für den einen ist es z. B., den Welthunger zu beenden, für den anderen ist es, einen Hund zu adoptieren und sich um ihn zu kümmern. Ein Kriterium dabei gibt es jedoch: Deine Tätigkeit soll nicht komplett eigennützig sein und in jedem Fall etwas Gutes für ein anderes Lebewesen oder den Planeten bewirken.

Tust du etwas, wofür du bezahlt wirst?

So schön das Leben auch sein kann, brauchen wir Geld, um für unseren Unterhalt zu sorgen und unsere Grundbedürfnisse abzudecken. Dementsprechend ist es genauso wichtig, von einem Arbeitgeber oder Kunden für unsere Tätigkeit bezahlt zu werden. Vor allem, wenn du deine Leidenschaft zum Beruf gemacht hast und noch in der Anfangsphase bist, kann es schwer sein, genügend Geld damit zu verdienen. Du brauchst also einen Job, der dir deine Rechnungen bezahlt.

Über das Thema Geld sprechen wir in einem späteren Kapitel (Kapitel 32) noch ausführlicher, aber soviel sei schon mal gesagt: Verdiene generell so viel, damit du dich „sicher" fühlst – solange du ein Dach über dem Kopf hast und dich gut ernähren kannst, ist der Rest nur Luxus.

Auch wenn es der optimale Fall wäre, mit einer einzigen dieser 4 Tätigkeiten alle 4 Bereiche des *Ikigai* zu erfüllen, ist dies nicht zwangsweise nötig. Es lässt sich auch mit mehreren bewerkstelligen. Es gibt bspw. Menschen, deren Leidenschaft ihnen kein Geld bringt, sondern nur Geld kostet. Sie finanzieren sie dann durch ihren Beruf. Ebenso gibt es Leute, die einen Job haben, den die Welt an sich nicht braucht. In ihrer Freizeit haben sie dann eine ehrenamtliche Tätigkeit, mit der sie ihr *Ikigai* vervollständigen.

Warum ich es aber für so wichtig erachte, wirklich ALLE 4 Teile des *Ikigai* zu erfüllen, (und zwar egal mit wievielerlei Tätigkeiten), sollen dir die folgenden vier Fälle, in denen jeweils ein Aspekt, d. h. ein Teil des *Ikigai*, vernachlässigt wird, anhand von Beispielen verdeutlichen:

Fall 1: Du bist gut in etwas + die Welt braucht es + du wirst dafür bezahlt

Du versorgst als Koch die Menschen mit gutem Essen. Du bist gut darin, die Welt braucht es definitiv und du wirst auch für deine Arbeit bezahlt.

Zwar fühlst du dich sehr komfortabel, jedoch hast du ein Gefühl der Leere in dir, weil du nicht das tust, was du liebst.

Fall 2: Du bist gut in etwas + du liebst es + du wirst dafür bezahlt

Du bist ein Model, verdienst gutes Geld, liebst deinen Job und gut darin bist du auch.

Du fühlst dich befriedigt, allerdings wirst du das Gefühl der Nutzlosigkeit nie los werden, da die Welt keine Models wirklich „braucht".

Fall 3: Du bist gut in etwas + du liebst es + die Welt braucht es

Du lebst in Angola und hilfst dort in einem Pflegeheim für Kinder. Du spielst mit ihnen, kümmerst dich um sie und gibst ihnen Liebe.

Du spürst zwar Freude und Erfüllung, reich wirst du jedoch nicht und im schlimmsten Fall steht sogar deine Existenz auf dem Spiel, da du zum Leben immer noch Geld brauchst, das du leider durch diesen Job bzw. diese Lebensaufgabe nicht einnimmst.

Fall 4: Du liebst es + die Welt braucht es + du wirst dafür bezahlt

Auf einer Reise durch Kolumbien machst du Halt und bringst Kindern in einer Schule Englisch bei. Ein Studium als Lehrkraft hast du nie absolviert, weswegen du darin vermutlich nicht mal annähernd so gut wie deine Kollegen bist.

Du bist zwar begeistert von dem, was du tust, jedoch wirst du dich immer unsicher und „nicht genug" in deinem Job fühlen.

Auch wenn mir das Konzept des *Ikigai* tatsächlich sehr gut gefällt, finde ich auch, dass es den Sinn des Lebens nicht exakt darstellen kann. Der Sinn des Lebens ist für mich nämlich kein Stempel, den man sich irgendwann aufdrückt, nur weil man „alle Bereiche abgedeckt hat". Es ist von daher also möglich, zwar alle Bereiche des *Ikigai* zu erfüllen, aber dennoch seine Lebensaufgabe noch nicht gefunden zu haben.

Was dir das Ikigai-Konzept dennoch bringt

Der Grund, wieso ich dir dieses Konzept nicht vorenthalten wollte, liegt darin, dass die Grafik zum *Ikigai*-Konzept für dich sehr nützlich sein kann, wenn es darum geht, in den sogenannten *„Flow State"* zu gelangen.

Der Flow State ist ein Gefühl, das sich genauso schwer wie ein Orgasmus erklären lässt. Ich will dir dennoch im Folgenden im Detail beschreiben, wie du dich dabei unter Umständen fühlen wirst – wirklich wissen wirst du es jedoch erst, wenn du es einmal selbst erlebt hast.

Im Flow State fühlst du dich unbesiegbar – so, als könnte dich nichts aufhalten. Selbst wenn etwas passiert, das die meisten Menschen aus der Bahn werfen würde, lässt du dich nicht aus der Ruhe bringen. Deine Ausstrahlung verändert sich und deine Mitmenschen nehmen dich charismatischer und sympathischer wahr. Deine Arbeit fühlt sich nicht mehr wie Arbeit, sondern wie eine Freizeitaktivität an. Dieses Gefühl überträgt sich auf ALLE Bereiche deines Lebens und beflügelt dich in all deinen Handlungen.

Dabei musst du zwischen einem kurzfristigen und einem langfristigen Flow unterscheiden:

Wenn du zum Beispiel ein Buch liest oder arbeitest, blendest du irgendwann alles um dich herum aus und widmest dich nur noch dieser einen Tätigkeit. Du verlierst das Zeitgefühl und hast einen klaren Fokus. Das ist ein kurzfristiger Flow. Ich bin mir sicher, dass jeder dieses Gefühl schon einmal verspürt hat. Versuche, dich daran zu erinnern und frage dich, was dich damals in diesen State gebracht hat: War es vielleicht beim Kochen, beim Zeichnen oder beim Fußballspielen? Die meisten kommen in einen kurzfristigen Flow, wenn sie mit ihrer Leidenschaft beschäftigt sind und geraten wieder aus dem Flow, sobald sie damit aufhören. Damit du aber dieses Gefühl nicht nur hast, wenn du deinem Hobby nachgehst, sprich, wenn du einen langfristigen Flow erreichen willst, solltest du deine *Ikigai*-Tätigkeiten erfüllen UND die Dynamik des Flows berücksichtigen.

Die Dynamik des Flows möchte ich dir anhand folgender Grafik zeigen:

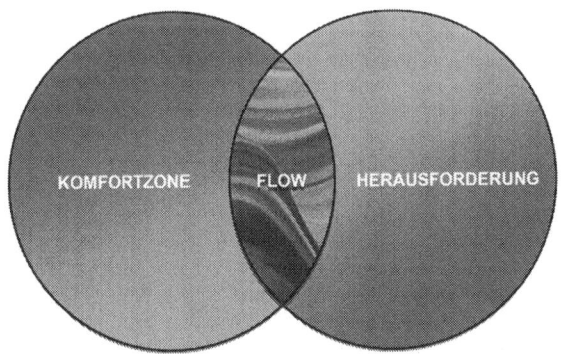

Auf der linken Seite der Grafik siehst du die Komfortzone, auf der rechten eine deiner Herausforderungen. In der Mitte befindet sich der Flow. Mit dieser Visualisierung will ich dir verdeutlichen, dass du einen Flow nur erreichst, wenn du vor einer Herausforderung stehst, die nicht zu groß, aber auch nicht zu klein ist. Ist die Herausforderung nämlich zu klein, wirst du dich langweilen und nicht an ihr wachsen, da du sie mit Leichtigkeit bewältigen kannst. Ist die Herausforderung hingegen zu groß, fühlst du dich paralysiert, demotiviert und hast auch wenig Lust, diese Aufgabe überhaupt anzugehen.

So habe bspw. ich mich nach drei Jahren im Swisscom-Shop zu Tode gelangweilt, weil ich einfach keine neue Herausforderung hatte. Ich war bereits der beste Verkäufer im Geschäft und konnte jede mir gestellte Aufgabe mit Leichtigkeit bewältigen. Das mag sich zwar gut anhören, allerdings war mir dadurch meine Arbeit einfach zu langweilig und eintönig. Ich hätte neue Herausforderungen und mehr Verantwortung bekommen müssen, um weiter wachsen zu können und wieder im Flow zu sein.

Demzufolge ist es wichtig, den sogenannten „Sweet Spot", also den Flow, der in der Mitte der Grafik dargestellt ist, zu treffen: Die Aufgabe muss groß genug sein, damit du dich dabei sicher fühlst, sie erledigen zu können, aber auch klein genug, um nicht an ihr zu zerbrechen. Falls du diesen Sweet Spot treffen kannst, erreichst du wiederum einen langfristigen Flow, der dich nicht nur für ein oder zwei Stunden, sondern über Monate, wenn nicht sogar Jahre, begleitet. In der Vergangenheit drehte sich bspw. mein YouTube-Kanal hauptsächlich um Fitness, weswegen ich 2016 vor einer neuen Herausforderung stand, als ich anfing, mehr Videos in Richtung Persönlichkeitsentwicklung zu drehen. Ich wusste, dass ich es schaffen würde, mich neu ausrichten zu können, ohne meine Zuschauer trotz der Neuorientierung zu verärgern oder sogar zu vergraulen – ich war nämlich im Flow. Mein Zustand im Flow war für mich auch die komplette Vorbereitung, um zielgerichtet handeln zu können.

Diese Ausrichtung ist natürlich stets eine Menge Arbeit und bringt auch viele tiefgründige Fragen mit sich – allerdings ist es enorm wichtig, dem Ganzen eine Chance zu geben, um daraus deine Lebensaufgabe bestimmen zu können. Wenn du nämlich zum ersten Mal spürst, dass dein Leben einen Sinn hat, wirst du dich sogar so stark fühlen, dass dich so gut wie nichts mehr von deinem Weg abbringen kann!

Dieser Teil auf dem Weg zu deinem ChainlessLIFE ist unumgänglich, wenn du daran denkst, dich selbst verwirklichen zu wollen. Viele betreiben dabei nur blinden Aktionismus und springen von Projekt zu Projekt oder von Ausbildung zu Ausbildung, weil sie sich nie Gedanken über ihre Vision oder ihre Lebensaufgabe gemacht haben.

Wenn du nicht dieselben Fehler begehen willst, lege ich dir ans Herz, dich mit diesen Themen intensiv auseinanderzusetzen. Mir ist natürlich klar, dass viele zunächst überfordert sein werden und vielleicht auch noch nicht wissen, in welche Richtung sie gehen wollen. Ich will damit auch nicht sagen, dass du ab sofort nichts mehr ausprobieren sollst – aber bevor du dich für mehrere Jahre z. B. an ein Studium bindest oder dein Geld in ein Start-up oder Ähnliches investierst, solltest du dich unbedingt vorab mit deinen Werten und deiner Vision auseinandersetzen.

Im nächsten Kapitel werden wir uns im Detail ansehen, wie du deine Lebensaufgabe de facto in die Tat umsetzen kannst! Deren Unterteilung in einzelne Ziele wird dir dabei helfen, auf deinem Weg zum ChainlessLIFE weiterhin erfolgreich zu sein!

KAPITEL 24

Setze dir Ziele, an denen du wächst

"A goal without a plan is just a wish."
ANTOINE DE SAINT-EXUPÉRY

Wenn du zu den Leuten gehörst, die bereits eine klare Vision haben oder sich sogar schon eine Lebensaufgabe setzen konnten, dann wird es jetzt Zeit, zu schauen, wie du diese in die Tat umsetzen kannst! Wir wollen in diesem Kapitel deine Vision und deine Lebensaufgabe greifbar machen, indem wir gemeinsam Ziele für dich setzen.

Ziele treiben uns an, motivieren uns und geben uns auch den notwendigen Druck, um vom DENKEN ins HANDELN zu kommen. Deine Vision kann noch so groß und deine Lebensaufgabe noch so wichtig sein – ohne klar definierte Ziele kannst du nicht zielgerichtet handeln und weißt auch nie, was zu tun ist und ob du überhaupt auf dem richtigen Weg bist.

In diesem Kapitel wirst du zunächst erfahren, welche Fehler die meisten Menschen in Bezug auf ihre Ziele begehen und wieso sie sie dadurch nicht erreichen. Ebenso werde ich dir zeigen, wie du deine Ziele richtig setzt und sie schließlich mit Leichtigkeit umsetzen kannst!

Wieso viele Menschen ihre Ziele nicht erreichen

So gut wie jeder hat irgendein Ziel – aber leider reden wir nur von ihnen, anstatt sie auch irgendwann zu erreichen.

"Arbeite hart und mach, was getan werden muss." hört man immer wieder als einen eigentlich gut gemeinten Ratschlag. Er mag zwar in bestimmten Fällen sinnvoll sein, aber leider wird dabei das große Ganze außer Acht gelassen, weswegen ich mit einem evtl. daraus entstehenden Missverständnis aufräumen will:

An seinen Zielen zu scheitern, hängt in den meisten Fällen nicht mit der mangelnden Umsetzung oder mit einem fehlenden Durchhaltevermögen zusammen.

Die meisten Fehler werden nämlich bereits vor der eigentlichen Arbeit bzw. Tätigkeit gemacht: bei der falschen Zielsetzung.

WELCHE Ziele wir uns setzen und WIE wir sie setzen, hat mehr mit unserem Erfolg zu tun, als die meisten glauben. Ich möchte dir in diesem Zusammenhang die 5 größten Fehler bei möglichen Zielsetzungen zeigen, damit du sie nicht auch einmal begehst:

1. Du setzt dir Ziele ohne ein starkes Warum

Den wichtigsten Aspekt, um deine Ziele zu erreichen, haben wir bereits in Kapitel 21 angesprochen: dein Warum. Ohne ein starkes Warum hat ein Ziel keine Bedeutung. Ohne Bedeutung ist es dir gleichgültig, ob du dein Ziel erreichst oder nicht. Sprich, es fehlt dir die nötige Motivation, was wiederum dazu führt, dass es dir um einiges schwerer fällt, „dranzubleiben".

2. Du setzt dir die falschen Ziele

Falsche Ziele sind äußerlich motiviert, oberflächlich oder auch fremdbestimmt. Ziele müssen immer deine eigenen sein – denn wenn du sie von anderen Menschen oder externen Umständen abhängig machst, fehlt dir die nötige Intention, um sie auch gewissenhaft zu verfolgen.

3. Du setzt dir zu große Ziele

Je größer deine Lebensaufgabe ist, desto größer ist auch dein Ziel. Doch das Problem dabei ist, dass zu große Ziele zu zeitintensiv und fast unerreichbar erscheinen. Unterbewusst verankerst du damit den Glauben, dass du sie nie erreichen wirst, was wiederum dazu führt, dass deine Motivation mit der Zeit nachlässt: *„Wozu sollst du dich anstrengen, wenn du es sowieso nie schaffen wirst?"*

4. Du setzt dir keine wichtigen Ziele

Ziele sind nicht nur dafür da, um sie zu erreichen. Sie sollen dich auch zum Handeln bewegen, zum Wachsen zwingen und dich konstant aus deiner Komfortzone bringen. Doch wenn das Ziel nicht wichtig genug ist, tust du in vielen Fällen einfach nichts und trittst hingegen auf der Stelle.

5. Du setzt dir zu abstrakte Ziele

Wenn Ziele zu abstrakt und ungenau sind, fällt es dir schwer, einen richtigen Plan für sie zu erstellen. *„Ich will die Welt verbessern."* ist bspw.

ein sehr ungenaues Ziel. Für die Bestimmung einer Vision würde diese Aussage in die richtige Richtung gehen, aber Ziele müssen spezifischer sein – andernfalls weißt du nicht, welche Schritte nötig sind, um sie auch zu erreichen.

Nun kennst du die 5 größten Fehler, wieso viele Menschen an ihren Zielen scheitern. Nachdem du gesehen hast, was man alles falsch machen kann, fokussieren wir uns jetzt darauf, wie man es richtig macht! Wenn du meine folgenden Tipps in dein Leben integrierst, garantiere ich dir, dass du all deine Ziele erreichen wirst!

Tipp #1: Setze dir Ziele, die dir dienen

Deine Vision, deine Lebensaufgabe und deine Ziele müssen in einer Linie sein. Wenn dir dein Ziel nicht dient, dich nicht besser macht, dir kein gutes Gefühl gibt oder niemandem in deinem Umfeld hilft, hat es keinen Sinn, dieses Ziel weiter zu verfolgen.

Wenn du dir ein Ziel setzt, geht es, wie gesagt, nicht primär darum, es tatsächlich zu erreichen. Es geht darum, dich überhaupt auf deinen Weg zu begeben und als Person zu wachsen. Jedes Mal, wenn du dabei auf ein Problem stößt, hast du nämlich die Möglichkeit, zu lernen und besser zu werden. Auch wenn es hart wird, bleibst du trotzdem dran und wächst dadurch. So ist z. B. ein Streit mit deiner Freundin nicht etwas gänzlich Schlechtes, sondern auch eine Gelegenheit, um eure Beziehung zu verbessern.

Tipp #2: Unterteile deine Ziele

Nehmen wir bspw. einmal an, dass du einen Roman schreiben möchtest. Er soll 300 Seiten lang sein und bestenfalls in einem Jahr fertiggestellt sein. Um dieses Ziel realisieren zu können, musst du es in kleine Etappen unterteilen. Andernfalls kann dich der Gedanke, ein gesamtes Buch zu schreiben, paralysieren, noch ehe du eine Seite geschafft hast.

Brich deine Aufgaben in Jahres-, Quartals-, Monats-, Wochen- und schlussendlich Tagesziele herunter. Auf unser Beispiel übertragen wären dies 300 Seiten im Laufe eines Jahres, 75 Seiten in jedem Quartal, 25 Seiten pro Monat, 6,25 Seiten pro Woche und schließlich knapp unter einer Seite pro Tag. An einem Tag weniger als eine Seite zu schreiben, klingt doch schon viel greifbarer, als ein ganzes Buch in einem Jahr, oder? Natürlich kannst du dir auch die Wochenenden freihalten und dafür an den verbleibenden 5 Wochentagen 1,25 Seiten schreiben. Es ist komplett dir überlassen, wie du deine Ziele herunterbrichst.

Indem du jeden Tag ein Ziel erreichst, wirst du übrigens auch jeden Tag das Glückshormon Dopamin ausstoßen. Sprich, du wirst dich nach getaner Arbeit richtig gut fühlen! Und: Mit der Zeit wirst du dieses Glücksgefühl mit der erfolgten Handlung assoziieren, was wiederum dazu führen wird, dass du es wiederholen möchtest. (Stichwort „Konditionierung" aus Kapitel 19.) Auch deine Motivation wird dadurch steigen und dir wird es zudem immer leichter fallen, deine Teilziele zu erreichen.

Diese Technik lässt sich übrigens auf so gut wie alle Arten von Zielen anwenden. Egal ob du also z. B. Gewicht verlieren, deinen Kundenstamm erhöhen oder mehr Videos auf YouTube produzieren möchtest: Brich deine Ziele stets auf kleinere Teilziele herunter.

Ich kann dir in diesem Zusammenhang jedoch nicht empfehlen, dir Ziele zu setzen, die zu weit in der Zukunft liegen. Jahresziele sehe ich als das Optimum. Jeder Zeitplan darüber hinaus wird dir zu weit entfernt sein, weswegen du wiederum deine Motivation verlieren würdest.

Tipp #3: Nutze die SMART-Formel

Die sogenannte SMART-Formel zeigt dir, anhand welcher Kriterien du deine Ziele am besten setzt, damit du sie auch tatsächlich erreichen kannst:

SPEZIFISCH:
Um sicher zu sein, dass du auf dem richtigen Weg bist, muss dein Ziel spezifisch sein. *„Ich will in der Politik etwas verändern."* wäre kein spezifisches Ziel, weswegen du auch keine Möglichkeit hättest, deinen Erfolg wirklich kontrollieren zu können. Ein spezifischeres und dadurch geeignetes Ziel wäre demgegenüber: *„Ich will Cannabis in Deutschland legalisieren."*

MESSBAR:
Du musst wissen, WAS genau du erreichen willst. *„Ich will 5 kg an Fett verlieren."* ist wesentlich messbarer als *„Ich will abnehmen."* Nur wenn dein Ziel messbar ist, hast du ein klar definiertes Ende vor Augen und weißt, ob du ihm auch näherkommen kannst.

AKTIV BEEINFLUSSBAR:
DU musst der Grund sein, wieso du dein Ziel erreichen willst. Wenn das Erreichen deines Ziels von anderen Faktoren oder Personen abhängig ist, kannst du nicht zu 100 % kontrollieren, ob du es auch schaffst.

REALISTISCH:

Ich will nicht sagen, dass du nicht träumen darfst, allerdings muss dein Ziel realistisch sein. Wenn es nämlich nicht realistisch ist, wird es höchstwahrscheinlich auch nicht umsetzbar sein. Und wenn es nicht umsetzbar ist, hast du keine andere Möglichkeit, als zu scheitern.

TERMINIERT:

„Irgendwann möchte ich ein Buch veröffentlichen." oder *„In der Zukunft möchte ich ein Unternehmen mit 100 Mitarbeitern führen."* klingt zu vage, liegt zu weit in der Ferne und führt nur dazu, dass du im Endeffekt nichts tust und nur davon träumst, irgendetwas davon irgendwann einmal zu erreichen. Setze dir also eine Deadline als klar definierten Zeitpunkt, an dem du dein Ziel erreichen willst.

Tipp #4: Visualisiere deine Ziele

Genauso wie du bereits deine Zukunft visualisiert hast, hilft es dir, auch deine Ziele zu visualisieren. Wie du diesen Tipp in deinem Alltag implementierst, ist dir überlassen. Ich empfehle dir dahingehend, dich jeden Morgen hinzusetzen und deine Tagesziele zu visualisieren. Am Ende jeder Woche machst du dasselbe mit deinen Wochenzielen und am Ende jedes Monats mit deinen Monatszielen. Die Visualisierung nimmt dir zwar keine Arbeit ab, aber sie hilft dir dabei, dich positiv auf deine Ziele einzustellen. Dadurch weißt du wiederum, was genau zu tun ist, wenn es dann soweit ist. Die dementsprechende Umsetzung wird dir dadurch ebenfalls leichter fallen und du wirst die nötigen Handlungsschritte bewusster ausführen werden.

Du weißt nun, welche Fehler du bei deinen Zielsetzungen vermeiden solltest. Du hast verstanden, dass es nicht nur darauf ankommt, deine „großen" Ziele zu erreichen, sondern darauf, zunächst deine Teilziele umzusetzen, die automatisch zum Erreichen deiner großen Ziele führen werden!

Das nächste Kapitel wird übrigens besonders spannend: Ich werde dir zeigen, wie du deine heruntergebrochenen Tagesziele ohne Mühe erreichen und auch in deinen Alltag integrieren kannst! In diesem Zusammenhang werde ich dir zeigen, wie du zur Unterstützung und leichteren Umsetzung Gewohnheiten aufbauen kannst –

... als weiterer entscheidender Schritt auf dem Weg zu deinem ChainlessLIFE!

KAPITEL 25

Commitment #1:
Arbeite an deinen Gewohnheiten

"Who you are is defined by what you are willing to struggle for."
<small>Mark Manson</small>

Da wir bereits beim HANDELN angekommen sind, musst du noch einen bedeutenden Fakt anerkennen: Um dein ChainlessLIFE erschaffen zu können, ist es wichtig, dass du anfängst, Entscheidungen zu treffen. Die Richtung und der Fortschritt deines Lebens ist abhängig davon, ob und für was du dich täglich entscheidest.

Viele der Leute, mit denen ich bisher in meinem Leben zu tun hatte und die aus für sie unerklärlichen Gründen nicht zufrieden mit ihrem Leben waren, hatten eine Sache gemeinsam: Es fiel ihnen sehr schwer, sich zu entscheiden bzw. sich ihren Entscheidungen vollends zu verpflichten.

Jetzt magst du vielleicht denken: *„Aber in diesem Buch geht es doch um Freiheit! Wieso soll ich mich denn jetzt zu etwas committen? Ist das nicht das Gegenteil von Freiheit?"* Das mag im ersten Moment vielleicht unlogisch klingen, aber genau das Gegenteil ist der Fall: Das Antrainieren und Ausüben von Disziplin und Commitments ist tatsächlich ein wichtiger Bestandteil eines ChainlessLIFE und führt zu genau der Freiheit, die wir uns alle so stark wünschen. Der Wunsch nach Freiheit gekoppelt mit dem Bedürfnis, den ganzen Tag lang nur Abenteuer und Spaß zu haben, ist hingegen der Denkansatz, der am Ende NICHT zu dem Verhalten (= HANDELN) führt, das dir diesen Wunsch erfüllt.

Easy decisions, hard life – Hard decisions, easy life: Ja, es ist einfacher, sich für einen Abend vor den Fernseher zu setzen, anstatt Sport zu treiben. Es ist einfacher, Fast Food statt gesunder, selbst gekochter Mahlzeiten zu essen oder sich für einen simplen Beruf ohne Verantwortung und Herausforderungen zu entscheiden – aber wozu führt das letztendlich?

Spätestens wenn du durch dein Verhalten übergewichtig, ungesund und unglücklich geworden bist, wirst du erkennen, dass die Freiheit, die du zu haben glaubtest, in deinem Leben nicht existent ist. Und dann wirst du auch erkennen, dass du durch die richtigen Commitments deine Freiheit nicht einschränkst, sondern ausbaust!

Also, fangen wir mit diesem Hintergrund mit einem ersten Commitment an:

„Arbeite an deinen Gewohnheiten!"

Wenn wir alltägliche Dinge tun, wie z. B. Fahrrad fahren oder Schuhe binden, denken wir nicht darüber nach, wie wir in die Pedale treten oder die Schleife binden müssen. Wir haben diese Vorgänge schon so oft durchlebt, dass wir sie automatisch tun. Anders ausgedrückt: Sie sind zu einer Gewohnheit geworden.

Gewohnheiten sind also nichts anderes als automatisierte Prozesse, die keine weitere Denkarbeit von dir benötigen. (Wenn du dich in der Vergangenheit schon einmal mit Persönlichkeitsentwicklung beschäftigt hast, wirst du bereits deren Bedeutung erkannt haben. Und das wäre nicht grundlos so, denn für ein selbstbestimmtes Leben ist es nämlich sogar essentiell, dir Gewohnheiten und vor allem die „richtigen" anzueignen.)

Wenn die meisten an erfolgreiche Menschen denken, glauben sie, immer nur disziplinierte Leute zu sehen, die sich jeden Tag den Arsch aufreißen und alles geben. Doch das ist ein Trugschluss, denn keiner hat so viel Energie, um sich wirklich täglich körperlich wie auch psychisch zu verausgaben.

Erfolgreiche Menschen haben vielmehr nichts anderes gemacht, als sich positive Gewohnheiten anzueignen! Die Überwindungskraft, die sie dadurch nur mehr benötigen, um beispielsweise zum Sport zu gehen, liegt nahezu bei null. Für sie ist es sogar mehr so, dass sie Überwindungskraft brauchen, um es *nicht* zu tun.

Eine Ansammlung von guten Gewohnheiten bringt dich also täglich voran und sorgt dafür, dass du deine Ziele fast wie von allein erreichst. Diese Art von Gewohnheiten erleichtern dir dadurch dein Leben und lassen dir auch genügend Energie für andere schwierigere Entscheidungen.

Vorschläge für gute Gewohnheiten, die du dir aneignen kannst, sind bspw. meditieren, sich selbst reflektieren und seine Wünsche/Ziele visualisieren, Journaling betreiben, lesen, sich Notizen machen, gesund essen, Fitness betreiben, geregelt schlafen oder einen annähernd festgelegten Alltag haben.

Je nach Beruf oder Lebensweise gibt es auch noch spezifischere Gewohnheiten, die du in deinem Leben implementieren könntest. Für mich ist das zum Beispiel, morgens immer einen Proteinshake zu trinken. Für dich ist es vielleicht, nachmittags stets eine Stunde zu lernen. Für einen Kellner wäre es in beruflicher Hinsicht, regelmäßig die Sauberkeit der Tische und die Bedürfnisse seiner Gäste zu kontrollieren.

Im Gegenzug gibt es jedoch auch schlechte Gewohnheiten, die dir hingegen schaden, dich unproduktiv machen und auf der Stelle treten lassen, wie z. B. übermäßig TV/Social-Media konsumieren, zu viel Zeit mit News oder dem Internet verbringen, Rauchen, Alkohol trinken, ungesund essen oder lästern.

Nun stell dir vor, wie sich dein Leben verbessern würde, wenn du jeden Tag die Vorteile deiner guten Gewohnheiten erlebst, OHNE jegliche Überwindungskraft dafür vergeuden zu müssen. Du würdest definitiv ein neues Level an Selbstbewusstsein, Gelassenheit und Gesundheit erreichen!

Das Problem dabei ist jedoch, dass wir eigentlich bereits WISSEN, was wir zu tun hätten. Wir wissen, dass wir z. B. meditieren sollten. Wir wissen, dass wir Sport machen sollten. – Aber wir tun es nicht. Sobald wir nur darüber nachdenken, uns aus unserer Komfortzone zu bewegen, breitet sich nämlich ein innerer Widerstand in uns aus, der uns vom Handeln abhalten will.

Für 99 % der Menschen fühlt es sich somit leichter an, in diesem Moment das Handtuch zu werfen – weshalb das auch so häufig geschieht.

Und das führt wiederum zu einem noch viel größeren Problem: Dem Widerstand nachzugeben, kann ebenfalls zu einer Gewohnheit werden! Ehe wir uns versehen, sind wir so in einem Teufelskreis voller schlechter Gewohnheiten gefangen, aus dem es schwierig ist wieder auszubrechen. Im Umkehrschluss kann es zwar auch zu einer Gewohnheit werden, diesem Widerstand zu widerstehen – aber dafür müssten wir viel zu viel Überwindungskraft und Energie aufbringen.

Was können wir also tun, um uns gute Gewohnheiten erfolgreich anzueignen?

Ganz einfach: Anstatt jeden Tag Disziplin aufzubringen, bis wir eine Handlung automatisiert haben, können wir den effektiveren Weg gehen und einfach den Widerstand reduzieren. Damit senken wir das Risiko, nach einigen Tagen oder Wochen wieder in unsere alten Muster zu verfallen. Wir arbeiten also nicht hart, sondern schlau! Um diesen Widerstand nachhaltig reduzieren zu können, müssen wir aber erst einmal verstehen, wie Gewohnheiten überhaupt aufgebaut sind. Zu diesem Thema gibt es unterschiedliche Herangehensweisen, wovon mir der Ansatz von James Clear am besten gefällt. Er beschreibt den Aufbau von Gewohnheiten in seinem Buch „*Atomic Habits*" wie folgt:

1. Der Reiz

Jede Gewohnheit beginnt mit einem Reiz, den wir wahrnehmen. Dabei kann theoretisch alles ein Reiz sein: ein Ort, ein Gefühl oder auch eine bestimmte Uhrzeit. Beim Rauchen ist das vielleicht Stress, beim Überessen eventuell Angst und beim Social-Media-Scrollen wahrscheinlich Langeweile.

2. Das Verlangen

Sobald wir einen Reiz wahrnehmen, kommt in uns auch das Verlangen nach einer Routine auf. Aber: Es ist nicht die eigentliche Routine, die wir anstreben, sondern die Belohnung danach.

3. Die Routine

Eine Routine ist die Gewohnheit an sich, die wir ausüben. Also z. B. das Rauchen, das Scrollen etc.

4. Die Belohnung

Nach jeder Routine folgt die Belohnung, nach der wir eigentlich streben. Jede Gewohnheit hat eine Belohnung, andernfalls würden wir sie gar nicht erst ausführen.

Auf jeder dieser Ebenen kannst du den Widerstand reduzieren, um es dir so einfach wie möglich zu machen, dir eine Gewohnheit anzueignen.

Übertragen wir diese Herangehensweise auf ein Beispiel:

Nehmen wir einmal an, dass du Krafttraining zu einer Gewohnheit machen möchtest.

1. Der Reiz:

Das größte Problem, das es auf dieser ersten Ebene geben könnte, ist es, noch gar keinen Reiz zu haben. Ein Reiz tritt nämlich eine Gewohnheit erst los und funktioniert ähnlich wie ein Trigger. Wenn du beispielsweise auf der Straße unterwegs bist und Donuts riechst, bekommst du Appetit und möchtest dir am liebsten sofort einen kaufen. Genauso musst du auch für deine guten Gewohnheiten Reize haben, die in dir das Verlangen wecken, dementsprechend handeln zu wollen. Das Gute dabei ist, dass wir uns diese Reize selbst aussuchen können. So kannst du beispielsweise das Aufwachen am Morgen als Reiz setzen, um direkt danach ins Fitnessstudio zu fahren. Es wird zwar einige Wochen dauern, bis du tatsächlich einen Reiz mit einer Routine fix assoziiert hast, aber die Zeit ist dabei dein bester Freund. Irgendwann stehst du dann nämlich morgens auf und gehst ganz automatisch ins Training. Um dir wiederum schlechte Gewohnheiten abzugewöhnen, musst du nichts anderes tun, als dem Reiz aus dem Weg zu gehen. Wenn du z. B. nur in Gesellschaft mit einem bestimmten Freund zu viel Alkohol trinkst, dann wäre es klug, dich von diesem Freund zu distanzieren.

2. Das Verlangen:

Wie bereits erwähnt, ist es nie die Routine, die wir unterbewusst verlangen, sondern die Belohnung. Bevor also eine Gewohnheit in dir fest verankert sein kann, musst du eine Belohnung für dich auswählen. Das kann z. B. bedeuten, dass du nach deinem Training immer eine leckere Mahlzeit zu dir nimmst oder dir danach einen Film anschauen darfst. Möchtest du hingegen eine negative Gewohnheit ablegen, musst du nichts anderes tun, als das Verlangen danach zu reduzieren. Das kannst du zum Beispiel machen, indem du dir bei jedem Aufkommen dieses Verlangens die potenziellen negativen Folgen deiner Handlung ins Gedächtnis rufst.

3. Die Routine:

Viele begehen den Fehler und machen sich Routinen zu anstrengend und zu schwer. Wenn du also Kraftsport zu einer Gewohnheit machen möchtest, ist es ratsam, zunächst mit einer leichten Trainingseinheit anzufangen – selbst wenn dies nur fünf Minuten sind. Du magst jetzt vielleicht meinen, dass so wenig Training keine Auswirkungen haben wird – aber auf lange Sicht gesehen bewirkt es tatsächlich eine Menge! Eine Gewohnheit muss nämlich zuallererst generell etabliert werden, bevor sie im Speziellen optimiert werden kann. In fünf Jahren wird es dich somit nicht mehr interessieren, dass du eine Zeit lang nur sehr leicht trainiert hast. Sobald es dir nämlich zu einfach geworden war, konntest du das Niveau jederzeit anheben. In Bezug auf schlechte Gewohnheiten solltest du dir deine Routinen stets schwierig gestalten. Wenn du in deinen Augen zum Beispiel zu oft Junk Food isst, empfehle ich dir, gar nicht erst Süßigkeiten oder Ähnliches einzukaufen. Die Versuchung, etwas Ungesundes zu essen, ist zwar immer noch da, allerdings gestaltet sich der Prozess schwieriger. Um jetzt bspw. ein Eis zu essen, müsstest du dich anziehen, in dein Auto steigen und zum Supermarkt fahren. Für die meisten ist es der Aufwand nicht wert – und üben so ihre schlechte Gewohnheit einfach nicht mehr aus.

4. Die Belohnung:

Damit du deine Gewohnheit auch regelmäßig ausführst, ist es wichtig, dass du die Belohnung wirklich von Herzen willst. Andernfalls wäre das Verlangen nicht groß genug, um dich letztendlich zum Handeln bewegen zu können. Wenn du bspw. festlegst, dass du nur nach einer Trainingseinheit im Fitnessstudio eine neue *„Game of Thrones"*-Folge sehen darfst, dann ist das – sofern du *„Game of Thrones"* wie ich liebst – eine gebührende Belohnung, auf die du dich freuen kannst. Sagst du dir hingegen, dass du nach dem Sport eine Folge einer Serie anschauen wirst, die dich nicht wirklich interessiert, steigt die Wahrscheinlichkeit, dass du zu Hause bleibst und gar nicht trainieren gehst.

Um dir eine negative Gewohnheit abzugewöhnen, solltest du dafür sorgen, dass es sich für dich nicht mehr lohnt, sie auszuführen. Wenn du bspw. eigentlich ins Training gehen solltest, aber zu oft lieber zu Hause bleibst und Netflix schaust, dann habe ich folgenden Ratschlag für dich: Erzähle einem Freund von deinem Plan und sag ihm, dass du bspw. jeden Montag und Donnerstag ins Training gehen willst. Wenn du es versäumst, soll er jedes Mal auf Facebook oder Instagram posten, dass du faul warst und nicht ins Training gegangen bist. Damit er einen Beweis hat, dass du wirklich dort warst, kannst du mit ihm abklären, dass du ihm jedes Mal ein Foto oder sogar deinen Standort sendest.

Das waren jetzt bereits sehr viele Informationen, wie du an deinen Gewohnheiten arbeiten kannst, aber ich habe noch mehr für dich! Im Folgenden will ich dir 3 weitere Tipps und im Anschluss eine Aufgabe geben, womit du Widerstände gegen gute Gewohnheiten endgültig besiegen kannst!

Tipp #4: Identifiziere dich als Profi

Wusstest du z. B., dass der Erfolgsautor Stephen King jeden Tag sechs Seiten schreibt? Ob die Sonne scheint oder er gerade keine wirkliche Inspiration findet, ist irrelevant. Wichtig ist nur, dass diese sechs Seiten geschrieben werden, komme was wolle.

Als ich mich über YouTube selbstständig gemacht habe, dachte ich anfangs, keinem mehr Rechenschaft schuldig zu sein und nur noch das tun zu können, worauf ich Lust hatte. Doch mir wurde schnell klar, dass ich immer noch mir selbst Rechenschaft schuldig war und dass ich die Produktion meiner Videos nicht auf die leichte Schulter nehmen durfte. Diese Erkenntnis führte dazu, dass ich jeweils für eine Woche stets einen Content-Plan erstellt und dadurch meine Videos für ein ganzes Jahr vorgeplant habe.

Indem du dich also selbst als Profi wahrnimmst, nimmst du dementsprechend andere Verhaltensweisen an und arbeitest automatisch auch wie einer. Und ein Profi verschiebt seine Arbeit nicht, denn er weiß stets, was zu tun ist.

Tipp #5: Kombiniere mehrere Gewohnheiten miteinander

Vielleicht hast du ja schon einmal gehört, dass man sich eine Gewohnheit nach der anderen aufbauen sollte. Ich empfehle dir jedoch, dir vielmehr mehrere Gewohnheiten gleichzeitig aufzubauen und sie miteinander zu einer Kette zu verbinden! So kann nämlich das Ende einer Gewohnheit der perfekte Reiz für die nächste werden. Und du kannst dadurch bspw. morgens aufstehen, visualisieren, meditieren, zum Sport gehen und dann ein gesundes Frühstück zu dir nehmen.

Tipp #6: Die „Resistance"-Falle

Ein klassisches Beispiel für dieses Hindernis beschreibt sogenannte Selbsthilfe-Junkies, die ihren inneren Schweinehund mit dutzenden Büchern, Seminaren und Kursen bezwingen wollen, sich dadurch jedoch selbst Steine in den Weg legen: *„Ich brauche nur noch ein bisschen mehr Motivation und ein bisschen mehr Wissen!"*, wirst du des Öfteren von ihnen hören – jedoch werden sie sich nie wirklich bereit dafür fühlen, endlich mit ihrem eigentlichen Plan anzufangen.

Zu viele suchen sich immer wieder einen Grund, wieso sie noch nicht mit der Arbeit an ihren Zielen anfangen können. Der Widerstand zwingt sie dazu, wieder und wieder neue „Aufgaben" zu finden, die vorher noch erledigt werden müssen. Was diese Leute allerdings nicht realisieren, ist, dass sie sich dadurch nur noch mehr Widerstand aufbauen. Selbstverständlich ist es von Vorteil, dir so viel Wissen wie möglich anzueignen. Jedoch kann dies zum Problem werden, wenn es dich gleichzeitig davon abhält, deiner Arbeit nachzugehen. Flüchte also nicht in vermeintliche Lösungen, die dir angeboten werden – denn die beste Lösung ist immer noch, dass du etwas TUST. Werde kein Opfer von Perfektion und gib dir die Erlaubnis, anzufangen, auch wenn du denkst, dass du noch mehr Vorbereitung brauchst. Wenn du wirklich etwas erreichen willst, TU, was nötig ist, um deinem Ziel näher zu kommen.

Entferne dich dafür aus deiner Komfortzone und lerne neue Dinge, indem du dich deinen Schwächen stellst und an ihnen wächst. Handle, auch wenn es dir unangenehm ist. Du wirst merken, dass der Widerstand in deinem Kopf verschwinden und dafür Inspiration auftauchen wird, sobald du dich hinsetzt und dich an die Arbeit machst. Widerstand ist ein Teil dieser Entwicklung, er gehört wie die guten Dinge einfach dazu. Sieh ihn einfach als einen Filter, der die Spreu vom Weizen trennt und nur die Hartnäckigsten durchlässt.

Letztendlich bist nämlich du selbst dein größter Gegner. DU bist immer noch derjenige, der bestimmt, ob du deine Ausreden ignorierst oder dich ihnen stellst.

Sobald du verstanden hast, wie Gewohnheiten funktionieren, ist es an der Zeit, deine Ziele in deinem Alltag zu implementieren und sie durch die Macht der Gewohnheiten im Autopilot-Modus zu erreichen.

Die folgende Aufgabe gehört zu den wichtigsten dieses Buchs – nein warte, sie gehört zu den wichtigsten in ALLEN Büchern, die du vielleicht jemals lesen wirst! Sie allein wird dein baldiges ChainlessLIFE auf ein absolut neues Level heben und dir mehr Erfüllung, mehr Spaß, mehr Freude, mehr Glück, mehr Selbstvertrauen und noch viel, viel mehr bringen.

Diese Aufgabe bzw. das System dahinter ist ein wahrer Gamechanger! Ohne diesen Plan hätte ich meine eigenen Ziele vermutlich nicht so akribisch verfolgt und dementsprechend auch niemals erreicht. Schiebe diese Aufgabe auf keinen Fall vor dir hin, sondern erledige sie sofort!

Deine Aufgabe #12: Erreiche deine Ziele mit Hilfe deiner Gewohnheiten

Diese Aufgabe ist in 6 Schritte unterteilt, zu denen du jeweils eine Antwort verfassen musst. (Ich habe dir unter jedem Step meine eigenen Antworten aus dem Jahr 2013 als Beispiele zur Verfügung gestellt, damit du siehst, wie deine Antwort potenziell aussehen könnte.)

Schritt 1: Was ist dein großes Ziel?
An meinem Beispiel (von 2013):
„Ich will in 3 Jahren 100.000 Abonnenten auf YouTube haben."

Schritt 2: Wer willst du sein und welche Eigenschaften musst du dafür haben?
An meinem Beispiel:
„Ich will ein erfolgreicher Wettkampf-Athlet sein. Dafür muss ich ..."

- meine Deutschkenntnisse aufbessern
- eine Vorbildfunktion einnehmen
- meine Kompetenz klar erkennbar werden lassen

„Dafür nötige Eigenschaften sind vor allem ..."

- Disziplin
- Charisma
- Eloquenz

Schritt 3: Welche Gewohnheiten oder Verhaltensweisen musst du adaptieren?
An meinem Beispiel:

- spätestens um 01:00 Uhr ins Bett gehen und um 09:00 Uhr aufstehen
- mehr mit Leuten über mein Thema philosophieren und diskutieren
- jeden Tag 1 VLOG auf hochdeutsch drehen
- nicht zu viel fluchen
- keine Videos drehen, die zu lustig oder sarkastisch sind
- autoritär erscheinen
- täglich Science-Blogs lesen, bei Bedarf komplette Studien lesen, während des Trainings 1 Stunde Podcasts hören

Schritt 4: Welche bestehenden Gewohnheiten oder Verhaltensweisen musst du erweitern?

An meinem Beispiel:

- Video-Editing-Skills verbessern
- meine Videos ein weiteres Mal ansehen, um auf meine Aussprache zu achten
- mich mit mindestens 3 Experten aus den USA treffen und mit ihnen trainieren
- mein eigenes Training noch genauer dokumentieren
- meine Ernährung jeden Tag für 1 Jahr lang tracken
- jedes Supplement, das mir einen Vorteil verschaffen könnte, genau studieren
- lernen, wie man gute von schlechten Studien unterscheiden kann

Schritt 5: Welche schlechten Gewohnheiten musst du ablegen?

An meinem Beispiel:

- VLOGs auf mehrere Tage verteilen (d. h. aufschieben)
- Videos für mehrere Wochen produzieren
- mit Kollegen nur aus Höflichkeit trainieren
- Trainingspläne anderer Leute für Videos testen
- an Wettessen teilnehmen

Schritt 6: Zusammenschau der Gewohnheiten & Handlungsschritte mit konkreter Implementierung in deiner Routine

An meinem Beispiel:

Gewohnheit & Handlungsschritt	Implementierung
1 Stunde Experten-Videos aus meiner Nische ansehen	morgens 10:30 Uhr nach dem Frühstück
1 Stunde Blogs lesen	nachmittags 15:00 Uhr nach dem Training
1 Stunde Podcast hören	während des Trainings
1 Video pro Tag produzieren	muss bis 23:00 Uhr des gleichen Tages hochgeladen sein

KAPITEL 26

Commitment #2:
Sei kein Opfer

"Responsibility is the price of freedom."
ELBERT HUBBARD

In der Vergangenheit war ich ein perfektes Beispiel für eine Person, die nie Verantwortung übernommen hat. Für vieles, was in meinem Leben schieflief, gab ich einfach jemand anderem die Schuld. Ich gab meinen Lehrern die Schuld für meine schlechten Noten. Ich gab meiner Ex-Freundin die Schuld dafür, dass ich ein „Langweiler" geworden war und meine freie Zeit nur noch zu Hause verbrachte. Meiner Marketing-Agentur gab ich die Schuld dafür, dass eines meiner Projekte schieflief. Meinen Geschäftspartnern bei *„ProBroWear"* gab ich die Schuld, dass wir von einem Fake-Anwalt bestohlen wurden. Anders ausgedrückt: Sobald es um Verantwortung ging, gab ich mir stets die Rolle des Opfers.

Ein Opfer ist eine Person, die ihre Verantwortung und damit auch ihre Kontrolle an andere übergibt. Solche Personen wollen und können nichts gegen ihre schlechte Situation unternehmen, weil sie glauben, nicht selbst für ihr Leid verantwortlich zu sein. Sie sind der Meinung, dass sie keinerlei Schuld trifft und somit auch unverschuldet in die jeweilige Situation hineingeworfen wurden. Alles, was ihnen zustößt, ist nicht ihre Schuld, sondern immer die der „anderen".

Hierbei möchte ich jedoch klar differenzieren:

Wenn ich von einem Opfer spreche, meine ich spezifisch die Opfer-ROLLE, in die man sich freiwillig begibt. Wenn hingegen beispielsweise ein Kind von seinen Eltern misshandelt wird, ist es natürlich ein Opfer derer Taten. Gibt dieses Kind allerdings ihren Eltern auch nach vierzig Jahren immer noch die Schuld an ihrem jetzigen miserablen Leben, dann hat es sich selbst in die Opferrolle begeben.

Versteh mich bitte nicht falsch – das genannte Beispiel, misshandelt zu werden, ist natürlich unglaublich schlimm und kann zu langfristigen psychischen Schäden führen. Der entscheidende Punkt liegt jedoch trotzdem darin, ob man selbst etwas dagegen tut, indem man zum Beispiel zum Psychologen geht, oder ob man seine Lage einfach hinnimmt und sein Leben weiter gegen die Wand fährt.

Auch möchte ich in diesem Zusammenhang kurz auf einen entscheidenden Unterschied zwischen Schuld und Verantwortung eingehen, da diese beiden Begriffe oftmals verwechselt werden: Wenn z. B. eine Frau von ihrem Ehemann geschlagen wird, ist es NICHT ihre Schuld, aber es liegt in ihrer Verantwortung, mit dieser Situation umzugehen und ihr Leben nach dem Vorfall bestmöglich fortzuführen.

In Bezug auf die Zuweisung einer potenziellen Schuld kannst du dir immer folgende Frage stellen, mit der du sofort ausmachen kannst, ob du dich unwissentlich in eine Opferrolle begeben hast:

Wer ist für die Qualität deines Lebens verantwortlich? Sind es deine Freunde? Dein Chef? Deine Partnerin? Das Land, in dem du aufgewachsen bist? Die Wirtschaft? Die Medien? Deine Eltern?

Wenn du diese Frage mit einer anderen Antwort als „Ich" beantwortet hast, hast du dich tatsächlich bereits in die Opferrolle begeben, denn niemand außer DIR ist für dein Leben verantwortlich. Es ist jedoch leider völlig normal, so zu denken. Das menschliche Gehirn läuft fast schon auf Autopilot, wenn es darum geht, Ausreden zu finden und die Schuld anderen zu geben.

Ein weiteres Beispiel dazu: *„Ich würde gern reisen, kann aber nicht, weil ...*
... niemand mit mir mitkommen will." (Schuld ist das Umfeld.)
... ich nicht weiß, wohin." (Schuld ist ein Informationsüberfluss.)
... es im Ausland gefährlich ist." (Schuld sind kriminelle Einwohner.)

Das Problem in Bezug auf diese Denkweise ist, dass du nichts gegen deine Probleme unternehmen kannst, solange du nicht bereit bist, Verantwortung zu übernehmen. Du kannst auch niemals gezielt und „chainless" handeln, solange du dich in der Opferrolle befindest. Erst sobald du dir eingestehst, dass DU für deine Lage und deine Probleme selbst verantwortlich bist, hast du auch den Willen, etwas dagegen zu tun.

Die meisten Leute füttern ihre Probleme aber lieber mit Ausreden – doch solange das der Fall ist, wird die Welt für sie einen bösen und unfairen Ort darstellen, an dem sie keinerlei Kontrolle über ihr Schicksal haben.

Wenn du also dein ChainlessLIFE kreieren möchtest, sind Ausreden völlig fehl am Platz: Du hast nämlich IMMER alles selbst in der Hand. Ich frage dich also noch einmal:

Wer ist für die Qualität deines Lebens verantwortlich?

Schon besser.

Hier sind ein paar Dinge, für die du jetzt und sofort die Verantwortung übernehmen solltest: deine Fehltritte, deine gescheiterten Liebesbeziehungen, dein gescheitertes Business, deine Finanzen, deine Konflikte und sogar noch vieles mehr. Selbst für deine Emotionen solltest du von nun an die Verantwortung übernehmen!

„Emotionen kann man aber nicht kontrollieren!", mag sich jetzt der ein oder andere vielleicht denken. Und ja, das stimmt tatsächlich! Aber wie genau entstehen denn überhaupt Emotionen? Emotionen sind lediglich eine Reaktion auf unsere Gedanken. Wenn z. B. deine Freundin eine SMS bekommt und du siehst, dass sie von einem „Mike" ist, kann natürlich in dir der Gedanke aufkommen, dass sie dich eventuell betrügt. In diesem Fall entscheidest jedoch DU selbst, ob du diesem Gedanken glaubst und eine emotionale Reaktion zeigst oder ob du ihn bedeutungslos und ohne weitere Beachtung einfach verfliegen lässt. Selbst wenn in bspw. anderen Situationen noch stärkere Emotionen auftauchen sollten, ist es immer noch deine Entscheidung, ob und wie du auf sie reagierst: Lebst du sie aus, indem du z. B. randalierst, oder betrachtest du sie nüchtern und wartest, bis du dich beruhigt hast und die Situation gelassen beurteilen kannst?

Auch für Dinge, die dir auf den ersten Blick nicht logisch erscheinen, solltest du die Verantwortung übernehmen. Zum Beispiel, wenn du ausgeraubt werden würdest. Wie oben bereits erklärt, ist es nicht deine Schuld, wenn sich jemand dazu entscheidet, dich zu bedrohen und dir dein Geld zu stehlen. Aber du hast definitiv die Verantwortung, mit dieser Situation umzugehen. Und nicht nur das – du hattest zudem die Verantwortung, solche Vorfälle zu vermeiden, indem du dich z. B. nicht nachts in eine Gegend begibst, in der Überfälle an der Tagesordnung sind.

Nicht zu vergessen: Du bist darüber hinaus auch für alles, was du konsumierst, verantwortlich. Manche machen die Medien oder die Werbebranche dafür verantwortlich, zu verdummen oder konsumorientiert zu werden – aber letztendlich ist es die Entscheidung aller, ob sie sich mit dem Ganzen auseinandersetzen oder nicht.

Ich kann es von daher nicht oft genug wiederholen: Um ein selbstbestimmtes, erfülltes Leben zu führen, musst du für ALLES Verantwortung übernehmen! Egal was dir zustößt, egal welche Eltern du hast, egal in welchem Land du geboren wurdest oder egal welche Umstände dir das Leben erschweren – du MUSST für alles Verantwortung übernehmen! Andernfalls befindest du dich konstant in der Opferrolle und lässt dadurch dein Leben von anderen kontrollieren, anstatt es dir selbst zu kreieren ...

Bist auch DU ein Opfer?

Es gibt Leute, die zwar meinen, Verantwortung für ihr Leben zu übernehmen, aber trotzdem Sätze sagen, wie:

„Ich habe Meditation ausprobiert, aber es hat nicht geklappt." „Ich habe ein paar Wochen trainiert, aber ich kann mit meiner Genetik keine Muskeln aufbauen." „Ich habe schon 25 Bewerbungen abgeschickt, aber keine Stelle bekommen."

Das sind Menschen, die glauben, alles (Notwendige) getan zu haben. Sie sind der festen Überzeugung, das Bestmögliche investiert zu haben, und geben sich mit diesem Gedanken zufrieden. Dies sind aber auch nichts weiter als OPFER, die ihre Verantwortung abgegeben haben. Sie geben sich selbst nämlich in keiner Hinsicht die Schuld für ihr „Versagen" und treten dementsprechend auf der Stelle.

Um das obige Beispiel erneut aufzugreifen: Meditation braucht manchmal Monate, wenn nicht sogar Jahre, bis man positive Effekte erstmals wahrnehmen kann. Auch Muskelaufbau geschieht nicht von heute auf morgen, sondern benötigt eine Menge Geduld und Durchhaltevermögen. Nur 25 Bewerbungen? Multipliziere diese Zahl mindestens mit fünf und die Chance, eine Stelle zu bekommen, wird sich deutlich erhöhen.

„Ich würde ja gern, aber ich kann nicht, weil ..." „Das Leben ist einfach unfair zu mir, ich habe immer Pech." „Das ist zu viel Aufwand, ich bin dafür eh schon zu alt. „Für dich ist das viel einfacher, weil ..." „Es ist die Schuld von xy, dass ..."

Alles das sind klassische „Opfer-Aussagen". Die dich wohin bringen werden? Nirgendwohin.

Opfer sind tatsächlich der fixen Meinung, dass außerhalb ihrer Kontrolle irgendeine Macht „rumlungert", die nur darauf wartet, ihr Leben zu verderben. Als wäre irgendetwas da draußen, das sie davon abhalten würde, ihrer Vision nachzugehen. Als wäre da draußen etwas, wogegen sie schlicht und einfach keine Chance hätten!

Aufgrund dieser Denkweise von eigentlich und auch traurigerweise „selbsternannten" Opfern sind das größte Hindernis sie selbst. Diese Menschen verweilen in exakt der Position, in der sie gerade sind, und kommen niemals voran. Sie bleiben dadurch in ihrem Leben stets unzufrieden und finden sich damit ab, schlicht und einfach nichts tun zu KÖNNEN.

Vermutlich wird der ein oder andere jetzt sagen: *„Jaaa, ... aber ICH habe ECHT keine Kontrolle ..."* Aber auch das ist klassisches „Opfer-Denken".

Ich kenne deine „Probleme" nur zu gut und weiß, dass es nicht einfach ist, sich von dieser Denkweise zu distanzieren. Wie bereits erwähnt, habe auch ich geglaubt, für meine Noten nicht verantwortlich zu sein. Auch wenn meine Lehrer tatsächlich nicht die Besten waren, hätte ich mich dennoch immer wieder fragen können, wie ich aus der Situation das Beste machen kann. Und als ich einen Großteil meiner Freizeit zu Hause mit meiner Freundin verbrachte und mein Leben dadurch vermeintlich „langweilig" wurde, hätte ich auch sagen können: *„Schatz, lass uns rausgehen und etwas unternehmen!"* Ich hätte mich einfach selbst fragen müssen, wie ich den Tag aufregender gestalte und es schaffen kann, sie z. B. mitzureißen. Dass meine Marketing-Agentur bei meinem Projekt versagte, war ebenso meine Schuld. Ich hätte Verantwortung dafür übernehmen müssen, besser darauf zu achten, was die Agentur eigentlich so alles tut. Genauso lag es auch in meiner Verantwortung, den „falschen" Anwalt besser unter die Lupe zu nehmen und ihm nicht blind zu vertrauen. ICH war schuld daran, dass es erst so weit kommen konnte.

Heute übernehme ich hingegen für alles in meinem Leben die Verantwortung und frage mich sogar eher, was ich aus meinen Fehltritten lernen kann, anstatt einfach irgendjemandem die Schuld zuzuweisen.

Als ich bspw. dieses Buch geschrieben habe, war ich unter anderem auf Bali. Dort fuhr ich mit dem Roller und stürzte hart auf den Boden, als plötzlich die Straße endete, und brach mir dabei das Handgelenk. Natürlich hätte ich als Rechtfertigung und Schuldzuweisung sagen können: *„Die Balinesen haben die verdammte Straße nicht fertig gebaut! Wen kann ich dafür verantwortlich machen?"*, doch stattdessen habe ich mich gefragt, was ich aus diesem Unfall lernen kann, um in Zukunft eben solche Vorfälle vermeiden zu können.

Ich weiß, dass es nicht einfach ist, von diesem ursprünglichen und fast schon naturgemäßem Denken wegzukommen. Vor allem, wenn man es sein ganzes Leben lang so gemacht hat. Dieses Denken entspringt zudem aus deinen Glaubenssätzen und Konditionierungen, die du aus der Welt schaffen musst, um schließlich „chainless" handeln zu können.

Positives Denken allein reicht also nicht aus, um seine Ansichten zu ändern und auch die volle Verantwortung für sein Leben zu übernehmen.

Insbesondere zu diesem heiklen und arbeitsintensiven Thema Verantwortung empfehle ich dir, eine Person zu finden, die sich deine Lage objektiv anschaut und dich jedes Mal darauf hinweist, wenn du versuchst, deine Verantwortung abzugeben.

Das kann dein Vorgesetzter, ein Geschäftspartner oder im besten Fall ein Coach sein, der darauf spezialisiert ist, dich auf deinem Weg zu begleiten und dich dabei unterstützt, deine Entwicklung voranzutreiben. Falls du denkst, dass du z. B. mit mir gut zusammenpassen und erfolgreich arbeiten könntest, kannst du dich unter extra. chainlesslife.com für ein kostenloses Beratungsgespräch mit mir bewerben.

Befindest auch DU dich in einer Opferrolle?

Bestimmt bist du schon einmal einer Person begegnet, die Folgendes sagt, sobald sich ein Konflikt anbahnen sollte: *„Ich übernehme die Verantwortung und regele das."* oder: *„Ich habe alles unter Kontrolle."* Auch wenn es den Anschein hat, dass diese Person verantwortungsbewusst ist, ist das in Wirklichkeit nur eine andere Form der Opferrolle! Diese Person sagt diese Sätze nämlich nicht, weil sie tatsächlich die Verantwortung übernehmen möchte, sondern, um dem Konflikt aus dem Weg zu gehen. Wahre Verantwortung würde sie hingegen übernehmen, wenn sie z. B. im Vorfeld die potenzielle Kritik ertragen würde, bevor sie zusagt, dass sie sich darum kümmern wird.

Sobald du also tatsächlich die Verantwortung für dein Handeln übernimmst, schöpfst du daraus Kraft, um ins Handeln zu kommen. Anstatt zu sagen: *„Die Umstände blockieren mich."*, frage dich vielmehr: *„Wie kann ich es trotz der Umstände möglich machen?"* Nur letztere stellt die richtige Frage dar, die schlussendlich auch zu einer Lösung führt.

Wenn du also das nächste Mal vor einem Problem stehst, mache dir klar, dass es genau SO kommen musste, damit du eben jetzt die Chance hast, zu wachsen!

Stelle dir vor allem die richtigen Fragen, um zu einer Lösung dieses Problems zu kommen und entferne dich stets von einer potenziellen Opferrolle.

Hier ein paar Anregungen zu möglichen Fragen:

Was lerne ich daraus? Was bringt es mir? Wie kann ich es ändern oder sogar retten? Wie kann ich es für das nächste Mal verhindern oder besser machen? Wie konnte das passieren? Was kann ich in Zukunft anders machen?

Wenn also etwas in deinem Leben nicht so läuft, wie du es dir vorstellst, gib niemandem außer dir selbst die Schuld, übernimm die Verantwortung dafür und kreiere dadurch dein Leben genau so, wie du es dir wünschst! Rede dir niemals ein, dass dies nicht möglich ist – frage dich stattdessen, WIE du es möglich machen kannst!

Das nenne ich das „Chainless-Prinzip der radikalen Verantwortung".

Egal, was dir in deinem Leben passiert – solange du die Verantwortung übernimmst, hast du auch die Kontrolle darüber, es zum Besseren zu wenden. In der Vergangenheit hast du vielleicht die Schuld von dir geschoben, weil du nicht mit dir selbst ins Gericht gehen wolltest. Die bittere Wahrheit war zu hart für dich gewesen. Du wolltest dich nicht selbst konfrontieren und warst dir auch zu schade, an dir zu arbeiten. Das gehört ab sofort der Vergangenheit an! Um das Ganze auch in die Tat umsetzen zu können, will ich dir dazu 2 Aufgaben geben:

Deine Aufgabe #13: Lies den folgenden Text laut vor und verpflichte dich dem Inhalt

„Ich verpflichte mich dazu, von nun an zu 100 % Verantwortung zu übernehmen. Und zwar für meine Umstände, für mein Leben, für die Reaktion auf meine Emotionen, ... einfach für alles übernehme ich ab jetzt Verantwortung.

Ich verpflichte mich im gleichen Zuge, anderen Menschen zu helfen, indem ich ihnen diese neue Einstellung vorlebe und ihnen dadurch als Inspiration diene.

Ich verpflichte mich, durch gesunde Neugier stets an einer Lösung meiner Probleme zu arbeiten.

Ich verpflichte mich, mich nicht mehr in die Opferrolle zu begeben."

Deine Aufgabe #14: Erkenne deine Verantwortung

Diese Aufgabe besteht aus 3 Schritten:

Schritt 1:

Denke an ein Problem, das du derzeit hast, und beschwere dich schriftlich darüber. Stell dir vor, dass du dich bei einem Freund darüber beklagst, und lass dabei alles raus.

Beispiel:

„Ich will mich ja gern weiterbilden, mehr Bücher lesen und Seminare besuchen, aber ich habe einfach kein Geld dafür! Als Student reicht mir die Kohle vorne und hinten nicht! Mein Unterhalt kostet viel Geld und in meiner Freizeit muss ich mir einfach hin und wieder was gönnen, damit ich auch Spaß im Leben habe! Ich möchte ja nicht wie ein Eremit leben."

Schritt 2:

Wende nun das weiter oben beschriebene „Chainless-Prinzip der radikalen Verantwortung" an und nimm die gesamte Situation auf dich. Stelle dir die richtigen Fragen und bleibe lösungsorientiert.

Beispiel:

„Dass ich kein Geld für meine persönliche Weiterbildung habe, ist voll und ganz meine Schuld. Und es liegt auch in meiner Verantwortung, dieses Geld von nun an zu beschaffen! Wie kann ich das am besten bewerkstelligen? Vielleicht mit einem Aushilfsjob neben dem Studium? Sollte ich auch meine Ausgaben überdenken? Brauche ich z. B. wirklich das All-In-Paket in meinem Fitnessstudio? War die 200 Euro teure Hose, die ich mir gestern gekauft habe, wirklich nötig? Muss ich jedes Wochenende feiern gehen und dabei mein ganzes Geld für Alkohol ausgeben? Wie kann ich darüber hinaus Kosten sparen und meine Einnahmen erhöhen, damit ich mir mehr Seminare und Bücher für meine Weiterbildung leisten kann?"

Schritt 3:

Vergleiche nun die Antworten aus Schritt 1 mit den Antworten aus Schritt 2.

Sobald du das erledigt hast, sollte es „Klick" machen!

Ich hoffe, dass dir jetzt bewusst geworden ist, wie sich WAHRE Verantwortung anfühlt, und wie sehr dies dein Leben bereichern kann. Es ist das zweite wichtige Commitment, dass du dir geben musst, um „chainless" handeln zu können. 100 % Verantwortung für dein Leben zu übernehmen, kann anfangs sehr hart und anstrengend sein, allerdings ist es ein integraler Bestandteil bei deinem ersten Schritt in Richtung Freiheit, da du von nun an die Lösung immer bei DIR finden wirst statt woanders.

KAPITEL 27

Commitment #3:
Hab Geduld

"Most people overestimate what they can do in one year and underestimate what they can do in ten years."
BILL GATES

Wenn du Arzt werden willst, musst du mindestens 6 Jahre lang studieren. Nach dieser Zeit bist du aber immer noch ein Niemand und weißt nur, dass du noch nicht viel verstehst. Die Ärzte, die Meister auf ihrem Gebiet sind und Nobelpreise gewinnen, sind oftmals über 60 Jahre alt. Daneben gibt es aber auch unzählige YouTube-Channels, Instagram-Seiten und Blogs von „Experten", die meinen, kompetent genug zu sein, um Theorien aufzustellen, irgendwelche Heilmittel zu verkaufen oder Ernährungsformen anzupreisen, von denen sie vermeintlich oder auch tatsächlich keine Ahnung haben.

Wann ist denn nun „gut genug"?

In diesem Kapitel will ich näher darauf eingehen, was es mit dieser neuen Generation von „Experten" auf sich hat und was du anders machen solltest, wenn du höhere Ansprüche an dich hast. Ebenso werde ich dir zeigen, wie du dich von der Masse abheben kannst und ein tatsächliches Weltklasse-Niveau auf deinem Gebiet erreichen kannst! Darf ich dazu vorstellen:

Die „10.000-Stunden-Regel"

Die „10.000-Stunden-Regel" besagt, dass du 10.000 Stunden in eine Fertigkeit investieren musst, um Meister auf einem Gebiet zu werden und zu den Besten der Besten zu gehören. Diese Regel ist mittlerweile sogar wissenschaftlich belegt und wird dadurch auch weitestgehend akzeptiert. An dieser Stelle will ich auf Robert Greens Buch „Mastery" verweisen, in dem er mit Hilfe einer Vielzahl von Geschichten und Praxisbeispielen von

Meistern wie Mozart, Einstein oder Darwin die Mechanismen und Dynamiken dieser Meisterschaft erklärt.

Was das jetzt für DICH und DEIN „Gebiet" bedeutet?

Egal welchen Beruf du gerade ausübst oder welchen du irgendwann ausüben möchtest: Strebe in jedem Fall an, aus dem Mittelmaß auszubrechen und ein wahrer Experte zu werden. Du wirst nämlich dein Umfeld und die Welt nachhaltig am besten bereichern, wenn du deine Begabung bis zum Äußersten ausreizt. Niemand möchte nämlich nur einen mittelmäßigen Arzt, durchschnittliche Musik oder Essen, das nur „in Ordnung" schmeckt.

Ebenso wirst du dadurch in deinem Beruf mehr Erfüllung spüren und auch mehr Spaß haben, weil du weißt, dass du nicht nur deinen Job erledigst, sondern die Welt bereicherst.

Eine so große Anzahl von Stunden wie die genannten 10.000 zu investieren, würde bedeuten, sich seiner Leidenschaft ein Jahr und zwei Monate lang ohne Pause und Schlaf widmen zu müssen. Da dies natürlich nicht möglich ist, sehe ich einen Zeitraum von sieben bzw. zehn Jahren als wesentlich realistischer an. Mit dementsprechend gerade einmal jeweils vier Stunden an fünf Tagen pro Woche kannst du also gemäß der „10.000-Stunden-Regel" in spätestens zehn Jahren zum Meister im Gebiet deiner Wahl werden! Theoretisch wären natürlich auch acht Stunden täglich für einen Gesamtzeitraum von fünf Jahren möglich, jedoch ist es deutlich sinnvoller, sich in kleineren Etappen, aber dafür über einen längeren Zeitraum einem Thema zu widmen.

Wer aber der Meinung ist, diese 10.000 Stunden nur so schnell wie möglich füllen zu müssen, wird kein Meister auf seinem Gebiet werden, sondern höchstwahrscheinlich vor Erschöpfung aufgeben. Schließlich sollst du dabei einen Marathon und keinen Sprint laufen.

Doch obwohl es tatsächlich möglich ist, mit Hilfe dieser Regel ein Weltklasse-Niveau zu erreichen, sind die Wenigsten dazu bereit, sich für eine solch lange Zeit der Widmung einer einzigen Domäne zu verpflichten. Das hängt in vielen Fällen damit zusammen, dass sie keine wirkliche Leidenschaft für ihr Gebiet haben. Wenn nämlich die Leidenschaft fehlt, wird es sehr schwer sein, 10.000 Stunden in eine Fertigkeit zu investieren.

Aber das größte Hindernis, das die meisten haben, ist die Suche nach sofortiger Befriedigung – anders genannt: die Suche nach *Instant Gratification*". Anstatt z. B. eine Frau anzusprechen und mit ihr eine Verbindung aufzubauen, wollen Männer oft direkt mit der Frau ins Bett und gehen dafür lieber in ein Bordell oder auf Pornhub. Anstatt Geld zu sparen, nehmen viele lieber einen überteuerten Kredit auf und verschulden sich jahrelang, nur um sich ein Auto oder einen Fernseher kaufen zu können. Anstatt hart und bestrebt über einen langen Zeitraum zu trainieren, nehmen viele junge Männer lieber illegale Steroide, um schneller Muskeln aufzubauen. Alles muss heute schnell bzw. schneller gehen und „sofort da sein".

Viele sind so z. B. nicht mehr bereit, ein paar Jahre in ihre Ausbildung bzw. ihre Fähigkeiten zu investieren. Stattdessen vertrauen lieber sie irgendwelchen Marketing-Gurus im Internet, die meinen, die Geheimnisse des Erfolgs zu kennen, und ihnen diese in drei Stunden vermitteln wollen. Allerdings verschwenden sie damit in viel zu vielen Fällen leider nur ihr Geld.

Ich habe es schon in Kapitel 12 erwähnt und will es jetzt noch einmal betonen:

„Es gibt keine Schnellstraße zum Erfolg – alles braucht seine Zeit!"

Sei kein Amateur und springe nur von Projekt zu Projekt, sondern finde DEIN Feld, in dem du dich selbst verwirklichen willst, und stecke deine ganze Energie hinein – auch wenn es Jahre dauern sollte, bis du zum Profi wirst. Du wirst nämlich nie in etwas gut werden, wenn du dich nicht festlegst und nicht bereit bist, an deinen Skills zu arbeiten. Gib dich nicht der Gemütlichkeit hin und suche auch keine Abkürzungen – die gibt es nämlich schlichtweg nicht. Nutze vielmehr deine Zeit, die du hast, um zu den Besten der Besten zu gehören! Die zehn Jahre werden nämlich sowieso vergehen – egal was du tust. Wo du danach jedoch stehen wirst, entscheidest nur DU – und zwar durch deine Handlungen im Hier und Jetzt!

Wenn ich meinem jüngeren Ich einen einzigen Tipp geben dürfte, dann würde ich ihm raten, sich in Geduld zu üben.

In der Vergangenheit habe ich mich z. B. oft mit Leuten verglichen, die wesentlich weiter waren als ich. Das führte dazu, dass ich mich selbst kleingemacht habe und dafür nur sah, wie viel ich noch NICHT erreicht hatte. Ich setzte mich dadurch unterbewusst unter Druck und war mit meiner aktuellen Situation nie zufrieden. Selbst, als ich es eigentlich schon weit gebracht hatte. Weil ich diese eben Erfahrung selbst gemacht habe, kann ich heute wirklich jedem empfehlen, geduldiger zu werden. Unter Stress kannst du nämlich deine volle Leistungsfähigkeit nicht erreichen und schadest letztendlich nur dir selbst. Unter Stress kannst du auch Situationen nicht objektiv einschätzen, begehst dadurch mehr Fehler, vergisst leichter Sachen und hast keinen vollen Zugriff auf dein Wissen. Stress schadet dementsprechend nicht nur deiner Gesundheit, sondern auch deiner Denkweise. Du wirst nie dahin kommen, wo du hinwillst, wenn du nicht geduldig und zielgerichtet arbeitest.

Ebenso neigen unter Druck die meisten zu impulsiven Entscheidungen, da sie schnell „handeln" wollen und so unüberlegt entscheiden. Dies führt meist nicht nur zu schlechteren Ergebnissen, sondern auch zu finanziellen Fehlentscheidungen. So kannst du beispielsweise gierig nach Erfolg sein und ein Produkt vorschnell auf den Markt bringen, was jedoch lediglich zu schlechten Rezensionen führen wird, da es eigentlich noch nicht fertig war. Oder du gibst z. B. dein gesamtes Werbebudget für Facebook-Ads aus, ohne dich vorher ausreichend informiert zu haben, wie du dieses Tool überhaupt am besten für dich nutzen kannst.

Also: Spezifiziere dich!

Ein Powerlifter ist kein Bodybuilder, ein Web-Designer ist kein Online-Marketer und ein Drehbuch ist sicherlich kein Roman. Auch wenn sich viele Bereiche ähneln oder überschneiden, handelt es sich doch um unterschiedliche Themengebiete.

Deine Nische zu kennen, erschafft dir einen immensen Vorteil denen gegenüber, die dies nicht tun und noch unentschlossen zwischen ihren Feldern hin und her wechseln oder sich zu breit aufstellen. Wir leben in einem digitalen Zeitalter, in der jedes noch so obskure Thema ihre Gemeinde hat und nur darauf wartet, einen Spezialisten zu finden. Meistere also nur eine Sache, nicht hundert. Entweder versuchst du z. B., der Beste in Karate oder der Beste in Judo zu werden – sich Beidem zu widmen, ist eher kontraproduktiv und wird dich nicht zu deinem Ziel führen. Ganz im Sinne eines russischen Sprichwortes: *„Jagst du zwei Hasen, fängst du keinen."*

Vergrabe die Illusion eines „All-In-One-Pakets" und widme dich nur EINER Leidenschaft und nur EINER Nische, 10.000 Stunden lang.

Allerdings musst du bedenken, dass jeder Beruf nochmals in einzelne Fertigkeiten unterteilt wird: Ein Tennisspieler z. B. muss nicht nur den Ball treffen können, sondern auch eine enorme Disziplin aufweisen, sprinten, aufschlagen, eine hohe Ausdauer besitzen, strategisch denken etc. Eine Führungsperson muss nicht nur Aufgaben delegieren können, sondern u. a. auch empathisch sein, einen kühlen Kopf bewahren können und eine klare Vision haben, um seine Mitarbeiter effektiv führen zu können. Wenn du also vorhast, deine 10.000 Stunden in einen Beruf bzw. in eine Fertigkeit zu investieren, beachte dabei, dass du nicht nur den Aufschlag, sondern auch die Rückhand lernst.

Investierst du diese enorme Zeit von 10.000 Stunden in eine bestimmte Sache, wirst du sogar so spezifisch werden, dass du auf diesem Gebiet eine überragende Performance liefern und dich von jedem anderen abheben wirst.

Ich sage zwar nicht, dass du nur noch eine einzige Sache in deinem Leben machen sollst – aber schenke deiner favorisierten Tätigkeit zumindest stets die höchste Priorität.

Auf deinem Weg zu dieser „Mastery" wirst du 3 Phasen durchleben, die jeweils voraussichtlich mehrere Jahre andauern werden:

1. Lernphase:

Am Anfang ist alles noch neu und aufregend. Du lernst extrem schnell und vor allem auch sehr viel. Während des Lernprozesses hältst du dich strikt an die gelernten Regeln, ohne sie zu hinterfragen. In dieser Zeit ist es schwer für dich, zu differenzieren, welche gelernten Informationen wirklich gut oder doch schlecht sind. Du wirst viele Fehler begehen, aber auch von diesen lernen. Ebenso wirst du herausfinden, wer in deinem Bereich wirklich Ahnung hat, bereits Meister auf seinem Gebiet ist und dich dadurch inspirieren und weiterbringen kann.

2. Aktiv-kreative Phase:

Nach ca. 3–5 Jahren Lernphase wirst du anfangen, die Komplexität und Weitläufigkeit deines Themas zu verstehen. Du wirst mit dem Thema vertraut sein und dich fast schon nonstop im Flow befinden. (Wenn du dich nicht mehr an meine Tipps zum Flow erinnern kannst oder noch einmal nachlesen möchtest, blättere zu Kapitel 23 zurück.)

Das ist die Phase, in der du anfangen solltest, verschiedene Tools und Ansichten zu kombinieren und kreativ zu sein, um nach und nach zu einem Experten zu werden. Du wirst selbstständig auf neue Ideen und Ansätze kommen, die man in keinem herkömmlichen Buch oder im Internet finden kann – selbst wenn du anfangs noch nicht die Fähigkeit hast, diese vollständig zu verstehen.

3. Mastery:

Die Mastery fängt dann an, sobald du in der Lage bist, neue Konzepte und Theorien aufzustellen. Du wirst alles Bestehende genauestens differenzieren und bisher gelernte (und „eingebrannte") Regeln bewusst brechen können.

Ich will im Folgenden das Prinzip dieser Mastery auf mein Leben übertragen, damit du es noch besser verstehen kannst:

In den ersten drei Jahren meiner Bodybuilding-Karriere habe ich mein gesamtes Wissen durch Bücher, Foren und Videos angehäuft. Ich habe jedes System ausprobiert, jede Ernährungsform getestet und dabei vor allem viele Fehler gemacht. Ich habe täglich 2–3 Stunden in Recherchen investiert und 10–12 Stunden pro Woche im Fitnessstudio praktische Erfahrungen gesammelt.

Nach diesen drei Jahren hatte ich meinen ersten Wettkampf und konnte durch die Menge an Praxiserfahrung zum ersten Mal vollumfänglich über das Thema sprechen, was mir wiederum ermöglicht hat, ein eigenes System zu entwickeln, das für JEDEN funktionieren kann. Ich habe mir zudem weiterhin Wissen aus Literatur angeeignet und miteinander kombiniert, um noch effektivere Pläne erstellen zu können. In dieser Zeit habe ich 12–15 Stunden pro Woche im Fitnessstudio trainiert, 20–30 Stunden meine Klienten gecoacht und 1–2 Stunden pro Tag recherchiert.

Nach 7 Jahren habe ich entgegen aller Empfehlungen von Top-Experten eine vegane Ernährungsweise ausprobiert und damit sogar einen Wettkampf gewonnen. Ich habe kein Kardio mehr gemacht, gegessen, was ich wollte, und viele „Regeln" gebrochen.

Mein Verständnis für den menschlichen Körper und den Sport wurde in diesem genannten Zeitraum meiner Mastery so groß, dass ich mich heute als wahren Meister bezeichnen kann.

Nun kommt DEINE Aufgabe #15: Gelange zur Mastery

Beantworte folgende Fragen schriftlich:

In welchem Bereich willst DU eine Mastery erreichen? Welche Fähigkeiten sind dafür wichtig und welche nicht? Wie viele Stunden willst und kannst du dafür jeweils pro Woche investieren?

Über die ersten vier Kapitel des ChainlessHANDELN-Teils hast du bereits deine Vision gefunden und dich hoffentlich für eine Richtung entschieden. Ich möchte, dass du dich nun hinsetzt, dir Gedanken machst und deine Vision mit der „10.000-Stunden-Regel" kombinierst.

Nicht jeder ist in der Lage, diese Regel zu befolgen – auch nicht jeder will sie befolgen – allerdings lege ich dir nahe, sie dir zu Herzen zu nehmen und dich für eine Mastery zu entscheiden. Nur so wirst du in der Lage sein, dein volles Potenzial auszuschöpfen und nicht nur dir, sondern auch der Welt den größten Mehrwert zu bieten. Committe dich dazu, diese Regel in dein Leben zu integrieren und diese 10.000 Stunden in deinen Bereich zu investieren. Lass dir ruhig Zeit, aber nimm diese Aufgabe ernst, denn sie kann über den Rest deines Lebens entscheiden. Gib dich in jedem Fall niemals mit „durchschnittlich" zufrieden und strebe immer nach MASTERY.

KAPITEL 28

Commitment #4:
Hab Spaß

"Do not take life too seriously. You will never get out of it alive."
ELBERT HUBBARD

Das letzte Commitment in Bezug auf ChainlessHANDELN wird sich für dich vermutlich kontraintuitiv anfühlen – sprich, es wird gegen deine Intuition sprechen:

„Lass Spaß zu und löse dich vom Ergebnis!"

What?

Hell yeah, ich möchte, dass du bei allem, was du tust, das Endergebnis außen vor lässt und dich nur auf den Prozess fokussierst! Jetzt wirst du dich sicher fragen, wie du denn deine Ziele und deine Vision gewissenhaft verfolgen sollst, wenn du dich gleichzeitig vom Erreichen des Ergebnisses lösen sollst.

Ich kann diesen eventuellen Einwand natürlich verstehen, möchte dir aber jetzt schon sagen, dass es mir nicht darum geht, deine Vision zu zerstören. Es geht mir darum, dir eine darüber hinausgehende Perspektive zu vermitteln, mit der du noch effektiver an deinen Vorhaben arbeiten kannst und dadurch auch nie den Spaß auf deiner Reise verlieren wirst!

Du hast sicherlich schon einmal von Bill Gates, Steve Jobs und Elon Musk gehört, richtig? Die Frage ist, ob diese Namen auch noch in 5.000 Jahren bekannt sein werden. Sicherlich klingt das für dich nach einer sehr langen Zeit, aber für die Erde sind 5.000 Jahre nicht mehr als ein Wimpernschlag. Selbst z. B. Marcus Aurelius, der vor weniger als 2.000 Jahren die halbe Welt regiert hat, ist für die wenigsten von uns heute noch ein Begriff.

Wenn DU irgendwann stirbst, werden sich deine Kinder sicherlich an dich erinnern. Deine Enkelkinder vermutlich auch noch, aber deine Urenkel werden dich vielleicht nicht einmal gekannt haben. Die

Erinnerung an dich wird verblassen, aber die Erde wird sich weiterdrehen – so, als hättest du nie existiert.

Viele sehen keinen Sinn mehr im Leben, sobald sie sich bewusst werden, dass sie nur ein Furz im Universum sind und ihr Handeln langfristig gesehen womöglich nichts bewirken wird. Ergo, sie geben sich dem Konzept des Nihilismus hin.

Der Nihilismus ist eine philosophische Anschauung auf das Universum, in dem, im weitesten Sinne, absolut gar nichts einen Sinn hat. Populär wurde diese Weltsicht übrigens durch Friedrich Nietzsche, der vor allem jegliche Religionen abgelehnt hat.

Vielleicht löst der Gedanke an dieses irgendwann kommende Nichts auch in dir ein Gefühl von Unbehagen aus – aber das sollte nicht so sein. Du musst die Idee des Nihilismus lediglich aus einer optimistischen Perspektive betrachten: Wir haben nur dieses eine Leben und das ist auch gut so! Gerade weil es irgendwann enden wird, solltest du JEDERZEIT die Möglichkeit nutzen, auf deinem Weg dein vollstes Potenzial auszuschöpfen und dein Leben zu dem geilsten Leben zu machen, das du dir vorstellen kannst! Du kannst also entweder den Kopf in den Sand stecken und nichts tun oder die Chance nutzen und alles erleben, was du erleben willst! Es gibt einfach so viele schöne Orte zu sehen, so viel gutes Essen zu probieren und allgemein so viel von dieser Welt zu erfahren!

Vielleicht gibt es auch ein Leben nach dem Tod. Vielleicht werden wir auch in einem anderen Körper wiedergeboren – aber das ändert nichts an der Tatsache, dass du JETZT LEBST. Wen interessiert es, was in 1.000 Jahren von dir übrig bleibt? Du hast dein Leben zu Lebzeiten ausgekostet und das ist das Einzige, was zählt. Es geht nicht darum, wo du am Schluss bist, sondern darum, was du auf deiner Reise dorthin erlebt hast!

Hast du z. B. jemals den Tennisspieler Roger Federer spielen sehen? Es ist nahezu unglaublich, wie spielerisch er auf dem Tennisplatz agiert, während sich seine Gegner förmlich die Zähne an ihm ausbeißen. Er wirkt fast schon so, als würde es ihn nicht interessieren, ob er gewinnt oder nicht. Als würde er es einfach genießen, auf dem Spielfeld zu sein und zu spielen ... Kann es sein, dass vielleicht genau das auch der Fall ist? Die besten Athleten oder auch die besten Unternehmer sind diejenigen, denen es gleichgültig ist, wie das Ergebnis aussieht. Sie haben einfach grundsätzlich Spaß an der Sache.

Das ist der Grund, weswegen auch DU dich nicht zu ernst nehmen solltest. (Übrigens: Dich vom Ergebnis zu lösen, steigert ironischerweise deine Performance massiv.) Ist dir das Endergebnis zu wichtig, wirst du angespannter. Je angespannter du bist, desto schwieriger ist es für dich, einen kühlen Kopf zu bewahren und in relevanten Momenten die richtige Entscheidung treffen zu können. Je relaxter du bist, desto besser kannst du handeln, denn alle Handlungen sind letztendlich auf eine Entscheidung zurückzuführen. Wenn du dich also vom Ergebnis löst und mehr Spaß bei der Sache hast, wirst du rationaler und auch ohne Angst vor Reue oder Versagen entscheiden können. Denke immer daran, dass die Erwartung eines guten Ergebnisses lediglich von deinem Ego und deinen Gedanken kreiert wird. Und da DU diese Erwartung kreiert hast, kannst du sie auch wieder eliminieren. Versuche daher, deine Ziele stets spielerisch zu verfolgen, sodass du selbst Spaß bei der Sache hast. Indem du dich z. B. selbst nicht allzu wichtig nimmst, entfernst du automatisch die emotionale Komponente und kannst sogar über dich und deine Misserfolge lachen. Schlussendlich wirst du dadurch nicht nur bessere Leistungen erbringen, sondern auf dem Weg dorthin auch glücklicher sein. Zudem ist deine Stimmung nicht mehr abhängig von dem, was letztendlich tatsächlich geschieht.

Fulfilment vs. Accomplishment

Was glaubst du, wird dich nachhaltig glücklich machen? Wenn du einen Erfolg nach dem anderen erzielst oder wenn du eine Tätigkeit der Tätigkeit wegen ausübst?

Manch einer spielt z. B. Fußball, um Tore zu schießen, was ihm hin und wieder auch gelingt. Jedes Mal, wenn er den Ball versenkt, fühlt er sich gut und ist stolz. Jedes Mal, wenn er aber das Tor verfehlt, ärgert er sich. Manch anderer hingegen spielt Fußball, weil er es einfach nur liebt, auf dem Rasen zu laufen und mit seinen Teamkameraden seiner Leidenschaft nachzugehen. Tore schießt er auch hin und wieder, worüber er sich zwar freut, was ihm aber kein übermächtiges Glücksgefühl gibt, weil er bereits während des gesamten Spiels glücklich ist.

Wenn du also das tust, was dich erfüllt, machst du dir über potenzielle Erfolge aus dieser Tätigkeit keine Gedanken mehr, denn der Spaß an der Sache ist dir genug! Aber nicht nur das – denn wenn du liebst, was du tust, ist dir auch kein Hindernis zu groß und jede Anstrengung stellt für dich nur eine Herausforderung dar, um besser zu werden. (Diese Ansicht kennst du bereits aus einem anderen hilfreichen Konzept – erinnerst du dich noch an das Ikigai?) So wirst du nicht mehr nur Freude erleben, du wirst sogar im Vorbeigehen Tore versenken.

Jede erfolgreiche Persönlichkeit, jeder erfolgreiche Unternehmer oder auch jeder Autor eines Erfolgsbuchs haben eine Sache gemeinsam: Sie sind alle durch MISSerfolge auf den Erfolg gestoßen. Man denke da nur an bspw. Thomas Edison, der tausende von Anläufen für die Erfindung der Glühbirne benötigt hat. Oder auch an Steve Jobs, der nach dem „Apple II" keine Erfolge mehr feiern konnte, bis er schließlich von seiner eigenen Firma entlassen wurde. Diese Persönlichkeiten hätten ihren heutigen Status nie erreicht, wenn sie sich damals gesagt hätten: „So, das hat jetzt nicht geklappt. Ich gebe auf und suche mir einen anderen Job."

Perfektionismus kann tatsächlich gefährlich sein! Versuche also, deine limitierenden Glaubenssätze nicht durch die Ausrede zu rationalisieren, dass du immer nur saubere Arbeit abliefern möchtest. Fokussiere dich stattdessen darauf, einfach nur jede Woche ein wenig besser zu werden. Im Leben geht es nämlich nicht darum, perfekt zu sein, sondern darum, überhaupt erst anzufangen und ins Handeln zu kommen!

Ich z. B. durfte durch Videospiele bereits sehr früh die Erfahrung machen, dass es manchmal 10, 50 oder sogar 100 Versuche gebraucht hat, bis ich den Endgegner endlich besiegen konnte. Das bedeutet jedoch nicht, dass du nun blind anfangen sollst, Dinge zu tun, ohne nachzudenken. Es bedeutet vielmehr, dass du Hartnäckigkeit und Disziplin nie unterschätzen solltest und dass du auch nicht „perfekt" sein musst, um mit etwas beginnen zu können.

Doch um diese Ausdauer zu haben, ist es wiederum erforderlich, den Prozess vollends genießen zu können und Spaß zu haben. Und um Spaß haben zu können, musst du dich vom Ergebnis lösen und die Sache mit einer emotionalen Distanz betrachten. Früher oder später wird sich dann der Erfolg von allein einstellen!

In diesem Kapitel gibt es bewusst keine „Aufgabe" für dich – deswegen kannst du dich jetzt zurücklehnen und einfach nur die Idee, eine Tätigkeit der Tätigkeit und des Spaßes wegen zu tun, reflektieren.

Nach dem Lesen dieses Teils bist du nun in der Lage, zu verstehen, was es bedeutet, „chainless" zu handeln.

Genauso wie DU diesen Weg jetzt gehen wirst, bin auch ich diesen Weg in der Vergangenheit gegangen. Ich weiß also, wie schwer er sein kann. Und ich weiß auch, wie viel er von dir abverlangt. Doch wenn du die 4 Commitments des „ChainlessHANDELN"-Teils annimmst, indem du ...

... Verantwortung für dein Leben übernimmst,

... anfängst, bewusst mit deinen Gewohnheiten zu arbeiten,

... geduldig bist und Spaß an jeder Sache hast,

machst du definitiv schon sehr viel richtig, was dich zu deinem ChainlessLIFE bedeutend näher bringen wird. Das Einzige, das dir jetzt noch fehlt, sind die Tools und Spielregeln, die du benötigst, um dein Leben nachhaltig zu verändern und nie wieder zurückzublicken.

Bist du bereit für ChainlessLEBEN?

GLEICHES SPIEL, NEUE REGELN

III. ChainlessLEBEN

KAPITEL 29

DEIN ChainlessLIFE

"Only the insecure strive for security."
Dr. Wayne Dyer

Seit dem Jahr 2013 dokumentiere ich mein Leben auf YouTube und Instagram. Jedes Mal, wenn ich die Kommentare unter meinen Videos lese, Nachrichten erhalte oder Fragen auf der Straße gestellt bekomme, fällt mir aber auf, dass viele meiner Zuschauer, Follower und Fans eine falsche Perspektive von meinem Lifestyle haben. Sie sehen, was ich tagtäglich tue, und sind der Meinung, sie müssten es mir nur nachmachen, um genau so glücklich zu sein. Sie wollen demnach z. B. ihre Jobs kündigen, sich selbstständig machen und auf Reisen gehen – und wenn das dann aber nicht so klappt, wie sie es sich vorgestellt haben, schließen sie daraus, dass es für sie generell nicht möglich ist, ein geiles Leben zu führen.

Dabei haben sie sich aber noch nicht einmal gefragt, ob sie überhaupt diesen Lifestyle wollen. Das Problem dieses leider sehr ungesunden Vergleichs habe ich bereits im Kapitel „Das digitale Chaos" angesprochen. Keine Person, und besonders keine im Internet, sollte ein Richtwert für DEIN Leben sein.

Ich habe dieses Buch geschrieben, um u. a. diese falsche Wahrnehmung richtigzustellen und jedem zu zeigen, wie man es anders und vor allem besser machen kann. Meine Handlungen zu kopieren, wird also auf lange Sicht nicht funktionieren – du sollst dich nämlich nicht an meinen Taten, sondern an meiner Denkweise orientieren.

Da du dieses Buch bis hierher gelesen hast, weißt du bereits genau, welche Auswirkungen dein Denken auf deine Handlungen hat, richtig? Schaue dir also den Lifestyle anderer Menschen an, um dich inspirieren zu lassen, aber nicht, um ihn „nachzuleben". Wenn du ein ähnliches Leben wie deine Vorbilder leben möchtest, musst du dich mit ihren Denkansätzen beschäftigen, nicht mit ihren Taten.

So habe auch ich in der Vergangenheit erfolgreiche Menschen gesehen und mich von ihnen inspirieren und motivieren lassen. Jedoch wollte ich nie deren Leben „nachleben", sondern mein eigenes erschaffen. Ich habe mir also nicht angeschaut, was sie getan haben, sondern wie sie ticken – besonders um zu verstehen, WIE sie es so weit gebracht haben. Ich habe dafür z. B. ihre Bücher gelesen, mir ihre Podcasts angehört und dadurch diese Persönlichkeiten bis ins kleinste Detail „studiert". Dies führte letztendlich dazu, dass sich meine Denkweise und schließlich auch mein Verhalten auf positive Weise weiterentwickelt hat – und ich dahingehend mein eigenes neues Leben gestalten konnte.

Versteh mich hierbei nicht falsch, aber ich habe mein Leben nie systematisch durchgeplant und auch nie genau gewusst, wohin meine Reise gehen wird – das ist schließlich auch gar nicht möglich. Denn dafür gibt es einfach zu viele Faktoren, auf die niemand, so auch ich nicht, einen Einfluss hat. Ich hatte auch niemals die Absicht, bekannt zu werden, noch „YouTube zu meinem Beruf zu machen". Ich fing an, Videos zu drehen, weil ich sie einfach drehen wollte. Dass ich mich schließlich damit selbstständig machen konnte, hat sich tatsächlich einfach so ergeben. Niemand hatte es mir empfohlen oder gesagt, dass ich es tun soll – sondern eins führte schließlich zum anderen: Ich kreierte mein eigenes Trainingsprogramm, gründete eine Klamottenmarke, etablierte eine Supplement-Marke, organisierte Live-Events, befasste mich mehr und mehr mit Marketing und half anderen Talenten dabei, sich auf Social Media zu positionieren, und sogar noch so einiges mehr. Von außen betrachtet kann dies tatsächlich so aussehen, als wäre es von Anfang an mein Plan gewesen – doch dem ist nicht so. Es kam, wie es kam. Während meiner Karriere wusste ich zudem nie, was der nächste Schritt sein würde. Natürlich hatte ich immer eine gewisse Vorstellung davon, wie es weitergehen sollte, jedoch handelte ich immer nach dem, was mir zu eben genau dem Zeitpunkt richtig erschien.

Bevor ich all das tun konnte, bevor ich mich also selbstständig machen konnte, war ich komplett in meinen Ketten gefangen. Ich war sogar das perfekte Beispiel für jemanden, der in allen 6 Ketten, die du in den letzten Kapiteln kennengelernt hast, gefangen war und sich dadurch selbst blockierte.

Im ersten Teil dieses Buchs haben wir bereits ausführlich über diese inneren und äußeren Ketten sowie ihren Ursprung gesprochen. Wie du nun weißt, haben deine „outer chains" ihren Ursprung in den „inner chains". Viele der Probleme, die wir mit unserem sozialen Umfeld, der Gesellschaft oder dem digitalen Chaos haben, sind dementsprechend auf unser Ego zurückzuführen. Dies bedeutet wiederum, dass du deine inneren Ketten sprengen musst, um dich auch von den äußeren befreien zu können.

Allerdings gibt es auch Fälle, bei denen es von Vorteil sein kann, einen in diesem Sinne umgekehrten Weg zu gehen.

Was ich damit meine?

Stell dir vor, dass du generell Angst vorm Scheitern hast, weil du glaubst, nicht gut genug zu sein. Diese Angst kommt zwar von innen und lässt sich auch durch eine angepasste Denkweise lösen – jedoch wird es dir vermutlich nicht weiterhelfen, wenn ich dir Sätze sage wie: *„Vergleich dich nicht mit anderen."* oder *„Du bist gut genug, glaub einfach an dich selbst."*

Trennst du dich hingegen komplett von deinem toxischen Umfeld, das dich ständig runterzieht, hast du gleich weniger Leute um dich, die dir immer wieder weismachen wollen, dass du nichts kannst, also nicht gut genug bist. Vielleicht musst du dich z. B. auch einfach für eine Weile von Social Media trennen, damit du den Vergleich zu anderen meidest und siehst, dass du eben doch gut genug bist.

Sieh es mal so: Was fällt dir leichter? Dich kurzerhand von deiner Angst vorm Scheitern zu lösen, indem du es dir einredest ODER indem du einfach mal Abstand von den negativen Dingen in deinem Leben nimmst? Beides kann schlussendlich zum selben Ergebnis führen, jedoch ist die zweite Variante wesentlich leichter durchzuführen als die erste. Frei nach dem „Kern-Hülle-Modell" von Rutherford: *„Manchmal sollte man zuerst die Schale entfernen, um zum Kern zu gelangen."*

Der Weg zur Selbstverwirklichung kann oft verwirrend sein und nachdem du bereits so viel aus diesem Buch gelernt hast, fragst du dich vielleicht, wo du überhaupt anfangen sollst: *„Arbeitest du zuerst an deinem Business, deinem Sozialleben oder vielleicht erst an deinem Mindset?"* Tatsächlich sind alle Bereiche für das große Ganze essentiell und bauen aufeinander auf – allerdings hat nicht jeder Bereich dieselbe Priorität. Falls du dies noch nicht verstehst bzw. noch nicht anwenden kannst, kann es dir eventuell passieren, dass du nach einem Herzinfarkt im Krankenhaus aufwachst und dir erst viel zu spät bewusst wird, dass dein Reichtum nicht auf Kosten deiner Gesundheit erreicht werden sollte.

Um dies vermeiden zu können und dabei diese nötige Priorisierung aufzugreifen, will ich dir in diesem Teil des Buchs anhand meiner eigens entwickelten ChainlessLIFE-Pyramide zeigen, wie du dein Leben dahingehend strukturieren und priorisieren kannst! Diese Pyramide wird dir genau zeigen, wo du gerade im Leben stehst und was du machen kannst, um voranzukommen.

Es erwarten dich zudem weitere Tools und Aufgaben, mit denen du dein Leben auf ein neues Level heben kannst! Aufgrund der Komplexität und Vielfältigkeit der einzelnen Themen werde ich dir auch externe Weiterempfehlungen geben.

Doch beachte dabei bitte immer: Das Leben befindet sich stets im Wandel und verläuft niemals linear. Es wird immer gute wie auch schlechte Phasen geben. Auch wenn du von deiner Seite aus alles richtig machst, spielen stets wesentlich mehr Faktoren eine Rolle, über die du keine Kontrolle hast.

Bisher ging es in diesem Buch darum, das Fundament im DENKEN und HANDELN zu schaffen. Nun sind wir an einem Punkt angekommen, an dem wir das bisher Gelernte in dein LEBEN integrieren wollen. Da das Leben unglaublich vielfältig und individuell ist, dienen die folgenden Kapitel jedoch nicht als Blaupause, sondern als Inspiration.

Ich möchte dir dafür erneut Tools an die Hand geben, mit denen nicht nur ich, sondern auch mein Umfeld und meine Klienten bereits unglaubliche Erfolge erzielen konnten.

Und so auch DU!

KAPITEL 30

Die ChainlessLIFE-Pyramide

"Imagine life is a game in which you are juggling five balls. The balls are called work, family, health, friends and integrity. And you're keeping all of them in the air. But one day you finally come to understand that work is a rubber ball. If you drop it, it will bounce back. The other four balls ... are made of glass. If you drop one of these, it will be irrevocably scuffed, nicked, perhaps even shattered."

JAMES PATTERSON

Es ist jetzt an der Zeit, dir das zu präsentieren, woran ich eine verdammt lange Zeit gearbeitet habe, und mit dem du auch DEIN Leben bis zu deiner Selbstverwirklichung und deinem „höheren Selbst" systematisch ausrichten kannst. Darf ich vorstellen: Die „ChainlessLIFE-Pyramide"!

Ich habe es dir bereits im letzten Kapitel verraten: Viele wollen sich selbst verwirklichen, wissen allerdings nicht, wo sie anfangen sollen. Dieses Problem wirst du mit der Pyramide auf jeden Fall nicht mehr haben, denn sie dient als ultimative Orientierungshilfe und zeigt dir, an welchen Bereichen deines Lebens du zuerst arbeiten solltest. Sie unterstützt dich also ungemein dabei, dein ChainlessLIFE zu erreichen und zeigt dir auch, wie du es nachhaltig und langfristig halten kannst.

Ich habe die Pyramide nicht nur auf der Basis meiner eigenen Erfahrung, sondern auch auf derjenigen von zahlreichen weiteren erfolgreichen Menschen erstellt. In den letzten Jahren bin ich um die ganze Welt gereist, habe unzählige Länder besucht und habe dadurch viele verschiedene Leute kennengelernt. Mir ist aufgefallen, dass die Menschen, die ihr Leben nach genau diesem zugrunde liegenden Schema aufgebaut haben, oftmals auch das „bessere" Leben hatten.

Für die Menschen, die sich nach mehr sehnen und sich selbst verwirklichen wollen, ist also die ChainlessLIFE-Pyramide DER Wegweiser. Inspiriert wurde sie von der dir wahrscheinlich bereits bekannten Bedürfnispyramide von Maslow, die ich zunächst kurz vorstellen möchte:

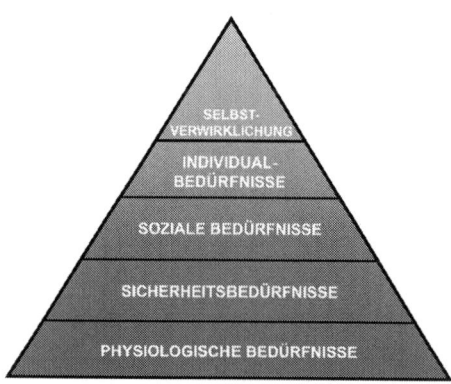

Maslow unterteilt alle menschlichen Bedürfnisse in 5 verschiedene Kategorien, die in einer Pyramide dargestellt aufeinander aufbauen. Ganz unten sind die Grundbedürfnisse, die dein bloßes Überleben absichern, angesiedelt – also Essen, Wasser, Schlaf etc. Weiter oben befinden sich nacheinander deine Sicherheits-, sozialen und individuellen Bedürfnisse. Erst ganz oben, an der Pyramidenspitze, liegen die Bedürfnisse für deine Selbstverwirklichung.

Sofern du die unteren Bedürfnisse noch nicht abgedeckt hast, wird dich die Erfüllung der höheren Bedürfnisse nicht interessieren. Versuch dir dazu einfach mal vorzustellen, ob dich z. B. soziale Kontakte oder Beziehungen noch interessieren würden, wenn du kurz vor dem Verhungern wärst.

Bei der ChainlessLIFE-Pyramide besteht der Unterschied zur Maslow-schen Pyramide vor allem darin, dass sie aus ausschließlichen Selbstver-wirklichungs-Schritten besteht. Diese bauen zwar ebenso aufeinander auf, die Pyramide selbst fungiert aber mehr als Leitfaden, indem sie dir Empfeh-lungen gibt, an welchen Bereichen deines Lebens du zuerst arbeiten bzw. welche Schritte du auf dem Weg zu deiner Selbstverwirklichung priori-sieren solltest.

Warum „fehlt" jedoch in unserer Pyramide z. B. der Punkt Sicherheit?

Weil die meisten von uns heute tatsächlich „sicher" sind. In bspw. Sozial-staaten muss (außer in Extremsituationen) niemand Angst davor haben, seinen Wohnsitz zu verlieren und obdachlos zu werden. Sicherheit im weiteren Sinne ist zwar ganz klar eines der wichtigsten Bedürfnisse der

Menschen, jedoch wird von ihnen dieser Begriff oft mit Gewissheit verwechselt.

Die Sicherheit bzw. Gewissheit, die wir gern hätten, ist aber nichts anderes als eine Illusion, denn außer dem Tod ist nichts gewiss. Niemand kann wissen, was morgen oder in einer Woche passieren wird, weswegen ich versuchen möchte, dich von diesem Gedanken zu lösen: Wie bereits erwähnt, sind wir heute „sicherer" denn je. Dementsprechend fällt diese Ebene der Maslowschen Pyramide bei unserer weg und wird dafür mit dem Bereich „Selbstbewusstsein & Selbstbild" gefüllt – vor allem aus dem Grund, da Selbstbewusstsein dazu führt, dass man vermeintliches Sicherheitsdenken loslässt.

Wie baut sich nun die ChainlessLIFE-Pyramide im Genauen auf?

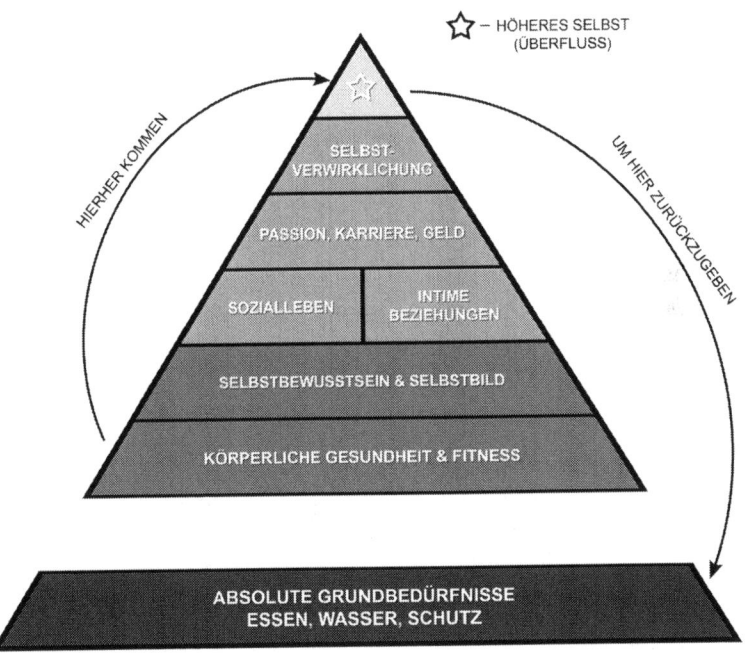

Egal wo du dich gerade auf der Pyramide befinden solltest: Lasse niemals außer Acht, dass es auch Menschen auf der Welt gibt, die nicht einmal die Entscheidung dazu treffen KÖNNEN, an sich selbst zu arbeiten, wie du es eben kannst. Viele Menschen in z. B. Entwicklungsländern haben leider nicht das Privileg, sich dieses Buch überhaupt leisten, geschweige denn, es überhaupt lesen zu können. DU hast jedoch dieses Privileg und das solltest du auch nutzen. UND: Wie du der Pyramide bereits durch einen oberflächlichen Blick entnehmen kannst, sollte es ebenso dein Ziel sein, genau diese Menschen zu unterstützen, sobald du es kannst – siehe im Kreislauf der Pyramide das Stichwort „Um hier zurückzugeben". Wie du auch bereits flüchtig in der Grafik erkennen kannst, befindet sich unterhalb der ChainlessLIFE-Pyramide, (im Weiteren: CL-Pyramide), ein Basis-Fundament, das die absoluten Grundbedürfnisse eines jeden Menschen beinhaltet. Dieser Teil soll eine Erinnerung für dich sein, damit du weißt, dass es eben auch Leute gibt, die es wesentlich schlechter haben als du.

Im Folgenden will ich dir, um nun weiter in die Tiefe zu gehen, die darauf folgenden und jeweils aufeinander aufbauenden Bausteine aka Level der Pyramide vorstellen, die für die Fokussierung auf dein „höheres Selbst" (siehe der höchste Punkt der CL-Pyramide) entscheidend sind und du dementsprechend durchlaufen solltest.

Level 1:

Immer wenn bzw. sobald du die Parameter der absoluten Grundbedürfnisse sowie Schlaf, genügend Bewegung und eine gesunde Ernährung erfüllst, hast du das Fundament für ein langfristiges, gesundes Leben gelegt und stellst damit sicher, dass deine physische Gesundheit deiner persönlichen Verwirklichung nicht in die Quere kommen kann.

Diese körperlichen Parameter haben jedoch mehr mit unserer Mentalität zu tun, als viele glauben: Menschen, die sich langfristig ungesund ernähren, sind oftmals korpulent und haben ein erhöhtes Risiko für einen Herzinfarkt und Diabetes. Darüber hinaus leiden sie häufig unter schlechtem Schlaf, was wiederum in mehr Stress im Alltag resultiert und dafür sorgt, dass ihr Immunsystem zusätzlich geschwächt wird, was zudem zu schlechterer Produktivität bei der Arbeit und mehr Konflikten mit ihren Mitmenschen führen kann. Sie gelangen also in eine regelrechte Abwärtsspirale.

Durch eine gesunde und ausgewogene Ernährung vermeidest du hingegen Übergewicht und Stress. Durch genügend Sport begünstigst du deinen Hormonspiegel und mit mindestens sieben Stunden Schlaf täglich erholst du dich auch vollständig und bist für den nächsten Tag körperlich fit. Ebenso verbessert sich dein gesamtes Auftreten, wodurch du dich automatisch besser fühlen wirst und auch die „Anerkennung" deiner Mitmenschen genießen kannst, was dich zusätzlich mental unterstützen wird.

Um diese mentalen Parameter zu erfüllen, braucht es weder viel Zeit noch Aufwand! Und um dies auch erfolgreich umsetzen zu können, will ich das sogenannte „*Paretoprinzip*" ins Spiel bringen.

Kurz gefasst besagt der „Effekt" daraus, dass du 80 % eines bestmöglichen Ergebnisses mit gerade einmal 20 % der bestmöglichen Leistung erreichst.

Um dir dies in einem Beispiel näherzubringen:

Stell dir vor, du lernst für eine Schulklausur. Um die Note 1 zu erzielen, müsstest du für die nächsten 2 Wochen täglich 3 Stunden lernen, um auf alle Fragen eine Antwort parat zu haben. Freizeit hättest du dadurch jedoch keine mehr und deine Freunde würden ihre Zeit ohne dich verbringen. Du steckst trotzdem 100 % deiner Zeit und Energie ins Lernen und erreichst letztendlich die Bestnote. Einer deiner Mitschüler hat hingegen nur 1 Stunde am Tag für die Schulklausur gelernt, sich sogar die Wochenenden vom Lernen frei genommen und konnte dadurch Zeit mit seinen Freunden verbringen. Ihm war die Bestnote nicht so wichtig wie dir und so erreichte er zwar keine 1, allerdings eine gute 2. Er profitierte im Endeffekt von weniger Stress, mehr Freizeit und mehr Spaß.

Aufwand steht also in keinem gleichmäßigen Verhältnis zum Ergebnis. Du solltest dich also immer fragen, mit welcher Tätigkeit du den größtmöglichen Hebel besitzt. Dein Ziel sollte dementsprechend immer sein, mit dem geringsten Aufwand das für DICH bestmögliche Ergebnis zu erreichen.

Weiter im Kontext der körperlichen Parameter:

Lerne, wie du dich gesünder und nahrhafter ernähren kannst! Dieses Wissen wirst du nämlich für den Rest deines Lebens benötigen. Drei- bis viermal pro Woche Sport machen kann so gut wie jeder. Ob zu Hause oder im Fitnessstudio ist nicht so relevant wie der Fakt, dass du generell irgendetwas für deine Fitness tust. Gewöhne dir auch eine feste Schlafens- und Aufstehzeit an und vermeide den Gebrauch des Internets mindestens 30 Minuten bevor du dich ins Bett legst.

Warum steht jedoch in der CL-Pyramide „Körperliche Gesundheit & Fitness" gleich nach dem Basis-Fundament und noch vor allen weiteren geistigen Parametern?

Einige werden sich jetzt vielleicht fragen, weshalb „der Körper vor dem Geist kommt", da der Körper ja eigentlich nur eine Manifestation des Geistes ist, oder? Nicht ganz – es ist vielmehr so, dass beides in Wechselwirkung miteinander steht: Kümmert man sich um seinen Körper, kümmert man sich auch automatisch um seinen Geist – und andersherum. Jedoch ist es für viele anfangs schwieriger, ihren Geist statt ihres Körpers weiterzuentwickeln. Ich kann dir z. B. sagen: „Fühl dich gut!", was aber keinen Einfluss auf dein Wohlergehen haben würde. Wenn du aber z. B. eine halbe Stunde lang Sport machst, wirst du dich durch die ausgeschütteten Hormone automatisch gut fühlen. Demzufolge empfehle ich dir, deinen Körper und deine Gesundheit stets zu priorisieren, noch BEVOR du dich deinem Mindset widmest.

Ebenso hat das Ganze auch etwas mit Selbstliebe zu tun. Selbstliebe ist nämlich nicht, wie viele glauben, ein Gefühl, sondern eine Aktivität. Indem man sich bspw. gesund ernährt, sich genügend Erholung gönnt und sich ausreichend bewegt, liebt man sich automatisch selbst. Sei dir also immer wichtig genug, um dich auch dementsprechend gut behandeln zu können.

Und: Ohne Gesundheit bedeuten alle weiteren Level nichts! Dich wird es nicht interessieren, wie viel Geld du heute gemacht hast, wenn du währenddessen krank im Bett liegst und mit dem Vermögen gar nichts anfangen kannst.

Betrachte das erste Level der Pyramide als das, was es ist: Das Fundament des Lebens. Ernähre dich gesund, treibe mehrmals in der Woche Sport und gönne dir ausreichend Schlaf. Mit bereits wenig Aufwand kannst du dahingehend schon einiges aus dir herausholen!

Level 2:

Über die Bedeutung des eigenen Selbstbilds und die Wichtigkeit des Selbstbewusstseins haben wir bereits im Teil „ChainlessDENKEN" ausführlich gesprochen. Wie du also weißt, wird es schwer, nachhaltig glücklich zu sein, wenn du dir deiner selbst nicht bewusst bist.

Du musst dementsprechend den Prozess der Selbstreflexion sowie die Ergründung deiner Werte, Antriebe und Glaubenssätze beherrschen. Andernfalls wirst du dich im Laufe deines Lebens nur selbst verlieren.

Kenne dich selbst, akzeptiere dich selbst und gib dir die Erlaubnis, die Person zu sein, die du BIST! Selbst wenn du bisher nur die ersten beiden Level der CL-Pyramide erreicht hast, bist du bereits mental unabhängig und auch 80 % deiner Mitmenschen voraus, da die anderen 20 % nachweislich nicht gesund, nicht erfüllt oder sogar unglücklich sind, aber nicht wissen, wie sie sich selber helfen können. Im nächsten Kapitel erwarten dich übrigens die meiner Meinung nach besten Tools, um selbstbewusster zu werden, also mach dich darauf gefasst!

Level 3:

Es ist leicht, Freunde zu finden. Es ist jedoch nicht so leicht, Freunde zu finden, die dich unterstützen, dieselben Interessen haben und dich positiv beeinflussen. Kennst du dich aber selbst sehr gut und arbeitest auch konstant an dir, wird es dir wesentlich leichter fallen, die richtigen Freunde für dich zu gewinnen! Genauso ziehst du es ja auch vor, Leute in deinem Umfeld zu haben, die ihre Gesundheit ernst nehmen, sich stetig weiterentwickeln und auf derselben Frequenz wie du schwingen, oder? Diese Menschen sind meist auch besser drauf, verhalten sich vorbildlich und ziehen dich nach oben, anstatt dich ständig runterzumachen. Dasselbe gilt z. B. auch für deine Partnerin. Würdest du nicht lieber eine Partnerin bevorzugen, die sich gesund ernährt, sich pflegt und Wert auf ihre mentale Bildung legt?

Apropos Beziehungen: Ich trenne ganz klar soziale von intimen Beziehungen. Es wird demgegenüber jedoch immer Männer geben, die sich verlieben und dann ihren alten Freundeskreis vernachlässigen. Sobald mit ihrer Freundin aber Schluss ist, merken sie, dass ihre Freunde keine Lust mehr auf sie haben. Im Gegenzug wird es aber auch immer Männer geben, die ihren Freundeskreis als das einzig Wichtige sehen und sich dadurch die Chance auf eine gesunde und funktionierende Beziehung nehmen. Eine gute Balance zwischen beidem zu finden, stellt den perfekten Mittelweg dar, den auch DU anstreben solltest, da für den Menschen Intimität immer gleich wichtig sein wird wie soziale Freundschaften. Beachte dabei jedoch: Soziale Beziehungen werden heutzutage oft sehr künstlich hergestellt, kommen aber nicht annähernd an eine echte Freundschaft heran. Durch z. B. Social Media kannst du zwar eine große Anzahl an „Freunden" haben, aber wie viele dieser Personen würden (bzw. könnten) dir auch einen Tee ans Bett bringen, wenn du krank bist?

Wir Menschen sind soziale Lebewesen, dementsprechend ist das dritte Level der CL-Pyramide ein essentieller Punkt, wenn du in deinem Leben Zufriedenheit und Glück erleben willst. Je früher du lernst, mit Menschen umzugehen und mit ihnen deinen Weg zu beschreiten, desto mehr wirst du letztendlich auch davon profitieren.

Level 4:

Die Individualbedürfnisse laut Maslow entsprechen in der CL-Pyramide folgenden drei Kategorien: Passion, Karriere und Geld. Du solltest auch hier bereits alle unteren Level erreicht haben, bevor du dich diesem vierten Level widmest.

Damit meine ich jedoch nicht, dass du dich z. B. arbeitslos melden sollst, nur weil du noch keine Freundin hast. Ich meine damit vielmehr, dass du diesem Level erst eine hohe Priorität zuordnen solltest, sobald du dich generell mit den unteren Bausteinen der Pyramide beschäftigt hast.

Durch ein starkes Umfeld hast du mehr Connections, was wiederum zu mehr Chancen in deinem Berufsleben führen kann. Welchen Einfluss Selbstvertrauen auf deine Karriere hat, muss ich dir nicht erklären. Mit guten Freunden kannst du deine Leidenschaft besser ausleben und hast eventuell sogar mehr Spaß dabei. Auch eine Partnerin kann dich z. B. auf viele Arten unterstützen – ob finanziell, mental oder auch zeitlich.

Was du tun kannst, um auch deine Karriere voranzubringen, und was dahingehend das beste „Investment" für dich ist, erfährst du im nächsten Kapitel. Widme dich allerdings zunächst noch der Bedeutung der nächsten 2 Level der CL-Pyramide:

Level 5:

Über das Thema Selbstverwirklichung haben wir bereits im Chainless-HANDELN-Teil gesprochen und festgestellt, dass es für jeden etwas anderes bedeutet. Für mich z. B. bedeutet Selbstverwirklichung, finanziell, zeitlich und ortsunabhängig zu sein. Ich möchte selbst bestimmen, wo ich bin und mit wem ich bin. Für andere bedeutet Selbstverwirklichung vielleicht, eine andere Person zu unterstützen.

Selbstverwirklichung ist nichts anderes als die Realisierung deiner Wünsche, deiner Vision und deiner Ziele. Selbstverwirklichung sollte zudem von JEDEM angestrebt und verfolgt werden – und mit den Tools im kommenden Kapitel werde ich dir im Detail zeigen, wie du genau das umsetzen kannst.

„Level 6":

Dieses „Level", was im engeren Sinn eigentlich kein Level darstellt, steht komplett „über" allem, was wir bisher besprochen haben, und wird von daher zum jetzigen Zeitpunkt für die meisten noch nicht verständlich sein. Deswegen will ich auf dieses „Level" erst in einem späteren Kapitel eingehen – bleib also dran!

Life is fluid ...

Du kannst natürlich auch versuchen, dich den oberen Levels zuerst zu widmen – allerdings wird es dir wesentlich schwerer fallen, diese auch zu erreichen und zu erfüllen. Ebenso würde dadurch eine hohe Chance bestehen, dich im Verlauf deines Weges selbst zu verlieren. Vielleicht würdest du im Zuge dessen z. B. arrogant werden und den Draht zu deinen Freunden verlieren – vielleicht würdest du sogar generell nicht mehr gesellschaftsfähig werden.

Hier will ich auf z. B. etliche Superstars und Künstler wie Justin Bieber oder Johnny Depp hinweisen, die im Laufe ihrer Karriere völlig den Draht zur Realität verloren hatten. Natürlich gibt es dabei auch Ausnahmefälle wie bspw. den britischen Schauspieler Russell Brand, der zwar stark depressiv war und sich eine lange Zeit mit Drogen und Alkohol zugedröhnt hat, heute jedoch wieder zu sich gefunden hat und sogar für viele als Vorbild und Inspiration gilt.

Zusammenfassend möchte ich noch anmerken, dass die CL-Pyramide, die du in diesem Kapitel kennengelernt hast, nicht in Stein gemeißelt und auch nicht für jeden Menschen gleich anwendbar ist.

Jedoch habe ich aus meiner persönlichen Erfahrung und der Zusammenarbeit mit meinen Klienten gesehen, dass diese durch die kontinuierliche Berücksichtigung der verschiedenen Level der Pyramide in Bezug auf die Erreichung ihres „höheren Selbst" erhebliche Fortschritte gemacht haben!

Ich empfehle also auch DIR, mit dem Prinzip der CL-Pyramide zu arbeiten und sie vor allem ernst zu nehmen – um deines besten Selbst willen, das du am Ende auch erreichen wirst, versprochen.

KAPITEL 31

Meine Werkzeuge
zur Selbstverwirklichung

Nachdem du im letzten Kapitel die CL-Pyramide kennengelernt hast und dich bereits mit deren ersten 5 Leveln auseinandersetzen konntest, will ich dir in diesem darauffolgenden Kapitel praktische Tools an die Hand geben – die ich bis heute noch aktiv nutze und mit denen auch DU jedes einzelne der 5 Level meistern wirst!

Du musst nicht zwingend alle Tools parallel nutzen – doch wenn du nur einen Bruchteil davon in dein Leben integrierst, hast du schon die Chance, dich innerhalb kürzester Zeit in allen Bereichen deines Lebens signifikant zu verbessern.

Da man über jedes einzelne der 5 Level theoretisch ein komplettes Buch schreiben könnte, werde ich nicht allzu sehr ins Detail gehen, sondern vor allem die Vorteile eines jeden Levels anhand meiner favorisierten Tools thematisieren und dir zusätzliche Quellen nennen, wie du dir z. B. zu einem bestimmten Tool ein noch tiefergehendes Verständnis verschaffen kannst.

LEVEL 1: KÖRPERLICHE GESUNDHEIT & FITNESS

1) Tool „Krafttraining"

Falls du mich schon vor dem Lesen dieses Buchs z. B. auf Social Media verfolgt hast, weißt du, dass ich jedem aus tiefster Überzeugung Krafttraining ans Herz lege. Ich habe mit diesem Sport jedoch nicht angefangen, weil ich Bodybuilder werden wollte. Ich bin ins Fitnessstudio gegangen, weil es mir mein Arzt aufgrund meiner Skoliose empfohlen hatte. Der gesundheitliche Aspekt stand für mich schon immer über dem ästhetischen, weswegen ich darauf auch heute noch einen großen Fokus lege.

Mir war es zudem schon immer wichtig gewesen, dass auch meine Klienten ihre Gesundheit förderten und nicht riskierten. Mehr als fünf Jahre lang habe ich die unterschiedlichsten Leute trainiert und sie in Form gebracht – darunter auch einige Celebrity. Durch diese langjährige

Praxiserfahrung und meinem zugrunde liegenden wissenschaftlichen Ansatz weiß ich heute, was funktioniert und was Humbug ist. Die Tipps, die ich dir gebe, sind also auf so gut wie jeden anwendbar und führen von daher auch für DICH unweigerlich zu einer besseren Lebensqualität.

Die gesundheitlichen Vorteile von Krafttraining gegenüber anderen Sportarten sind unübertroffen. Deswegen ist es auch nicht übertrieben, wenn ich sage, dass dieser Sport die Qualität deines Lebens massiv verbessern kann!

Bevor du dich für eine andere Sportart wie z. B. Joggen oder Yoga entscheidest, empfehle ich dir, dem Kraftsport eine Chance zu geben – denn keine andere Sportart bietet dir so viele gesundheitliche Vorteile auf einen Schlag.

Um eine generelle Empfehlung zu Sport im Allgemeinen auszusprechen, ist mein Ratschlag, dreimal, besser sogar viermal in der Woche Sport zu treiben. Wenn du dabei regelmäßig und systematisch trainierst, kannst du v. a. durch Krafttraining folgende Vorteile erwarten:

+ mehr Kraft und Leistung

+ Verbesserung deiner Athletik

+ Aufwertung deiner kardiovaskulären Gesundheit (= Herz und Gefäße betreffend)

+ Erhöhung der Widerstandsfähigkeit deines Körpers und Reduzierung deines Verletzungsrisikos

+ Verbesserung deiner Motorik und Flexibilität

+ Erhöhung deiner Lebensqualität aufgrund u. a. deiner optischen Erscheinung

+ höherer Grundumsatz durch die erhöhte Muskelmasse (du verbrennst den ganzen Tag hindurch und sogar nachts beim Schlafen Kalorien, auch wenn du gerade keinen Sport treibst)

+ gesteigertes Selbstvertrauen

+ höhere Attraktivität

+ Verstärkung der Insulinsensitivität und Reduzierung des Diabetes-Risikos auf ein absolutes Minimum

Wenn du noch mehr zum Thema Krafttraining erfahren willst, lege ich dir mein Online-Programm *ScienceThetics*™ [3] und meinen YouTube-Kanal *„Mischa Janiec DE"* [4] ans Herz.

2) Tool „Bio Hacking"

„Bio Hacking" bedeutet im Grunde genommen, dass du verschiedenste Methoden anwenden kannst, um deinen Körper zu optimieren. Unter diesem Begriff werden aber leider auch sehr viele Unwahrheiten verbreitet. Es werden z. B. teilweise radikale, einseitige Ernährungsformen unter diesem Label vermarktet, obwohl solche Extreme nichts damit zu tun haben.

Mein Ratschlag ist es, dich mit diesem Thema auf wissenschaftlicher Ebene zu beschäftigen und keinen Halbwahrheiten aus dem Internet zu glauben. In diesem Zusammenhang will ich v. a. auf *PubMed*[5] und *Google Scholar*[6] verweisen, bei denen du auf sogenannte *„Peer Reviewed Science"*, (ein Verfahren zur Qualitätssicherung einer Arbeit durch unabhängige Gutachter aus dem gleichen Fachgebiet), zurückgreifen kannst und dich damit nicht mehr mit unprofessionellen und vielleicht sogar komplett unsinnigen Blog-Artikeln rumschlagen musst.

Ich möchte dir im Folgenden einige „Bio Hacking"-Tools zeigen, die für mich bisher am besten funktioniert haben und ich dementsprechend auch uneingeschränkt empfehlen kann:

„Bio Hacking"-Tool „Vegane Ernährung"

Seit einigen Jahren ernähre ich mich rein pflanzlich, da diese Ernährungsform nicht nur die Umwelt schont und Tierleid reduziert, sondern auch für mich in vielerlei Hinsicht erhebliche Vorteile bietet: Mein Körper erholt sich z. B. schneller, wird durch die erhöhte Ballaststoff-Zunahme länger gesättigt, ich kann ein gesünderes Hautbild aufweisen und eine potenzielle Diät fällt mir wesentlich leichter.

Sobald sich dein Körper auf eine pflanzliche Ernährungsform eingestellt hat, kann zudem deine Verdauung begünstigt und das Risiko, an Krebs, Herz-Kreislauferkrankungen und Diabetes zu erkranken, reduziert werden. Eine vegane Ernährung ist somit für jeden eine Win-win-Situation!

Neben den körperlichen Vorteilen hat diese Form der Ernährung auch einen Einfluss auf deine mentale Gesundheit, da du dir jeden Tag vor Augen halten kannst, dass du etwas Gutes für die Welt tust und für dein Essen kein Lebewesen zu Schaden kommt.

Auch wenn eine vegane Ernährung keine wirklichen Nachteile bietet, (abgesehen vom bewussten Verzicht auf einige Speisen), solltest du dich zuerst darüber genau informieren und Schritt für Schritt immer wieder kleinere Anpassungen vornehmen, damit deine potenzielle Umstellung erfolgreich verlaufen kann. Viele, die bereits einmal versucht haben, sich pflanzlich zu ernähren, haben den Fehler gemacht, zu schnell ihre gesamte Ernährung auf den Kopf stellen zu wollen. Dies hat jedoch nur dazu geführt, dass sie genauso schnell wieder aufgegeben haben. Deswegen empfehle ich dir, dir für alternative Ernährungsformen im Allgemeinen Zeit zu lassen. Niemand drängt dich. Dann ist nämlich auch eine langfristige Umstellung realistischer und wird dir in der täglichen Umsetzung viel leichter fallen.

Mehr Informationen zum Thema vegane Ernährung: Das E-Book „Built By Plants"[7], (ein Ernährungs-Guide meiner Wenigkeit), „Vegan-Klischee ade!"[8] von Niko Rittenau und natürlich „The Gamechangers"[9], (ein Film über vegane Profi-Athleten, bei dem ich sogar eine kleine Rolle habe).

„Bio Hacking"-Tool „Intermittent Fasting"

Zu „Bio Hacking" gehört auch eine weitere Ernährungsform, die sich jedoch nicht auf den Aspekt WAS, sondern WANN du isst, bezieht. Vielleicht hast du schon einmal von intermittierendem Fasten gehört – Intermittent Fasting bedeutet, dass du für einen bestimmten Zeitraum am Tag fastest und deine Nahrung ausschließlich in einem anderen festgelegten Zeitfenster zu dir nimmst.

Es gibt bei diesem Ernährungskonzept verschiedenste Ansätze, doch der gängigste und den auch ich dir empfehle, ist die sogenannte „16/8-Methode": Du fastest hierbei für 16 Stunden pro Tag (am Stück!) und isst ausschließlich im noch verbleibenden 8-Stunden-Fenster. Wann du dieses Zeitfenster innerhalb der 24 Stunden eines Tages legst, ist dir überlassen und sollte an deinen persönlichen Alltag angepasst sein, damit du nicht allzu viel Entbehrungen erfahren musst. Das kann z. B. heißen, dass du von 12–20 Uhr isst, während du von 20–12 Uhr fastest und nur Wasser oder kalorienfreie Getränke wie Wasser oder schwarzen Kaffee trinkst.

Da sich dein Körper natürlich noch nicht von Anfang an an die neuen Essenszeiten gewöhnt hat, werden sich die ersten Tage vermutlich schwer anfühlen. Aber nachdem du diese hinter dir hast, du eine Gewohnheit daraus gemacht hast und dadurch dein Fokus nicht mehr so stark auf deiner Nahrungsaufnahme liegt, profitierst du im Endeffekt von mehr Zeit und steigerst auch deine Produktivität.

Mehr Informationen zu diesem Ernährungskonzept erhältst du z. B. auf *ScienceThetics*™ ³.

„Bio Hacking"-Tool „Atem-Techniken"

Unterschiedliche Atemtechniken sind ein weiteres „Bio Hacking"-Tool, mit dem man extrem schnell und auch effektiv eine „Mind-Body-Connection" aufbauen und dadurch schnell entspannen kann. Da ich realisiert habe, wie wertvoll diese Art von Verbindungen von Geist und Körper sein kann, beschäftige ich mich kontinuierlich mit verschiedensten Atemtechniken, die mir in unterschiedlichen Situationen helfen.

Im Folgenden will ich dir eine sehr einfache Atem-Methode zeigen, die du anwenden kannst, wenn du dich gerade in einer Stresssituation befindest und das Bedürfnis hast, dich kurz entspannen zu wollen:

Atme tief ein und fülle dabei deine Lunge mit so viel Luft wie möglich.

Atme danach langsam wieder aus.

Wiederhole diese Atmung 5- bis 20-mal.

Lege das Buch nun kurz beiseite und probiere es jetzt gleich einmal selbst aus! Nach bereits 5 Durchgängen wirst du merken, dass sich dein Körper komplett anders anfühlen wird – du bist entspannter, fühlst dich leichter und nimmst alles viel klarer wahr.

Da das Thema Atemtechniken unglaublich vielseitig und individuell ist, möchte ich dich bitten, zusätzlich eigene Recherche zu betreiben. Um dir dabei einen ersten Anhaltspunkt zu liefern: Wim Hoff ist einer der bekannteren Mentoren auf diesem Gebiet.

„Bio Hacking"-Tool „Kalt duschen"

Als ein weiteres „Bio Hacking"-Tool kann morgens nach dem Aufstehen in eine kalte Dusche zu springen, genügend Endorphine ausschütten, um dir ein erstes Glücksgefühl zum perfekten Start in den Tag zu geben. Ebenso wirst du dadurch schneller wach, aktiver und auch fit, um optimal in den Tag starten zu können. Wenn du also mal schlecht gelaunt sein solltest, wäre es dementsprechend gar nicht mal so schlecht, dich sogar mit eiskaltem Wasser zu duschen.

Mit der Zeit stärkst du mit diesem „Bio Hacking"-Tool auch deine Willenskraft, da du dich jedes Mal bewusst aus deiner Komfortzone bewegst. Kalt zu duschen, kann innerhalb kürzester Zeit sogar generell deine Disziplin steigern, da du dich dafür überwinden musst – was du wiederum in andere Bereiche deines Lebens übertragen kannst. Sieh es z. B. mal so: „*Wie schwierig könnte es noch für dich sein, ins Fitnessstudio zu gehen oder ähnlich ,anstrengende' Dinge zu tun, wenn du dir bereits jeden Morgen freiwillig deinen Arsch abfrierst?*" Auch auf diesem Gebiet ist Wim Hoff ein Experte und die erste Anlaufstelle, wenn du mehr über dieses Thema erfahren willst.

„Bio Hacking"-Tool „Supplements"

Früher noch kontrovers und umstritten – heute stoßen Supplements (Nahrungsergänzungsmittel) bei fast jeder Altersgruppe auf Interesse. Aufgrund des zunehmenden Verständnisses über den menschlichen Körper und der fortschreitenden Wissenschaft darüber kann man die Vorteile bestimmter Supplements heutzutage nicht mehr abstreiten. Ich zähle sie als „Bio Hacking"-Tool, weil man mit ihnen seinen Körper positiv beeinflussen kann.

In den letzten zehn Jahren habe ich dutzende Supplements ausprobiert, von denen manche mehr und manche weniger nützlich für mich waren. Damit du nicht dieselben Fehlkäufe wie ich machen musst, will ich dir im Folgenden eine Aufzählung mit den für mich sinnvollsten Supplements zur Verfügung stellen:

Kreatin, Omega-3, Vitamin D3, Vitamin B12, Proteinpulver

Gar nicht mal so viel, oder?

Auf die einzelnen Vorteile dieser Supplements einzugehen, würde den Rahmen dieses Buchs sprengen, weswegen ich eine kurze Erklärung dazu allgemein halten werde: Setzt du Nahrungsergänzungsmittel richtig ein, kann es dein Immunsystem verbessern, was wiederum das Risiko, krank zu werden, um einiges reduziert. Ebenso können Supplements nicht nur zu einer Leistungssteigerung beim Sport führen, sondern auch zu einer verbesserten Laune!

Für Leute, die sich pflanzlich ernähren oder sportlich stark aktiv sind, sind zusätzlich weitere Mineralstoffe und Vitamine wie bspw. Vitamin K2, Vitamin B2, Calcium, Jod, Selen, Eisen und Zink empfehlenswert, die supplementiert werden können. Ich habe mit meinem Supplement-Partner *Rocka Nutrition* z. B. ein veganes All-In-One-Produkt erstellt, das die wichtigsten Mikronährstoffe, die ich oben erwähnt habe, abdeckt.

Mehr Informationen zum Angebot der Supplements von *Rocka Nutrition*[10] findest du auf meinem YouTube-Kanal „*Mischa Janiec DE*"[4].

3) Tool „Selfcare"

Ja, zum Bereich „Körperliche Gesundheit & Fitness" gehört tatsächlich auch Selfcare bzw. Selbstliebe, was bedeutet, dass du dich proaktiv um dich und deine Gesundheit kümmern solltest. Die meisten Menschen machen den Fehler, sich erst um ihre Gesundheit zu sorgen, wenn sie bereits krank sind. Das ist ungefähr so, als würdest du erst damit anfangen, deine Zähne regelmäßig zu putzen, wenn du schon Karies hast.

Aber es geht hierbei nicht nur um deine physische, sondern auch um deine psychische Gesundheit. So gehe ich bspw. hin und wieder zur Massage oder in die Sauna, um mich zu entspannen. Auch Sex spielt eine große Rolle in der Stressregulierung. Sex ist ein menschliches Bedürfnis, kann deinen Blutdruck senken und zählt in gewisser Weise auch als Sport. Dabei werden Glückshormone wie Oxytocin und Dopamin ausgestoßen, die dich danach zudem glücklich machen.

Diese Beispiele und noch vieles mehr sind alles Aktivitäten, die du hin und wieder machen solltest, um dich zu entspannen und zu belohnen. Natürlich gibt es noch tausend weitere Arten, wie du Selfcare ausüben kannst, weswegen du einfach vieles ausprobieren solltest, damit du herausfindest, was DIR besonders guttut.

So hat für mich nicht nur der Kraftsport und „Bio Hacking" dafür gesorgt, dass ich seit 2015 nicht mehr krank gewesen bin. Das ist jedoch keine Hexerei! – Dadurch, dass ich bewusst Dinge umsetze, um mein Stresslevel konstant niedrig zu halten, gebe ich meinem Immunsystem mehr Kapazitäten, was wiederum dazu führt, dass ich gesund bleibe.

Selfcare im Rahmen dieser „Treatments" für dich selbst kann sogar so weit gehen, dass du dich z. B. morgens einfach mal frisch machst, dich mit Mandelöl einreibst oder auch eine Stretching-Session einlegst. Sieh deinen Körper nicht nur als dein Äußeres an. Betrachte ihn vielmehr als einen Tempel, als ein Vehikel für deinen Geist und als deinen lebenslangen Wegbegleiter. Schone ihn mit allen Mitteln und pflege ihn bestmöglich – jeden Tag! Selbstliebe ist nämlich kein Gefühl, sondern eine Tätigkeit. Indem du dich hin und wieder belohnst, sagst du deinem Unterbewusstsein, dass du dir wichtig bist. Dies kann nicht nur dazu führen, dass du generell entspannter durch deinen Tag gehst, sondern auch von einem höheren Selbstvertrauen profitierst.

Um die Tools des ersten Levels noch einmal zusammenfassen: Treibe mindestens dreimal in der Woche Sport und beeinflusse deinen Körper durch Atem-Techniken, Supplements, einer veganen Ernährung und optional durch kaltes Duschen. Kümmere dich um dich selbst und übe täglich Selfcare aus! So schaffst du ein ideales Fundament für dein Leben und bist optimal für das zweite Level der ChainlessLIFE-Pyramide gewappnet.

LEVEL 2: SELBSTBEWUSSTSEIN & SELBSTBILD

1) Tool „Meditation"

Vorab möchte ich dir sagen, dass mein eigener Meditations-Ansatz in keine esoterische Richtung geht. Auch wenn es dem ein oder anderen durchaus mehr Bedeutung geben kann, wenn Meditation mit einer Art Verbindung zum Übersinnlichen assoziiert wird, halte ich persönlich nicht viel davon. Ich fokussiere mich von daher auch im Folgenden ganz klar auf die „nachweislichen" Vorteile, die die Meditation für unseren Alltag bringen kann.

Es gibt bei dieser Art zu meditieren natürlich viele verschiedene Ansätze. Ich will dir hier die Methode zeigen, mit der ich bisher die besten Erfahrungen gemacht habe: Setze dich hin, schließe deine Augen und zähle dabei jeden einzelnen Atemzug. Sobald du bei 20 angekommen bist, versuche jeden Gedanken loszulassen und dich zu entspannen – lausche den Geräuschen um dich herum, einschließlich deines eigenen Atems. Lausche den Geräuschen und tue nichts anderes, als diese wahrzunehmen. Mache das so lange, bis du alles zur Kenntnis genommen hast, was es wahrzunehmen gibt.

Wenn du in einem sehr ruhigen Raum sein solltest, kannst du zudem versuchen, in dich hineinzufühlen und dabei jeden einzelnen Körperteil zu spüren.

Vielen geht es in der Meditation darum, bewusst nichts zu denken. Ich weiß jedoch, wie du übrigens auch bereits, dass man seine Gedanken nicht kontrollieren kann, weswegen das auch nicht mein Ziel ist. Mir geht es vielmehr darum, mich beim Meditieren von meinen Gedanken zu distanzieren und mich nicht mit ihnen zu identifizieren. Ich bin nämlich nicht derjenige, der die Gedanken erzeugt – ich bin nur derjenige, der ihnen zuhört.

Keine Angst, Meditation wird bei vielen nicht gleich auf Anhieb Erfolge erzielen – aber das ist völlig normal. Erst nach frühestens drei bis sechs Monaten kannst du damit rechnen, merkliche Unterschiede erkennen zu können. Bei manchen kann dies sogar Jahre dauern – also sei geduldig.

Sobald du der Meditation einen Platz in deinem Alltag freihältst, wird dein Geist automatisch entspannter und ruhiger, wodurch du insgesamt ein stressfreieres Leben führen kannst. Du lernst dadurch, dich von deinen Gedanken zu distanzieren, und du lässt dich nicht mehr so leicht aus der Ruhe bringen. Du schaffst einen Ort in dir, an den du immer zurückgehen kannst, sobald es in der Außenwelt zu stressig wird. Dort kann es nämlich echt laut werden und vielleicht hast du auch generell eine Menge Sachen um die Ohren – aber genau dann hast du durch Meditation die Möglichkeit, für einen Moment in dich zu gehen und die Ruhe zu genießen.

Vergleiche das Ganze mal z. B. mit gesundem Essen: Du kannst dich dazu entscheiden, dich gesünder zu ernähren, aber die erste Zeit gar keinen Unterschied feststellen können. Erst mit der Zeit wird dir auffallen, dass du dich fitter fühlst und auch nicht mehr so oft krank wirst. Bleib also stets dran und mache die Meditation zu einer lebenslangen Gewohnheit!

Meditation ist wie ein Lautstärkepegel für deine Gedanken – nach und nach wird es in deinem Kopf ruhiger werden und du wirst dadurch deine Gedanken als das wahrnehmen, was sie eigentlich sind: Bilder, Geschichten und Worte – mehr nicht. Sobald du diese bewusst wahrnehmen und dich von ihnen distanzieren kannst, wirst du entspannter durch deinen Alltag gehen, selbstbewusster werden, dein Selbstbild leichter steuern können und – das hört sich jetzt doch etwas esoterisch an – mit deiner Seele in Verbindung treten.

Für einen guten Start in das Thema Meditation empfehle ich dir die App „Waking Up with Sam Harris", die geführte Meditationen im Repertoire hat und dich dadurch von Anfang an an die Hand nimmt.

Doch viele Leute schaffen es gar nicht erst, sich für eine so lange Zeit der Meditation zu widmen, wodurch sie leider sehr schnell wieder damit aufhören und nicht von den Vorteilen profitieren können. Ebenso gibt es Leute, die wirklich jahrelang meditieren und dennoch nicht den gewünschten „Effekt" spüren können. Jedoch führen mehrere Wege nach Rom und auch für diese Leute gibt es eine Art „Abkürzung", die sie eventuell nehmen könnten, um dennoch ihr Selbstbewusstsein massiv zu steigern und mit sich ins Reine zu kommen:

... Psychedelics.

Diese bewusstseinsverändernde Substanz kann dir einen tieferen Blick in deinen Geist ermöglichen und das hervorbringen, was du nicht direkt sehen kannst. Neben einmaligen Erfahrungen mit Ayahuasca und dem Meskalin-Kaktus, habe ich nur mit dem psilocybinhaltigen Pilz, auch *„Magic Mushroom"* genannt, genügend Erfahrungen gesammelt, um auch darüber schreiben zu können. Tatsächlich praktiziere ich zwei bis drei Mal im Jahr dementsprechende Zeremonien mit einer Handvoll von Leuten. Die Ergebnisse, die wir bisher hatten, waren unglaublich und mit keiner anderen Erfahrung zu vergleichen. Was ich in diesem Zusammenhang allerdings anmerken muss: Viele Leute missbrauchen Psychedelics als Partydroge, wohingegen sie so viel mehr sind als das: Richtig eingesetzt und unter professioneller Überwachung können Psychedelics eine Vielzahl von schwerwiegenden psychischen Problemen wie Süchte, Ängste, oder Ähnliches lösen. Aber sie sind nicht für jeden geeignet. Ja, man kann mit ihnen schneller selbstbewusst werden – allerdings ist diese Erfahrung für viele auch zu krass und sie kommen einfach nicht damit klar. Für jeden sind die Auswirkungen des Konsums von Psychedelics unterschiedlich, weswegen du das, was währenddessen passiert, nicht immer für bare Münze nehmen darfst.

Was ich und einige meiner Freunde dabei erlebt haben, ist, dass sich die eigene Perspektive auf das Leben völlig ändern kann. Man kommt z. B. mit sich selbst in Kontakt, merkt, was einem wirklich wichtig ist, und bekommt die Chance, frühzeitig zu erkennen, ob man sich auf dem richtigen Weg befindet. Es kann sogar so weit gehen, dass der Konsum von Psychedelics deine inneren Ketten lösen kann, indem es dich z. B. mit deinen tiefsten Ängsten konfrontiert oder dich für kurze Zeit komplett von deinem Ego trennt.

Vor dem Konsum derartiger psychedelischer Substanzen gibt es jedoch einiges zu berücksichtigen: Versuche es z. B. gar nicht erst ohne professionelle Betreuung, achte darauf, dass du dich währenddessen mit den richtigen Menschen umgibst, denen du auch vertraust, und dass du dabei an einem Ort bist, an dem du dich sicher fühlst, oder dich ggf. sogar in der Natur befindest.

Ich möchte jedoch niemanden zum Konsum psychedelischer Substanzen auffordern! Bitte informiere dich vorher ausgiebig über die Materie, damit du, wie ich, genau weißt, was auf dich zukommen kann, und wie du dich darauf vorbereiten kannst.

Eine gute Vorab-Information zur Vorbereitung und ausführlicheren Beschäftigung mit diesem Thema kann dir z. B. das Buch *„How to Change Your Mind"* von Michael Pollan sowie ein YouTube-Video[11] von Joe Rogan und Paul Stamets liefern.

2) Tool „Journaling"

Marcus Aurelius war ein römischer Kaiser, der vor knapp 2.000 Jahren die Welt beherrscht hat – und täglich Tagebuch geführt hat. Meine ersten Berührungspunkte mit der stoischen Philosophie, welcher er ein letzter Vertreter war, hatte ich, als ich seine Tagebücher gelesen habe. Ich dachte mir damals nur: *„Wie krass, dass jemand, der so erfolgreich war, Tagebuch geführt hat."*

Aurelius hat mich also noch Jahrhunderte nach seinem Tod dazu inspiriert, selbst Tagebuch zu schreiben. Jedoch nicht, damit ich in einigen Jahren auf meine vergangenen Tage zurückblicken kann, sondern damit ich mich dadurch selbst betrachten und meine Handlungen reflektieren kann!

Journaling, oder auch das Führen eines Tagebuchs, ist definitiv das ultimative Tool zur Selbstreflexion! Wenn du ein Tagebuch führst, hältst du nämlich deine Gedanken fest, indem du deinen Tag aufschreibst. Im Prinzip führst du damit eine Konversation mit dir selbst. Denke bspw. jetzt gleich noch einmal über deinen heutigen Tag nach und frage dich, was du gut gemacht hast und was du beim nächsten Mal vielleicht besser machen kannst.

Was ist dir widerfahren? Gab es eine Situation, die dir Stress bereitet hat? Hattest du z. B. Streit mit deiner Freundin? Gab bzw. gibt es (immer noch) etwas, das dich bedrückt?

Egal worum es geht – beim Journaling hast du immer die Zeit der Welt, dich mit all dem auseinanderzusetzen. Du hast dabei zudem die Möglichkeit, deinen Verstand zu schärfen, dich besser kennenzulernen und mit mehr Klarheit über dein Leben nachzudenken. Du lernst, Verantwortung zu übernehmen und weißt dadurch ganz genau, was du in deinem Leben (bereits) unter Kontrolle hast und was nicht. Du wirst auch schneller Entscheidungen treffen können, weil du die Dinge vorher in Ruhe mit dir ausdiskutiert hast. Wenn du z. B. einen Streit mit jemandem hattest, kommst du dadurch eher zur Einsicht, ob du vielleicht etwas falsch gemacht hast. Dadurch, dass du im Rahmen eines Journalings auch über deine schlechten Erfahrungen sprichst, kannst du schneller mit diesen abschließen. Destruktive Handlungen wirst du von daher in Zukunft eher unterlassen können, weil du durch das Tagebuchschreiben realisierst, dass du in Zukunft eher anders agieren solltest. Ebenso kann dich Journaling in allen anderen Bereichen deines Lebens beflügeln und dir in jeder Hinsicht mehr Klarheit geben. Jedes Mal, wenn du also auf deinen Tag zurückblickst und merkst, dass du dich in einer bestimmten Situation nicht optimal verhalten hast, kann das Erstellen eines Tagebucheintrags dir die Motivation geben, es beim nächsten Mal besser zu machen.

Journaling hat auch auf deinen Gemütszustand einen nicht zu verachtenden Vorteil: Du kannst dir damit nämlich deine Probleme „von der Seele reden" und sogar oft von selbst auf eine Lösung kommen. Wenn du dich z. B. bei einem Freund oder einer Freundin mal so richtig ausgeredet hast, weißt du, wovon ich rede. Journaling befreit dich und „reinigt" deinen Verstand – gib deinem Tagebuch also einen besonderen Platz in deinem Leben.

Durch die tägliche Reflexion und das Journaling deiner Gedanken, Ideen und Gefühle steigerst du auch dein Selbstbewusstsein jeden Tag – Stück für Stück. Du wirst in der Lage sein, alles besser ordnen zu können und zu lernen, wie auch bei der Meditation deine Gedanken von der Realität zu unterscheiden. Viele deiner Gedanken schwirren nämlich den ganzen Tag nur wirr durch deinen Kopf. Wenn du dich jedoch aktiv darum bemühst, sie einzuordnen und aufzuschreiben, wirst du zu unglaublichen Erkenntnissen kommen, die dein Bewusstsein auf ein neues Level heben werden.

Fang am besten gleich heute damit an, morgens und abends über deinen Tag und deine Gedanken nachzudenken und sie aufzuschreiben, und mache es dir vor allem zu einer lebenslangen Gewohnheit. Wenn du mehr über das Thema Journaling erfahren möchtest, empfehle ich dir Ryan Holidays Buch „*The Daily Stoic*".

3) Tool „Erkennen von Denkfehlern"

Statistisch gesehen gilt das Auto als das unsicherste Verkehrsmittel mit der höchsten Sterberate. Das Flugzeug hingegen als das sicherste mit der niedrigsten Sterberate. Wenn ich jetzt aber 100 Leute fragen würde, vor welchem Transportmittel sie sich am meisten fürchten, würden die Antworten eine klare Tendenz in Richtung Flugzeug zeigen.

Genau das ist ein klassisches Beispiel für einen Denkfehler: Wir nehmen an, etwas zu wissen oder es sicher zu glauben, und merken dabei aber nicht, dass wir eigentlich falsch liegen bzw. dass unsere Wahrnehmung nicht der Realität entspricht. Ohne uns dessen bewusst zu sein, schleichen sich im Laufe unseres Lebens mehrere dieser Denkfehler in unseren Verstand. Sie sind wie ein blinder Fleck: Wir alle sind davon betroffen, aber nur die wenigsten erkennen das auch. Oftmals entstehen diese blinden Flecke sogar automatisch, indem wir Annahmen treffen, ohne ausreichend Informationen über ein gewisses Thema zu haben. Unser Hirn bzw. unsere Intuition füllt automatisch unsere Wissenslücken und nimmt die jeweils daraus entstandene Annahme als wahr an.

Diese Denkfehler bzw. kognitiven Verzerrungen, führen jedoch zu falschen Annahmen, was wiederum zu ungünstigen Entscheidungen und sogar Konflikten führen kann. Wenn uns bspw. jemand eine Uhr für 200 Euro verkaufen möchte, klingt das erst einmal nach viel Geld. Wenn der Verkäufer dir aber sagt, dass sie eigentlich 500 Euro kosten würde, sagt dir dein Verstand, dass 200 Euro wiederum ein sehr guter Preis ist. Ob die Uhr nun wirklich eigentlich 500 Euro kosten würde oder nicht – sie erscheint dir aufgrund der kognitiven Verzerrung automatisch wertvoller. Und dieser Denkfehler kann dich auch schließlich dazu verleiten, dein Geld für die vermeintlich günstige Uhr auszugeben.

Wie du siehst, beeinflussen kognitive Verzerrungen viele unserer Entscheidungen. In gewisser Hinsicht nehmen sie uns sogar einen Teil unserer Entscheidungsfreiheit, da wir dadurch nicht mehr klar und rational denken. Deswegen ist es in diesem Zusammenhang so wichtig, dich so früh wie möglich mit möglichen Denkfehlern zu beschäftigen und dich selbst zu fragen, inwiefern du bereits Opfer dieser kognitiven Verzerrungen bist. Je früher du dir über deine Denkfehler bewusst bist, desto eher kannst du dir auch klar machen, dass du eben NICHT alles weißt und auch nicht musst. Auf diese Weise kannst du in Zukunft bewusstere und auch dementsprechend bessere Entscheidungen treffen, was wiederum dein Leben positiv beeinflussen wird! Und: Wie du bereits weißt, führen mehrere gute Entscheidungen langfristig zu einem selbstbestimmteren und erfüllteren Leben.

Mein Ratschlag an dich: Lies dir den Wikipedia-Artikel zum Thema „Kognitive Verzerrung"[12] durch und mache dir bewusst, dass du bereits Denkfehler hast. Hinterfrage dich dahingehend selbst und verstehe, dass du nicht alles weißt oder wissen kannst und auch nicht wissen musst. Lerne, mit deinen Denkfehlern umzugehen, und mache dir klar, dass dabei dein Verstand nur mit dir Spielchen spielt.

Du erhältst noch mehr Informationen und Anregungen im Buch „Die Kunst des klaren Denkens" von Rolf Dobelli sowie in „Schnelles Denken, langsames Denken" von Daniel Kahnemann.

LEVEL 3: SOZIALLEBEN & INTIME BEZIEHUNGEN

1) Tool „Radikale Transparenz"

Was Transparenz ist, weißt du vermutlich.

Doch was bedeutet es, radikal transparent zu sein?

Für mich bedeutet radikale Transparenz, zu 100 %, d. h. in Bezug auf alles, offen zu sein und stets zu sagen, was man denkt.

Als ich mich 2013 von meiner damaligen Freundin getrennt habe, war das für sie sehr überraschend, wie du aus meiner persönlichen Story des neunten Kapitels bereits weißt. Sie hatte keine Ahnung, dass ich mit unserer Beziehung unzufrieden war, weil ich es ihr nie gesagt hatte. Aufgrund dieser Erfahrung stellt radikale Transparenz seitdem eine Regel für mich dar, die ich sehr ernst nehme und auch immer befolge. Ich sage demnach stets, was ich denke und fühle, auch wenn es mein Gegenüber verletzen könnte.

Kurz- oder mittelfristig gesehen kann es sein, dass man dabei den Kürzeren zieht, da viele Menschen eine offene Art persönlich nehmen und sich dadurch angegriffen fühlen. Auf lange Sicht hat man jedoch die Möglichkeit, sich ein Umfeld zu schaffen, das sich stetig weiterentwickelt und auch keinem Gossip hingibt.

Seitdem ich mich radikal transparent verhalte, haben die Personen in meinem Umfeld keine Sorge mehr, dass ich ihnen etwas verschweigen könnte. Vice versa ermutige ich meine Mitmenschen dazu, auch mit mir offen zu reden, wodurch ich mir wiederum selbst die Sorge nehme, dass *sie* mir etwas verschweigen könnten. Sobald dein Umfeld offen mit dir redet, werden dir diese Personen also auch Dinge sagen, die dich verletzen könnten. Es ist von daher unglaublich wichtig, nichts persönlich zu nehmen! Wenn du deine Freunde und Familie dazu ermutigst, offen mit dir zu sprechen, werden sie dies nämlich nicht als Chance ergreifen, um dich zu beleidigen. Sie wollen, genauso wie du selbst, nur das Beste für dich, und geben dir somit ausschließlich konstruktives Feedback. Sei also offen für daraus entstehende neue Ansichten und wertvolle Diskussionen. Dadurch bieten sich dir nämlich zahlreiche Möglichkeiten, Neues zu lernen und selbst „besser" zu werden – was übrigens nicht nur für platonische und intime Freundschaften, sondern auch für deine geschäftlichen Beziehungen gilt.

Mit der Zeit wirst du dich so durch das Feedback deiner Mitmenschen besser kennenlernen. Das bedeutet für dich, dass du weitere Möglichkeiten erkennen wirst, an dir arbeiten zu können. Durch eure offenen Gespräche kannst aber nicht nur DU dich verbessern, sondern auch deine zwischenmenschlichen Beziehungen werden tiefer und besser! So habe ich z. B. durch meine Freunde erkannt, dass ich oft zu laut rede, manche Leute nicht ausreden lasse oder zu oft fluche. Die verdammte Wahrheit ...

Für weitere Informationen und ein tieferes Verständnis zum Thema Transparenz in deinem Leben empfehle ich dir die Bücher *„Principles"* von Ray Dalio und *„Die vier Versprechen"* von Don Miguel Ruiz.

Was kannst DU durch radikale Transparenz über DICH lernen?

2) Tool „Gesunder Egoismus"

Selbstlosigkeit ist ein Begriff, der in unserer Gesellschaft fast durchweg positiv konnotiert ist und von vielen als eine Tugend wahrgenommen wird – jedoch kann zu viel Selbstlosigkeit auch toxisch und destruktiv sein und sich in das genaue Gegenteil umkehren: nämlich in Selbstsucht.

Selbstlosigkeit im engeren Sinn bedeutet, dass man sich selbst aufopfert und sich mehr um das Glück anderer als um sein eigenes kümmert. Diese „selbstlosen" Menschen vernachlässigen ihre eigenen Bedürfnisse und sind ständig damit beschäftigt, Gefallen für andere zu tun. Dies können dabei auch Dinge sein, die man eigentlich gar nicht machen will, oder für die man nicht einmal geradestehen kann. Zudem kommen diese „selbstlosen" Taten oftmals nicht aus Liebe zu seinen Mitmenschen zustande, sondern aus Angst. Angst, nicht akzeptiert zu werden. Angst, verurteilt zu werden. Angst, nicht geliebt zu werden, wenn man nicht selbstlos handelt.

Das toxische und destruktive Pendant Selbstsucht hingegen bedeutet, ausschließlich an sich selbst zu denken, alles nur für sein eigenes Wohlergehen zu entscheiden sowie die Bedürfnisse und Wünsche der anderen zu ignorieren. Wie so oft liegt der optimale Weg zwischen diesen zwei Extremen in der Mitte. In diesem Fall: in einem gesunden Egoismus. Gesunder Egoismus fängt mit Selbstbewusstsein an. Nur wenn du dir deiner Wünsche bewusst bist, hast du auch die Möglichkeit, sie offen zu kommunizieren. Gesunder Egoismus bedeutet, das zu tun, was man selbst tun will, und die Dinge zu unterlassen, die man nicht tun will. Es bedeutet jedoch nicht, überhaupt keine Gefallen mehr für seine Freunde zu tun. Es bedeutet vielmehr, seinen Freunden nur genau dabei zu helfen, wo man ihnen tatsächlich selbst helfen kann und auch möchte.

Wenn mich z. B. ein Freund fragt, ob ich ihm beim Umzug helfen kann, lautet meine Antwort Nein. Ich sage ihm jedoch nicht ab, weil ich faul bin oder keine Lust dazu habe, sondern weil ich weiß, dass ich mich dabei leicht verletzen könnte, und ich das wiederum selbst nicht möchte. Ich empfehle ihm lieber, einen anderen Kollegen zu fragen oder eine Umzugsfirma zu beauftragen. Fragt mich jemand stattdessen nach Trainingstipps, bin ich gern zur Stelle und tue ihm auch diesen Gefallen.

Wenn ich also meinen Freunden einen Gefallen tue, sollte mir das in jedem Fall auch etwas zurückgeben, da ich mich sonst nur ausgenutzt fühlen würde. Manchmal ist es dabei einfach nur ein Dankeschön, was mir ein gutes Gefühl gibt. Manchmal erwidern meine Freunde den Gefallen auch auf andere Weise, indem sie z. B. *mir* bei etwas helfen oder mich zum Essen einladen.

Für den ein oder anderen kann diese Sichtweise schwer zu verdauen sein, weil man glaubt, dadurch seine Freunde zu verprellen, aber sei mal ehrlich: Was ist dir lieber? Ein Freundeskreis, in dem du dich verpflichtet fühlst, jedem helfen zu müssen, damit er auch weiterhin dein Freund bleibt, oder ein Freundeskreis, der deine Ansicht teilt, und in dem dich jeder nach Hilfe fragen kann, aber nicht sauer ist, wenn du es nicht tust? Genauso bitte ich dementsprechend meine Freunde nur um Hilfe, wenn ich sie wirklich benötige, und bin ihnen aber nicht böse, wenn sie meine Frage nach Unterstützung verneinen.

Damit du nie das Gefühl haben wirst, ausgenutzt zu werden, solltest du dir also immer im Vorhinein überlegen, ob du deinen Freunden den Gefallen auch wirklich tun WILLST. Plus: Wenn du ihnen widerwillig hilfst, bist du sowieso keine allzu große Hilfe. Denke immer im Sinne von Win-win-Situationen – was bedeutet, dass beide Parteien etwas von der Unterstützung haben sollten.

Sofern du die andere Partei vernachlässigst, wirst du langfristig gesehen keine Freunde mehr haben und zudem einen schlechten Ruf genießen – sprich, du würdest letztendlich selber darunter leiden. Vernachlässigst du allerdings dich selbst, wirst du dich schlecht fühlen *und* auch irgendwann selbst keine Lust mehr haben, zu helfen.

In der Anfangsphase meiner Beziehung mit Sarinia habe ich sie z. B. ständig nach Kleinigkeiten gefragt, die sie für mich auch getan hat. Doch mit der Zeit entwickelte sie dadurch einen leichten Groll und fühlte sich ein wenig ausgenutzt, was sie mir auch irgendwann klargemacht hat. Seitdem ermutige ich mein Umfeld dazu, auch mal Nein zu sagen, wenn jemand etwas nicht machen will. Ich weiß nämlich, dass ich es andernfalls mit einem passiv-aggressiven Verhalten ihrerseits zurückbekommen könnte.

Schlussendlich ist jeder selbst dafür verantwortlich, was er tut und was nicht. Wenn jemand z. B. ständig das Essen seiner Freundin bezahlt, ist das zwar kein Problem an sich, aber dann sollte er sich auch nicht im Nachhinein darüber beklagen und sich ausgenutzt fühlen. Wichtig dabei ist, dass du weißt, wie du die Anfragen deiner Freunde „richtig" ablehnst. Wenn du einfach nur sagst: *Jaaa, ..., neee ... ich habe keine Lust."*, dann ist es absolut nachvollziehbar, dass sie dich nicht als guten Freund anerkennen. Ich empfehle dir dagegen, stets ehrlich zu bleiben und ein Nein mit Selbstvertrauen zu entgegnen, wie z. B.: *„Lieb, dass du mich fragst, aber das liegt mir nicht und ich möchte meine Zeit lieber in etwas anderes investieren. Ich hoffe, dass du das verstehst. Wenn du aber bei etwas anderem Hilfe brauchst, kannst du mich gern dazu fragen."*

Handle nach dem, was du willst, und fürchte dich nicht davor, nicht akzeptiert zu werden oder deine Freunde zu vergraulen, wenn du ihre

Bitte ausschlägst. Jedes Mal, wenn du Ja sagst, musst du nämlich woanders Nein sagen.

Also: „Wo sagst du Nein, um dafür bei anderen Dingen die Möglichkeit zu haben, Ja sagen zu können?"

3) Tool „Die Formel für eine funktionierende Beziehung"

Eine Zeit lang dachte ich, für eine Beziehung einfach nicht gemacht zu sein. Erst durch den intimen Kontakt zu meiner jetzigen Freundin Sarinia habe ich endlich verstanden, dass Beziehungsunfähigkeit per se nicht existiert.

In der Regel scheitert eine feste Beziehung immer an einer dieser drei Faktoren: an Verständnis, Akzeptanz oder Commitment. Diese Faktoren hast wiederum nur DU in der Hand, die übrigens nicht nur für eine Beziehung, sondern für dein gesamtes Leben eine entscheidende Bedeutung haben. Wenn man diese Faktoren außer Acht lassen würde, würde es auch bedeuten, dass man nicht nur beziehungsunfähig, sondern lebensunfähig ist.

Schauen wir uns diese 3 entscheidenden Faktoren im Folgenden einmal genauer an:

Verständnis (= Bewusstsein):

Im vorhergehenden ChainlessDENKEN-Teil haben wir bereits darüber gesprochen, wie wichtig es für dich ist, dein authentisches Selbst zu ergründen und dir sowohl deiner Stärken als auch deiner Schwächen bewusst zu werden. Für gesunde Beziehungen aller Art sollte es dein höchstes Ziel sein, dein Gegenüber zu verstehen. Das bedeutet, dass du es zu deinem obersten Ziel machen solltest, z. B. deiner Partnerin gegenüber neugierig zu sein, dich nicht auf Vorurteile zu „verlassen" und die Absichten hinter ihren Aktionen zu verstehen.

Auf diese Weise wirst du zudem aufhören können, egoistisch zu sein, nur an dich zu denken und ihr ausschließlich von *deinen* Problemen zu erzählen. Stattdessen kannst du durch Verständnis zuvorkommend sein und auch ihr zuhören, weil du weißt, dass sie auch Bedürfnisse und Probleme hat, über die sie mit dir sprechen möchte. Wer sich sogar dazu verpflichtet, jemanden wirklich verstehen zu wollen, wird nicht nur sein Gegenüber, sondern auch sich selbst besser verstehen – weil dadurch interessante Gespräche entstehen, die dir Dinge über dich offenbaren, die du sonst vielleicht nie gesehen hättest. Es ist also eine absolute Win-win-Situation für alle!

Akzeptanz (= Bejahung):

Verstehen ist eine Sache, aber das Verstandene jetzt noch akzeptieren?

Wie sagt man so schön? *„Nobody is perfect."* Dein Partner ist es nicht und du bist es auch nicht. Wer lernt, seinen Partner trotz seiner „Fehler" und Schwächen zu akzeptieren, lernt unweigerlich auch, sich selbst mehr zu akzeptieren. Denn oftmals sind die Aspekte, die wir in anderen verurteilen, genau die Dinge, die wir bei uns selbst noch nicht zu 100 % akzeptieren können. Akzeptanz ist einer der wichtigsten Faktoren in einer Beziehung und ein guter Test, um herauszufinden, ob du die andere Person wirklich liebst, so wie sie ist, oder eigentlich nur versuchst, sie zu dem zu machen, was DU für richtig hältst. Und ja, Akzeptanz ist sogar ein Skill, den man lernen kann.

Commitment (= Verpflichtung):

Der für mich entscheidendste und wichtigste Faktor für eine funktionierende Beziehung ist Commitment. Ich sage in diesem Zusammenhang immer, dass „jemanden zu lieben" eine Entscheidung ist. Das klingt jetzt zwar nicht so romantisch, aber wenn du mal darüber nachdenkst, ist es doch eigentlich der Liebesbeweis schlechthin.

Commitment ist das, was eine Beziehung am Leben erhält, wenn die Welt um euch herum zusammenbricht. Wenn etwas Tragisches geschieht, deine Partnerin z. B. schwer krank ist oder eine Lebenskrise hat, wird euch euer gegenseitiges Commitment jede noch so schwierige Phase durchstehen lassen. Viele haben noch den Glauben, dass Streitigkeiten und Diskussionen eine Beziehung zum Bröckeln bringen kann – dabei ist es, wenn man die oben genannten drei Faktoren für eine funktionierende Beziehung (Verständnis, Akzeptanz, Commitment) beachtet, genau andersrum. Durch diese schwierigeren Phasen kannst du deine Beziehung nämlich stärken und nicht nur deine Partnerin, sondern auch dich selbst besser kennenlernen. Nach jedem Streit weißt du bspw., was ihr nicht gefällt, und sie weiß, was dir nicht gefällt. Jeder Struggle bringt somit neue Erkenntnisse und gibt der Beziehung eine tiefere Bedeutung.

Wenn sich zwei Menschen heute trennen, bedeutet es meist einfach nur, dass dieses obligatorische Commitment nicht mehr da war. Keiner von beiden war mehr gewillt, durch die schwierigeren Phasen zu gehen und ihre Differenzen gemeinsam anzugehen. Das ist grundsätzlich nichts Schlimmes, denn es kann auch immer noch andere Gründe geben, wieso man eine Beziehung nicht fortführen möchte. Doch in diesen Momenten lässt sich vor allem erkennen, ob das Commitment zueinander größer ist als der Struggle selbst. Als ich z. B. in einer schwachen und dunklen Phase war, war auch ich zweimal kurz davor, das Commitment für meine aktuelle Beziehung aufzugeben ... Verdammt, bin ich heute froh, dass ich es nicht getan habe.

LEVEL 4: PASSION, KARRIERE & GELD

Kommen wir nun zum vierten Level der CL-Pyramide. Für viele Leute ist ihre Karriere und der damit verbundene Erfolg das Wichtigste im Leben und stellen dies oftmals an erste Stelle. Meine Erfahrungen haben allerdings gezeigt, dass dies oftmals eine ungünstige Priorisierung ist, da die Karriere durch die unteren drei Level erst so richtig beflügelt wird! Du musst nämlich wissen, dass du es wesentlich einfacher haben wirst, deiner Passion nachzukommen, Geld zu verdienen und in deinem Beruf voranzukommen, wenn du gesund und selbstbewusst bist, und wenn du enge Freundschaften pflegst, die dich bei deinen Zielen unterstützen und dir zusätzlich neue Perspektiven liefern.

Deswegen zeige ich dir jetzt, was dahingehend die meiner Meinung nach beste „Investment-Strategie" ist, und wie der Minimalismus dein Leben bereichern kann. Ebenso zeige ich dir, wie du gezielt und effektiv in deiner Karriere vorankommst und dir dabei eine Menge Fehler ersparst. Kommen wir damit auch schon zum ersten Tool: Mentoren und Coaches.

1) Tool „Mentoren & Coaches"

Bill Gates hatte Warren Buffet.
Martin Luther King hatte Gandhi.
Luke Skywalker hatte Obi-Wan Kenobi.

Wir können uns zwar unsere biologischen Eltern nicht aussuchen, aber wir haben die Wahl, wessen „Kinder" wir sein möchten. Oder anders ausgedrückt: Wir können uns aussuchen, wer unser Mentor sein soll.

Was ist aber ein Mentor?

Ein Mentor ist eine Person, die dein Ziel kennt und dich dabei unterstützt, dieses zu erreichen. Zudem hat er das, was *du* machen willst, bereits selbst getan und ist somit weiter als du. Er ist nicht unbedingt ein Lehrer, allerdings vermittelt er dir Wissen und gibt dir seine Erfahrungen weiter. Auch Coaches können in gewissen Phasen von extremer Bedeutung sein. Im Gegensatz zu Mentoren habe sie sich meist auf eine einzige Sache spezialisiert und ermöglichen ihren Klienten genau dort den Durchbruch.

Egal ob Beziehungs-Coaches, Coaches im Bereich Gesundheit & Ernährung oder Coaches für ausgefallenere Sachen wie Sex oder Körpersprachen – sie alle können dich gezielt in einem Lebensbereich voranbringen und dir innerhalb weniger Wochen zu deinem Durchbruch verhelfen, für den du sonst mehrere Jahre und zahlreiche unnötige Erfahrungen aka Fehler gebraucht hättest.

Mit dem Einsatz eines Mentors oder Coaches kannst du nicht nur Zeit sparen, sondern auch viele Fehler vermeiden. Natürlich ist es nicht möglich, in Zukunft alle potenziellen Fehler zu umgehen, jedoch kann ein guter Mentor oder Coach voraussehen, welche du machen könntest, und dir bestmöglich davon abraten.

Da ich z. B. früher noch kein Geld hatte, um mir Mentoren oder auch Coaches leisten zu können, habe ich stattdessen angefangen, mir Ratschläge aus Büchern und YouTube-Videos zu holen. Irgendwann entdeckte ich auch Podcasts, die in meinen Augen sogar noch besser waren, um das Mindset einer Person zu „durchleuchten" und zu studieren. So hatte ich, bis ich 25 war, nie aktiv mit einem Mentor oder Coach gearbeitet, sondern lediglich die verschiedenen Medien konsumiert und so mein Wissen erweitert – was jedoch leider etwas planlos und absolut ineffektiv war. Sobald du die finanziellen und zeitlichen Mittel hast, empfehle ich dir von daher, dein Geld unbedingt in einen Mentor oder Coach zu investieren, der bereits dort ist, wo du noch hinmöchtest.

Warum das so wichtig ist?

Weil er eben diesen Weg schon gegangen ist, deswegen alle möglichen Hindernisse und Stolpersteine kennt und dadurch bereits klare Strukturen für deinen Weg geschaffen hat. Auch das Netzwerk, mit dem du dich durch ihn connecten kannst, kann oft unbezahlbar sein. Suche dir also so bald wie möglich einen Mentor oder spezialisierten Coach und setze dich mit ihm in Verbindung. Finde heraus, wie du ihn am besten erreichen kannst, und teile ihm deine Vision mit. Solltest du noch kein Geld für einen Mentor oder Coach zur Verfügung haben, kannst du auch versuchen, ihm im Austausch mit Wissen kostenlose Arbeit anzubieten, um eine Beziehung aufzubauen und von ihm lernen zu können. Erwarte jedoch niemals, dass dir jemand kostenlos einen Gefallen tut, sondern versuche immer, einen Ausgleich anzubieten. (Die meisten potenziellen Mentoren und Coaches sind übrigens oftmals vielbeschäftigte Leute, die „Fanboys" gegenüber sogar abgeneigt sind – also überschütte sie bitte nicht mit Komplimenten und halte dich in Ansprachen kurz und prägnant.) So habe ich z. B. in den letzten drei Jahren zahlreichen Leuten ohne Entgelt ein Mentorship gegeben und im Gegenzug viel Mehrwert in Form von Arbeit zurückerhalten. Viele meiner ehemaligen Klienten sind heute übrigens Mitarbeiter oder sogar Geschäftspartner von mir geworden.

Viele Leute denken, es sei schwierig, einen Mentor oder Coach zu finden. Jedoch sind das meistens die Leute, die es nie wirklich versucht und damit auch nie wirklich gewollt haben. Denk immer daran, dass Mentoren ein Überangebot an Anfragen haben und deshalb nicht auf deine Nachfrage „angewiesen" sind. Genau deshalb ist es so wichtig, die zugrunde liegende Dynamik zu verstehen, sobald du eine geeignete Person gefunden hast, um es sich nicht bei ihr zu verscherzen. Ich kann hier selbst aus Erfahrung sprechen: Wenn ich heute das Gefühl habe, dass eine Person nur mit mir arbeiten will, um damit anzugeben, oder weil sie denkt, dass ich ihr dabei helfen könnte, das schnelle Geld zu machen, klinke ich mich sofort aus. Hierzu zählen auch Leute, die zuerst dick auftragen und großspurig von ihren Zielen reden, sich aber am Ende doch nicht committen wollen und lieber weiterhin ihre Zeit verschwenden. Wenn du jedoch wie oben genannt vorgehst, wirst du wesentlich bessere Chancen haben, einen geeigneten Mentor oder Coach für dich gewinnen zu können. Falls du das Gefühl hast, dass du z. B. mit mir gut zusammenpassen und erfolgreich arbeiten könntest, kannst du dich gerne unter extra.chainlesslife.com für ein kostenloses Beratungsgespräch bewerben. Aufgrund des hohen Aufwands dieses 1-zu-1-Mentorings, ist die Verfügbarkeit jedoch oft stark begrenzt. Deshalb lohnt es sich, dir Zeit für die Bewerbung zu nehmen, um mich von deinem Willen zur Veränderung zu überzeugen.

2) Tool „Minimalismus"

Vielleicht hast du den Begriff „Minimalismus" schon einmal gehört oder auch die Doku *„Minimalism"* auf Netflix gesehen, und weißt, was diese Denkweise bedeutet. Es geht es nicht darum, wie viele fälschlicherweise glauben, generell keine Sachgüter mehr zu besitzen. Minimalismus ist ein Lifestyle, bei dem es sich vielmehr darum dreht, sich auf die Dinge zu beschränken, die dir einen Mehrwert bieten, und diese auch sinnvoll zu nutzen. Du musst also nicht deine Xbox verkaufen, nur weil sie zum Überleben nicht notwendig ist. Du solltest sie aber verkaufen oder verschenken, wenn sie nur bei dir zu Hause rumsteht und du sie nicht mehr benutzt.

Die Unabhängigkeit, von der ich bereits in einigen der vorigen Kapitel gesprochen habe, manifestiert sich in der Idee des Minimalismus sogar noch besser – was wiederum der ultimative Lifehack für ein besseres Leben ist, das sich unkomplizierter anfühlt, dir mehr Zeit für die wesentlichen Dinge gibt und dir auch viel mehr Freiheit bei allen anderen Entscheidungen lässt. Es gibt schließlich nichts, das du wirklich haben MUSST. Solange du ein Dach über dem Kopf und genug zu essen hast, ist der Rest lediglich ein „Plus". Ich würde sogar sagen, dass es Luxus ist, alles aufzugeben, das du aufgeben kannst!

Seit drei Jahren lebe ich z. B. aus gerade einmal zwei Koffern – und ich liebe es! Es gibt mir einfach ein gutes Gefühl, Sachen nur solange zu verwenden, bis sie irgendwann den Geist aufgeben. Und: Mir wiederum keine neuen Sachen zu kaufen, die mir auf lange Sicht nichts bringen. Ich kaufe mir so gut wie nie etwas Neues – wenn, dann ist der Kauf gut überlegt. Dadurch ist jedes Mal, wenn ich von Ort zu Ort reise, allein der Gedanke befreiend, dass alles, was ich habe und brauche, in zwei Koffer passt.

Wie viele Leute kennst du z. B., die dutzende Sachen bei sich zu Hause stehen haben, die einfach nur verstauben, ihnen aber keinen Mehrwert bieten? Viele von ihnen denken vermutlich, dass diese Dinge von Wert seien, aber eigentlich verbrauchen sie nur Platz. Ich kenne z. B. viele Leute, die gern reisen würden, es aber nicht tun, weil sie durch ihre Wohnung, ihr Auto oder durch sonstige Besitztümer in ihrer Ansicht „örtlich gebunden" sind. Zu viel Hab und Gut kann also auch ein Hindernis sein.

Stell dir jetzt z. B. einmal vor, dass du von heute auf morgen reisen gehen könntest, weil du bspw. kein Auto und auch keine anderen hundert Sachen mehr hast, die dich festhalten.

Ein befreiender Gedanke, oder?

Finanziell kann es dir darüber hinaus genauso mehr Freiheit geben, indem du weniger Geld für Sinnloses ausgibst. Ich habe z. B. einen Kollegen, der einen Großteil seines Geldes für unnützes Zeug ausgibt, das nach gerade einmal drei Monaten keinen Nutzen mehr für ihn hat und nur noch zu Hause rumgammelt. Damit verbrennt er also praktisch sein Geld! Wahrer Reichtum existiert bzw. entsteht hingegen entweder, indem du alles hast, was du willst, oder indem du nur das willst, was du bereits hast. Etwas zu besitzen, ist für das Hirn dasselbe, wie etwas nicht (mehr) zu wollen. Freiheit entsteht also, wenn du bewusst auf Sachen im Leben verzichtest. Auch zeitlich gesehen kann dir die Idee des Minimalismus Vorteile bieten, wenn du z. B. weniger Zeit in Shoppen, (wie bspw. durch das Scrollen auf Amazon), investierst. Das bedeutet für dich mehr Zeit mit deiner Familie, deinen Freunden oder auch für deine Arbeit. Und nicht zu vergessen: mentale Freiheit. Denn was wir wollen, macht uns verletzlich – je mehr wir wollen, desto mehr müssen wir auch dafür tun, es zu bekommen. Was haben z. B. Steve Jobs und Mark Zuckerberg gemeinsam? Denke für eine Sekunde an Steve Jobs und stelle ihn dir bildlich vor. Was hat er an? Jeans, Turnschuhe und einen schwarzen Rollkragenpullover, oder? Was trägt Mark Zuckerberg? Oftmals ein simples, graues T-Shirt. Beide wussten bei der Entscheidung bzgl. ihrer Kleiderwahl, dass sie jedes Mal Energie verbrauchen würden. Aus diesem Grund haben sie ihren Kleiderschrank minimalistisch gehalten und oftmals einfach dieselben Klamotten getragen. Überlege dir also gut, wieso du etwas tust, und ob es den Preis in Form von Zeit und Energie wirklich wert ist.

Wie du bereits in Kapitel 7 erfahren hast, kann uns zu viel Auswahl paralysieren. Genau hier setzt die Denkweise des Minimalismus an: Haben wir weniger Auswahl, müssen wir auch weniger Entscheidungen treffen und sparen dadurch Energie, die wir für wichtigere Dinge nutzen können.

Für den Fall, dass auch DU minimalistischer leben willst, habe ich dir einen 3-Schritte-Plan vorbereitet, den du sofort umsetzen kannst:

1. **Stop Expanding:** Kaufe dir keine neuen Sachen mehr, die du nicht wirklich brauchst, die dich unflexibel machen und zu viel Geld kosten.

2. **Save:** Spare dein Geld und tätige nur noch sinnvolle Investments. Auf die sinnvollste Investment-Strategie gehe ich weiter unten ein.

3. **Reduce:** Verkaufe alles, was du nicht mehr an Kleidern, Einrichtung, Elektronik etc. brauchst und verschenke alles, was du nicht verkaufen kannst.

Falls du noch mehr über die Idee des Minimalismus und dazu, welche weiteren Vorteile dir dieser Lifestyle bietet, herausfinden möchtest, empfehle ich dir, den YouTube-Kanal „Matt D'Avella"[13] anzuschauen. Dort findest du eine Menge Tipps und Tricks in Bezug auf eine minimalistische Einstellung, die du auf dein Leben anwenden kannst.

3) Tool „Investment-Strategie"

Wolltest du schon immer wissen, wie du innerhalb nur eines Jahres deine erste Million verdienst? Wie du sofort deinen Job kündigen kannst und in Rente gehst? Oder in welche Aktien du genau jetzt investieren musst, um sofort finanzielle Freiheit zu erreichen?

Tja, dann ... muss ich dich leider enttäuschen, denn ich kenne darauf auch keine Antwort. Ich kann dir hier also keinen Investment-Plan für ETFs, Immobilien oder Krypto-Währung geben – aber ich kann dir sagen, in was du auf jeden Fall investieren solltest: in DICH selbst.

Im Kapitel über die „10.000-Stunden-Regel" habe ich bereits davon gesprochen, wie wichtig es ist, in sich selbst zu investieren, und wie einzigartig du werden kannst, wenn du einen Skill bis zum Äußersten ausreizt. Doch die Investment-Strategie dieses Kapitels geht sogar über deine Leidenschaft hinaus: Investiere auch in deinen Körper, deine Gesundheit, deine Bildung, deine Erlebnisse, deine Erfahrungen, dein Wissen, dein Mindset, ... einfach in alles, was DICH selbst betrifft, aber nicht in Sachgüter! Sachgüter lassen einen zwar „gut dastehen", aber sei mal ehrlich: Was hast du letztendlich wirklich davon? Ich will damit nicht sagen, dass du kein Interesse mehr daran haben solltest, dein Vermögen auszubauen, denn das solltest du definitiv – allerdings nicht auf Kosten deiner größten Anlage: du selbst. Sieh dich selbst als eine Aktie auf dem Markt, deren Kurs umso höher steigt, je mehr Geld du in dich selbst investierst! Niemand außer dir hat es in der Hand, wie viel du wert bist. Die Welt kann den Bach runtergehen, der Staat kann kollabieren und eine Finanzkrise oder die Inflation kann dir dein angespartes Vermögen nehmen – aber dein Mindset, dein Wissen und deine Erfahrungen kann dir keiner nehmen.

Egal wie schwer es dich im Leben vielleicht einmal treffen wird – mit der richtigen Perspektive und einer unterstützenden Denkweise wirst du jedes Problem in deinem Leben angehen können! Ein kleines Beispiel dazu: Der Unterschied zwischen einem Selfmade-Millionär und einem Glücksspiel-Gewinner ist, dass der Selfmade-Millionär weiß, wie er mit seinem Geld umzugehen hat, und sich z. B. sofort neues Geld beschaffen kann, selbst wenn er Krisen handeln muss. Der Glücksspiel-Gewinner hingegen wird sein Geld innerhalb einiger Jahre oder sogar nur einiger Monate verprassen und letztendlich mit einer Yacht dastehen, die er nicht mehr unterhalten kann.

Wer willst DU sein?

LEVEL 5: SELBSTVERWIRKLICHUNG

Die Tools, die du zur Erreichung deines „höheren Selbst" bisher kennengelernt hast, waren auf die ersten 4 Level der CL-Pyramide ausgerichtet. In diesem Abschnitt will ich dich zum fünften und höchsten Level der Pyramide führen: zu deiner Selbstverwirklichung. Ich empfehle dir, die Tools dieses Kapitels bestenfalls erst anzuwenden, sobald du die unteren 4 Level gemeistert hast. Andernfalls könnten sie nämlich, wie du bereits weißt, deine Entwicklung zum „höheren Selbst" sogar behindern.

Da Selbstverwirklichung eine sehr individuelle Entwicklung darstellt, kann ich für dieses Level jedoch keine allgemeingültigen Tools empfehlen. Die folgenden 3 sind dementsprechend nur diejenigen, die z. B. für mich funktioniert haben, und die ich von daher auch DIR ans Herz legen kann. Für den einen können sie ebenso nützlich sein und positiv wirken, während sie für den anderen vielleicht keine besonderen Auswirkungen haben. Dennoch bin ich mir sicher, dass du durch die 3 folgenden Tools deinen persönlichen Mehrwert ziehen und zumindest eine neue Perspektive zum Thema Selbstverwirklichung erhalten wirst. Behalte diese kleine „Einschränkung" bitte im Hinterkopf, wenn du die folgenden Zeilen liest.

1) Tool „Reisen"

Wenn ich von „Reisen" spreche, meine ich keinen zweiwöchigen All-Inclusive-Luxus-Aufenthalt auf den Malediven – das ist für mich Urlaub. Reisen bedeutet für mich, mindestens 1–2 Monate (oder sogar noch länger) das eigene Land zu verlassen. Zudem ist die zugrunde liegende Intention eine ganz andere: Während es bei einem Urlaub darum geht, sich von seinem Alltag zu erholen, geht es beim Reisen darum, seine Komfortzone und seine Perspektive zu erweitern.

Als ich z. B. noch im Swisscom-Shop gearbeitet habe, habe ich mir gern Urlaub genommen – der für mich auch erholsam, aber nicht erfüllend war.

Das Reisen entdeckte ich erst viel später für mich. Ein ehemaliger Klassenkamerad hat mir damals geholfen, mein erstes Trainingsprogramm, das sogenannte „Lean-Bulk-System", zu erstellen. Sam hatte gerade erst seine Ausbildung beendet und dementsprechend nicht viel Geld zur Verfügung. Doch nachdem wir die Arbeit am Programm beendet hatten, reiste er einfach so für mehr als ein halbes Jahr nach Thailand. Sam machte mir dadurch zwei Sachen klar. Erstens: Das, was ich vorher gemacht habe, war kein Reisen, sondern Urlaub. Zweitens: Man braucht nicht viel Geld, um zu reisen.

Wenn du mich über Social Media verfolgst, weißt du, dass ich inzwischen nonstop am Reisen bin und so gut wie keine Zeit mehr in meiner Heimat, der Schweiz, verbringe. Nachdem ich nämlich diese Leidenschaft erst einmal für mich entdeckt hatte, konnte ich nicht mehr aufhören und wollte von da an die ganze Welt erkunden!

Doch Reisen ist nicht nur eine Leidenschaft – Reisen kann dich auch zu einem besseren Menschen machen und dir helfen, dich stetig weiterzuentwickeln. Im Besonderen existieren für mich 7 Gründe, weswegen ich einen Großteil meines Geldes darin investiere und das Reisen einen besonderen Platz in meiner persönlichen Tool-Box hat:

1. Du wirst weltoffener und lernst unterschiedliche Kulturen kennen

In der Schule hat man etwas gelernt, indem man ein Buch aufgeschlagen und den Inhalt gelesen hat. Wenn du reist, lernst du jedoch nicht einfach nur alle Städte Europas auswendig. Du lernst vielmehr neue Kulturen, Sprachen und Gerichte kennen, die du vorher vielleicht nur aus Büchern gekannt hast. Du wirst zudem weltoffener und erfährst dementsprechend nicht nur, wie das Leben bei dir zu Hause ist, sondern wie es auf der ganzen Welt läuft.

In Südamerika war es bspw. krass für mich, zu erfahren, dass die Menschen dort praktisch keinen Stress kennen. Sie gehen zwar wie wir ihrem Alltag nach, aber gestresst sind sie so gut wie nie. Das ist vor allem ein starker Kontrast zu dem immer höher werdenden Druck in bspw. Deutschland, der wiederum enormen Stress verursacht. Ich weiß, dass es fast surreal klingt, ein Leben ohne Stress haben zu können – aber wenn du es einmal selbst erlebt hast, wozu du auf Reisen definitiv die Möglichkeit hast, wirst du es auch verstehen können.

2. Du lernst dich selbst besser kennen

Neues Land, neue Herausforderungen. Wenn du aus dem Flieger steigst, wirst du fast schon wortwörtlich aus deiner Komfortzone hinausgeworfen und bist dadurch gezwungen, dich an einem neuen und noch fremden Ort zurechtzufinden. Hotels oder Airbnbs buchen, Flüge organisieren, das System anderer Länder verstehen, ... das sind alles Dinge, die du erst einmal lernen musst.

Das macht dich nicht nur stressresistenter, du lernst auch, mit neuen Herausforderungen besser umgehen zu können, und du wirst auch um einiges selbstständiger.

3. Du erfährst neue Perspektiven im Leben

Ist das Glas halb voll oder halb leer? In Kapitel 18 haben wir bereits ausführlich darüber gesprochen, wie sehr es dein Leben verändern kann, wenn du deine Perspektive änderst. Auf Reisen kannst du genau diesen Perspektivenwechsel lernen.

Inzwischen sehe auch ich das Leben aus einem anderen Blickwinkel und betrachte vermeintlich „schlechte" Situationen nicht mehr als negativ, sondern als Möglichkeit zu wachsen. Neben dem Lesen ist das Reisen meiner Meinung nach sogar eines der besten Tools, um seine Sichtweise zu ändern und alles aus einer anderen Perspektive zu sehen.

4. Du hast mehr Zeit für dich

Wenn du in einem anderen Land bist, kannst du einfach mal „auf alles scheißen". Du hast keine SIM-Karte in deinem Handy und kannst dementsprechend nicht angerufen werden. Vielleicht hast du nur in deinem Airbnb oder in einem Café WiFi, weswegen du auch nicht über WhatsApp erreichbar bist.

Dadurch lernst du, Abstand von den Problemen deines Alltags zu nehmen und dich mehr auf dich selbst zu fokussieren. Du hast viel mehr Zeit für dich und kannst diese nutzen, wie auch immer du möchtest.

5. Du lernst das Leben (noch mehr) schätzen

Sobald du wieder in deiner Heimat bist, wirst du realisieren, wie gut du es dort eigentlich die ganze Zeit hattest. Du hast dort nämlich z. B. immer sauberes Trinkwasser, bist relativ sicher und der nächste Supermarkt ist oftmals nur ein paar Minuten zu Fuß entfernt.

Nachdem du in manchen Ländern so viele Menschen sehen konntest, die hingegen auf der Straße leben und um ihr Überleben kämpfen müssen, bist du froh darüber, deine vier Wände um dich herum zu haben. Du wirst dein Leben viel mehr wertschätzen und dich in Zukunft auch weniger über kleinere Probleme beklagen.

6. Du profitierst von stärkeren Beziehungen

Wenn du z. B. mit einem Freund oder deiner Partnerin reist, werdet ihr dadurch automatisch eure Beziehung stärken. Konflikte wird es zwar immer geben, aber wenn ihr gemeinsam verreist, habt ihr nicht mehr die Möglichkeit, einfach wegzugehen und einen potenziellen Konflikt zu „verschieben". Ihr lernt dadurch, besser miteinander klarzukommen und euch sofort mit dem zugrunde liegenden Problem zu konfrontieren. Ebenso sammelt ihr gemeinsam Erfahrungen, geht durch dick und dünn und schafft euch gemeinsam Erinnerungen, die euch stärker aneinanderbinden werden. Mit meinem besten Freund Patrick z. B. habe ich inzwischen so viele Kilometer zurückgelegt und so viele Sachen erlebt, dass unsere Freundschaft dadurch unglaublich gestärkt wurde und uns zusammengeschweißt hat.

7. Du gewinnst neue Freundschaften und Beziehungen

Ob in Bezug auf Freundschaften, Frauen oder Geschäftsbeziehungen: Auf deinen Reisen wirst du unzählig neuen Menschen begegnen, die du nie getroffen hättest, wenn du nur zu Hause geblieben wärst. So habe ich bspw. über mehrere Ecken James Cameron kennengelernt, was wiederum dazu geführt hat, dass ich in seiner Dokumentation *„The Gamechangers"* eine Schauspielrolle übernehmen konnte. Das war aber nur einer von vielen Kontakten, die ich auf meinen Reisen kennengelernt habe. Auch meine Freundin Sarinia habe ich während meines Aufenthalts in Los Angeles kennengelernt.

Wenn du einen neuen, dir noch unbekannten Menschen triffst, weißt du anfangs nie, was dieser Kontakt für die Zukunft bedeutet bzw. welche Möglichkeiten sich dir dadurch eröffnen werden. Vielleicht lernst du deine nächste Partnerin kennen, schaffst dir inspirierende Freundschaften oder erhältst neue Geschäftsmöglichkeiten! Deswegen empfehle ich dir, dahingehend stets offen zu sein und dich neuen Leuten nicht grundsätzlich zu verschließen.

2) Tool „Contribution – Beitrag für die Welt"

Wenn ich von „Contribution" spreche, meine ich, dass man einen positiven Beitrag für die Welt leistet. Contribution wird von vielen sogar als ein menschliches Bedürfnis angesehen, das man nicht vernachlässigen sollte – nämlich danach zu streben, Gutes für die Welt zu tun! Oftmals verstehen viele in diesem Zusammenhang darunter, Geld zu spenden, eine Schule in Afrika zu bauen oder ein Kind zu adoptieren. Dies sind natürlich alles unterschiedliche Formen von Contribution – allerdings ist es nicht notwendig, gleich „so hoch zu greifen", denn es existiert nur eine einzige, grundlegende Bedingung: das Leben einer oder mehrerer Personen zu bereichern.

Somit gibt es auch Millionen von unterschiedlichen Wegen, seinen Beitrag zu leisten. Welchen du letztendlich wählst, ist dir überlassen. Für mich bedeutet Contribution zum Beispiel, Videos zu produzieren, die meinen Fans Wissen vermitteln und sie in ihrem Leben unterstützen, ihnen weiterhelfen und einen Mehrwert bieten. Für Elon Musk bedeutet Contribution, Autos herzustellen, die mit Strom laufen statt mit Gas. Vielleicht bedeutet für DICH Contribution, in einem Obdachlosenheim auszuhelfen, einen Hund zu adoptieren oder auch einfach nur, deine Freunde zu unterstützen, wenn sie Probleme haben.

Beachte, dass es nicht darum geht, das „moralisch Richtige" zu tun – auch wenn es das im Endeffekt ist. Es geht darum, sich selber eine Freude zu machen. Richtig gelesen, auch hier kommt wieder der gesunde Egoismus ins Spiel. Anderen Menschen zu helfen, bereitet uns eine Freude. Oder wie würdest du dich fühlen, wenn du jemandem ein Geschenk machst, aber kein Danke dafür erhältst? Wie gesagt, auch wenn es eine nette Geste ist, tun wir sie letztendlich doch dafür, dass wir uns selbst (durch die dadurch erfahrene Dankbarkeit) gut fühlen.

Also, gib der Welt etwas zurück und leiste deinen Beitrag!

Wie groß er auch ist und wie du ihn im Endeffekt leistest, entscheidest DU selbst.

Wieso steht Selbstverwirklichung durch z. B. Contribution eigentlich so weit oben in der Pyramide?

Natürlich kann man argumentieren, dass man relativ früh anfangen soll, für die Welt etwas Gutes zu tun, aber ich vertrete dabei eine andere Meinung.

Ich bin der festen Überzeugung, dass man erst effektiv und nachhaltig das Leben anderer bereichern kann, wenn man sein eigenes Leben im Griff hat. Es gibt z. B. Menschen, die sind mit Mitte 20 bereits ganz oben auf der Pyramide angekommen und können anfangen, Pläne zu machen, wie sie anderen Leuten helfen können. Dann gibt es aber auch Menschen, die erst sehr spät oder vielleicht sogar nie dort oben ankommen werden, weil sie sich bereits von Anfang an viel zu sehr darauf konzentriert haben, ausschließlich anderen zu helfen, anstatt sich erst einmal selbst zu helfen.

Damit will ich nicht sagen, dass du generell niemandem helfen sollst, bis du die ersten 4 Level der CL-Pyramide gemeistert hast. Du solltest zwar immer mit einer Win-win-Einstellung durch dein Leben gehen – aber wenn deine eigene Entwicklung darunter leidet, solltest du zuallererst an dich selbst denken.

Um dies in ein Beispiel zu bringen – (nennen wir die involvierten Personen einmal Tim und Ralph): Tim steuert jeden Monat 200 Euro für 4 Kinder in einem Entwicklungsland bei, um sie zu verpflegen. Ralph hingegen steuert nichts für andere bei, investiert aber den gleichen Geldbetrag in sein eigenes Unternehmen, um es so wachsen zu lassen. Nach fünf Jahren spendet Tim immer noch 200 Euro im Monat, während Ralph sein Unternehmen mittlerweile so groß gemacht hat, dass er es sich jetzt leisten kann, gleich 40 Kinder mit 2000 Euro im Monat zu unterstützen. Tim hat währenddessen im Vergleich zu Ralph weniger finanzielle Mittel, sowohl damals als auch jetzt, um in sich selbst oder in sein berufliches Weiterkommen zu investieren.

Was meinst du: „Wer hilft der Welt letztendlich ‚am meisten‘"?

Jetzt kann man vielleicht argumentieren, dass man als schlechte Person dargestellt werden könnte, wenn man primär an sich denkt – aber sieh es mal so: Letztendlich geht es darum, was am Ende dabei rauskommt. Wenn du dich anstrengst, erreichst du das höchste Level der Pyramide schon nach wenigen Jahren. Wenn du soweit bist, wirst du dann deinen Fokus mehr auf andere legen und auch deren Leben bereichern können! Letztendlich ist dies das „bessere" Ergebnis für die Welt. Und es ist zudem Fakt, dass man eben manchmal durch Selbstlosigkeit gar nicht erst vom Fleck kommt.

Um dir zu verdeutlichen, wieso es so wichtig für den Menschen ist, etwas Gutes für andere zu tun, möchte ich kurz auf die philosophischen Anschauungen des Hedonismus und des Eudämonismus eingehen: Beide

Philosophien stehen für eine Ethik, deren Ziel Glück ist. Während es beim Hedonismus um ein kurzweiliges Glück in Form von Freude und Befriedigung sowie um die Vermeidung von Stress und Schmerz geht, gehen die Ansichten des Eudämonismus ein wenig weiter: Hier geht es darum, Glück durch einen guten Zweck in seinen Taten zu finden. Hedonistisch ist es zum Beispiel, Videospiele zu spielen. Eudämonistisch hingegen, Bäume im Regenwald zu pflanzen. Obwohl beide Ansätze in der Definition von Glück und vor allem in der Erlangung dessen unterschiedlich sind, sollten sie in meinen Augen zusammengehören!

Das Ziel sollte meiner Meinung nach stets darin gesehen werden, etwas Gutes zu tun, das einem auch Freude bereitet. Dies gibt uns nämlich einen Sinn in unseren Handlungen wie auch Spaß und Befriedigung. Sehr viele Menschen leben jedoch nonstop hedonistisch und kümmern sich nur darum, dass sie Spaß haben und dass es ihnen gut geht. Doch sobald sie alles haben, was sie wollen, kommen sie zur Einsicht, doch etwas zurückgeben zu müssen. Sie haben nämlich sozusagen keine Bedeutung in ihren Taten gesehen und wollen nun lieber den eudämonistischen Ansatz gehen.

Dies ist dementsprechend auch die Philosophie, die ich DIR ans Herz legen möchte.

3) Tool „Eine Gemeinschaft bilden"

Bevor wir Menschen angefangen haben, Agrarwirtschaft zu betreiben, haben wir in nomadischen Gruppen von 100–150 Personen gelebt. Mit dieser Anzahl von Menschen können wir auch eine tiefgründige Beziehung führen und uns mehr als nur oberflächlich mit ihnen beschäftigen. Alles darüber hinaus kann unser Hirn nur schwer bzw. gar nicht verarbeiten. Die Menschen in dieser Art von Gemeinschaft waren damals auch die einzigen, die wir kannten, und somit auch unsere einzigen Bezugspersonen. Viel Kontakt mit anderen Gruppen gab es nicht. Und wenn, dann oftmals nur flüchtig.

Ich bin der Meinung, dass wir uns auch heute noch Gutes tun, indem wir Leute finden, die in dieselbe Richtung blicken wie wir, und dadurch mit ihnen eine Community bilden können. Genau das gibt uns nämlich extrem viel Erfüllung: Du fühlst dich besser verstanden, bekommst mehr Support und als soziales Wesen profitierst du auch mehr davon. Diese Community bzw. die Menschen in ihr müssen übrigens nicht zwingend an einen Ort gebunden sein. Du kannst deine Community auch in der ganzen Welt verteilt haben. Dabei solltest du jedoch beachten, dass diese nicht nur online existieren sollte. Zwar können wir durch Social Media eine Gemeinschaft aufbauen, aber es ersetzt niemals eine „Offline-Community" mit Menschen, mit denen wir tatsächlich „face to face" Zeit verbringen.

Wer ist DEINE Community?

Heute herrscht die Vorstellung, dass ein Kind „am optimalsten" aufwächst, wenn es traditionell mit seiner Mutter und seinem Vater groß wird. Zu früheren Zeiten wuchsen Kinder jedoch nicht nur mit ihren Eltern und Geschwistern auf, sondern auch mit ihren Tanten, Onkel, Großeltern und den anderen Menschen aus dem jeweiligen Stamm. Sprich, es handelten sich um generell größere Familien als heute. Dadurch erhielt ein Kind nicht nur Liebe von den Eltern, sondern auch von vielen weiteren Personen aus dessen Umfeld.

Natürlich kommen heutzutage Kinder noch dazu in den Kindergarten und in die Schule, wo sie weitere soziale Bindungen knüpfen – allerdings sind diese Beziehungen oftmals nicht so eng, wie sie es im damaligen sozialen Umfeld waren. Zu dieser Zeit waren nämlich alle Kinder und alle Erwachsenen Teil einer großen Familie, in der sie unterstützt wurden und von der sie lernen konnten.

Sofern wir nur von unseren Eltern lernen, lernen wir auch nur deren Sichtweisen kennen, wodurch unsere Perspektive relativ klein bleibt. Haben wir jedoch mehr Bezugspersonen um uns herum, können wir auch unsere Perspektive vergrößern. Wenn DU nun keine Community in dieser Art finden kannst, in die du „reinpasst", solltest du selber die Zügel in die Hand nehmen und dir einfach eine „erschaffen" – und zwar ausschließlich mit Menschen, zu denen du dich hingezogen fühlst, und die in dieselbe Richtung blicken wie du. Ich sage nicht, dass das jeder machen MUSS, aber ich habe das Gefühl, dass man sich als Mensch in einer Gruppe von Leuten, die dich inspirieren, besser verwirklichen kann. Jeder in einer Community hat Qualitäten jeglicher Art, die er an andere übergeben kann. Lerne also von ihnen, aber schau, dass du nicht nur auf dein eigenes Wohlergehen aus bist, sondern auch etwas an sie zurückgibst. Denke stets an eine Win-win-Situation für alle.

In einer Community helft ihr euch also ständig untereinander und unterstützt euch bestmöglich. 2 Rollen in deiner Community, die dir auf jeden Fall bei deiner Selbstverwirklichung helfen können, sind folgende:

1. „**Accountability Partner**": Hiermit sind Leute auf deinem momentanen Level der CL-Pyramide gemeint, die du unterstützen kannst und vice versa. Ihr haltet euch in diesem Sinne gegenseitig „*accountable*" und schaut darauf, dass jeder von euch seine Ziele erreicht. Dies kann zum Beispiel bedeuten, dass ihr gemeinsam ins Fitnessstudio geht, damit keiner von euch das Training vernachlässigt.

2. Wenn man große Ziele hat, ist es auf jeden Fall empfehlenswert, auch ein „**Board of Advisors**" zu haben. Stell dir dieses Board wie einen großen Tisch mit Leuten aus allen möglichen Berufsfeldern vor, die in ihrem Gebiet absolute Spitze sind, und die dir dabei helfen können, deine Ziele zu erreichen. Ich selbst habe z. B. in meiner eigenen Community 2–3 Leute aus dem Bereich Medizin sowie 2–3 Leute aus dem Finanzwesen, die in ihrem Gebiet Weltspitze sind, und auf deren Wissen ich immer zugreifen kann, wenn ich ihre Hilfe benötige. Genauso helfe ich aber auch ihnen, wenn sie Fragen in Bezug auf Gesundheit, Kraftsport oder Persönlichkeitsentwicklung haben – eben der Bereich, in dem ich Weltspitze bin. Dies sind meine persönlichen „Accountability Partners" und „Advisors".

Mit dieser Art von Unterstützung kannst du z. B. sogar von übergeordneten Institutionen unabhängiger werden, da ihr euch mehr auf eure persönliche und vertraute Community verlassen könnt statt auf andere. Du hast dabei das „Endlevel" erreicht, sobald deine Community sich gegenseitig versorgt, ihr euch gegenseitig unterstützt und du nicht mehr zu stark auf deine Außenwelt angewiesen bist.

Je länger ich selbst das Ziel einer aufbauenden Gemeinschaft im Sinne dieser Art von Community verfolgte, desto mehr Leute fand ich, die dieselben Überzeugungen und Werte teilten und eine ähnliche Vision verfolgten. Und ich merkte, dass es ein schönes Gefühl ist, solche Leute zu kennen. Deswegen ist dieses letzte Tool für mich ein auch noch heute fortlaufendes Projekt, das ich ständig weiterentwickeln möchte, und von daher JEDEM, also auch DIR, ans Herz lege.

Bevor du dieses Kapitel abschließen kannst, wartet noch eine Aufgabe auf dich. Wie bereits zu Beginn in Aussicht gestellt, stellt dieses Kapitel meine persönliche Tool-Box dar und beinhaltet ausschließlich Tools, die mir selbst am meisten geholfen haben, um jedes Level der CL-Pyramide meistern zu können. Da jedoch jeder Mensch individuell ist, kann dir diese Box lediglich als Orientierung dienen und wird auch nicht für jede Person dieselben Ergebnisse liefern. Meine Tool-Box ist entstanden, da ich jahrelang mehrere verschiedene Dinge ausprobiert habe. Ich habe, so viel es ging, getestet und geschaut, was für mich funktioniert. Doch diese Tool-Box ist noch lange nicht vollständig, da ich mich stetig weiterentwickle und Neues dazulerne. Aus diesem Grund teile ich meine neuen Erkenntnisse immer wieder auf meinem Podcast und in meinem E-Mail-Newsletter „*ChainlessChronicles*"[14], den du, wenn du möchtest, auf meiner Website chainlesslife.com abonnieren kannst.

Sobald du DEIN eigenes ChainlessLIFE lebst, solltest du dir von daher deine eigene, individuelle Tool-Box erstellen. Mit deren Hilfe wirst du stets wissen, was du tun musst, um jedes einzelne Level der CL-Pyramide für dich zu meistern und letztendlich die ultimative Freiheit erreichen zu können.

Wenn du übrigens ein geiles Tool finden solltest, das ich in meiner Tool-Box noch nicht aufgelistet habe, würde ich mich freuen, wenn du mir eine Nachricht schreibst und dieses mit mir teilst! Sharing is caring.

KAPITEL 32

Commitment #5:
Löse dich von Geld

"Never risk what you have and need for what you don't have and don't need."

WARREN BUFFET

Nachdem wir uns im letzten Kapitel ausführlich mit jedem Level der CL-Pyramide und den dazugehörigen Tools beschäftigt haben, weißt du nun, wie du dein Leben strukturieren solltest, und welche deiner Aufgaben die höhere Priorität haben sollten. Im ChainlessHANDELN-Teil solltest du dir dafür zunächst 4 Commitments geben: mit deinen Gewohnheiten zu arbeiten, die Verantwortung für dein Leben zu übernehmen, die „10.000-Stunden-Regel" in dein Leben zu integrieren und dich vom Ergebnis zu lösen. Ich hoffe, du hast nun verstanden, weshalb diese Commitments nötig waren, und inwiefern sie dein Handeln positiv beeinflussen.

Nun möchte ich, dass du dir 4 weitere Commitments gibst, die dich in deinem Leben unterstützen und deine Reise zu deiner Selbstverwirklichung bereichern werden. Sie sind vor allem dafür da, dass du, sobald du dein ChainlessLIFE kreiert hast, nicht aufgrund von „falschen" Ideen und Prinzipien wieder aus der Bahn geworfen wirst. Sie dienen dementsprechend dazu, dass du dein ChainlessLIFE nachhaltig behältst und auf der richtigen Spur *bleibst*. Kommen wir also nun zum nächsten, in der Folge fünften Commitment: Geld.

Ich muss dir ehrlich sagen, dass ich selbst heute noch manchmal mit dem Thema Geld zu kämpfen habe und mir meine Erkenntnisse und Lektionen dahingehend immer wieder ins Gedächtnis rufen muss. Weswegen ich sie nun auch mit DIR teilen will:

Geld ist ein generell schwieriges Thema, das man nicht leichtfertig verallgemeinern sollte. Ich kann dir somit auch nicht sagen, dass Geld gänzlich unwichtig ist, und du dich einfach nur auf deine Leidenschaft fokussieren sollst – denn ganz so einfach ist das nicht. Ich möchte jedoch in jedem Fall, dass du dich von dem Gedanken löst, dass Geld ALLEIN dich glücklich machen kann. Kanye West hat mal gesagt, dass Geld nicht alles sei. Doch wenn man keines hat, sei es alles, was zählt. Dem stimme ich komplett zu. Seit ich denken kann, war ich auf Geld immer sehr fixiert gewesen – eben *weil* ich keines hatte. Ich habe mich immer darum bemüht, Geld zu verdienen, weswegen ich bereits früh angefangen habe, zu arbeiten, und so neben der Schule stets einen Nebenjob hatte. Nachdem ich später durch meine Arbeit auf Social Media deutlich mehr verdient hatte, habe ich mir teure Statussymbole wie Uhren und sogar einen Wagen gekauft oder bin oft teuer Essen gegangen. Ich bin damals tatsächlich verschwenderisch mit meinen Finanzen umgegangen und habe es sogar richtig genossen.

Doch als ich im Jahr 2015 mit meinem besten Freund Patrick in Las Vegas war, veränderte sich meine Perspektive auf das Thema Geld komplett: In Vegas gibt es sogenannte „VIP-Hosts", die dir in Casinos exklusive Tische verkaufen. „Exklusiv" bedeutet hier, dass du für einen „ordentlichen" Tisch mit einer Flasche Wodka mindestens 3.000 Dollar bezahlen musst – und das noch für einen der günstigsten. (Die Tischpreise gehen jedoch bis zu mehreren Hunderttausend Dollar.) Und: Es gibt tatsächlich Leute, die dieses unendlich viele Geld bezahlen, um für eine Nacht wie ein König behandelt zu werden.

Als Patrick und ich überraschenderweise von einem VIP-Host zu einem „50.000-Dollar-Tisch" eingeladen wurden, sagten wir natürlich sofort zu. *„Wir haben einen Typen aus Russland, der den Tisch gekauft und Bock auf coole Leute hat."*, sagte der VIP-Host zu uns. Wir haben uns richtig gefreut und dachten, dass wir eine geile Nacht haben werden! Doch als wir am Tisch ankamen, war genau das Gegenteil der Fall ... Die Leute an diesem „50.000-Dollar-Tisch" des Russen hatten alle eine teure Uhr am Handgelenk, umgaben sich mit attraktiven Escort-Damen und tranken nur den teuersten Wodka. Ich hatte dabei das Gefühl, dass alle lediglich versucht haben, Beachtung und Anerkennung zu gewinnen. Man sah ihnen zudem an, dass sie keinen Spaß hatten und eigentlich woanders sein wollten. Wenn man mit ihnen geredet hat, waren sie nicht wirklich bei der Sache. Ich konnte sogar in ihren Augen sehen, dass sie generell unzufrieden mit ihrem Leben waren, und in Vegas nur versucht haben, das zu verdecken bzw. (sich selbst) davon abzulenken. Nach 30 Minuten an diesem VIP-Tisch war es für uns auch genug, weswegen wir einfach gegangen sind und uns einen neuen Ort zum Feiern gesucht haben.

In den zwei Wochen in Vegas habe ich sogar mehrmals solche Situationen erlebt. Ich habe ständig unzufriedene und unglückliche Menschen gesehen, die versucht haben, sich ihr Glück zu kaufen. Man hört zwar ständig, dass man Glück eben nicht kaufen könne – aber erst, als ich in Vegas war, konnte ich diesen Satz wirklich ernst nehmen und auch glauben.

Finanziell unabhängig sein heißt nicht, viel Geld zu haben

In diesem Buch zählt Unabhängigkeit und Freiheit zu den absoluten Grundlagen auf dem Weg zu deinem ChainlessLIFE, weswegen finanzielle Unabhängigkeit ebenso dazugehört. Für den ein oder anderen kann finanzielle Unabhängigkeit bedeuten, nicht mehr arbeiten zu müssen. Für mich persönlich bedeutet es vielmehr, das Leben zu leben, das ich möchte – und zwar ohne mir Gedanken um Geld machen zu müssen.

Im Umkehrschluss heißt das, dass du für dein Leben selbst verantwortlich bist, sobald du finanziell unabhängig bist. Hat man nämlich hohe Ansprüche bzw. dementsprechend hohe Ausgaben, muss man auch mehr verdienen, um finanziell unabhängig zu sein bzw. zu bleiben. Reduziert man jedoch seine Ansprüche, erreicht man diese finanzielle Unabhängigkeit wesentlich schneller.

Viele wohlhabende oder reiche Leute haben zwar ein hohes Einkommen, allerdings auch einen höheren Aufwand. Sie müssen z. B. ihr Haus, ihr Auto oder auch ihre Steuern verwalten und haben kaum noch Gelegenheit, ihr Geld wirklich zu genießen. Sie nehmen sich z. B. so gut wie nie Urlaub, weil sie es sich nicht leisten können, NICHT zu arbeiten. Sie vernachlässigen auch oftmals ihren Ehepartner und ihre eigenen Kinder, kommen sehr spät nach Hause und leiden mit 40 oder 50 Jahren an einem Burnout. Ihr Geld macht sie also nicht frei, sondern schränkt sie ein. Sprich, sie sind im Endeffekt (finanziell) abhängig.

Wenn du in diesem Zusammenhang noch einmal auf die CL-Pyramide aus dem letzten Kapitel schaust, siehst du, dass sich der Begriff „Geld" relativ weit oben, nämlich erst im vierten von insgesamt fünf Leveln, befindet. Dies habe ich bewusst so gelegt, da viele ihre Prioritäten falsch setzen und sich (vielleicht sogar von Anfang an) ausschließlich auf ihr Einkommen fokussieren. Und wozu das wiederum führen kann, habe ich dir schon weiter oben in meiner Story über den VIP-Tisch in Vegas erzählt.

Natürlich kann dir Geld ein Gefühl von Freiheit geben, weil du dir dann z. B. nicht mehr Sorgen machen musst, was passieren könnte, wenn du deinen Job verlierst oder dich eine Krise unerwartet trifft. Aber wenn du denkst, dass dir Geld ALLEIN Freiheit schenkt, dann muss ich dich leider enttäuschen.

Viele Leute, die z. B. sehr viel verdienen, sind oftmals überhaupt nicht frei, weil sie so viel arbeiten (müssen), dass ihnen nur mehr wenig Zeit für ihre Freunde oder Familie bleibt.

Ich bin von daher der Meinung, dass wahrer Reichtum erst entsteht, wenn du sowohl physisch als auch mental gesund bist und die richtigen Leute um dich hast. Wohlhabend zu sein, bedeutet für mich, die CL-Pyramide zu meistern und darüber hinaus eine gewisse Freiheit zu haben, was mir wiederum der Besitz von Geld *ermöglichen* kann. Und genau diese Sichtweise empfehle ich auch DIR.

Beachte dabei immer: Wenn du etwas findest, das du gern machst, sollte es niemals auf das Geld ankommen, das du damit verdienst oder potenziell verdienen könntest. Wenn du nämlich deine Leidenschaft nicht ausleben kannst und nur für Geld arbeitest, wirst du dich dabei niemals erfüllt fühlen. Dies stellt ein klassisches Beispiel für eine falsche Priorisierung dar.

Wenn ich persönlich die Wahl zwischen einem gut bezahlten Job, bei dem ich mich allerdings nicht erfüllt fühlen würde, und einem moderat bezahlten Job, bei dem ich meine Leidenschaft voll ausleben könnte und mich dementsprechend erfüllt fühlen würde, hätte, würde ich ganz klar auf die „zusätzlichen Euros" verzichten wollen.

Ich empfehle von daher jedem, sich auf das zu fokussieren, was ihn glücklich macht, statt auf das, was sein Bankkonto wachsen lässt. Schlussendlich wirst du sogar noch mehr davon profitieren! Wie viele Leute kennst du z. B., die nach ihrem Arbeitstag nach Hause kommen und keine Lust mehr auf irgendetwas haben? Sie wollen sich einfach nur auf die Couch setzen und fernsehen. Erfüllt dich jedoch dein Beruf, kommst du nach der Arbeit mit mehr Energie nach Hause, die du für deine Freizeit optimal nutzen kannst. Vielleicht verbringst du noch einen schönen Abend mit deiner Freundin, vielleicht kümmerst du dich um Hausarbeiten, vielleicht steckst du diese Energie in ein Nebenprojekt.

Geld sollte zusammenfassend also niemals der entscheidende Faktor sein, wenn es darum geht, dir einen Job zu suchen.

Zeit ist darüber hinaus in meinen Augen ein mindestens genauso wichtiger Faktor – wenn nicht sogar ein noch wichtigerer. Ich weiß, es ist leichter gesagt als getan, aber führe dir mal Folgendes vor Augen: Wir haben 24 Stunden am Tag zur Verfügung, von denen wir im Durchschnitt 8 Stunden lang schlafen und 8 Stunden lang arbeiten. Ein Drittel unseres Tages verbringen wir also damit, Geld zu verdienen. Und die möchte ich persönlich nicht mit schlechter Laune vergeuden – und du sicher auch nicht, oder?

Im Optimalfall machst du sogar deine Leidenschaft zu deinem Beruf. Ich kenne z. B. viele Menschen, die mit Fotografie, Kunst, Sport etc. ihren Lebensunterhalt verdienen. Wenn du deiner Passion lange genug folgst, kann es sein, dass auch DU einen Weg findest, ein (zusätzliches) Einkommen damit zu generieren.

Demgegenüber gibt es aber auch Leute, die eine sehr kostspielige Leidenschaft haben, und nur arbeiten gehen, um sich diese Leidenschaft finanzieren zu können. Ich habe z. B. einen Freund, der gern an seinem Motorrad schraubt und es immer aufwändiger tunt. Vielleicht findet er sogar irgendwann einen Weg, diese Leidenschaft zu seinem Beruf zu machen – aber bis dahin geht er woanders arbeiten, um sich weitere Ersatzteile kaufen zu können.

Dies mag sich für einige nicht optimal anhören, kann in meinen Augen allerdings einen riesigen Unterschied auf den Gemütszustand ausmachen, da man sich einen Grund schafft bzw. sich einen Sinn gibt, zur Arbeit zu gehen.

All diese Darstellungen sind natürlich teilweise etwas überspitzt, denn oftmals kann man auch einen Beruf finden, der einem Spaß macht UND der seine Rechnungen bezahlt. Ich möchte mit meinen Schilderungen nur deutlich machen, worauf man meiner Meinung nach seinen Fokus legen sollte, falls man sich für eine Variante entscheiden muss. Wie jedoch bereits im Kapitel mit dem japanischen Konzept *„Ikigai"* erwähnt, kann man auch mit mehreren Dingen sein persönliches *Ikigai* ausfüllen und dadurch den Sinn des Lebens finden. Man muss dafür seinen Job nicht lieben, aber in meinen Augen ist es wichtig, dass man ihn zumindest nicht hasst oder sich in ihm nicht konstant unglücklich fühlt.

Aber warte: „What, ChainlessLEBEN ohne Geld? Ich will aber reisen, da brauche ich doch Geld! Wieso soll ich mich also von Geld lösen?"

Im Film *„Wall Street"* aus dem Jahr 1987 erzählt der Charakter von Charlie Sheen, was er tun wird, sobald er erst einmal Millionär geworden ist: Er will mit einem Motorrad durch China fahren! Das Lustige dabei ist, dass er das wahrscheinlich längst hätte tun können. Sich ein Motorrad in China zu mieten und damit herumzufahren, kostet nämlich nicht viel – vor allem nicht damals in den Achtzigern und vor allem keine Million!

Das Ganze beschreibt einen Irrglauben, den auch heute noch viele haben: Die meisten denken, sie bräuchten viel Geld zum Reisen – aber dem ist nicht so! Klar, Luxusreisen in All-Inclusive-Paketen mit Fünf-Sterne-Hotel und Frühstücksbuffet können dich natürlich viel kosten. Aber wenn du dich dazu bereit erklärst, deinen Standard herunterzufahren, kannst du tatsächlich in sehr vielen Ländern dieser Welt weniger als in deiner Heimat ausgeben. Natürlich musst du den Flug dorthin bezahlen, aber das kann, je nachdem wohin du fliegst, auch das „teuerste" Investment deiner Reise bleiben.

Bis ich mir allerdings selbst das Gegenteil bewiesen hatte, dachte ich auch, dass es nicht möglich sei, mit wenig Geld zu reisen. Hierzu will ich dir im Folgenden meine Erkenntnisse daraus verraten:

„Darf ich vorstellen: Meine ‚Money Hacks'!"

Mir fällt immer wieder auf, dass viele Leute am Ende des Monats nicht wissen, wo ihr ganzes Geld hingegangen ist. Sie verdienen also Geld und geben es sofort wieder aus. Die Medien spielen hierbei auch eine wichtige Rolle, weil sie uns immer wieder suggerieren, dass wir Nichts seien, wenn wir nicht dies und jenes kaufen. Ratenkredite werden dadurch z. B. immer verlockender, damit wir uns sofort das holen können, was wir augenscheinlich unbedingt haben müssen.

Walter Slezak, ein österreichisch-US-amerikanischer Film- und Theaterschauspieler, hat das hierbei zugrunde liegende Problem meiner Meinung nach am besten ausgedrückt: *„Wir kaufen uns Unsinn, den wir nicht brauchen, mit Geld, das wir nicht haben, um Leute zu beeindrucken, die wir nicht einmal mögen."*

Also wozu das Ganze eigentlich?

Und was kannst DU nun tun, um weniger Geld auszugeben und dadurch finanziell unabhängiger zu sein?

Fang bspw. mit dem Überdenken von Abonnements und Verträgen an: Wenn du z. B. Netflix oder Spotify nicht regelmäßig nutzt, empfehle ich dir, diese Services zu kündigen.

Wenn du neue Verträge abschließt, achte vor allem auf versteckte Kosten und hake bei deinem Verkäufer genauestens nach, damit du bei der Abrechnung nicht negativ überrascht wirst. Unterschreibe auch nie blind einen Vertrag, aus dem du nur noch schwer herauskommst, und der dir eigentlich nur dein Geld aus der Tasche zieht.

Achte auch auf sogenannte Upgrade-Optionen, die dir zwar augenscheinlich mehr bringen, aber praktisch keinen Zweck für dich haben. Auch wenn es z. B. „nur" 10 Euro mehr kostet, um 10 GB mehr Datenvolumen zu erhalten, solltest du dir die Frage stellen, ob du diese zusätzlichen Gigabytes überhaupt brauchst.

In Bezug auf Ausgaben für Essen, Trinken und Co. solltest du weniger auswärts essen und mehr zu Hause selbst kochen. Auch für die Mittagspause auf der Arbeit oder in der Schule lohnt es sich, sein Essen im Voraus zu kochen und mitzunehmen. Das ist übrigens oft nicht nur kosteneffizienter, sondern auch gesünder.

Bei Kreditkarten oder Darlehen solltest du vorher ausrechnen, wie viel du letztendlich bezahlst, wenn du diese Dienste in Anspruch nimmst. Zwar kann es nämlich auf dem Papier mit 2 oder 3 % an Kosten nach wenig Geld aussehen – wenn du den Gesamtbetrag aber genau ausrechnest, siehst du alle tatsächlichen Kosten transparent auf einen Blick.

Löse dich generell von dem Gedanken, dass du viel Geld brauchst. Richte dein Mindset darauf aus, dass du grundsätzlich weniger von allem brauchst, wodurch du auch dementsprechend weniger ausgeben wirst. Gib dich nicht dem ausschließlichen Konsum hin, sondern committe dich dazu, dich von Geld zu lösen. Gib dein Geld nur für die Dinge aus, die du wirklich liebst, und die dich in deinem Leben bereichern werden – andernfalls werden deine Finanzen immer ein Tabu-Thema für dich sein.

Wie sieht es bei DIR aus?

Bist du bereit, dir auch dieses fünfte Commitment zu geben? Wo kannst DU dich bereits von Geld lösen und wo benötigst du noch Unterstützung?

KAPITEL 33

Commitment #6:
Lern, bis du stirbst

"Change is certain. Progress is not."

EDWARD HALLETT CARR

Seitdem ich mich mit Persönlichkeitsentwicklung und dadurch auch mit dem Thema der Psychologie von Personen beschäftige, ist mir etwas ganz klar aufgefallen: Fast alle Menschen, die „chainless" leben, haben 2 zentrale Dinge gemeinsam:

1. Menschen, die „chainless" leben, sind unglaublich neugierig und immer auf der Suche nach der Wahrheit.

Sie sind sogar so neugierig, dass sie ihre momentanen Glaubenssätze und Meinungen jederzeit über den Haufen werfen würden. Sobald sie also realisieren, dass ihnen ein anderer Glaubenssatz mehr „bringt", ersetzen sie ihn ohne Wenn und Aber. Und sobald sie erkennen, dass ihre bisherige Meinung falsch (oder nicht ganz richtig) war, ändern sie auch diese.

Am Beispiel von früheren Glaubenssätzen der Menschheit bzw. der Gesellschaft ausgedrückt: Einst war die Erde flach, heute ist sie rund. Einst galt Marihuana als eine schädliche Droge, heute werden ihr positive gesundheitliche Wirkungen zugesprochen. Auch viele weitere altbekannte „Wahrheiten" haben sich im Nachhinein durch ein neugieriges Hinterfragen als falsch herausgestellt, weswegen es in jeder Hinsicht auch für DICH schlau ist, sich nicht zu sehr auf eine Meinung zu versteifen.

2. Menschen, die „chainless" leben, glauben an persönliches Wachstum – denn sie haben das sogenannte „Growth Mindset".

Aus diesem Grund sind sie sich nie zu schade, in sich selbst zu investieren. Damit meine ich jedoch nicht nur die finanzielle Seite – sie investieren auch einen enormen Teil ihrer Zeit in ihre Entwicklung und stecken zudem mentale Arbeit in ihren Fortschritt. Um es zusammenfassen: Menschen, die „chainless" leben, sind offen für Veränderung. Die einzige Konstante, die wir in unserem Leben wirklich haben, ist die Veränderung. Die ganze Welt wandelt sich. Jeder Mensch verändert sich. Dennoch gibt es nur sehr wenig Menschen, die aktiv versuchen, in ihre Entwicklung einzugreifen. Viele „hoffen" einfach darauf, dass ihr Leben besser wird, sie mit zunehmendem Alter reifer werden oder dass neue Situationen entstehen, die sie glücklicher machen. Doch das wäre Fremdbestimmung!

Das Ziel eines ChainlessLIFE ist es aber, SELBSTBESTIMMT zu wachsen. Eine Veränderung kommt so oder so irgendwann – aber bist du bereit, diese Veränderung und damit dein Wachstum selbst in die Hand zu nehmen, oder willst du weiter darauf hoffen, dass dein Leben schon irgendwie von allein besser wird?

Bist du bereit, dir selbst ein geiles Leben zu erschaffen, oder hoffst du nur darauf?

Die Antwort auf diese Frage definiert genau das, was die Spreu vom Weizen trennt. Personen, die sich selbstbestimmt weiterentwickeln, entfalten über Jahre ihre Kompetenzen und schaffen sich neue Denkweisen und Perspektiven, die ihr Leben auf lange Sicht massiv verbessern werden!

Und hier kommt wieder die Contribution, dein Beitrag für die Welt bzw. eines der 3 Tools zur Erreichung deiner Selbstverwirklichung auf dem fünften Level der CL-Pyramide, ins Spiel. Denn die beste Art, der Welt etwas zurückzugeben, liegt darin, besser zu werden, als du es gestern warst! Je mehr du aus dir machst, desto mehr kannst du auch anderen Menschen helfen, ihr eigenes Leben zu verbessern. Wenn du also bereit bist, Zeit, Energie und Geld in dich selbst zu investieren, bist du automatisch auch auf dem Weg, dasselbe für deine Mitmenschen zu tun. Und: Du wirst dadurch zur Inspiration für dein gesamtes Umfeld!

Doch vorher musst du dir selbst ein Commitment geben: Lebe dieses oben beschriebene „Growth Mindset" voll aus und sei dabei ein Schüler auf Lebenszeit. Wer meint, bereits am Ziel angekommen zu sein und sich als Experte sieht, der kein weiteres Wissen oder zusätzliche Skills mehr benötigt, nimmt sich selbst die Chance, sich weiterzuentwickeln.

Die zugrunde liegende „Growth-Strategie"

Im ChainlessHANDELN-Teil dieses Buchs haben wir bereits über deine Vision gesprochen, die du anstreben solltest. Aber ich will in diesem Zusammenhang den entscheidenden Punkt dabei erneut erwähnen: Denke noch einmal an deine Vision – denke noch einmal an den Menschen, der du in Zukunft sein möchtest. Setze deine Vision jedoch nicht mit Geld oder deinen Erfolgen gleich, sondern mit der Person, die du sein willst.

Wo möchtest du als Person hin?

Halte dir das aber nicht nur jetzt, sondern immer wieder vor Augen!

Sobald du dieses Buch zu Ende gelesen hast, weißt du, was du brauchst, um deine Vision wahr werden zu lassen: Ziele. Um wachsen zu können, musst du dir stets Ziele setzen, die dich fordern, die dich dazu zwingen, zu wachsen, und die dir dadurch Lektionen für dein Leben bereithalten.

Genauso hatte ich mir z. B. dieses Buch als Ziel gesetzt. Ich wusste dabei, dass ich über mich hinauswachsen und meine Grenzen erweitern muss, um in der Lage zu sein, ein ganzes Buch zu schreiben. (Davor war ich ein sehr chaotischer Mensch, der Schwierigkeiten hatte, sich auf eine Sache zu konzentrieren.) Ich wusste zudem, dass es mich zu einem besseren Menschen machen würde, wenn ich mich noch intensiver mit Persönlichkeitsentwicklung beschäftige. Ich wusste, dass ich weiter an mir arbeiten muss, damit dieses Buch Wirklichkeit werden konnte. Der Mischa vor drei Jahren hätte es definitiv nicht schreiben können. Ihm hätte das Wissen und die Erfahrung gefehlt. Es kam also irgendwann der Punkt, an dem ich mich durch dieses Ziel förmlich gezwungen hatte, mehr zu lernen und zu wachsen. Und da du dieses Buch nun in den Händen hältst, weißt du, dass ich dieses Ziel erreicht habe.

Wenn du genau das einmal verstanden hast, dann weißt du auch, dass du dein Wachstum stets selbst in der Hand hast.

Also, setze deine Ziele immer dahingehend, dass du als Person wachsen musst, um diese zu erreichen. Andernfalls sind es nur unbedeutende Ziele, die dich nicht fordern und dich auch nichts lehren. Sie allein bringen dir keine wahre Erfüllung, sondern vielmehr eine Leere, sobald du sie erledigt hast.

Wie du in Kapitel 28 erfahren hast, solltest du deine Ziele zudem stets so setzen, dass bereits der Weg allein dir Spaß macht.

„Wieso soll ich mich aber überhaupt darauf einlassen, Mischa? Mein Vater z. B. ist 50 und glücklich. Er macht nichts mehr, muss nichts Neues mehr lernen, und ich habe das Gefühl, dass ich das auch so will."

Nun, du darfst natürlich immer das machen, was du willst. Ich will niemanden dazu zwingen, sein Leben lang nach Wachstum zu streben. Das ist nur meine persönliche Meinung und ich will dir hiermit auch nur sagen, an was ich persönlich glaube: Ich bin der festen Überzeugung, dass Growth, also persönliches Wachstum, in der Natur des Menschen liegt. Was unterscheidet uns z. B. von Tieren? Wir Menschen sind in der Lage, uns gegenseitig Geschichten zu erzählen und diese auch zu glauben. Wir sind in der Lage, abstrakte Ideen zu verwirklichen und auch in die Tat umzusetzen. Wir sind zudem in der Lage, etwas aus dem Nichts zu erschaffen. Das sind alles Dinge, die kein Tier kann. Warum sollten wir Menschen diese Dinge also nicht nutzen?

Denke mal an Steve Jobs, Bill Gates oder Elon Musk. Wo wäre die Welt heute, wenn diese Persönlichkeiten nicht gesagt hätten, dass sie „mehr wollen"? Sie hatten z. B. das Ziel, die Technik unserer Welt voranzutreiben und zuvor Unmögliches möglich zu machen: Smartphones, Computer, Autos, die mit Strom laufen, ... all das wäre nicht möglich gewesen, wenn sie nicht nach Wachstum gestrebt hätten. Während ich dieses Buch schreibe, hat z. B. Elon Musk eine Pressekonferenz gegeben, und darin angekündigt, dass es bald selbstfahrende Auto-Taxis geben soll. Vielleicht gibt es sie sogar inzwischen oder werden gerade entwickelt, während du dieses Buch liest.

In Bezug auf alle Errungenschaften unserer Menschheit würden wir sogar vermutlich immer noch in Höhlen wohnen und unseren Hintern mit einem Blatt Efeu abschmieren. Es gibt jedoch Leute, die dabei immer behaupten werden: *„Nein, das ist zu krass! Das wird nichts Gutes werden!"* – aber das sind Menschen, die sich gegen die menschliche Natur wehren. Sie wehren sich nicht nur gegen den technischen Fortschritt, sondern gegen ihre verdammte Natur! Und sich gegen seine Natur zu wehren, führt früher oder später zu negativen Konsequenzen. Es gibt bspw. Menschen, die meinen, ihre sexuellen Triebe unterdrücken zu können. Allerdings ist Sex ein menschliches Bedürfnis – keinen Sex zu haben, (oder zumindest nicht zu masturbieren), führt irgendwann zu gesundheitlichen, hormonellen und auch teilweise zu verhaltenstechnischen Problemen. Du solltest also deine menschliche Natur nie unterdrücken. Ich glaube sogar fest daran, dass man mental schneller altert, sofern man dies tut.

Menschen, die aufhören, sich weiterzubilden und sich immer wieder Neuem zu öffnen, stecken zudem in ihrer Entwicklung fest und verschließen sich gegenüber diesem „Neuen", selbst wenn dieses „Neue" ihnen eigentlich helfen würde. So sehe ich bspw. immer wieder Leute, die Mitte 50 sind und kein Interesse daran haben, sich beispielsweise gesund zu ernähren, wie z. B. vegan, oder Sport zu machen, wie z. B. Kraftsport – obwohl es ihnen aktuell körperlich schlecht geht! Der Grund hierfür liegt allerdings tiefer als im ausschließlichen Willen, etwas verändern zu wollen: Sie haben einfach die Fähigkeit verloren, Neues zu lernen.

Strebst du hingegen stets nach Wachstum, bleibst neugierig und siehst das Leben als ein Abenteuer, dann kann es dir richtig Freude bereiten! Ich glaube sogar, dass du dadurch nicht nur deine menschliche Natur wirklich auslebst, sondern auch jünger wirst bzw. zumindest jung bleibst!

Ich sehe immer wieder Menschen im Alter von 50 oder sogar 60 Jahren, die körperlich wesentlich jünger aussehen, weil sie sich auch mental jung halten. Ab 45–50 sind nämlich unsere Synapsen im Gehirn normalerweise bereits so festgefahren, dass sie sich weigern, neue zu bilden. Rein evolutionstechnisch ist es also ab diesem Alter schwer, sich neue Gewohnheiten anzueignen und neue Denkmuster zu entwickeln. Wenn du dir aber stetiges Wachstum als dein wichtigstes Ziel setzt, bin ich fest davon überzeugt, dass du auch noch bis ins hohe Alter neue Synapsen bilden kannst und dadurch mental jung bleibst!

Wenn sich jedoch jemand dagegen entscheiden sollte, genau das zu glauben, dann ist es so auch in Ordnung – auch wenn es nicht meiner persönlichen Überzeugung entspricht. Ich sage nämlich immer: „*Glaube stets an das, was dir am meisten bringt.*"

Wenn du also z. B. an die Bibel glauben willst, weil sie dir Balance und Sicherheit gibt, dann tu es. Wenn du an die Zeugen Jehovas glaubst, weil du dich dadurch zugehörig fühlst, und dir diese Gemeinschaft einen Zusammenhalt vermittelt, dann tu eben das. Es ist wirklich jedem selbst überlassen, woran er glauben möchte.

Ich selbst habe mir auch irgendwann die Frage gestellt, woran ICH glauben soll und was MIR davon am meisten zurückgibt. Meine Antwort war dabei die folgende: „*Ich, Mischa Janiec, glaube an das Wachstum und an die Wissenschaft.*"

Natürlich kann man dabei argumentieren, dass die Wissenschaft auch manchmal falsch läge, aber im Gegensatz zu Religionen oder anderen Glaubensrichtungen entwickelt sich die Wissenschaft stetig weiter und steckt nicht in unbeirrbaren Überzeugungen fest. Weil ich an eben diesen Fortschritt glaube, informiere ich mich auch ausgiebig über diese Themen und kann so die neuesten Erkenntnisse daraus in meinem Leben implementieren. Und dies nicht nur in Bezug auf mein Training und meine Gesundheit. Ich finde immer wieder neue Tools, wie ich meinen Verstand weiterentwickeln kann, um so noch mehr aus mir selbst herauszuholen.

Ich glaube fest daran, dass es ein menschliches Bedürfnis ist, sich stetig weiterzuentwickeln. Ich glaube fest daran, dass es uns erfüllt, wenn wir nach mehr streben – d. h., wenn wir danach streben, mehr aus uns zu machen!

Das Leben gibt zweifellos denjenigen am meisten, die auch das Meiste aus dem machen, was ihnen eben das Leben zur Verfügung stellt.

Nutze auch DU es und werde dadurch zur besten Version deiner selbst!

KAPITEL 34

Commitment #7:
Folge deinem „höheren Selbst"

"Listen to silence. It has so much to say."

RUMI

Kennst du das, wenn du vor einer schwierigen Entscheidung stehst, und du aus rein rationalen Gründen zu einer Seite tendierst, aber irgendetwas in deinem Inneren dir sagt, dass du eigentlich in die andere Richtung gehen solltest? Manche nennen dies „Bauchgefühl". Ich persönlich ziehe dafür den Begriff „höheres Selbst" bzw. „universale Wahrheit", mit der wir alle verbunden sind, vor.

Dein „höheres Selbst" ist die Stimme in dir, die dir sagt, was richtig ist, und dir ein Zeichen gibt, dass du auf dem richtigen Weg bist. Es ist die Stimme, die dir in gewissen Momenten sagt: *„Du kannst das!"* – aber dich auch in anderen Situationen warnt und dich dagegen fragt: *„Bist du sicher, dass du das auch willst?"*

Das „höhere Selbst" ist das sechste und letzte „Level" der CL-Pyramide – bzw. ein „Versprechen" oberhalb derer Spitze. Ich habe es dir bisher vorenthalten, weil ich der Meinung bin, dass dieses Commitment erst dann Sinn macht, wenn du das ChainlessLIFE bereits lebst, und weißt, wie es sich anfühlt. Denn viele, die sich noch nicht selbst verwirklicht haben, wissen nicht, wie viel das Leben einem eigentlich gibt, und kennen das Gefühl von „Überfluss" und authentischem Glück noch nicht.

Diese Menschen leben hingegen mit einem Gefühl des Mangels. Sie glauben, dass ihnen immer etwas fehlt und *hoffen* nur auf ein besseres Leben. Würden sie sich in diesem Zustand dieses Commitment vor Augen halten, wäre ihr „höheres Selbst" noch nicht reif genug, um ihnen den richtigen Weg zu zeigen.

Erst wenn du dich selbst verwirklichst und dein volles Potenzial ausschöpfst, bist du also in der Lage, mit deinem "höheren Selbst" in Verbindung zu treten.

Dein „höheres Selbst" wirkt wie eine Erweiterung zu deinem authentischen Selbst und ist dir dadurch bereits mehrere Schritte voraus.

Für mich fühlt sich dieses besondere Selbst wie eine Kraft an, die in mir schlummert und bereits weiß, wohin die Reise geht. Das mag sich jetzt für den ein oder anderen vielleicht unglaubwürdig anhören, aber das „höhere Selbst" gibt mir immer wieder Zeichen, wie z. B. in Form von Metaphern, und versucht dadurch, mich auf den richtigen Pfad zu bringen. Ich habe bspw. in einer Phase meines Lebens viel zu viel gearbeitet und eine Menge an mentalem Ballast mit mir herumgetragen. Dieser Ballast manifestierte sich 2018 in meiner Außenwelt und zeigte sich mir, als sich, bildlich gesehen, meine Rucksäcke immer schwerer angefühlt haben. Zu dieser Zeit habe ich verdammt viel gearbeitet, war noch mehr unterwegs und kam so gut wie nie zur Ruhe.

Ich habe diese Zeichen zwar gesehen, aber ignoriert. Schließlich habe ich mir sogar buchstäblich einen Nerv durch das Tragen verletzt, wodurch ich bis heute meinen rechten Arm nicht mehr richtig nach oben bewegen kann.

Auch wenn das für viele eine schlechte Erfahrung gewesen wäre – für mich war sie ein Segen. Mein zerstörter Nerv war ein Zeichen meines „höheren Selbst", das mir dadurch gesagt hat: *Mischa, mach mal langsam. Nimm ein paar Dinge aus deinem Rucksack heraus und entspann dich."* Durch dieses Zeichen habe ich mir erlaubt, einen Gang herunterzufahren und meine Zeit mehr und mehr zu genießen.

Für gewöhnlich denke und handle ich fast ausschließlich realistisch und rational – allerdings möchte ich nun im Sinne dieses Kapitels und in dessen tieferer Bedeutung auch an dein „höheres Selbst" appellieren und dir eine wichtige Message mitgeben. Für die nun folgende Lektion gibt es weder Beweise noch ein Rezept – jedoch sehe ich sie als eine weitere wichtige Schraube, die dir massiv dabei helfen kann, endgültig „chainless" zu werden.

Wenn man heutzutage nicht aufpasst, kann man sehr schnell von den allgegenwärtigen gesellschaftlichen Normen und dem digitalen Chaos abgelenkt werden – wodurch man wiederum mit seinen wahren Emotionen nicht mehr im Einklang ist, die Verbindung zu seinem „höheren Selbst" erschwert wird und auch die innere Stimme verstummt.

Wie du weißt, ist unser Gehirn in zwei Teile unterteilt: Die linke Hälfte ist für rationale Denkprozesse zuständig, während sich die rechte Hälfte um deine Emotionen kümmert. Nun stell dir vor, dass deine linke Gehirnhälfte ein Computer und deine rechte ein Modem ist. Der Computer kann noch so leistungsfähig sein – solange er sich nicht mit dem Modem verbindet, wird er nie Zugang zum Internet haben. Um dies auf dein „higher self" zu beziehen: Solange du dich nicht mit dir und deinen Emotionen auseinandersetzt, wirst du auch nicht mit deinem „höheren Selbst" in Verbindung treten können.

Die Gesellschaft versucht uns vorzuschreiben, was wir z. B. als angesagt oder „richtig" empfinden sollen. Durch vor allem Social Media vergöttern wir bspw. Promis oder Influencer und glauben teilweise blind ihren genauso teilweise erfundenen Storys. Wir lassen uns dabei viel zu oft sagen, dass wir selbst nicht genug wären, und dass uns etwas fehlen würde, um vollständig zu sein.

Durch diesen ständigen „Lärm" verlieren wir den Bezug zu uns selbst, wodurch es uns wesentlich schwerer fällt, unsere eigene, innere Stimme wahrzunehmen. Dein „höheres Selbst" steht dadurch nämlich in Konkurrenz mit deinem Ego, das dir immer wieder dreinredet und dich so von deinem eigentlichen Kurs abbringen will.

Stell dir dein Ego wie den Teufel auf deiner Schulter vor, der dir bei jeder Gelegenheit sagt, was du unterlassen sollst, was du vermeintlich nicht kannst oder gar nicht erst probieren sollst, und dass du nicht gut genug seist. Jedes Mal, wenn du scheiterst, sagt dieser Teufel dir im Namen deines Egos: *„Siehst du, ich habe es dir doch gesagt! Du bist einfach nicht dafür gemacht!"*, und kreiert dadurch einen neuen limitierenden Glaubenssatz in dir. Dein „higher self" hingegen ist wie ein Engel auf deiner Schulter, der dir hilft, an dich zu glauben, dich davor warnt, wenn du Dummheiten begehen könntest, und der dir immer wieder Mut macht.

Dein Weg vom authentischen Selbst zum „höheren Selbst"

Im ChainlessDENKEN-Teil dieses Buchs haben wir uns bereits mit dem authentischen Selbst beschäftigt und ich habe dir gezeigt, wie du dir selbst durch das Ermitteln deines Selbstbilds, deiner Werte, deiner Trigger etc. näherkommen kannst.

Für manche Menschen ist diese Bestimmung allerdings nicht so einfach, weswegen sie nach ihrer Selbstreflexion immer noch nicht wissen, ob sie auch wirklich authentisch handeln. Dadurch stellt sich die Frage, ob es das authentische Selbst überhaupt gibt. Die Antwort darauf ist Jein.

Gewisse Dinge können wir unmöglich steuern. Gewisse Konditionierungen und Glaubenssätze sitzen nämlich so tief, dass wir nie erfahren werden, ob diese wirklich aus unserem freien, authentischen Willen entstanden sind. Und genauso wie wir unsere Gedanken nicht kontrollieren können, können wir auch viele weitere Faktoren nicht beeinflussen. Unser Hirn ist wie ein Schwamm – er saugt einfach alles auf. Wir können aber nicht filtern, was wir von unserer Umwelt aufnehmen und abspeichern.

Schon krass, wie wenig wir wirklich unter Kontrolle haben, oder?

Genau hier kommt jedoch unser „higher self" ins Spiel: Auch wenn du die Antwort auf eine Situation oder ein Problem (noch) nicht kennen magst, kennt sie aber dein „higher self" und hilft dir dadurch, dich durch dein oft turbulentes Leben zu leiten und dir damit auch neue Wege aufzuzeigen. So ging ich z. B. lange Zeit sehr unbewusst durchs Leben. Ich habe mein Leben zwar verwirklicht, gewusst, was ich will und wo ich hinwill, habe dabei aber ständig mein „höheres Selbst" ignoriert und sozusagen fast unterdrückt. Ich bin nicht in der Lage gewesen, die *„Life Callings"*, also meine Bestimmung, richtig zu deuten, was wiederum dazu geführt hat, dass ich oft die falsche Richtung eingeschlagen habe. Als ich zum Beispiel ein sehr lukratives Angebot von einer ominösen Firma bekommen habe, dachte ich mir, dass dies eine leichte Möglichkeit sei, langfristig und ohne viel Arbeit gutes Geld zu machen. Diese Firma wollte, dass ich ihren Energy-Drink bewerbe und weitere Geschäftspartner an Land ziehe. Mein „higher self" sagte mir: *„Mach es nicht. Das sind die falschen Leute für dich."* Doch ich habe es ignoriert und den Preis dafür bezahlt ... Viel zu spät habe ich gemerkt, dass sich hinter dem vermeintlich seriösen Unternehmen ein Multi-Level-Marketing-System verbarg, durch das nicht seriös gearbeitet wurde – wodurch ich viele meiner Fans verärgert habe. Die Werte dieser Firma stimmten auch nicht mit den Überzeugungen meiner eigenen Person überein und so musste ich schweren Herzens sehen, wie sich aufgrund dieser Zusammenarbeit bisher loyale Follower von mir abgewendet haben.

Auch als ich dieses Buch schreiben wollte, sagte mir mein Ego ständig, dass ich das nicht könne, und ich auch noch zu jung sei, um ein Buch zu schreiben. Ein Jahr lang habe ich auf mein Ego gehört, bis ich erkannt habe, dass es nie den richtigen Zeitpunkt geben würde, um endlich anfangen zu können. Darum entschied ich mich einfach sofort dazu, das Buch zu schreiben – um eben am Prozess zu wachsen und noch mehr über mich und die ganze Materie zu lernen, die ich mir bereits in den letzten sechs Jahren angeeignet hatte.

Doch WIE trittst du mit deinem „höheren Selbst" in Verbindung?

Ich bin das erste Mal mit meinem „höheren Selbst" in Verbindung gekommen, als ich angefangen habe, mich mit Meditation zu beschäftigen. Aber es gibt auch zahlreiche andere Möglichkeiten, dies zu erreichen, bzw. zumindest deinem „höheren Selbst" zu lauschen, wie z. B. Selbstreflexion, Zeit allein in der Natur bzw. in Ruhe verbringen, auf seine innere Stimme hören, ...

Höre dabei keine Musik, lege dein Smartphone weg und beschäftige dich ausschließlich mit dir selbst. In solchen Momenten hast du keine andere Wahl, als dich mit deinen Gedanken zu konfrontieren. Das heißt, anstatt dich vom digitalen Chaos und allem Drumherum ablenken zu lassen, sei allein und führe einen Dialog mit dir selbst.

Doch bevor du damit konkret anfängst und z. B. meditierst oder dich in die Natur begibst, musst du noch diese „Voraussetzungen" sicherstellen: Zuallererst musst du ehrlich daran glauben, dass es ein „höheres Selbst" überhaupt gibt. Du solltest also auf der Verstandesebene realisieren, dass etwas existiert, das größer und ungreifbarer, d. h. „höher", ist als du. Dieses „höhere Selbst" kennt deinen Lebenslauf bereits und weiß, was du zu tun hast, um deine Ziele zu erreichen. Deswegen musst du den Mut aufbringen, die Kontrolle über deine Zukunft aufzugeben und den Zeichen deines „höheres Selbst" zu vertrauen.

Viele verstehen unter Mut, verrückte Dinge zu tun, wie z. B. von einer Klippe zu springen oder gegen einen Stier zu kämpfen, und dabei keine Angst zu verspüren. Für mich heißt Mut hingegen, ungeachtet seiner eigenen Ängste zu HANDELN.

Hast du in diesem Sinne jemals daran gedacht, dass es auch mutig von dir sein kann, einfach nur ehrlich zu sein, obwohl du Angst vor den Reaktionen oder Konsequenzen hast?

Oder dass es z. B. Mut benötigt, du selbst zu sein, obwohl du insgeheim glaubst, dass deine Freunde dein wahres Ich nicht akzeptieren werden?

Gerade weil dies so verdammt schwer ist und man so seiner eigenen Verletzlichkeit ins Auge blicken muss, ist meiner Meinung nach Mut die Eigenschaft, für die man auch die größte Anerkennung seiner Mitmenschen erhält – (auch wenn dies nicht der für dich ausschlaggebende Grund sein sollte). Frage dich dazu einmal Folgendes:

„Wenn du nicht den Mut besitzt, das zu tun, was du für richtig hältst, wie kannst du dann überhaupt erwarten, genau das zu erreichen?"

In diesem Fall musst du nämlich den Mut haben, „irrational" zu denken und deinem „höheren Selbst" blind zu glauben. Das, was dieses Selbst dir sagt, ist jedoch oftmals nicht das, was du hören willst. Dessen „Antworten" sprechen schließlich die vollste Wahrheit aus und das bedeutet wiederum, hin und wieder deinen Arsch bewegen und etwas tun zu müssen, (oder eben nicht). Und wir wissen beide mittlerweile nur zu gut, wie gern wir uns in unserer Komfortzone befinden, richtig?

Hast du diesen Mut jedoch nicht, wirst du dementsprechend immer nur auf das hören, was dein Ego dir sagt. Wenn dein „higher self" dir bspw. sagt, dass es keine feine Art ist, mit Drogen oder Ähnlichem Geld zu verdienen, sagt dir hingegen dein Ego, dass dies aber leicht verdientes Geld wäre. Du brauchst von daher Mut, um Nein zu sagen und dich dafür zu entscheiden, dein Geld auf eine andere Art zu verdienen. Leider haben aber heutzutage viele Menschen nicht den Mut, an ihr „higher self" zu glauben, und sind von daher sehr pessimistisch oder werden sogar zu Zynikern, bezeichnen sich jedoch selbst als realistisch. So haben z. B. besonders viele meiner älteren Freunde die Hoffnung auf eine bessere Welt aufgegeben und geben nur wahllos gedankenlose Sprüche von sich, wie zum Beispiel: *„Der Klimawandel spielt keine Rolle, da wir sowieso irgendwann alle tot sind."*

Manchmal sind diese beiden Stimmen schwer voneinander zu unterscheiden, weswegen du stets versuchen solltest, den Dialog dahinter zu verstehen, um dadurch immer erkennen zu können, wann dein „higher self" und wann dein Ego spricht.

Schaue in diesem Zusammenhang z. B. zu Leuten auf, die immer einen kühlen Kopf bewahren können, nie aus dem Gleichgewicht geraten und aktiv etwas machen, damit ihre Situation besser wird. Menschen, die Mut haben, können nämlich vor allem Leader und Inspiration für dich sein! Wenn wir uns z. B. einmal in einer Zombie-Apokalypse befinden sollten und alle in große Panik ausbrechen würden, wären es ausschließlich die mutigen Menschen, die sagen würden: *„Leute, bleiben wir einfach ruhig. Ich weiß, was wir tun können."* Diese Personen würden die Gruppe anführen und wären auch diejenigen, zu denen wir aufblicken würden!

Der Glaube an dich bzw. an dein „höheres Selbst" sowie Mut sind folglich zwei sehr wichtige Dinge, wenn es darum geht, deine Ziele zu erreichen. So fangen bspw. viele Leute nicht einmal damit an, ihrer Vision nachzugehen, weil ihnen sowohl der Mut als auch der Glaube fehlt.

Stell dir z. B. vor, dass du ein Restaurant eröffnen willst. Das würde ein riesiges Investment bedeuten, weswegen es völlig normal wäre, Angst vor dem Scheitern zu haben. Aber wenn du den Mut hast, es dennoch zu tun, und auch den Glauben hast, dass du es schaffen wirst, dann wirst du dein Projekt schließlich starten und dich den Herausforderungen stellen. Selbst wenn alles irgendwann den Bach runtergehen würde, würdest du nicht aufgeben und stattdessen immer weitermachen, weil du immer noch daran glauben würdest, dass es schlussendlich gut laufen wird. Diese Hoffnung wird dich bei Allem antreiben und dich auf deinem Weg unterstützen.

Ich kenne z. B. auch Leute, die zwar nicht überaus intelligent sind oder eine bemerkenswerte Fähigkeit haben, aber dennoch bereits unglaublich viel in ihrem Leben erreicht haben. Diese Menschen hatten nämlich den Mut, an sich zu glauben, und konnten dadurch alle Widrigkeiten durchstehen. Ich kenne aber auch Leute, die tatsächlich sehr intelligent und talentiert sind, aber dennoch ihre Ziele nicht erreicht haben. Was diesen Menschen dafür gefehlt hat, war der Glaube an sich selbst. Schlussendlich ist also Selbstvertrauen eine weitaus wichtigere Eigenschaft, als die meisten es bisher annehmen. Intelligenz und Talent sind dementsprechend ohne Mut und Glauben letztendlich nichts wert.

Reflektiere stets deine Gedanken und hinterfrage auch deine Handlungen ab und zu, aber pass auf, dass du dies nur machst, um deinen Kurs weiterzuverfolgen, und nicht, um in einem Bad voller Selbstzweifel zu landen. Achtung: Manchmal können dir Selbstzweifel aber auch dabei helfen, zu erkennen, in Bezug auf was du noch an dir arbeiten könntest. Lerne also, gezielt zwischen konstruktiven Selbstzweifeln, die dir helfen, besser zu werden, und destruktiven Minderwertigkeitskomplexen zu unterscheiden.

Ich selbst befinde mich ebenfalls noch im Prozess, eine bessere und konstantere Verbindung mit meinem „höheren Selbst" herzustellen. Denn selbst nach deiner Selbstverwirklichung kannst du dein Leben zusätzlich mit spiritueller Arbeit bereichern.

Spiritualität kann in meinen Augen übrigens der nächste Schritt nach der Selbstverwirklichung sein, was jeder zu einem gewissen Punkt auch verfolgen sollte. Für einige ist Spiritualität Gott, für andere ist es das Universum und für manche das „Mystische". Für was auch immer du momentan stehst – es gibt immer noch einen riesigen Bereich in diesem Thema, der durch uns noch weiter erforscht werden kann. Einige Menschen, die ihr Leben lang nicht an das Übernatürliche geglaubt haben, sind vielleicht irgendwann an einem Punkt angekommen, an dem sie sich mehr und mehr mit diesem spirituellen Prozess auseinandersetzen.

Vielleicht auch DU?

Ich selbst bin derzeit dabei, mich mit diesem weiteren umfangreichen Thema zu beschäftigen, und sehe es im Rahmen einer Persönlichkeitsentwicklung jetzt schon als etwas, das auch jeder andere für sich selbst erforschen sollte.

Ich hoffe du hast verstanden, wieso es so wichtig ist, hin und wieder irrational zu handeln und deinem „höheren Selbst" einfach mal „blind" zu vertrauen. Ebenso hoffe ich, dass du dich nach deiner Selbstverwirklichung mit der nächsten „Stufe" Spiritualität beschäftigen und ihr auch einen Platz in deinem Leben geben kannst.

KAPITEL 35

Commitment #8:
Werde zur Inspiration

"The world is changed by your example, not by your opinion."
PAULO COELHO

In der Vergangenheit war ich kein wirklich gutes Vorbild. Schon in der Schule bin ich negativ aufgefallen und bekam von meinen Lehrern ständig das Feedback, dass ich mich schlecht verhalten würde. Mein Umfeld war damals auch nicht das Beste, wodurch ich dessen schlechte Eigenschaften übernommen habe und auf die kriminelle Schiene geraten bin. Ich habe in Läden gestohlen, ich bin in Gebäude eingebrochen und habe etwas mitgehen lassen, ich habe Leute beleidigt, ... ich habe einfach auf alles geschissen.

Durch die Reaktionen meiner Mitmenschen sah ich mich selbst irgendwann als eine durchweg schlechte Person und gab mir auch selbst die Rolle des Bösewichts. Dadurch, dass ich mich als der Bösewicht gesehen und geringe Ansprüche an mich gehabt habe, bekam ich auch genau *das* vom Leben: Ich wollte nie mehr aus mir machen. Ich wollte nie besser werden. In mir war immer eine gewisse Angst, enttäuscht zu werden, sobald ich nach mehr strebte. Überall sah ich nur das Schlechte – sowohl in den Menschen als auch in der Welt. Statt Chancen sah ich Gefahren und statt Freunde sah ich Gegner. Selbst wenn ich auf etwas Schönes gestoßen bin, hatte ich nur im Blick, was mir noch fehlte.

Wenn ich heute auf diese Zeit zurückblicke, kann ich ehrlich behaupten, dass es damals wirklich sehr turbulent und hart für mich war, meinen Weg zu finden. Heute gehe ich glücklicherweise mit einem ganz anderen Blickwinkel durchs Leben. Heute verurteile ich weder mich noch andere Menschen und akzeptiere, dass niemand perfekt ist – schließlich kenne ich meine eigenen Makel nur zu gut. Ich konzentriere mich nur noch auf die Sachen, die mir und meinem Umfeld dienen, und schenke den nutzlosen Dingen so wenig Beachtung wie möglich. Ich nehme nichts mehr persönlich, gebe jeden Tag mein Bestes, treffe keine falschen Annahmen mehr und halte stets mein Wort.

338 GLEICHES SPIEL, NEUE REGELN – CHAINLESSLEBEN

Ich versuche, immer das Beste in jedem Menschen zu sehen und gleichzeitig auch die beste Version meiner selbst zu präsentieren und zu sein. Wenn man sich nämlich selbst als schlechten Menschen sieht, raubt einem das viel Energie und Motivation. Ich bin sogar der festen Überzeugung, dass man in eine Abwärtsspirale gelangt, sobald man anfängt, sich mit einem Bösewicht statt mit einem Helden zu identifizieren. Macht man hingegen etwas, das andere Menschen bewundern und sie inspiriert, setzt das wiederum eine Aufwärtsspirale in Gang. Genau über diese Erkenntnis möchte ich in diesem vorletzten Kapitel mit dir sprechen:

Wie kannst also auch DU ein Vorbild sein und deine Mitmenschen zu einem besseren Leben inspirieren?

Es ist nicht so, dass ich es einfach irgendwann gelernt habe, mich zu bessern. Ich musste dafür erst selbst durch die Scheiße gehen. Dadurch, dass ich z. B. in den letzten Jahren von diversen Leuten verarscht, bestohlen und verletzt worden bin, konnte ich live erleben, wie sich so etwas anfühlt.

Innerhalb meiner Erzählungen aka persönlichen Storys dieses Buchs hast du bereits erfahren, dass ich zudem sehr viele Dinge erlebt habe, die mir gezeigt haben, dass es sehr schlimm sein kann, so behandelt zu werden. (Und das war nebenbei bemerkt sogar nur ein Bruchteil aller Eskapaden, durch die ich gegangen bin.) Ich denke übrigens sogar, dass ich all diese Erlebnisse damals verdient hatte. Für meine persönliche Weiterentwicklung war es nämlich wichtig, diesen Schmerz, den ich anderen zugefügt hatte, selber zu spüren. Dies waren auch genau die Momente, die mich schließlich dazu gebracht haben, an Karma zu glauben.

Ob du selbst an Karma glauben möchtest oder nicht, ist dir überlassen. Ich habe jedenfalls gelernt, dass mich dieser Glaube zu einem positiveren und bewussteren Umgang mit meinen Mitmenschen animiert. Irgendwann habe ich mit diesem Hintergrund gemerkt, wie schön es sein kann, von seinen Mitmenschen für seine guten Taten respektiert und auch als Inspiration angesehen zu werden. Ich fühlte mich dabei unglaublich stolz – vor allem darauf, von den Menschen Respekt zu bekommen, von denen ich es am wenigsten erwartet hätte.

Wie auch DU zur Inspiration wirst

Viele Leute denken, dass eine Transformation wie diese von heute auf morgen geschieht – doch das ist ein Trugschluss. Diese Menschen sehen an einem Tag das Ei und am nächsten das Küken. Aber so leicht ist es nicht – genauso wenig wie das Ei nicht einfach über Nacht zum Küken wird. Man kann also nicht einfach nur entscheiden, sofort ein Vorbild zu sein. Es ist vielmehr ein langwieriger, innerer Prozess, der seine Zeit braucht. Wenn auch du zum Vorbild werden möchtest, fange also noch heute an, das Richtige zu tun! Auch wenn dir niemand dabei zuschaut. Letzteres beschreibt übrigens auch, was für mich Integrität bedeutet: Tue stets das Richtige, auch wenn niemand jemals davon erfährt. Schlussendlich sind es nämlich deine Taten, zu denen die Menschen um dich herum aufblicken werden, und nicht du als Person.

Eine solche „Transformation" deiner Einstellung dauert vermutlich mehrere Monate, wenn nicht sogar Jahre und ist mit einer Reihe von vielen wichtigen und vor allem richtigen Entscheidungen verknüpft. Es erfordert darüber hinaus viel Disziplin und Durchhaltevermögen, bis man zu der Person wird, die man sein möchte.

So wurde auch ich nicht von heute auf morgen zu einer Inspiration für meine Fans ... Ich musste zuerst alle Ketten ablegen, viele dunkle Momente erleben und meine inneren Dämonen hinter mir lassen, bis ich mich tatsächlich nachhaltig verändern konnte.

Sobald du zu einem Vorbild wirst, hast du zwar durch die Bestätigung deiner Mitmenschen stets ein gutes Gefühl, aber das ist nicht der wichtigste Grund, wieso du dich bessern solltest. Dieser liegt vielmehr darin, dass du „den Deal für dein neues Leben sealst"! Das bedeutet, dass du durch deine neu gewonnene Verantwortung als Inspirationsquelle gar nicht erst auf die Idee kommen würdest, in deine alten Verhaltensmuster zurückzufallen. Ich könnte von daher die „Verbrechen", die ich damals begangen habe, definitiv nicht mehr wiederholen. Für mich ist es heute z. B. unvorstellbar, etwas zu stehlen, selbst wenn es nur ein Lolli für 40 Cent ist. Ich bin einfach nicht mehr in der Lage dazu. Mein Selbstbild hat sich so stark von meinem damaligen Ich entfernt, dass ein Verhalten wie dieses keine Option mehr für mich darstellt.

Auch bei vielen meiner Klienten, die ich im Kraftsport trainiert habe, konnte ich dasselbe Phänomen beobachten: Bevor ich sie persönlich gecoacht hatte, waren es Menschen, die keine Disziplin hatten, ihre Ernährung vernachlässigt haben und ihr Training nur halbherzig angegangen sind. Nach sechs bis zwölf Monaten konsistentem Training mit mir sind sie jedoch an einem Punkt angelangt gewesen, an dem sie von ihren Mitmenschen Anerkennung erhielten. Sie wurden z. B. gefragt, wie sie es geschafft hätten, sich körperlich so sehr zu verändern, und bekamen dadurch von ihren Freunden und Bekannten großes Lob. Diese Anerkennung hat sie wiederum so sehr beflügelt, dass sie nie wieder zu ihrem alten Ich zurückwollten. Selbst nachdem ich aufgehört hatte, sie zu coachen, haben sie stetig weitertrainiert, auf ihre Ernährung geachtet und ihren neuen Lebensweg weiterverfolgt.

Wenn eine Person z. B. einmal abgenommen hat, dafür Komplimente erhält und so zum Vorbild anderer wird, sinkt für sie automatisch die Chance, in alte Muster zu verfallen und wieder zuzunehmen, auf ein Minimum. Diese Person wird nämlich dadurch zu einer Inspiration – und sie „sealt den Deal". Es verleiht ihrer Transformation Nachhaltigkeit und fungiert für sie als eine psychologische Barriere, alten Gewohnheiten nicht mehr nachgehen zu wollen.

Kommen wir noch einmal auf das Zitat von Paulo Coelho am Anfang dieses Kapitels zurück: *„The world is changed by your example, not by your opinion."* Die Welt braucht dementsprechend keine Leute, die mit dem Finger auf andere zeigen und sagen: *„Das ist schlecht, das machst du falsch."* Damit hilft man schlussendlich niemandem. Denn damit erzeugt man beim Gegenüber nur ein schlechtes Gefühl und festigt sein eigenes negatives Selbstbild nur weiter.

Die Welt braucht vielmehr Vorbilder, die uns zeigen, wie man es richtig macht! Und die Welt braucht Inspirationen, die uns zeigen, wie man mehr aus sich machen kann, und die uns den richtigen Weg weisen. Wobei: Inspiriert werden ist schön und gut, aber selber zu einer Inspiration werden ist besser. Sei kein Mensch, der nur redet, aber nichts tut. Lass deine Taten sprechen. Werde zum Leader, indem du dies vorlebst und mit deiner authentischen Ader deine Inspiration ausstrahlst.

Viele sagen, dass sie z. B. erst einmal an ihrem Unternehmen oder an ihrem Leben arbeiten wollen, um selbst eine Inspiration werden zu können – aber das ist meiner Meinung nach eine ungünstige Priorisierung.

Fang hingegen gleich an, an dir zu arbeiten!

Das ist nämlich der naheliegendste Faktor, um eine wahre Inspiration für dein Umfeld zu werden. Sobald du an dir selbst arbeitest, wirst du realisieren, wie viel Potenzial in dir schlummert, und es wird dir im Anschluss wesentlich leichter fallen, an deinem Leben oder auch an deinem Unternehmen zu arbeiten. Niemand ist in der Lage, etwas Gutes für die Welt zu wollen, solange er nicht etwas Gutes für sich selbst gefunden hat. Aus diesem Grund ist es so wichtig, dich auf die Reise deiner Selbstverwirklichung zu begeben! Der einzige Weg, die Welt zu verbessern, liegt darin, dich SELBST zu einem besseren Menschen zu machen.

Für mich bist du übrigens bereits eine Inspiration, weil du dieses Buch bis hierher gelesen hast! Gehe nun noch einen Schritt weiter und helfe auch den Menschen in deinem Umfeld. Wenn DIR nämlich dieses Buch geholfen hat, dann fordere ich dich jetzt dazu auf, 5 ANDERE Menschen in deinem Umfeld aufzuschreiben, denen du dieses Buch schenken oder weiterempfehlen willst. Ohne dich würden sie es nämlich vielleicht nie finden. Ohne dich würden sie sich vielleicht nie verwirklichen können.

Du hast also gleich JETZT die Möglichkeit, andere bei ihrem Weg zu unterstützen und dadurch einen positiven Beitrag zu leisten.

1.

2.

3.

4.

5.

Eines noch in eigener Sache: Versprich mir, dass du dein Leben in die Hand nehmen und zu einer Inspiration für dein Umfeld werden wirst! Dieses Buch ist nämlich nicht nur zu deiner Unterhaltung gedacht. Mein Ziel war es vor allem, dir neue Perspektiven aufzuzeigen. Ich will unter keinen Umständen, dass du das Buch nach dem Lesen einfach zur Seite legst und dein Leben genauso wie vorher weiterführst. Ich will, dass du rausgehst und ab sofort dein Bestes gibst!

„Werde zum Vorbild und inspiriere deine Mitmenschen. Seal the fucking Deal – now!"

KAPITEL 36

Live for the Uncertainty

"People will choose unhappiness over uncertainty."
TIM FERRISS

Die meisten unter uns streben nach Freiheit, aber nur die wenigsten sind sich wirklich bewusst, was es heißt, frei zu sein. Es war meine persönliche Aufgabe, dir in den vergangenen Kapiteln dieses Buchs näherzubringen, dass Freiheit vor allem bedeutet, dein authentisches Ich zu ergründen und nach außen tragen zu können. In diesem Zusammenhang weißt du nun, wie wichtig es ist, deinen IST-Zustand zu akzeptieren und die volle Verantwortung für dein Leben zu übernehmen.

In diesem letzten Kapitel, auf dem Weg zu deinem eigenen, selbstbestimmten ChainlessLIFE in ultimativer Freiheit, will ich dir noch einen weiteren, wichtigen Ratschlag ans Herz legen, den immer noch viel zu viele viel zu oft außer Acht lassen:

Freiheit bedeutet auch Chaos!

Freiheit ist in diesem Sinne das genaue Gegenteil von Sicherheit, weswegen der Wert „Freiheit" auch so „rar" ist. Wenn sich nämlich plötzlich jeder dazu entscheiden würde, frei zu sein, müssten wir in purem Chaos leben: Die Menschen würden aufhören zu arbeiten, auf die Straße gehen und nur noch das machen, wozu sie gerade Lust haben, und auch nur das, was sie selbst für richtig halten – und die Welt, in der wir leben, würde zusammenbrechen. Da das aber in diesem Ausmaß wahrscheinlich nie passieren würde, möchte ich dir in diesem letzten Kapitel erklären, wie du dich zumindest von der Illusion einer Sicherheit lösen kannst, damit du ein potenzielles „Chaos" nicht nur akzeptieren, sondern sogar lieben lernen kannst.

Besonders in Deutschland sind die Menschen dafür bekannt, möglichst alle potenziellen Risiken aus dem Weg räumen zu wollen, um das ständige Bedürfnis nach vermeintlicher Stabilität und Sicherheit befriedigen zu können. Dieser Wunsch nach Kontrolle kann uns sogar so weit tragen, dass wir uns Tage, Wochen oder gar Monate damit beschäftigen, wie wir unser Leben durch z. B. Versicherungen und sorgfältige Planung so stabil wie nur möglich gestalten können. Wir überlegen uns beispielsweise schon mit 20 Jahren, wie viel Geld wir sparen müssten, um ca. 45 Jahre später „sicher" in Rente gehen zu können. Genauso überlegen wir uns z. B. auch, welche Risiken und Gefahren in einem weit entfernten Land auf uns warten könnten, noch bevor wir überhaupt den Flug dorthin gebucht haben.

Das Paradoxe an dem Ganzen ist, dass genau diese Gedanken und Handlungen uns schlussendlich unsicherer und oft auch unglücklicher machen können: Umso mehr wir denken, dass es diese Art von Problemen überhaupt geben könnte, und je mehr wir uns darüber sorgen, was alles passieren könnte, desto mehr leben wir in der Zukunft, anstatt in der Gegenwart präsent zu sein.

Wir Menschen scheinen also glücklicher zu sein, solange wir uns eine positive Zukunft vorstellen, auf die wir hoffen können – allerdings unglücklicher, sobald wir uns negative Szenarien ausmalen, die passieren könnten, richtig?

Deswegen versuchen wir immer, alles genauestens zu planen, möglichst genau zu überprüfen und uns dahingehend vermeintlich abzusichern.

Doch weil wir uns dadurch nur die Illusion einer risikofreien Welt schaffen, in der wir glauben, alles abgesichert zu haben, leiden wir umso mehr, wenn alles nicht so kommt, wie wir es uns vorgestellt haben – auch richtig?

Das Ironische an dem Ganzen ist, dass das Leben nicht kontrollierbar ist, und es deswegen auch unausweichlich ist, dass etwas anders kommt als „geplant". Wir werden hin und wieder also zwangsläufig enttäuscht, denn es gibt einfach zu wenige Dinge, die wir wirklich kontrollieren können.

Dies kann sogar darin münden, dass wir Veränderungen generell als negativ ansehen: Die meisten Menschen finden Veränderungen nicht gut, weil sie nicht genau wissen, was die Konsequenzen daraus für sie bedeuten könnten, und wie sie dann mit ihnen umgehen sollten. Und genau das macht ihnen Angst, da sie dadurch manchmal ihrem gewohnten Alltag nicht mehr nachgehen können, wie sie es eigentlich möchten oder zumindest gewohnt waren.

Wie in Kapitel 10 bereits erwähnt, ist Veränderung jedoch die einzig wahre Konstante. Sich gegen Veränderung zu wehren, kann nämlich bedeuten, sich gegen die Realität zu wehren – was dir zwangsläufig sogar schaden kann. Dazu kommt folgender bedenklicher Fakt: Je mehr wir zu verlieren haben, desto größer ist schlussendlich die Angst. In Deutschland haben wir z. B. eine Wohnung, ein Auto, einen Job, Freunde und Familie. Wir haben so viele Dinge – materiell wie auch immateriell – die wir als einen Teil unseres Lebens identifizieren. Und genau deswegen versuchen wir auch, stets an ihnen festzuhalten. Sprich, wir versuchen diese Dinge zu kontrollieren. Menschen mit einem derart ausgeprägten Kontrollbedürfnis, manchmal sogar mit einer Kontrollsucht, haben z. B. oftmals auch Schwierigkeiten mit dem Einschlafen. Sie klammern sich dabei so sehr an ihre Gedanken, dass sie Probleme haben, diese loslassen zu können – und das leider nicht nur im Schlaf.

Der erste Schritt in Richtung Freiheit beginnt also dort, wo du anfängst, dein Kontrollbedürfnis über diese Dinge abzugeben. Damit will ich nicht sagen, dass du all deine Besitztümer und dein komplettes Umfeld aufgeben sollst, sondern, dass du den Gedanken ablegen sollst, diese Dinge kontrollieren zu können.

Denn je mehr Sicherheit du willst, desto unsicherer wirst du dich fühlen.

Noch einfacher ausgedrückt: Der Wunsch nach Sicherheit und das Gefühl von Unsicherheit ist eigentlich dasselbe! Oder um es mit den Worten von Alan Watts, einem Philosoph und Schriftsteller, auszudrücken: *„Seinen Atem anzuhalten ist, seinen Atem zu verlieren."* Wir versuchen stets, fast wie ein Uhrwerk zu funktionieren: Wir stellen uns einen Wecker und versuchen, pünktlich zu sein und alles genauestens zu erledigen ... alles schön und gut. Dadurch sind wir zwar produktiver, jedoch meist auf Kosten unserer eigenen Gesundheit. Wenn die Menschen hingegen anfangen würden, mehr auf ihre innere Uhr, dem sogenannten Bio-Rhythmus, zu hören, wären sie zwar vielleicht nicht mehr ganz so produktiv aka effektiv, allerdings würden sie ein gesünderes, besseres und vor allem nachhaltig glücklicheres Leben führen.

Bis hierher hast du bereits zahlreiche Tipps, Anregungen und Aufgaben von mir bekommen, um die einzelnen Schritte zu deinem eigenen ChainlessLIFE optimal umsetzen zu können – aber was jetzt folgt, möchte ich mit dem tiefsten Nachdruck meines Herzens labeln.

Ich gebe dir im Folgenden 3 „Key Messages" mit, wie du die oben erwähnte und für dein ChainlessLIFE entscheidende Unsicherheit, diese „Uncertainty", nicht nur akzeptieren, sondern dich ihr sogar öffnen kannst. Und wenn du sie zudem in dein Leben integrierst, bin ich mir sicher, dass du deiner Freiheit auf jeden Fall sofort ein großes Stück näherkommen wirst!

Ich gehe sogar so weit und behaupte, dass dich diese 3 „Key Messages" mental unabhängig machen werden! Ich persönlich lebe täglich nach ihnen – gib auch DU ihnen einen besonderen Platz in deinem Herzen:

1. Fokussiere dich auf das, was du kontrollieren kannst

Glaub mir, es ist viel weniger, als du vielleicht glauben magst, und doch ist es genug: Du musst dich nur auf die wenigen Sachen fokussieren, die du kontrollieren kannst bzw. bereits unter Kontrolle hast – alles andere kannst du getrost außer Acht lassen.

Du solltest dabei z. B. verstehen, dass du dich selbst immer unter Kontrolle hast: Du kannst zwar deine Gedanken nicht kontrollieren, allerdings liegt es in deiner Macht, wie du mit ihnen umgehst! Was z. B. in deinem Umfeld passiert, kannst du nicht ändern, aber wie du auf die Situation selbst reagierst, liegt immer noch bei dir. Auf bspw. tragische Ereignisse hast du keinen Einfluss, aber du entscheidest, ob du sie akzeptierst oder etwas dagegen unternimmst. Und schlussendlich wählst du die Perspektive, mit der du sie betrachtest.

Wenn du das einmal geschafft hast, dann bist du schon viel weiter als die meisten und erlangst ironischerweise auch mehr Sicherheit. Denn du fokussierst dich dadurch nur noch auf das, was du unter Kontrolle hast bzw. kontrollieren kannst, und machst dir keine Gedanken mehr über alle anderen ohnehin unkontrollierbaren Dinge.

Stell dir vor, dass du z. B. in einem fremden Land am Flughafen stehst und eigentlich von einem Freund abgeholt werden solltest, jedoch sagt er dir in der letzten Sekunde ab. Jetzt könntest du deine Energie damit verschwenden, dich zu ärgern, dich bei ihm zu beklagen oder ihm vorzuwerfen, ein schlechter Freund zu sein. Oder du sparst dir dies alles und nutzt hingegen deine Energie für die Dinge, die du kontrollieren kannst: Vielleicht rufst du dementsprechend einen anderen Freund an, vielleicht mietest du dir einen Wagen, rufst dir ein Taxi oder lässt dir einfach etwas anderes einfallen. Schlussendlich hast du auf jeden Fall einen anderen Weg gefunden, dein Problem zu lösen. In diesem Fall gibst du die ursprünglich erwartete und auch nur augenscheinliche Sicherheit auf und erhältst dafür ... Sicherheit!

2. Schaffe nachhaltige Sicherheit mit Hilfe deiner Fähigkeiten

Niemand hat eine Antwort auf alle Fragen oder DEN Masterplan für jede eventuelle Katastrophe – aber das sollte auch nicht dein Ziel sein. Anstatt nach einer „Anleitung" zu suchen, müssen wir lernen, uns auf unsere Fähigkeiten und Stärken zu fokussieren und auf diese zu vertrauen. Sobald du also deine Fähigkeiten ausbaust, erlangst du automatisch mehr Sicherheit. Und zusätzlich hast du es dabei komplett unter deiner eigenen Kontrolle, in welchem Ausmaß du an dir arbeitest.

Sieh dich in diesem Zusammenhang sinnbildlich als ein Haus – der Sturm wird kommen, was außerhalb deiner Kontrolle liegt. Aber du kannst kontrollieren, aus was du das Fundament des Hauses baust. Welche Materialien benutzt du: Holz oder Stahl? Gehst du einen halben Meter tief in den Boden oder gleich drei? Du kannst den Sturm, den Wind, das Wasser oder die Leute, die dich vielleicht einmal ausrauben, nicht kontrollieren – aber du kannst kontrollieren, wie robust du dein Haus baust, und dadurch bestimmte Gefahren abschwächst oder sogar abwendest.

Sobald du also erst einmal die Kontrolle abgibst und auch akzeptierst, dass schlechte Zeiten kommen werden, wirst du wahre Freiheit erlangen: Du wirst nicht mehr auf ein besseres Leben in der Zukunft hoffen, sondern du wirst den Moment hier und jetzt leben und einfach alles zulassen. Sobald du dich dahingehend selbst verwirklicht hast, kann einfach alles auf dich zukommen – du wirst es nämlich stets akzeptieren können. Und zwar sowohl das Leid als auch das Glück.

3. Choose your own struggle(s)

Es wird immer Probleme in deinem Leben geben – also wieso suchst du dir sie nicht einfach selber aus?

Du kannst in dieser Welt existieren, dich von deinen Problemen einholen lassen und sagen: *„Das ist ein Problem und das ist ein Problem und das auch."* Das wäre jedoch eine reaktive Art, durch die Welt zu gehen, die dafür sorgen würde, dass jegliche Probleme (ohne Vorauswahl und Beeinflussung) auf dich zukommen würden. Ein proaktiver Ansatz hingegen liegt darin, dass du dir deine Probleme selber aussuchst!

Ein gutes Leben zeichnet sich nämlich nicht dadurch aus, dass du nie wieder leiden wirst, sondern dass du für die richtigen Gründe leidest. Sich komplett von Schmerz und Leid zu befreien, bedeutet, sich auch von den „guten Problemen" zu entfernen. Doch Positiv existiert nur Hand in Hand mit Negativ. Entfernst du das Negative, entfernst du zugleich auch das Positive. Du hättest damit jedoch keinen Kontrast mehr und dein Leben würde sich dementsprechend gleichgültig und gefühllos anfühlen. Wenn du z. B. sagst, dass du 100 % im Fitnessstudio gibst oder 16 Stunden am Tag an deinem Unternehmen arbeitest, dann ist das hart. Aber du hast dich dafür entschieden und deswegen liebst du es – und zwar IMMER, wenn du es tust. Du gehst zwar durch die Hölle, aber das ist deine Hölle – denn DU hast sie dir ausgesucht. Du leidest, weil du es möchtest. Und das ist der riesengroße Unterschied dabei.

Sobald du dir deine Probleme selbst aussuchst, wirst du auch automatisch deinen Fokus weniger auf deine anderen Probleme legen. Oder meinst du, es interessiert dich noch, wenn dein Date abgesagt hat, während du dir im Gym den Arsch abschwitzt?

Dass du dieses Buch bis hierher gelesen hast, schätze ich wirklich sehr und zolle dir dafür höchsten Respekt. Ich hoffe, dass du durch meine Tipps dein Leben genauso positiv beeinflussen kannst wie bereits diejenigen, die ich bisher mit Hilfe dieser Tipps persönlich gecoacht habe. Viele der Lektionen dieses Buchs wende ich auch heute noch täglich bei Leuten aus meinem Bekanntenkreis, bei Klienten oder engen Freunden an – und genau das kannst DU jetzt auch!

Insbesondere die Tools sind das Grundgerüst meines Mentorings und deshalb weiß ich auch, wie extrem mächtig sie vor allem in Kombination mit den zugehörigen Aufgaben sind.

Zum Schluss möchte ich dennoch anmerken, dass das Leben natürlich stets sehr vielseitig und individuell sein kann. Deswegen solltest du berücksichtigen, dass meine Tipps nicht die einzigen sein sollten, die für dich wichtig sind. Lass dich auch von anderen inspirieren! Ich bin fest davon überzeugt, dass es da draußen noch viele weitere interessante Inputs und Konzepte gibt, die dir auf deinem Weg behilflich sein können. Einige Empfehlungen dahingehend habe ich dir ja bereits innerhalb von weiterführenden Tipps und Verweisen gegeben. Unser Leben ist nämlich wesentlich vielschichtiger, als es ein einziges Buch je abbilden könnte – so auch selbstverständlich nicht meines.

Genau deswegen empfehle ich dir, deine Augen immer offen zu halten und immer weiter zu lernen. Schaue stets über den Tellerrand hinaus und fange spätestens JETZT an, deine eigenen Erfahrungen zu machen! Genau dort beginnt nämlich das Leben: aus deinem eigenen Blickwinkel.

Ich hoffe, dass ich dir mit diesem Buch einen Wegweiser für dein eigenes ChainlessLIFE geben konnte und du nach dem nun realisierbaren ersten Schritt in Richtung Freiheit bereit bist, deine Reise kettenlos fortzuführen! Wenn du weiterhin mit mir in Kontakt bleiben möchtest, kannst du in meine private Facebook-Gruppe „*Die Gruppe für Querdenker + solche die es werden wollen*"[15] kommen und mir auf meinen Social-Media-Kanälen folgen. Möchtest du sogar persönlich von mir gecoacht werden, dann schreibe mir einfach eine E-Mail an mischa@chainlesslife.com – ich bin nämlich immer mal wieder bereit, Leute persönlich an die Hand zu nehmen und sie auf ihrem Weg der Selbstverwirklichung zu unterstützen.

Dein Mischa, peace out!

VERWEISE

1. „*16Personalities*"-Persönlichkeitstest – mein persönlicher Favorit:
   https://www.16personalities.com/de/personlichkeitstypen

2. Charakterstärken-Test der Universität Zürich:
   https://www.charakterstaerken.org

3. Fitness-Online-Programm meiner Wenigkeit:
   https://sciencethetics.de/

4. Mein eigener YouTube-Kanal „*Mischa Janiec DE*"für Fitness & Co.:
   https://www.youtube.com/user/mousch66

5. Sogenannte „Peer Reviewed Science" auf PubMed:
   https://www.ncbi.nlm.nih.gov/pubmed/

6. Die Suchmaschine „*Google Scholar*" für wissenschaftliche Dokumente:
   https://scholar.google.com/

7. Ein Ernährungs-Guide (ebenso meiner Wenigkeit) als E-Book:
   https://built-by-plants.com

8. Das Buch „*Vegan-Klischee ade! Wissenschaftliche Antworten auf kritische Fragen zu veganer Ernährung*" von Niko Rittenau:
   https://amzn.to/2AbR9Uj&sa

9. Der Film „*The Gamechangers*" über vegane Profi-Athleten:
   https://gamechangersmovie.com

10. Fitness-Premium-Produkte und -Supplements meines Partners „*Rocka Nutrition*":
    https://www.rockanutrition.de/pages/all-in-vone-bundle

11. Ein inspirierendes Video zum Thema Meditation auf YouTube von Joe Rogan und Paul Stamets:
    https://youtu.be/mPqWstVnRjQ

12. Weiterführender Artikel zum Thema „Kognitive Verzerrungen":
    https://de.wikipedia.org/wiki/Liste_von_kognitiven_Verzerrungen

13. Tipps & Tricks zum Thema „Minimalismus" auf dem YouTube-Kanal von Matt D'Avella:
    https://www.youtube.com/user/blackboxfilmcompany

14. Die regelmäßigen „*ChainlessChronicles*" gibt es als Newsletter auf meiner Website:
    https://www.chainlesslife.com

15. Meine private Facebook-Gruppe „*Die Gruppe für Querdenker + solche, die es werden wollen*":
    https://www.facebook.com/groups/ChainlessBookClub/

ÜBER DEN AUTOR

Mischa Janiec war schon immer ein Rebell. Sowohl in seinem früheren Leben noch in den symbolischen Ketten der Gesellschaft als auch jetzt in persönlicher Freiheit als Querdenker und Visionär.

 Nach einer fulminanten Entwicklung, die er innerhalb von nun bereits 10 Jahren als Profisportler und Fitness-Influencer hingelegt hat, konzentrierte er sich auf seine eigentliche Passion und Lebensaufgabe: Die Unterstützung all derjenigen, die auch endlich ihr WARUM finden wollen und auf dem Weg zur ultimativen Freiheit dazu bereit sind, ihre Ketten endlich zu sprengen.

Mischa sieht sich definitiv nicht als Selbsthilfe-Guru, sondern lebt bereits seit sechs Jahren exakt das vor, was er seinen Lesern beibringen will: Er übernimmt zu 100 % Verantwortung für sein Leben, inspiriert seine Mitmenschen und strebt nach der höchsten Form der Selbstverwirklichung.

Jeder, der seinen Weg auf Social Media verfolgt hat, weiß, dass ihm sein Erfolg als Selfmade-Entrepreneur und ortsunabhängiger digitaler Nomade nicht in die Wiege gelegt wurde. Seine Inspiration schöpfte er vor allem aus seinem eigenen YouTube-Kanal und Podcast, wobei sein Erstlingswerk nur der Anfang einer unbändigen Motivation für noch mehr ist.

Printed in Germany
by Amazon
Distribution

15791254R00209